中国艺术研究院基本科研业务费项目

（项目编号：2023-02-25）

马克思主义
文艺理论研究
年 选

（2022年卷）

杨 娟 王玉玊 主编

文化艺术出版社
Culture and Art Publishing House

图书在版编目（CIP）数据

马克思主义文艺理论研究年选. 2022年卷 / 杨娟，王玉玊主编. — 北京：文化艺术出版社，2023.12
ISBN 978-7-5039-7517-2

Ⅰ.①马… Ⅱ.①杨…②王… Ⅲ.①马克思主义理论—文艺理论—理论研究—中国—文集 Ⅳ.①A811.691-53

中国版本图书馆CIP数据核字（2023）第216834号

马克思主义文艺理论研究年选（2022年卷）

主　　编	杨　娟　王玉玊
责任编辑	刘利健
责任校对	董　斌
书籍设计	赵　蠢
出版发行	文化艺术出版社
地　　址	北京市东城区东四八条52号　（100700）
网　　址	www.caaph.com
电子邮箱	s@caaph.com
电　　话	（010）84057666（总编室）　84057667（办公室） 　　　　　84057696—84057699（发行部）
传　　真	（010）84057660（总编室）　84057670（办公室） 　　　　　84057690（发行部）
经　　销	新华书店
印　　刷	国英印务有限公司
版　　次	2023年12月第1版
印　　次	2023年12月第1次印刷
印　　张	27
字　　数	360千字
开　　本	710毫米×1000毫米　1/16
书　　号	ISBN 978-7-5039-7517-2
定　　价	88.00元

版权所有，侵权必究。如有印装错误，随时调换。

2022年度中国马克思主义文艺理论学科发展研究报告

中国艺术研究院马克思主义文艺理论研究所课题组

引言

仅从数量上看，2022年绝对是中国马克思主义文艺理论学科研究的丰年。2022年度，我们共收集到相关论文253篇，是2021年度（108篇）的两倍多、2020年度（86篇）的近三倍。但细读论文，会发现数量多并不一定意味着繁荣，在某种层面上，甚至给人以内卷感——付出这么大的努力，撰写这么多的论文，但优秀之作较少，难免令人心生倦怠。实际上，本年度相关论文数量剧增，在一定程度上是受到了外力的推动，而非学科发展的内生动力使然。2022年是毛泽东的《在延安文艺座谈会上的讲话》（以下简称《讲话》）发表80周年，按照惯例，国家和有关部门会举行纪念活动，为配合纪念活动，各报刊多会发表文章。加之2021年是中国共产党成立100周年，一些结合建党百年回望中国文艺发展历程、总结经验、寻求启示的研究成果持续在2022年发表，使得马克思主义文艺理论中国化研究的论文数量激增：共 169 篇，占总数的 66%。这实际上给学界提出了一个问题，即如何以真正的学术眼光看待诸如《讲话》这样的在党和国家文艺史上具有重要地位的活动与文献，以严谨的研究发掘、释放其思想与理论能量，进而回馈当下的文艺创作、研究乃至管理。从这个角度看，本年度的相关研究可谓瑕瑜互见，除了大量宣教文与中规中矩的研究成果外，也出现了几篇在新的学术思想视野中观照《讲话》的力作，令人欣喜。除与《讲话》相关的研究成果外，本年度马克思主义文艺理论中国化研究还出现了一种值得称许的迹象，那就是有学者回到马克思主义文艺理论中国化的历史语境之中，结合学科发展历程对重要理论命题进行学术梳理、辨析，进行持续研究，体现出学术史自觉，进而推动了中国马克思主义文艺理论学科体系、学术体系、话语体系建设。

在国外马克思主义文艺理论研究方面，虽然依旧存在整体性、系统性不强等问题，但细细感知，又可以在一些用心的研究中体味到一种以艰苦的理论探索为艰难时世提供"希望的源泉"的努力，虽然极其微茫，但也时而令人心生暖意。此外，还出现了一些对西方马克思主义理论研究进行反思的论文，体现出国内学人在理论借鉴、使用上的自觉，值得称道。

本年度，我们没有像往年度那样，按照经典马克思主义文艺理论研究、马克思主义文艺理论中国化研究、国外马克思主义文艺理论研究的常规次序结构这篇报告，非不为也，不能为也！因为本年度经典马克思主义文艺理论研究成果极少，只有六篇，且质量较低。这是本年度马克思主义文艺理论学科研究中最大的缺憾。一个以"马克思主义"命名的学科，整整一年的研究成果中，竟然没有可以讨论的研究马克思、恩格斯、列宁等经典作家文艺思想、理论、观点的论文，无论如何，都是无法令人满意的。而且，经典马克思主义文艺理论研究是本学科的"源"，马克思主义文艺理论中国化研究、国外马克思主义文艺理论研究，都必须在与这个

"源"的对话中汲取资源、获得力量，所以尤其应该重视经典马克思主义文艺理论研究被弱化的问题。"源"深方能"流"长！真希望我们的学者能在学科研究的"源"上下苦功。

以下是对本年度学科发展关键议题进行的评议，以呈现其概貌。

一、《讲话》研究

《讲话》研究是 2022 年度学科发展最值得关注的议题。在本年度诸多研究《讲话》的论文中有几篇特别值得关注。这几篇论文或对《讲话》本身的思想理论价值进行深度阐释，或从《讲话》出发对 20 世纪中国文学进行观照，探究《讲话》对人民文艺的意义、影响。它们共同提出了一些有深度的问题，对此前研究有了一定的推进和开拓。

在对《讲话》进行深度阐释方面，本年度有三个值得关注的进展。第一，对《讲话》与人民文艺间的历史逻辑进行了更深刻细腻也更有历史感的剖析。贺桂梅的《〈讲话〉与人民文艺的原点性问题》[①]将 1930—1940 年马克思主义在中国遭遇的理论与社会革命问题作为《讲话》的前提性问题意识。由此出发，作者以对"经与权"辩证关系的重新阐释，打破了此前将二者简单对立，尤其是将"权"简化为"权宜之计"的流行理解，辨析出《讲话》是在哲学领域对马克思主义理论的回应与发展，也是在社会革命实践领域对中国社会结构性问题的解决与重构，从而将二者作为辩证统一、有着内在历史联系的问题向度，并置之于 20 世纪马克思主义中国化的历史视野中。在这一视野中，《讲话》所涉及的诸多问题都获得了超越单纯文艺领域的深广解读空间。其改造知识分子、塑造有机知识分子的意图，与对中国传

---

① 贺桂梅：《〈讲话〉与人民文艺的原点性问题》，《中国现代文学研究丛刊》2022 年第 6 期。

统社会崩解后社会结构的重塑相关联;文艺为工农兵服务,则与新的社会结构相呼应。在这一视野中,人民文艺本身被重塑为一种实践性的政治力量。第二,作者注意到《讲话》将文艺带到历史实践场域中的意义,打破在封闭文论意义上阐释《讲话》的格局,重视《讲话》赋予中国20世纪文艺以前所未有的实践性质。程凯的《从革命主体论及历史、现实的辩证关系看〈讲话〉》[1]极具思辨性地梳理了20世纪80年代以后阐释《讲话》时发生的内涵偏离,也极具历史感地召回诸多内涵被改写后面目模糊的重要概念,重申20世纪中国历史中"政治""生活"等重要概念的历史内涵。这样的研究,挖掘出《讲话》将文艺向20世纪中国革命政治实践敞开,并在这种敞开中构建中国历史新主体的重要意义。第三,在思想史脉络中探讨《讲话》与20世纪中国思想的关系。周展安的《主客与文野——在历史中阅读作为思想文本的〈在延安文艺座谈会上的讲话〉》[2]是从思想史角度研究《讲话》的力作。论文缕述了一条从晚清开始的思想和文化脉络,并将《讲话》置于其中,对其进行思想史的定位与剖析,使得过去老生常谈的知识分子改造、文艺立场、群众文艺等问题一并突破了闭合的文艺史范畴,参与到与20世纪思想文化对话的宏阔场域之中。

关于《讲话》对20世纪中国文艺影响的研究,本年度也有较为重要的收获,那就是通过深度剖析代表性作家与《讲话》的复杂关系,探索《讲话》影响下文艺家自我认识结构的曲折转换,从历史场域而不是某种抽象的文学标准出发来理解这一转换。何吉贤的《"从延安走来的人"——丁玲

---

[1] 程凯:《从革命主体论及历史、现实的辩证关系看〈讲话〉》,《中国现代文学研究丛刊》2022年第5期。
[2] 周展安:《主客与文野——在历史中阅读作为思想文本的〈在延安文艺座谈会上的讲话〉》,《文艺理论与批评》2022年第3期。

与〈在延安文艺座谈会上的讲话〉的发生及其当代阐释》[1]，细致梳理了丁玲从五四时期的新锐作家到延安时期兼具革命工作者与解放区作家，再到中华人民共和国成立后领导文艺工作直至20世纪80年代对自己一生的定位和表达，令人信服地揭示了《讲话》在丁玲主观世界中复杂而深刻的影响。通过对丁玲的解读，论文带出一个比较宏观的问题：《讲话》是如何通过重构一代知识分子的精神世界，询唤出20世纪中国革命所需要的主体，并将他们的知识文化整合到革命政治中，将他们的写作整合到革命工作中，从而使《讲话》影响下的文艺成为20世纪中国历史实践的一个有机组成部分的。这种整合的深刻与复杂，都在丁玲身上得到典型呈现，打开了《讲话》与中国现当代文学史关系研究的一个纵深空间。孙晓忠的《房东叙事与"新的群众时代"的文艺》[2]有异曲同工之妙，不过他将焦点从作家的认知结构转换到作家的书写之中，通过对周立波、古元、丁玲作品的叙事分析，呈现"新的群众时代"的文艺、新的写作作风诞生的微妙历程，从微观层面论证了《讲话》对于革命文艺的影响，这种从文本细部切入的解读，阐幽发微，格外有启发和说服力。

2022年的《讲话》研究还有一个相对集中的视角，即关注《讲话》与中国共产党文艺、文化、思想建设的关系。祝东力的《中国共产党与文艺的历史关系和逻辑关系》[3]并不仅仅聚焦于《讲话》，而是从对中国共产党几代领导人的文艺观点、文艺修养、党在不同历史阶段文艺工作的研究出发，揭示出中国共产党与文艺之间深厚的历史渊源，并从对这一历史关系的分析中，阐释了文艺在中国共产党革命与建设实践中独特而复杂的呈现方式和意

---

[1] 何吉贤：《"从延安走来的人"——丁玲与〈在延安文艺座谈会上的讲话〉的发生及其当代阐释》，《文艺理论与批评》2022年第3期。
[2] 孙晓忠：《房东叙事与"新的群众时代"的文艺》，《文艺理论与批评》2022年第3期。
[3] 祝东力：《中国共产党与文艺的历史关系和逻辑关系》，《艺术学研究》2022年第1期。

义。论文还分析了《讲话》作为中国共产党最为重要、经典的文艺纲领使得党和文艺的关系在由个人化的倡导、引领到系统化的指导、领导转换中的枢纽作用。中国共产党领导的中国革命从来就不是一场单纯的暴力革命，而是始终包含着社会、文化革命的内在逻辑。在一定意义上，文艺在党的革命进程中甚至越出马克思关于上层建筑所能发挥的作用边界，具有直接参与历史实践的功能。所以，从政党与文艺的角度研究《讲话》，是一个非常有问题针对性的研究路径。此外，还有一些论文从《讲话》的话语逻辑、历史内涵、海外影响等角度进行阐释，也都颇具价值。

当然，作为确定中国当代文艺基本格局的重要文献，《讲话》仍有丰富的研究空间。它与中国文艺、历史的内在关系是否存在更加开阔的阐释空间？更重要的是，从今天的中国文学、社会现实出发，能否激发出更具现实关切性的问题领域和研究空间？《讲话》的海外传播、影响研究能否回馈、推动国内研究？这些都值得关注。

二、学术史研究与学科体系建设

本年度马克思主义文艺理论中国化研究的另一亮点，就是从学术史的角度切入，对马克思主义文艺理论中国化进程中的重要论题、论点进行深入研究，进而推动有关学科体系、学术体系建设的思考。

在 2013 年首次撰写中国马克思主义文艺理论学科发展研究报告时，我们就指出，马克思主义文艺理论学科"缺少重要的理论问题的集中讨论，也未提出重要的理论命题"[①]。这一问题多年来未得到有效解决，一个深层原因

---

① 马克思主义文艺理论研究所课题组：《2013 年度中国马克思主义文艺理论发展研究报告》，《文艺理论与批评》2014 年第 2 期。

是学科尚未构建起具有共识性的学术体系、学科体系、话语体系。自20世纪80年代以来，马克思主义文艺理论研究形成经典、中国、国外（以西方为主）马克思主义文论分立的局面，三者虽名义上在同一学科之下，实际却彼此之间缺乏公约数，在具体研究中缺少对话。据我们观察，从学科整体格局看，研究论题比较分散，鲜有聚焦学科核心概念、基本框架、重大问题进行持续研究的成果。近些年，哲学社会科学各学科构建"三大体系"的要求日益迫切，马克思主义文艺理论也有必要对学科的重要概念、典型问题进行研判，聚焦核心议题，将体系建设提上日程。张永清对"文学反映论"的学术史研究，借由"语境化与知识化双重视角"回到理论生成与发展的历史，考察理论生成的深层动力及发展演变脉络，研判以"反映"构建文论体系的诸种方案之得失，可为学科体系建设提供参考。在他看来，文学反映论是马克思主义文艺理论最基础、最核心的问题之一，对学科体系建构有着重要意义。他以"马克思主义文学反映论的语境化与知识化（1949—2020）"为总题目，在两年内刊发4篇论文①，分别对文学反映论的不同发展阶段进行了专题研究。

中华人民共和国成立后，几代学人对文学反映论进行了多方面思考，取得丰硕成果。但一段时期以来，由于学界追求新理论，或将文学反映论视为"苏联模式"加以贬损，这一凝聚了几代学者心血的理论成果遭受冷遇。②但正如张永清在研究中所展现出来的，文学反映论有着充分的马克思主义哲

---

① 这四篇论文是：《马克思主义文学反映论在新中国的确立与巩固》，《文艺研究》2021年第9期；《"审美特性"的凸显——"恢复与反思阶段"的马克思主义文学反映论》，《中国人民大学学报》2021年第5期；《马克思主义文学反映论在20世纪80年代中后期的发展与深化》，《文学评论》2022年第3期；《马克思主义文学反映论在20世纪90年代的拓展与突破》，《学术月刊》2022年第3期。
② 参见张永清《马克思主义文学反映论在新中国的确立与巩固》，《文艺研究》2021年第9期。

学依据，对文学活动的解释不仅具有逻辑和历史上的合理性，而且有着较为宽广的理论发展、演化空间。无论是20世纪50年代借鉴苏联文论、60年代尝试构建中国文论体系，还是新时期后融合"审美"等理论观，与不同文论观点进行对话，文学反映论都展示出了较强的理论活力。因此，对其进行集中、深入研究，确实把握到了当代马克思主义文艺理论体系构建的关键问题。

在具体研究中，张永清提出"语境化与知识化双重视角"的研究方法："所谓'语境化'，就是从某一历史时期的政治、经济、文化等所构成的具体的整体中来审视相关问题的发生、发展、突变等的必然性缘由，进而把相关思想资源和理论渊源具体化、场景化、历史化。所谓'知识化'，就是把现实中的诸多个别现象尽可能地予以征候化、问题化、谱系化，重点考察当时的现实需要与所给出的知识方案之间，即社会与思想、实践与理论、问题与方法之间，产生了哪些共振，发生了哪些断裂等。"[①] 不妨说，"语境化"侧重社会历史层面的变化以及对理论提出的要求，"知识化"则是理论层面的回应，侧重文艺学、美学领域的理论阐发、观点论争等。

相比方法上的自觉，如何将方法落实在具体研究中，才是最大的挑战。大环境与小气候的关系，在现实中往往复杂多面，不易把握。视野过大，容易使理论沦为传声筒；聚焦过小，则可能弱化理论的现实关切。张永清的做法是以翔实的材料为依据，以分析、提炼、概括为方法，呈现理论生成的深层动力及自身演变的细微线索。他首先对理论史进行了细致的分期，将新中国成立以来文学反映论的学术史分为确立与巩固（1949—1976）、反思与突破（1979—1999）、综合与超越（2000—2020）三大历史时期；继而对每一时期做更细致的切分，如对第一大历史时期即"确立与巩固"的二十

---

① 张永清：《马克思主义文学反映论在新中国的确立与巩固》，《文艺研究》2021年第9期。

七年以1958年为界，分为前期（1949—1957）与后期（1958—1976）。前期又进一步细分为以苏为师（1949—1953）、以苏为鉴（1954—1957）两个阶段；后期细分为激情跃进（1958—1960）、调整提高（1961—1965）、停滞不前（1966—1976）三个阶段。分期兼顾"双重视角"，即一方面依据重大历史事件，另一方面根据理论自身的演化轨迹做相应调整，如将第二大历史时期"反思与突破"细分为恢复与反思（1979—1983）、发展与深化（1984—1989）、拓展与突破（1990—1999）三个阶段。本年度发表的两篇论文分别对"发展与深化""拓展与突破"这两个时期作了探讨。将1984年作为"发展与深化"的起点，依据是两大理论命题"文学是社会生活的审美反映""文学是审美的意识形态"在这一年提出；将1989年作为终点，是因为诸位学者把他们的新思考做了初步的知识化、系统化、教科书化。①

依托细致的分期与翔实的材料，学术史中一些更丰富的细节得以展现。比如，在梳理20世纪80年代中后期"发展与深化"阶段时，张永清固然侧重"文学审美反映论"的主要提出者，但并不忽视同年在集体撰写的教材里面有相同提法的相应章节作者的贡献；对当今学术史叙述中一些常见的时间节点的错误，也尽可能予以纠正。② 除了呈现这类事实性的细节，他还对理论观点上的一些重要疏漏进行辨析。比如，他一方面充分肯定诸位学者以"审美"发展文学反映论的贡献；另一方面也指出，不少学者往往把审美反映论与审美意识形态论并提或等同，其间的关系始终未得到清晰的阐释。在使用这一时期的关键词"审美意识形态"时，也存在将"审美意识""审美

---

① 参见张永清《马克思主义文学反映论在20世纪80年代中后期的发展与深化》，《文学评论》2022年第3期。
② 参见张永清《马克思主义文学反映论在20世纪80年代中后期的发展与深化》，《文学评论》2022年第3期。

的意识形态""审美意识的形态"等混淆的做法。[①]

在梳理文献、呈现理论现场的同时,张永清也对文学反映论在不同历史时期的特点、基本命题做了概括。他将20世纪60年代确立的文论模式概括为以"形象"为轴心的反映论话语体系,其两个理论命题为"文学是社会生活的形象的反映""文学是属于上层建筑的特殊意识形态";80年代则构建起以"审美"为轴心的体系,其两个理论命题是"文学是社会生活的审美反映""文学是审美的意识形态"。应该说,以"形象"和"审美"概括、区分两个时期,确实简明地点出相应历史时期理论的基本样貌,便于观察其中理论创建之得失。

我们在此前的学科发展年度报告中,多次提到马克思主义文艺理论的边缘化问题。边缘化始于何时?具体发生过程如何?这些问题还未得到清晰的描述。在对文学反映论的研究中,张永清对这一具有症候性的问题也做了阐释。他留意到,对20世纪90年代的文学反映论,虽依然可以通过"语境化与知识化双重视角"梳理出从"审美"到"实践"的转向,但"语境化"与"知识化"之间发生了疏离。这一时期,"思想的火花不再那么激烈碰撞,理论争锋的声音不再那么慷慨激昂……1990年代的马克思主义文学反映论已然不是各种新主义、新理论、新学说、新观点必须摆脱的观念羁绊,已然不是各种新论争的'众矢之的',它几乎陷入到了'无人问津'的境地"[②]。这就是说,马克思主义文艺理论不再像此前那样及时地呼应时代脉动,而是渐渐成为一种与现实,甚至与其他同时期的文论观保持一定距离的"学术"。

总的来看,张永清以"双重视角"回到历史现场,不仅梳理、研判了文

[①] 参见张永清《马克思主义文学反映论在20世纪80年代中后期的发展与深化》,《文学评论》2022年第3期。

[②] 张永清:《马克思主义文学反映论在20世纪90年代的拓展与突破》,《学术月刊》2022年第3期。

学反映论这一重要理论问题的学术史，而且呈现出中国马克思主义文艺理论为构建自身体系曾做出的努力及其得失。作为一个系列，这一研究尚未完成，本年度的两篇论文分别关注的是文学反映论在20世纪80年代由"形象"到"审美"、90年代由"审美"到"实践"的转变，还未涉及21世纪之后的情况。而无论是作为"审美反映论"之关键概念的"审美意识形态"，还是"实践"，在21世纪之后都引发了激烈、深入、影响甚广的讨论，我们会继续关注相关研究。希望这种探讨能够引起更多有益的讨论，进而引申出有助于构建中国马克思主义文艺理论学术、学科、话语体系的启示与方案。

三、经典作家、理论家研究

本年度的马克思主义文艺理论中国化研究还有一个值得注意的现象，即以往的研究主要是从马克思主义理论整体的角度，从重要的理论概念出发，勘察其中国化的发展历程，而今年除了这样的研究之外，还出现了不少研究具体作家、理论家的论文，如陈独秀、瞿秋白、茅盾、冯雪峰、丁玲等，他们具有多重身份，既是著名文学家、文艺理论家，还是革命先驱，亦从事翻译、办刊等工作，他们的思想与实践曲折而复杂，已有的研究十分丰富。但这些成果大多属于现代文学或党史研究的一部分，较少从马克思主义文艺理论中国化历程出发，对其文艺实践与思想进行系统的梳理与阐发。

马克思主义中国化历程中的经典作家、理论家研究集中出现，一方面是因为在完成理论框架的初步搭建之后，如要继续深入研究，就需从个案入手，从代表性人物与马克思主义思想的相遇、相融出发，探究他们的理论思考与思想实践，提取马克思主义中国化的精髓；另一方面，在建党百年等重大历史节点上，回顾百年革命历程，探究中国共产党对马克思主义的创新与发展，推动了相关文章的持续出现。进一步细分，本年度马克思主义中国化历程中的经典作家、理论家研究，大致可分为两类：一是对其革命历程与文艺思想的研究，在其个人生命与国家命运的"合奏"中，讨论他们对马克思主义的接受、信仰与传播、创造；二是对其翻译实践的研究，还原理论旅行的历史过程，定位其被吸收、转化、利用的"化合"之点。

《传记文学》2022年第11期发表的一组《时代之光——中国早期马克思主义理论家的故事》专题文章值得关注。这组文章选取李大钊、陈独秀、瞿秋白、茅盾、冯雪峰五位中国早期马克思主义理论家，经由他们走上革命道路、接受马克思主义，进而成为马克思主义在中国的"播火者"的人生历程，探源马克思主义中国化的早期实践过程。这五篇文章以介绍五位作家、理论家的人生与革命经历为主，兼论其思想的关键转变与其对马克思主义思想的接受、理解与实践。这类文章以专题形式刊发，有助于读者从不同的角度，通过不同理论家的视角，重返当时复杂的历史局势，感知马克思主义进入中国后所引起的多重回响与复杂变奏，从而辨析源流、见微知著，把握马克思主义中国化的主潮。正如这一专题导言所说："在传播马克思主义的'天火'的过程中，他们的个人命运又与民族国家的命运紧密地联系在一起。这是一个彼此深化、彼此强化的双向过程，因而，在他们的马克思主义观中必然有个人命运与民族国家命运的悠长回声，而在他们的个人命运和中华民族浴火重生的历程中也必然有马克思主义的精微密码。这回声和密码，是理解马克思主义理论中国化时代化的最佳切入点之一。"[1] 这类介绍性、纪念性的文章，还有刘卓的《蔡仪：从民族救亡烽火中走来的美学家》[2]，殷鹤、李世辉的《马克思主义文艺理论中国化的先驱黄药眠》[3]，刘文斌的《是学者，

---

[1] 本刊编辑部：《时代之光——中国早期马克思主义理论家的故事》，《传记文学》2022年第11期。

[2] 刘卓：《蔡仪：从民族救亡烽火中走来的美学家》，《中国社会科学报》2022年6月7日。

[3] 殷鹤、李世辉：《马克思主义文艺理论中国化的先驱黄药眠》，《学习月刊》2022年第4期。

也是战士——我所接触的文艺理论家程代熙》[1]等，皆值得关注。

在整体回顾马克思主义文艺理论家一生的文章之外，还有几篇文章聚焦他们的某一理论贡献。王雨佳从20世纪革命文学论争的历史现场出发，探讨理论家们对现实主义理论的建构。通过对创造社同人论述的分析，王雨佳指出马克思主义文论中现实主义理论的独特性在于它处于文学意识形态与对复杂现实的表现及其批判性之间的张力中。借助文学的意识形态属性及其政治目标，知识分子们得以将自己的文学事业与中国革命联系起来，却又在这一政治目标下造成了对现实主义的"失衡"理解。而瞿秋白通过马克思主义的理论方法，对现实主义理论进行重释，在一定程度上扭转了对革命的现实主义理论的机械化理解，但其论述因现实局限没能充分展开，成为遗憾。[2]马凌则另辟蹊径，从瞿秋白的音乐实践入手，丰富了对文艺大众化问题的讨论。[3]泓峻、刘立山从阳翰笙的《普罗文艺大众化的问题》《文艺大众化与大众文艺》两篇文章出发，讨论文艺大众化这一马克思主义文艺理论中国化的核心问题。[4]阎方正则聚焦新时期马克思主义文论中国化的历史转折，分析林宝全的马克思主义文论、美学研究，借此重审马克思主义文论中国化中一些存在争议的概念，如"典型""人民性"等，以及新时期对"主体性""审美现代性"等西方马克思主义文论概念的思考。[5]

---

[1] 刘文斌：《是学者，也是战士——我所接触的文艺理论家程代熙》，《中国文艺评论》2022年第5期。

[2] 参见王雨佳《革命文学论争时期马克思主义文艺理论的中国化——以创造社同人与瞿秋白对现实主义理论的建构为讨论中心》，《现代中国文化与文学》2022年第2期。

[3] 参见马凌《瞿秋白红色音乐实践对文艺大众化的探索》，《湖北社会科学》2022年第2期。

[4] 参见泓峻、刘立山《"左联"时期文艺大众化讨论对中国化马克思主义文论的影响——以阳翰笙的两篇文章为切入点》，《上海文化》2022年第2期。

[5] 参见阎方正《论林宝全对新时期马克思主义文艺理论中国化的历史贡献》，《社会科学动态》2022年第3期。

另一类文章是对经典作家翻译实践的研究。从作家的翻译实践切入，非常契合马克思主义文论之"中国化"的问题意识。翻译实践是理论传播的必经之路，而作家在翻译中会与对象产生精神对话，理论经过选择、转译、变形与再创造，最终移植到新的文化语境之中，其中包含着多层次的对话、启发与再阐释的过程。这些具体的翻译实践在历史中是"偶然"的，与作家本人的认知、趣味、目标等有关，更与他所面对的国家情势和社会难题有关，但作家通过熔铸自己的思考，决定性地使马克思主义理论与中国的具体历史、社会、文化情境相结合，使之成为中国现代理论的内在构成。对翻译实践的研究，最核心的就是要还原马克思主义理论与中国具体的社会、历史、文化情境的对话与回应过程，重返其被接受与阐发的历史现场，从而把握"中国化"的创造性内涵。吴述桥总结了冯雪峰在马克思主义文论翻译方面的成就，指出他在翻译的过程中，"特别强调翻译对象的马克思主义批评家的特质""十分突出'追求艺术和文学的社会意义'""站在'实际的指导者'立场以及对'社会潮流与作品倾向'的分析与把握"是其翻译实践的显著特点，而这是由冯雪峰所面对的中国革命形势所决定的。[①]高维宏从20世纪20年代末陈望道在翻译实践中的特殊选择出发，梳理无产阶级文化派理论从苏俄、日本引入中国的过程，为其时中国对苏联社会主义文化理论的接受补充了更多历史细节。"四一二"政变后，中国革命遭遇挫折，从武装斗争转向文化斗争，陈望道此时并未翻译马列主义著作，而是选择了无产阶级文化派波格丹诺夫的理论。高维宏阐述了列宁与无产阶级文化派的分歧，指出双方的矛盾在于布尔什维克政党与社会组织间的领导权问题。陈望道选择将"文化理念与领导权问题分而视之"，他翻译波格丹诺夫的文化、教育理论，

---

① 参见吴述桥《冯雪峰：马克思主义文论翻译的佼佼者》，《中国社会科学报》2022年2月8日。

是配合中国共产党从事文化教育工作，与国民党争夺文教战线的现实需要，不宜与苏联语境中的领导权矛盾齐观。①

总体来看，2022 年度马克思主义中国化历程中的经典作家研究以史实、材料的梳理与总结为主，纪念性与普及性的文章偏多，较少问题意识明确的深入研究。我们以为，这是值得继续推进的方向之一。

四、解放论与"希望的源泉"

本年度国外马克思主义文艺理论研究呈现三个特点：一是重视细读，从细节中实现"症候式阅读"，释放理论潜能；二是将马克思主义文艺理论与马克思主义的实践品格辩证地联系起来，超越狭义的决定论、阶段论与反映论；三是由于理论与实践互动，整体上构成了一幅相对有机也相对有希望的解放论画卷。

首先，我们从英国展开这幅画卷。刘涛、王洁群回到"红色三十年代"，指出考德威尔的"集体情感"概念对理解文艺生产诸环节的重要意义。在马克思主义文艺理论英国化的历程中，考德威尔不能被绕过的根本原因是他"尝试将英国本土文化传统、马克思主义文论和精神分析学说等思想资源相融合"②。这一历程在波折中延续至威廉斯。2021 年是威廉斯百年诞辰，部分成果在 2022 年发表，既回应上述主题，也关注其对于中国的影响。徐德林审视了威廉斯理论在中国旅行的效果，为之后的威廉斯研究明确了"历史的基础"③；王宁则返回文本，阐释了威廉斯理论持久的时代和现实意义，指出

---

① 参见高维宏《无产阶级文化派的理论旅行——陈望道的波格丹诺夫翻译及其语文理论的实践》，《文学评论》2022 年第 1 期。
② 刘涛、王洁群：《集体情感：考德威尔文艺思想的关键词》，《文艺评论》2022 年第 4 期。
③ 徐德林：《威廉斯研究在中国：遗产与债务》，《文艺理论与批评》2022 年第 6 期。

威廉斯对于解决"中国问题"仍具有重要的理论价值①。在相对局部的研究中，黄典林、李杭洋分析了威廉斯从"感觉结构"到"文化唯物主义"直至传播学理论的通路。②"感觉结构"影响着威廉斯思想的方方面面，如它间接决定了其现代悲剧观念，陈戎女与胡彬彬分析了威廉斯的悲剧观与其作为"行动"的革命观之间的辩证法，把握住了马克思主义理论与实践的辩证关系。③革命主体是马克思主义永恒的主题，欧阳月姣以"替罪羊"为切入点破解《现代悲剧》，并联结"生命政治"议题，在这一视角中分析威廉斯关于革命与共同体关系的思想④，极有穿透力。

学界对伊格尔顿的热情也未减弱。"文学事件"仍是关键主题，张玉能将其中所呈现的文学生成性的观点视为对"反本质主义"文艺理论进行纠弊的一把利器⑤，王健则从"阅读"这一"伊格尔顿关键词"入手理解文学批评的社会与乌托邦价值⑥。霍加特也未被遗忘，马雅和毛娟继续挖掘其"文化唯物主义"的介入性与整体性。⑦随着中译本《斯图亚特·霍尔文集》面世，霍尔的理论再次引发关注。孟登迎、张亮分别撰写书评，对其要义予以

---

① 参见王宁《雷蒙德·威廉斯之于当今文学和文化研究的意义》，《文艺理论研究》2022年第6期。
② 参见黄典林、李杭洋《感觉结构与传播唯物主义：雷蒙德·威廉斯的传播观及其方法论意义》，《福建师范大学学报（哲学社会科学版）》2022年第2期。
③ 参见陈戎女、胡彬彬《论雷蒙·威廉斯的悲剧观念：社会秩序、革命行动与社会主义》，《上海文化》2022年第10期。
④ 参见欧阳月姣《"替罪羊"、革命与共同体——从当代激进思潮重返雷蒙·威廉斯的悲剧理论》，《文艺理论与批评》2022年第4期。
⑤ 参见张玉能《文学事件论的现实理论意义》，《中国政法大学学报》2022年第2期。
⑥ 参见王健《论伊格尔顿文学批评中的"社会"及"未来"——从其21世纪理论中的"阅读"话题谈起》，《文艺理论与批评》2022年第4期。
⑦ 参见马雅、毛娟《"活在物质世界"——读理查德·霍加特〈识字的用途〉》，《中国图书评论》2022年第3期。

提点。①

陈湘静借助卢卡奇的"总体化"和阿尔都塞的"结构"对威廉斯的"感觉结构"进行反思。②威廉斯在其遗稿《现代主义的政治——反对新国教派》中检视了欧陆马克思主义文论的发展，这一作为用心良苦，是向英国文化研究的未来提供"希望的源泉"。那么，循着威廉斯的足迹，我们跨越英吉利海峡来到欧洲大陆。可以看到，学界始终关注西方马克思主义创始者。曹学聪指出早期卢卡奇就已对主观论的文化主义进行反省，并为"重建文化家园"做出探索。③张秀华、朱雅楠将"有机性"概念视为葛兰西思想的本质，更新了一些既往认识。④

尽管批判理论越来越关注社会学、技术哲学等，但对文艺理论的研究仍有所斩获。本年度《本雅明传》⑤中文版的问世与本雅明《德意志悲苦剧的起源》学术研讨会⑥的召开对本雅明研究起到了重要的推动作用。张雨晴与赵天舒分别将耶拿浪漫派与巴塔耶纳入"本雅明圈"研究之中⑦，而汪尧

---

① 参见孟登迎《不做担保的霍尔：理论化探索与文化研究的反思——中文版〈斯图亚特·霍尔文集〉阅读札记》；张亮《霍尔驭浪之旅的中国呈现——读〈斯图亚特·霍尔文集〉》，《中国图书评论》2022年第11期。
② 参见陈湘静《结构、主体、经验：雷蒙·威廉斯"感觉结构"的理论困境与可能性》，《国外文学》2022年第4期。
③ 参见曹学聪《文化危机与艺术拯救——卢卡奇早期对"重建文化家园"的探寻》，《北京航空航天大学学报（社会科学版）》2022年第2期。
④ 参见张秀华、朱雅楠《辩证本性的回归：葛兰西实践哲学的有机思想》，《北京师范大学学报（社会科学版）》2022年第4期。
⑤ 参见[美]霍华德·艾兰、迈克尔·詹宁斯《本雅明传》，王璞译，上海文艺出版社2022年版。
⑥ 参见郭悦《"本雅明〈德意志悲苦剧的起源〉学术研讨会"会议综述》，《上海文化》2022年第6期。
⑦ 参见张雨晴《"迷醉"或"清醒"：瓦尔特·本雅明对耶拿浪漫派"批评"概念的研究初探》，《社会》2022年第4期；赵天舒《理性的整合与超越——论本雅明与巴塔耶的"经验"》，《文学评论》2022年第2期。

翀对维特根斯坦的"邀请"则更具想象力,丰富了对本雅明语言哲学的理解。① 童明关于"应和"与"灵韵"的"美文"是本年度本雅明研究中比较特殊的个案。② 杨俊杰的概念辨析则让本雅明的文艺生产论更便于接受。③ 而布洛赫研究重新"抬头",则与 2022 年《希望的原理(第二卷)》的中文版译出有关,这也呼应着人们对"希望"与"乌托邦"的热忱。从斯坦纳所谓"毕达哥拉斯文体"的视角,张晓萌探讨了布洛赫哲学在表述上的美学风格。④ 李志雄、黄鑫则分析了布洛赫致力于发展的一种马克思主义宗教革命论。⑤ 以上文论皆有所得,可资参考。

其次,我们再看法国。季水河、江源从马克思主义文艺生产理论重审萨特的文论。⑥ 李明彦、窦欣桐将作为一种艺术方法的"间离效果"与阿尔都塞的解释学技巧,如"症候式阅读"联系起来,考察了阿尔都塞通过对布莱希特"间离效果"的扬弃构建自身戏剧理论的逻辑。⑦ 郑丕博指出了朗西埃"审美平等思想"与其对阿尔都塞批判之间的关系。⑧ 陈越以《来日方长》

---

① 参见汪尧翀《论"语言"的限度:本雅明与维特根斯坦思想的错位》,《中国图书评论》2022 年第 7 期。
② 参见童明《从"应和"到"灵韵":忧郁的理想所催生的美学经验》,《外国文学研究》2022 年第 4 期。
③ 参见杨俊杰《谈本雅明"技术可复制"》,《中国图书评论》2022 年第 7 期。
④ 参见张晓萌《"毕达哥拉斯文体":布洛赫美学表述形态探析》,《中国文学研究》2022 年第 4 期。
⑤ 参见李志雄、黄鑫《论布洛赫的圣经文学批评》,《世界宗教研究》2022 年第 4 期。
⑥ 参见季水河、江源《文学主客体关系重审:马克思艺术生产论对萨特文论的影响》,《湘潭大学学报(哲学社会科学版)》2022 年第 4 期。
⑦ 参见李明彦、窦欣桐《论阿尔都塞对"间离效果"的理解与阐释》,《文艺争鸣》2022 年第 10 期。
⑧ 参见郑丕博《朗西埃审美平等思想的理论构建:以其对阿尔都塞的批判超越为视角》,《世界哲学》2022 年第 6 期。

为对象对阿尔都塞的"孤独"作了贴切的解读。①列斐伏尔也颇受关注。陶惠娟分析了列斐伏尔对尼采思想的引用及其对黑格尔和马克思辩证法超越间的关系。②李巍则考察了列斐伏尔思想中的大众文化批判路径，指出其中蕴含的辩证法揭示了日常生活的潜能。③

再次，我们将目光转向北美。杜智芳关于詹姆逊博士学位论文——《萨特：一种风格的始源》的研究具有开拓性的意义④，这喻示着对西方马克思主义文艺理论家的博士学位论文或"开端"式著作的重要性的认识有所提高。

最后，我们把目光回向东亚。柄谷行人研究也有收获。汤拥华关于"跨越性批判"的细察，在"知人论世"与"以意逆志"间往复，较为忠实地解释了柄谷行人这一思想的来龙去脉，这对柄谷行人研究的意义自不必提，其间接效果也同样明显，比如可被视为对所谓"没有文学的文学理论"的正面回答。⑤高华鑫与韩尚蓉则分别对柄谷行人的"普遍性"与"偏斜"概念进行细究⑥，以上文论颇有见地，对相关研究必将有所启迪。

综上可见，本年度国外马克思主义文艺理论研究成果较多，尽管对象多样、方法多元、论点各异、质量不一，但隐含着一种共通的取向：以理论工

---

① 参见陈越《阿尔都塞和孤独》，《读书》2022年第8期。
② 参见陶惠娟《列斐伏尔日常生活批判思想的艺术革命探索之路》，《西南大学学报（社会科学版）》2022年第4期。
③ 参见李巍《生活的可能性与再隐私化：列斐伏尔〈日常生活批判〉中的大众文化批判》，《全球传媒学刊》2022年第2期。
④ 参见杜智芳《詹姆逊"境遇风格诗学"中的"现象学"因素——以〈萨特：一种风格的始源〉为对象》，《社会科学战线》2022年第4期。
⑤ 参见汤拥华《通向"可能性的中心"的文学——论柄谷行人的跨越性批评》，《外国文学评论》2022年第4期。
⑥ 参见高华鑫《在亚洲思考普遍性：大江健三郎与柄谷行人的三次对话》，《文艺理论与批评》2022年第1期；韩尚蓉《日本文学批评中"间"的思想——以柄谷行人的"偏斜"概念为线索》，《文艺理论与批评》2022年第1期。

作为现实注入"希望的源泉",尽量实现人的解放。如威廉斯所言,马克思主义再解读的目标是"为了我们所有人,为了一个可以再次想象共同体的现代的未来"①。这也提点了努力的方向。

五、理论的"疾病"及"诊断"

本年度国外马克思主义文艺理论研究还出现了一些值得关注的问题,比如理论的"疾病"及对其的"诊断"。具体而言,如果说理论的一个重要功能是对文艺作品及其中介的社会现实做"诊断",那么2022年人们越发感到西方马克思主义理论的自身"病"了。这种感知一方面伴随伊格尔顿《理论之后》和其他西方"后理论"理论家著作的陆续出版、译介、研究,另一方面恐怕也是我国学者对国内西方马克思主义理论研究现状的真实感知。它或是以"后理论"为题被直接触及,或是在其他议题中被间接涉及,或是充当着很多问题不言而喻的讨论前提。归纳来看,诸位学者"诊断"出的西方马克思主义理论的"病症",主要表现在以下几方面:一是脱离文学、对象泛化。"理论不讨论文学而大谈政治、阶级、性别、种族等问题"②,"文学文本似乎与政治、历史材料融为一体而失去了它的独特性"③。二是回避现实、无补于事。"作为政治的学术变为一种学术的政治"④,"'理论'被迫从改变世

---

① Raymond Williams, *Politics of modernism: Against the new conformists*, London: Verso Books, 1989, p.35.
② 李勇:《理论的文学化:后理论的一种可能路径》,《河北师范大学学报(哲学社会科学版)》2022年第1期。
③ 向芬、廖述务:《文本细读范式的重建——新形式主义视野下解读伊格尔顿〈如何读诗〉》,《绥化学院学报》2022年第2期。
④ 徐德林:《威廉斯研究在中国:遗产与债务》,《文艺理论与批评》2022年第6期。

界转向证明自身的合理性"①,"在热闹的权力分析之后没能留下任何有价值的遗产"②。三是避重就轻、不见整体。"当代文学批评者长期浸染在为破洞牛仔裤争取合法地位的思考当中","着眼于某些被压迫群体的反抗而形成的局部冲突,难以让视野放到更为整体性的资本主义批判当中去"。③四是混迹时尚、助力资本。"学问不再是象牙塔之事,却属于传媒世界、购物中心、香闺密室和秦楼楚馆。"④如果说以前的西方马克思主义理论试图介入时事、阶级解放,批判权力与资本,那么今天的西方马克思主义理论恐怕和时髦、欲望释放、文化资本更亲近了。

进一步追问,则是理论因何而"病"又该如何"医治"的问题。对此,诊断出发点不同,结论难免有差异。比如,王健就以解释西方马克思主义理论"在文学理论教材中的冷遇"为起点,回顾了西方马克思主义40年来的本土接受历程,提出今天西方马克思主义理论在中国的问题之一就是走向了反体系的道路,这不仅阻碍它"与隐含普遍性起点的文学理论体系化工作相融合",也限制了它被建设性地转化为"应对社会困境的有效资源",因此,当务之急是在尊重普遍性和集体性的基础上,"回到被实践化、体系化的传统马克思主义文论中,从中反思社会秩序转变的经验"。⑤罗干松、傅其林

---

① 王健:《论伊格尔顿文学批评中的"社会"及"未来"——从其21世纪理论中的"阅读"话题谈起》,《文艺理论与批评》2022年第4期。
② 王健:《未能"体系化"的资源——谈西方马克思主义在中国文学理论建构中的影响与问题》,载王杰主编《马克思主义美学研究(第24卷第2辑)》,东方出版中心2022年版,第355页。
③ 王健:《论伊格尔顿文学批评中的"社会"及"未来"——从其21世纪理论中的"阅读"话题谈起》,《文艺理论与批评》2022年第4期。
④ [英]特里·伊格尔顿:《理论之后》,商正译,商务印书馆2009年版,第5页。
⑤ 王健:《未能"体系化"的资源——谈西方马克思主义在中国文学理论建构中的影响与问题》,载王杰主编《马克思主义美学研究(第24卷第2辑)》,东方出版中心2022年版,第355—357页。

则借后马克思主义者本尼特的思考，批判了西方马克思主义理论的唯心主义和精英主义倾向，这无疑在一定程度上切中了以文化精英为主体的学院西方马克思主义理论的问题。① 不难看出，上述两种"诊断"，一个是站在建制的立场强调问题在于过于反体系，另一个是借助后结构主义视角暗示病灶在于过度体制化，表面看似矛盾，其实都是为了在各自理解的社会语境中缓解当下西方马克思主义理论脱离现实与实践的难题。

那么在现有语境中，理论究竟应该以怎样的姿态面对现实、重返实践呢？一个共识就是回归文学。这在本年度的伊格尔顿和威廉斯研究中同时有体现。向芬、廖述务介绍了伊格尔顿重建文本、细读范式的努力。伊格尔顿以"如何读诗"为切入点，展示了文学形式自身的内涵、范畴、结构和价值，试图恢复形式"与内容近乎同样丰富的生命力"。但这种分析与其说是以形式为"中心"，不如说是以形式为"中介"，因为文学批评在伊格尔顿这里最终通往的是政治批评。② 那么，我们为何能够借形式分析抵达外部世界呢？邢建昌介绍了伊格尔顿对"文学如何发生并起作用"的追问，认为伊格尔顿文学观的一个重要特征就是打破了文学/生活的二元论，"现实、历史与意识形态并不是机械地横向移植于文学，而是通过文学形式的整合并服从于文学自成一体的建构目标的"，因而"真正的理论不是对文学的剥夺，而是文学性的发现"。③ 王健则提出，从批评新批评的形式主义到主动汲取其营养，伊格尔顿要证明的是"阅读中所产生的能动性并非与政治相隔离，而

---

① 参见罗干松、傅其林《论托尼·本尼特对西方马克思主义文艺理论的批判》，《西南科技大学学报（哲学社会科学版）》2022 年第 4 期。
② 参见向芬、廖述务《文本细读范式的重建——新形式主义视野下解读伊格尔顿〈如何读诗〉》，《绥化学院学报》2022 年第 2 期。
③ 邢建昌：《理论与文学的相互生成——读特里·伊格尔顿〈文学事件〉》，《河北师范大学学报（哲学社会科学版）》2022 年第 1 期。

是能够切入社会秩序建构之中的意识——对社会政治的思考也就这样被嵌入对文本的分析当中",因而,我们或许可以通过在当下激活文本细读的英国文学传统,重建个体与文学、社会及共同体的连接。① 由此,阅读问题在伊格尔顿这里不仅通向社会,也通向未来。不难看出,在伊格尔顿的诊断中,理论"脱离文学"和"脱离现实"是同一病灶的不同表现。换言之,如果理论脱离了文学,那么也放弃了借由文学触动现实的可能,因而在某种意义上,以正确的方式回归文学,其实就是以文学的方式重返现实本身。

如果伊格尔顿研究更多涉及文学批评方法,那么本年度的威廉斯研究则开始发掘作为文学家的威廉斯。威廉斯不仅是一位优秀的理论家,更是一位独树一帜的作家。但一直以来,我国学界关注的往往是威廉斯的理论著作,徐德林将这一点称为威廉斯研究在中国的"债务",认为"我们的译介和研究显然仍存在碎片化等问题,甚至存在盲区和误区"②。如何清偿这一债务?陈湘静的《边境乡村、社会主义与感觉结构——论雷蒙·威廉斯〈边境乡村〉中的文化政治想象》③做出了示范。论文在对威廉斯自传《边境乡村》的文本分析中展现了威廉斯的个体经验如何成就其独特的"感觉结构",而这种以"边境"为基础的感觉结构,又如何进一步促成他对各种社会区隔和等级问题的反思。该文向我们充分展现了威廉斯的小说不仅是其理论的表达,也充当着其理论建构的过程本身,在这里,文学和理论以各自的方式探索世界、提出问题,却又存在着一种本质上的联系。这种联系为何能发生,又可以为"理论之后"的理论发展带来哪些可能?李勇对此进行了探讨,提

---

① 参见王健《论伊格尔顿文学批评中的"社会"及"未来"——从其21世纪理论中的"阅读"话题谈起》,《文艺理论与批评》2022年第4期。
② 徐德林:《威廉斯研究在中国:遗产与债务》,《文艺理论与批评》2022年第6期。
③ 陈湘静:《边境乡村、社会主义与感觉结构——论雷蒙·威廉斯〈边境乡村〉中的文化政治想象》,《文艺理论与批评》2022年第4期。

出"理论之后"的理论一方面应继承理论的批判和反思精神；另一方面又与脱离文学、过度膨胀的理论不同，它将"探索理论与文学从我—他关系到我—你关系的转换，以及理论思维与文学思维的融合，以文学与理论重叠的问题框架探究现实世界"[①]。不难看出，无论是伊格尔顿研究强调的批评和阅读方法，还是威廉斯研究关注的理论—文学互动，两者虽取径不同，但努力方向都是把理论带回它阔别已久的文学和现实，因为只有理论、文学、现实三者重新互动起来，理论才可能恢复真正的健康和活力。

必须看到的是，关于"后理论"的探讨，不乏英美理论界清算其法德遗产、回归自身文本细读传统的因素。因而，当我们试图引入"后理论"资源，诊断国内理论研究的疾病时，就尤其要注意适用性问题。以阅读和细读为例，必须看到，我国国民阅读率和平均阅读量比起西方发达国家来说较低，尤其是在新媒介文艺流行的今天，严肃文学更是处于一种尴尬的"边缘"境况。在这样的情况下，试图借助"阅读"重建公共领域，就会显得脱离实际。更何况，在一个堪称"信息爆炸"和"加速"的时代，"倍速观看"已十分普遍，此时呼吁大家回归父辈、祖辈那个年代的"细读"传统，也可能难以推动下去。但尽管存在着种种"适用性"问题，依旧不妨碍将上述讨论作为"他山之石"，以激发我们反思本土西方马克思主义理论研究的问题。或许，理论的恢复和社会的重建一样，需要的都将是一场"漫长的革命"。

六、现代性反思与概念辨析

另一个重要的症候性问题体现在有关现代性研究的论文中。

[①] 李勇：《理论的文学化：后理论的一种可能路径》，《河北师范大学学报（哲学社会科学版）》2022年第1期。

本年度有数篇西方马克思主义研究的论文涉及现代性反思，以及对作为现代性反思的现代主义、后现代主义等理论进行再反思的相关议题，如王璐婵的《阿多诺、哈贝马斯、詹姆逊对现代性问题的不同反思》[①]、邢冠英的《共同体视域下论人性的异化与邪恶——威廉斯和伊格尔顿悲剧理论的启示》[②]、王雪冬的《伊格尔顿对后现代主义的批判》[③]等。

王璐婵的论文概述了阿多诺、哈贝马斯、詹姆逊三人各自的现代性反思，将三人对待现代性的态度分别概括为"悲观""乐观""辩证统一"，在此基础上，又对三人的理论做了一个相对简略的比较。邢冠英以"资本主义现代性异化问题"为整篇论文的大背景，论述威廉斯与伊格尔顿基于马克思异化理论所阐发的人性异化问题，以及他们通过文化革命"促成大众对资本主义现代性和自我人性的反思""凝聚共同体意识来抗击人性异化、邪恶和社会分裂"[④]的变革策略。王雪冬则旨在说明伊格尔顿对"拒斥总体性、理性主义和宏大叙事，怀疑真理、普遍进步和解放观念，赞扬多元化、不连续性、异质性"以及"强调与现代社会的决裂，以批判现代性为主要任务"的后现代主义的批判所具有的当下意义，肯定他坚持马克思主义"设法变革启蒙运动创立的社会秩序"的辩证态度与思想。[⑤]

这几篇论文在具体论题上较有启发性，但也内含着一个具有一定普遍性

---

① 参见王璐婵《阿多诺、哈贝马斯、詹姆逊对现代性问题的不同反思》，《太原师范学院学报（社会科学版）》2022年第2期。
② 参见邢冠英《共同体视域下论人性的异化与邪恶——威廉斯和伊格尔顿悲剧理论的启示》，载王杰主编《马克思主义美学研究（第24卷第2辑）》，东方出版中心2022年版。
③ 参见王雪冬《伊格尔顿对后现代主义的批判》，《中国社会科学报》2022年3月28日。
④ 邢冠英：《共同体视域下论人性的异化与邪恶——威廉斯和伊格尔顿悲剧理论的启示》，载王杰主编《马克思主义美学研究（第24卷第2辑）》，东方出版中心2022年版，第560页。
⑤ 参见王雪冬《伊格尔顿对后现代主义的批判》，《中国社会科学报》2022年3月28日。

因而值得重视的问题，即如何更加审慎地辨析、使用学术概念。不同理论家在使用相同的学术概念时，其内涵未必是一致的，特别是讨论现代性问题时很难避开的"理性"这个概念。诸理论家对于"理性"与"非理性"之间界限的判定常有不同。例如，以赛亚·伯林的《浪漫主义的根源》认为浪漫主义是对启蒙理性的压迫性的反抗，而安·兰德的《浪漫主义宣言》则说浪漫主义才是真正的理性至上。但这并不意味着两人对浪漫主义的理解是相反的，因为以赛亚·伯林意义上的"理性"指向以真理为客观标准的知识，强调的是理性作为一种外在建制的压迫性力量，而安·兰德所说的"理性"则指向人的意志、道德选择能力，是人所独有的内在价值。两人看似相反的结论实际上都指向浪漫主义思潮所具有的反对机械决定论，强调人的意志与行动的意图。同样地，无论是对比阿多诺和哈贝马斯，还是伊格尔顿和其他后现代主义理论家，忽视相同概念名称下的差异性理解，仅指出他们在修辞层面上的差异和对立，无助于说明他们真正的理论贡献。相比于阿多诺是"悲观"还是"乐观"，更重要的是法兰克福学派接续韦伯的"合理性"理论，使工具理性成了一个重要的批判理论概念。伊格尔顿对后现代主义理论的批评，也不是因为这些理论认同或否定启蒙，或在多大程度上忠实于马克思主义理论原典，而是因为这些理论削弱甚至取消了文学和文学批评本应具有的社会动能和实践力量。

这提醒我们，对现代性及相关议题的理解与反思确实是一个具有现实意义的重要理论问题，值得继续推进，但有必要对不同理论家笔下的现代性等核心概念进行有效辨析、界定，确保研究有的放矢。比如，本年度多篇西方马克思主义研究论文都使用"现代性"一词，但若仔细辨析，则会发现其所指差异多多，甚至大相径庭。如《阿多诺、哈贝马斯、詹姆逊对现代性问题的不同反思》与《伊格尔顿对后现代主义的批判》这两篇论文中的"现代性"基本等同于"启蒙"，前者侧重于启蒙理性，后者侧重于启蒙运动所创立的社会秩序，而《共同体视域下论人性的异化与邪恶——威廉斯和伊格尔顿悲剧理论的启示》中的"现代性"则指向了资产阶级主导的社会进程。不明确这些概念的内涵，仅从名称出发进行分析，可能会误导研究，事倍功半甚至劳而无功。正如祝东力在《资产阶级的危机与后现代的多个版本——以现代性概念为起点》中所提醒的："现代性概念作为人文研究领域的基础性概念，在20世纪90年代以来简体中文学术界的使用过程中，其涵义长期含混不明，亟需从多学科的角度进行辨析。"[1] 他对现代性本质的考察、对现代性概念的厘定也很有启发，值得继续关注、讨论。这在更高的层面上提醒我们，在国外马克思主义文艺理论研究，乃至现当代文艺研究中，有必要对一些核心概念进行考释辨义，以为未来研究清障。

学术研究之路漫长艰苦，我们愿与同道们一起砥砺前行，求真存是。

（原载《文艺理论与批评》2023年第2期）

---

[1] 祝东力：《资产阶级的危机与后现代的多个版本——以现代性概念为起点》，《文艺理论与批评》2022年第6期。

目 录

经典马克思主义文艺理论研究

003　实践的思想与马克思主义文艺理论研究的变革　　王元骧

中国马克思主义文艺理论研究

023　《讲话》与人民文艺的原点性问题　　贺桂梅

064　从革命主体论及历史、现实的辩证关系看《讲话》　　程　凯

112　主客与文野
　　　——在历史中阅读作为思想文本的《在延安文艺座谈会上的讲话》　　周展安

149 "从延安走来的人"

　　——丁玲与《在延安文艺座谈会上的讲话》的发生及其当代
　　　阐释　　何吉贤

182 马克思主义文学反映论在20世纪80年代中后期的发展与
　　深化　　张永清

204 马克思主义文学反映论在20世纪90年代的拓展与突破
　　　张永清

229 是学者，也是战士

　　——我所接触的文艺理论家程代熙　　刘文斌

国外马克思主义文艺理论研究

243 通向"可能性的中心"的文学

　　——论柄谷行人的跨越性批评　　汤拥华

268 在亚洲思考普遍性：大江健三郎与柄谷行人的三次对话
　　　高华鑫

288 边境乡村、社会主义与感觉结构

　　——论雷蒙·威廉斯《边境乡村》中的文化政治想象
　　　陈湘静

312 "替罪羊"、革命与共同体

——从当代激进思潮重返雷蒙·威廉斯的悲剧理论

　　欧阳月姣

329 拜物教与批判逻辑

——朗西埃的批判观念解读　　饶　静

348 资产阶级的危机与后现代的多个版本

——以现代性概念为起点　　祝东力

372 理论的文学化：后理论的一种可能路径　　李　勇

经典马克思主义文艺理论研究

实践的思想与马克思主义文艺理论研究的变革

王元骧

浙江大学中文系

一

我国的马克思主义文艺理论研究大概是在20世纪30年代"左联"成立后开展起来的，它主要遵循一条认识论的路线，即把文艺的性质看作对现实生活的一种反映，其职能主要是帮助人们认识生活的本质和规律。发表于1933年的周扬的《文学的真实性》就是这种观点的最初的代表。文章认为"文学，和科学，哲学一样，是客观现实的反映和认识，所不同的，只是文学是通过具体的形象去达到客观的真实的"[1]。这种观点在新中国成立以后尤其盛行，几乎成为人们看待文学的一种共识，被写入一些权威的文艺理论教材之中，并一直延续到20世纪80年代。这种对马克思主义文艺理论作认识论理解的思想虽然有它合理的方面，但现在看来显然是不够完整、准确的。

---

[1] 周起应（周扬）：《文学的真实性》，载上海文艺出版社编《中国新文学大系1927—1937 第一集 文学理论集一》，上海文艺出版社1987年版，第32页。

它之所以被我们视为认识文艺问题的基本依据而在我国长期流传，分析起来，我认为大致有两方面的原因。

其一是受苏联马克思主义文艺理论的影响。因为自 1930 年前后批判了"拉普"的"辩证唯物主义创作方法"之后，苏联文艺理论的研究主要是根据他们对列宁"反映论"哲学观的理解，并吸取了别林斯基等俄国革命民主主义批评家的文艺思想中的相应部分而建立起来的。这些研究自然是有成绩的，但是由于别林斯基等人的理论所继承的主要是自亚里士多德以来一直延续到黑格尔的认识论的文艺观，把文艺看作对自然的模仿，服务于人的认识。虽然在具体解释上已远远超出了这一局限，但在思维方式上仍不免受到认识论的限制，以至在强调文艺的认识性时忽视了它的价值属性，甚至直到 20 世纪 60 年代，价值论还被视作与反映论水火不相容的、资产阶级唯心主义的理论而被排除在哲学和文艺学的研究领域之外。所以，这一理论在推进现实主义文艺的发展和繁荣做出重要贡献的同时，也为我们的文艺理论研究造成了许多盲点，特别是对艺术所担负的对于人生意义的探寻和追思这一价值属性的忽视，已经成了在我们当今社会条件下要使文艺理论继续得以发展、完善，以求与时代同步前进所必须予以改变的事实。

其二是出于对马克思主义经典作家关于文艺问题的一些言论和论述的不够完整的和准确的理解。特别是在看待文艺的"意识形态性"时，一般都按照认识论所阐明的以反映世界的本质规律为目的的旨意，从"观念学"、从社会结构上作为反映一定经济基础的上层建筑现象，一种"更高的浮悬于空中的思想领域"来理解，而无视它与人的实际生活的联系，以及两者之间联系的中间环节，如拉布里奥拉和普列汉诺夫早就指出的"社会心理"所起的中介和调控的作用。特别是对于文艺这种审美的意识形态来说，如同阿尔都塞所指出的，"意识形态作为表象体系之所以不同于科学，是因为在意识形态中，实践—社会的职能比理论的职能（即认识的职能）要重要得多"[①]。但以往我们以意识形态的观点来理解文艺的性质时，往往只是把它当作一种"教义和体系"，而完全忽视它向社会功能转化的心理机制，以致不能具体落实到人的行为而使实践的职能始终处于虚化的状态。

根据以上理由，我认为以认识性来为文艺定性并把它视作马克思主义的文艺观是值得怀疑和研究的。因为这不仅不能穷尽文艺的全部内涵，而且也与马克思主义思想的基本精神、当今时代向文艺所提出来的要求以及现代文艺理论发展的基本走向不相符合，这三个方面是既有区别又有联系的。因此，为了论述方便，我们就不妨从探讨最后一个问题入手。

那么，什么是文艺理论在现代发展的基本走向呢？以我之见，就是侧重于从认识视角的研究向侧重于从实践视角的研究转轨。而这，又是以现代哲学研究的实践论转向为思想基础的。要说明这个问题的来龙去脉，还得需要我们追溯到康德。众所周知，康德在哲学文化领域内所发起的一场"哥白尼式的革命"，其内容之一就在于他继承和发展了卢梭的科学不能解决人的生存问题的思想，在知识的世界之外还发现了一个与人的行为法则相关的价值的世界，认为这个价值的世界虽认识不可及，但行为却受它支配。[②] 与之相应，他在"理论理性""科技理性"之外，又提出了一个"实践理性"的问题。"实践"概念在古希腊哲学家亚里士多德的著作中就已产生，他不仅在《政治学》中对人的正义生活与行为的善做了大量的论述，而且在《尼各马科伦理学》和《大伦理学》中还就实践的问题在理论上做了专门的研究和

[①] [法]阿尔都塞：《〈保卫马克思〉(1965)》，载俞吾金、陈学明《国外马克思主义哲学流派》，复旦大学出版社1990年版，第467页。

[②] 参见[德]康德《纯粹理性批判》，蓝公武译，商务印书馆1960年版。

分析①，认为实践作为人的一种"有所为的理性"所要解决的是在诸多可能性中正确选择行为目的的问题。但由于指导亚里士多德的思想是知识至上主义，这种选择在他看来也主要是对知识的具体运用，所以，比起理论来，实践是低一等的。因而，实践的问题在以后很长的一段时间里也就不再被以探讨本体论为目的的哲学家们关注，而更多的只是当作行为领域内的问题，放在伦理学中来进行探讨。康德不仅在哲学领域内重新提出这个问题，而且把实践的地位置于理论之上，认为实践高于理论，因为认识只不过是追求知识，而实践则是创造价值。这就决定了实践总是与人的生活世界、人的需要、动机、活动，与人生的目的、意义、价值不可分割地联系在一起的。因此，哲学上的这种实践的转向，就其基本精神来说也就是要求哲学从传统的知识论哲学那种以物为本的、以探讨世界的本原和基质为己任的抽象性、思辨性、纯理论的倾向中摆脱出来，转向以人为本、转向对社会与人生的介入；具体地说，也就是从人、从人的实际的生存活动出发，面对现实人生、思考现实人生、以服务于现实人生为己任。所以罗素认为这是从卢梭和康德以来随着"意志的地位上升""知识的地位下降"而造成的"在我们这时代哲学气质所起的最显著的变化"。② 这一思想认识的转变不仅对日后的哲学研究，而且对于美学和文艺理论研究都产生了十分重大而深远的影响，像意志哲学、生命哲学、价值哲学、存在哲学、西方马克思主义（主要是"法兰克福学派"等人本主义派）、东欧马克思主义哲学几乎都从不同的角度直接或间接地从康德那里吸取了实践的思想，来作为构建自己理论的思想资源。这一转向在今天之所以能成为潮流，为人们所普遍接受，就是因为它既反映

---

① 参见〔古希腊〕亚里士多德《尼各马科伦理学》，苗力田译，中国社会科学出版社1990年版。
② 〔英〕罗素：《西方哲学史及其与从古代到现代的政治、社会情况的联系》下卷，马元德译，商务印书馆1976年版，第310—311页。

了在现代哲学中人的地位的提高,也反映了自工业文明社会以来各种"异化"现象如科技理性等支配和奴役所造成的人的生存的困境,以及人们为了摆脱这种困境而获得自由解放的要求。与哲学的这一发展趋向相呼应,在文艺理论中,自19世纪初的德国浪漫主义以来,现代的许多美学家和文艺理论家也不再把文艺只是看作一种知识的形式,而认为它是一种"存在的圣化""生存的真理",一种对人生目的、意义、价值的探寻和追思,是对人的生存的一种终极的关怀。施勒格尔很早就提出了"诗与人生合一"的思想,要求"把诗变成生活和社会,把生活和社会变成诗"①,就是为了人们能在这个庸俗的、浅薄的、功利的社会里保持一方精神的净土,而不至于使自己丧失生活的最终目标。尼采则是从生命意志是一种朝着更高目的所进行的创造活动的哲学思想出发,认为"艺术作品的结果就是激起艺术的创造状况和陶醉感""艺术的本质在于使存在完成……完美和充实,艺术本质上是对生命的肯定和祝福,使生命神性化……"②而海德格尔则根据他的"存在"是存在物的呈现和显示的观点,索性直接把诗看作一种存在的显现,他认为世界之暗就在于真理的遮蔽,"在于痛苦、死亡、爱情的本性没有显现",而真理的显现、敞开、领悟活动本身就是存在的诗意所在,诗的价值就是为了使人消除遮蔽,走向澄明之境;使人在世界上获得诗意的栖居,这就是对世界之暗的一种拯救。③此外,像布洛赫的审美乌托邦的思想、阿多诺的否定美学以及马尔库塞新感性的理论等,也无不在强调文艺的批判功能、创造功能、

---

① [德]施勒格尔:《雅典娜神殿断片集》,李伯杰译,生活·读书·新知三联书店1996年版,第72页。
② [德]弗里德里希·尼采:《权力意志——重估一切价值的尝试》,张念东、凌素心译,商务印书馆1991年版,第543页。
③ 参见[德]M.海德格尔《诗人何为?》,《诗·语言·思》,彭富春译,文化艺术出版社1991年版。

拯救功能和解放功能，其理论的支点和归宿也无不落在实践上。这些理论虽然由于否定了哲学是一种世界观和方法论的学说，把它仅仅当作一个生存论的问题使之陷于片面，但是有一点是值得肯定的，即它们不仅都面向现实，反映着现代社会人们对文艺的内心需求，而且是人们对文艺性质认识日趋深化的一种表现，对于我们全面思考与认识文艺问题，无疑是很有启示的。

二

但是，当我们在指出康德哲学对现代西方哲学和文艺理论的发展和变革所产生的巨大影响时，也必须清醒地看到：在康德哲学中，认识与实践是分别属于"现象世界"和"本体世界"的，他幻想以审美把两者沟通起来，但最终并未真正达到统一。康德哲学体系上的这一局限，在康德之后不仅没有引起人们的足够注意，从理论上予以克服，在他的一些后继者那里，反而进一步把它们对立起来，往往以贬低甚至否定认识来谈论实践，不理解实践作为在对象世界实现自己目的的感性物质活动，它的核心环节——目的总是在认识的基础上产生，"是作为规律决定着他的活动的方式和方法的"[①]，为他的意志活动所必须遵循的准则，总是由认识的成果转化而来的。这样一来，他们就往往把实践归结为一种纯粹的精神活动、意志活动，把实践主观化、心理化、个人化、非理性化了，并在否定实践首先是一种感性物质活动的同时，又把精神实践的地位和作用做了不适当的强调和提高。如萨特，他从"存在先于本质"的思想出发，认为人是由自己的选择、设计、谋划而造就的，而这一切在他看来都不过只是一种人的意向性的活动、一种精神上的自

[①] ［德］马克思：《资本论》，《马克思恩格斯全集》第二十三卷，人民出版社1972年版，第202页。

我超越。这些局限也同样鲜明地反映在其他现代西方人本主义，以及许多西方马克思主义和东欧新马克思主义的哲学理论、文艺理论之中，从而将实践与认识的对立进一步发展成为社会与自然的对立。他们的共同点是都强调人的主观意识而无视客观规律，强调人在活动中的能动性、创造性而否定客观世界的制约性和规定性，并由此出发来阐述文艺的根本性质与存在的价值。

作为马克思主义文艺理论基础的马克思主义哲学，无疑是属于现代西方哲学行列的。尽管马克思主义作为无产阶级解放的学说，与现代西方哲学在性质和职能上都有着原则的差别，但是它们所面对的现实问题、所批判的矛头指向，以及在某些问题上所持的立场和态度等方面，都存在不少相类似甚至一致的地方。突出表现为在理论上，它们都是通过"实践的转向"来实现对哲学的改造。就马克思主义哲学来说，虽然它是在批判和吸取传统唯物主义哲学的基础上发展起来的，但它与传统的唯物主义哲学不同之处在于马克思主义创始人把实践的观点引入哲学，在唯物主义领域产生了一系列的变革。如关于哲学的对象，马克思主义哲学认为它所研究的不只是物的世界，同时也是人的世界，是人在这个世界中所从事的活动以及由此所展开的种种关系；关于哲学的功能，马克思主义哲学认为哲学不只是"解释世界"，而是在"改变世界"，从而使哲学从传统的认识功能转向批判功能和实践功能。又如关于哲学的性质，马克思主义哲学认为它不只是一种知识的最高原理、"科学的科学"，而是世界观和方法论，是人们认识世界、改造世界的思想武器，认为它的"全部问题都在于使现存世界革命化，实际地反对和改变事物的现状"[①]，以致后来有些西方马克思主义的代表人物索性以"实践哲学"（葛兰西）和"批判理论"（霍克海默）来称呼马克思主义。基于这一理解，

[①] ［德］马克思、恩格斯：《德意志意识形态》，《马克思恩格斯选集》第一卷，人民出版社1972年版，第48页。

我们认为，虽然马克思主义创始人以实践的观点在解释文艺问题上尚未全面而具体地展开，但按照马克思主义哲学的精神，现代西方人本主义所主张的不少文艺观是可以与马克思主义开展对话、获得沟通，并通过批判改造为马克思主义文艺理论所吸取和融合的。

但是当我们指出马克思主义哲学与现代西方人本主义哲学都存在着实践的转向这一共同特点时，更要看到这两者之间的根本区别，问题就在于我们前面所指出的，由于康德把实践与认识分割开来并分别归于"本体世界"和"现象世界"，认为对于本体世界不可知之只可思之，这无异于把两者对立起来，以否定认识来谈论实践，而使后来在康德哲学影响下所发展起来的实践论文艺观陷入与它们的哲学基础同样的偏颇之中。因为在人与世界的各种关系中，认识无疑是一切关系的共同基础。只有在认识中，世界的先在地位才能得以确认，唯物主义才能获得它的立足之点。一旦离开了认识，就必然会使得它们把实践的动因从社会和历史中分离出来，不是归之于一种超验的本体，就是归之于一种纯粹主观的内在需要，使实践成了一种主观的、心理的、纯意识的活动，即所谓"精神实践"，而把对实践的理解引向唯心主义。现代西方人本主义哲学一般都不谈认识论和价值论而只谈本体论（存在论），如海德格尔哲学的出发点"在世界中存在"，萨特哲学的出发点"自为的存在"等。因此，在他们那里，康德哲学中的认识与实践的二元分割、对立的情况似乎已经不再存在，但实际上这个情况并没有得到真正的解决。因为海德格尔所说的"此在"是先于主客之分的、没有规定性的原始状态下的人的存在，他与世界处在浑然一体之中，所以"此在在世"只不过是自身的显现而非对象性的活动；他对自身显现的领悟也只不过是一种原始的、混沌的意识，而非有意识的自觉行为。这样当然也就不再有主体与客体、认识与实践的二元对立了。萨特的"自为的存在"同样也是这样一种没有对象意识的意向性的活动。但人毕竟不同于动物，他的生存活动是有意识有目的的，这种目的不是主观自生的，而总是在他的生存活动中，经由认识、评价、选择而形成的。所以列宁认为，"人的目的是客观世界所产生的，是以它为前提的"①。因而在实践的内在结构中，也必然包含着认识的因素，这样一来，人的存在论的结构就不像海德格尔所说的只是"在世界中存在"，或萨特所说的"自为的存在"，而应该具体化为认识、目的、实践这一互相规定、互为因果的活动过程。本体论意义上的实践（生存活动）与认识论以及基于对认识成果的评价所产生的价值论意义上的实践也就重新回归到统一。也就是说，即使从本体论意义上来说，只要一谈到实践，就离不开它与认识论和价值论的关系。所以，在我看来，现代西方人本主义哲学家不谈这个问题不是由于他们真正解决了这个问题，实在是因为他们回避了这个问题。而且由于他们在从本体论意义探讨人生实践时，都是以否定了客体、否定了对客观规律的主观评价为前提的，把它仅仅看作主观的意向心理，如海德格尔的"筹划"、萨特的"选择"等，这样对实践的理解就完全个人化、主观化、心理化、非理性化了。

所以我觉得要使实践论文艺观具有科学的基础，并能获得进一步的推进，在借鉴康德的实践哲学的同时还要吸取黑格尔实践观的合理成分为我所用。黑格尔哲学是认识论哲学，所阐述的是理念的自我认识的过程。黑格尔把实践看作理念自我认识的一种途径，即理念通过外化使自己在对象世界获得显现来达到对自己的认识。黑格尔所说的"理念"就是心灵的外化②，所以他说的"理念的自我认识"实际上也就是人不仅通过认识（思维）活动，而且通过意志活动，即以实践的方式在改变客观世界的过程中达到对自己的认识。因此列宁认为"当马克思把实践的标准列入认识论时，他的观点

---

① 中共中央马克思恩格斯列宁斯大林著作编译局译：《列宁哲学笔记》，人民出版社1957年版，第174页。
② 参见［德］黑格尔《美学》第一卷，朱光潜译，商务印书馆1979年版，第118页。

是直接和黑格尔接近的"①。以往苏联以及我国的许多学者都认为，马克思主义创始人对黑格尔的实践观的批判与继承就在于把黑格尔精神实践改造成的感性物质活动首先是生产劳动，这样一来，就不仅置实践于唯物主义的思想基础之上，而且表明实践就其性质来说是社会的、历史的，它是在一定的社会关系中进行并借助一定的手段、工具、一定社会历史的既得的力量来完成的，这是他们的一大贡献。但由于只是从对黑格尔的实践观批判改造着眼来探讨马克思主义实践观的理论根源，就因此认为马克思创始人提出的实践也只限于认识论的领域，把它只看作认识的基础和检验真理的标准，忽视其与本体论（存在论）和价值论的联系，以及人在社会历史中的地位和作用，我认为，这是不完全符合马克思主义哲学的基本精神的。马克思主义创始人把人的活动看作历史的出发点，认为"这种活动，这种连续不断的感性劳动和创造、这种生产，是整个现存感性世界的非常深刻的基础"②。现实世界就是通过人的活动与人发生联系的，"只有当物按人的方式同人发生关系时，我才能在实践上按人的关系同物发生关系"，那种"被抽象地理解的、孤立的、被认为是与人分离的自然界，对人说来也就是无"③。所以，对于人来说，"周围的感性世界绝不是某种开天辟地以来就已存在的、始终如一的东西……是历史的产物，是世世代代活动的结果"④。这样，就从本体论的意义上把实践看作"人的本质力量的对象化"的途径，是"自然世界"向"属人世界"生成和转化的中介，从而克服了传统唯物主义哲学和唯心主义哲学分

---

① 中共中央马克思恩格斯列宁斯大林著作编译局译：《列宁哲学笔记》，人民出版社1957年版，第198—199页。
② [德] 马克思、恩格斯：《德意志意识形态》，《马克思恩格斯选集》第一卷，人民出版社1972年版，第49页。
③ [德] 马克思：《1844年经济学哲学手稿》，人民出版社1985年版，第135页。
④ [德] 马克思、恩格斯：《德意志意识形态》，《马克思恩格斯选集》第一卷，人民出版社1972年版，第48页。

别从物质和精神来探讨世界的本原所造成的僵持和对立，而通过人的活动使之回归统一，这就是本体论意义上的实践。而这种被马克思主义创始人视作历史出发点的人并非抽象的、无人身的、理念的化身，而是"有生命的个人的存在"。这种有生命的个人要在世界上生存，总是通过自身需要的满足才能得以维持。因而需要也就成了人活动的根本动因，同时也决定了认识不只是追求客观事实，更是以使自己的需要在对象世界获得满足为目的。这种"表现了对人的需要的关系的物的属性"[1]就是我们所说的价值，就是通过实践活动来达到世界对人的服从与人对世界的服从，亦即合目的性与合规律性的统一。所以我认为马克思主义的实践观与西方现代人本主义哲学的实践观不同，就在于它同时涵盖本体论、认识论、价值论三方面的内容。认识到这一点，我们就可以从根本上克服以往哲学把精神与物质、主观与客观、个体与社会、价值与知识、自由与必然、理想与现实分割以至对立的倾向，而使之真正走向辩证的统一，从而避免西方现代人本主义哲学观和文艺观把实践个人化、主观化、心理化、非理性化的倾向，为马克思主义文艺学在当代发展的过程中，在吸取西方现代人本主义文艺观的合理的因素的同时，又实现对现代西方人本主义文艺理论的超越提供科学而坚实的理论基础。

三

那么，这种本体论、认识论、价值论相统一的实践观的确立，对于我们克服长期以来在我国流传的纯认识论文艺观的局限；批判地吸取历史上一切文艺理论发展的优秀成果，包括西方现代人本主义文艺思想的合理成分；丰

---

[1] [德]马克思：《资本论》，《马克思恩格斯全集》第二十六卷第三册，人民出版社1972年版，第139页。

富和完善、充实和改造我们对文艺的一些基本问题的认识；推进马克思主义文艺理论研究在当代的发展有什么启示呢？在我看来至少包括以下三个方面。

首先，从文学对象来看，"文学是人学"，它总是以人的生存活动和性格、命运为对象的。亚里士多德早在《诗学》中就提出文学所描写的对象是"在行动中的人"①，这一思想后来又得到狄德罗和车尔尼雪夫斯基的肯定，并进而说明哲学家说话要"符合事物的本质"，诗人说话要符合"人物性格"②，"历史叙述人类的生活，艺术则叙述个人的生活"③。但是他们一般只是把人看作"感性的对象"，亦即不是"抽象的无人身的理性"，而是知、情、意统一的现实的人。但这里还只是从静态的观点，从人格结构着眼把知、情、意看作人的构成因素，亦即人的心理潜能；与之不同，马克思主义创始人不仅把现实的人看作"感性的对象"，而且更是"感性的活动"④，是身处于现实关系中的从事实际活动的人。这样，就使知、情、意三者在活动过程中联系起来，不仅使"知"由于有了自己切身的感觉和体验化"认知"为"体知"，而且也由于情感的介入使意志化为"情志"，即不是仅凭外力驱使和强制而是在自己的情感激发下有所行动的自由意志，从而使知、情、意不仅作为人的潜在的心理能量存在，也成为实在的行为能力，以及自己从事活动的精神动力。这表明正是在主观上具有了这种能力，人才不仅是他自己

---

① 中国科学院文学研究所外国古典文艺理论丛书编辑委员会编：《诗学·诗艺》，罗念生、杨周翰译，人民文学出版社1962年版，第7页。
② 〔法〕狄德罗：《论戏剧诗》，徐继曾、陆达成译，《狄德罗美学论文选》，人民文学出版社1984年版，第196页。
③ 〔俄〕车尔尼雪夫斯基：《艺术与现实的审美关系》，周扬译，人民文学出版社1957年版，第87页。
④ 〔德〕马克思、恩格斯：《德意志意识形态》，《马克思恩格斯选集》第一卷，人民出版社1972年版，第50页。

生活的创造者、自己命运的主人，而且是人类社会历史的创造者，世界也因为人的存在才会发展和前进。所以马克思认为自从有了人以来，世界就发生了根本性的变化，"人类史同自然史的区别在于，人类史是我们自己创造的"①，从而确立了"人在世界上的中心地位和本质的优先地位"②，亦即"本体论"的地位。这就是从本体论维度来看待作为文学对象的人的社会地位和作用。正是基于这一认识，马克思主义创始人在评价文学时的历史观和审美观，总是把那些推动历史发展和进步的社会力量放在首要的地位，如恩格斯在批评当时德国的一些所谓"真正的社会主义"作家的作品只热衷于描写一些卑躬屈膝的各种小人物时，特别号召应该"歌颂倔强的、叱咤风云的和革命的无产者"③。虽然在当今这个多元化的时代，我们不能要求每个作家都能按照恩格斯所指引的方向去创作，更不能把文学看作只是历史哲学的演绎，但按照我们对人在本体论中的地位和作用的理解，也至少不能像一些后现代主义文学那样，把人看作如同"虫豕""禽兽"，把人生视为"没有目标的期待""永无下场的悲剧"那样，对人和历史持悲观主义、怀疑主义、虚无主义的态度。

其次，从文学创作来看，文学作为审美的意识形态自然只能是来源于生活，它不是以理论的形式而是以"生活本身的样式"，即通过对现实生活的具体再现来反映生活的。所以出现在作家笔下的社会现实总是一个未经知性分解的整体。但这不是像亚里士多德那样只是被看作对生活的"模仿"或像

---

① [德]马克思:《资本论》,《马克思恩格斯全集》第二十三卷,人民出版社1972年版,第409—410页。
② [德]伽达默尔:《论实践哲学的理想》,《赞美理论——伽达默尔选集》,夏镇平译,生活·读书·新知三联书店上海分店1988年版,第70页。
③ [德]弗·恩格斯:《诗歌和散文中的德国社会主义》,《马克思恩格斯全集》第四卷,人民出版社1958年版,第224页。

西塞罗所说的只是生活的"镜子",更不是像车尔尼雪夫斯基所说的只是生活的"代用品"。因为按照马克思的实践观,反映总是在实践的活动基础上产生、在主体的某种需要驱使下进行的,这就使得文学所反映的不只是一种事实意识与一种外部世界的意识,还必然反映作家自身内部的意志和愿望,并通过对题材的选择、加工,特别是通过对理想人物的塑造而使自己的意志愿望在作品中获得最为充分的表现,使文学作品成为作家所创造的审美价值的载体。所以马克思在谈到巴尔扎克时不仅把他看作"当代的社会生活的历史家",同时还是"一个创造者",认为"他预先创造了在路易·菲利浦王朝时还不过处于萌芽状态,而直到拿破仑第三时代,即巴尔扎克死了以后才发展成熟的典型人物"。[①] 这表明在马克思看来,虽然从社会存在本体论的观点来看那些推动社会历史发展和进步的力量应该被置于作品中心地位和成为首要的描写对象,但绝不像浪漫主义作家笔下的理想人物那样面壁虚构的"抽象的寓言品"。而是作家在深入生活、感受时代脉搏的过程中,本着历史发展的眼光,从那些为了社会发展、人类进步而艰苦卓绝地进行奋斗的人物中所发现和提取的,是理想与现实、主观目的性与客观规律性统一的有血有肉的典型人物。唯此,文学才能深入人心,成为读者终身的陪伴,并鼓励读者奋斗的精神力量。当然,这也不是说文学的价值完全是由它所反映的对象所决定的。在一个美的作品中,即使所描写的是生活中不合理的甚至是丑恶的现象,由于作家的审美评判也能赋予它以美的目的,甚至由于作家揭示的深刻和批判的激烈,反而更能激发读者对于丑的憎恶和美的热烈向往。这同样是文学作品为我们所创造的精神价值,它与"认识"对于人的作用不同之处就在于"认识"是通过概念、判断、推理所获取的,是一种外部世界的意识,而"审美"是通过自己的感觉、体验所获得的,是一种内部世界的意

---

① [法]保尔·拉法格等:《回忆马克思恩格斯》,马集译,人民出版社1973年版,第6页。

识，因而更能触动人的灵魂，并内化为人的人格。这就是虽然人们都生活在现实世界中，却不满足于自己在生活中的观察所得，还需要作家和文学，还需要作家带领我们去看世界的原因。

最后，从读者的阅读来看，本文从反思我国以往的马克思主义文艺理论所存在的纯认识论和直观论的倾向入笔，结合实践的观点来阐述文学的性质，为认识论提供了实践的基础以克服其直观论的倾向，从主客体的交互作用中来理解文学的反映活动；表明文学创作不仅是为了反映生活，更是为了创造价值。读者通过阅读为自己的活动找到一个正确的选择，并使文学作品所蕴含的"潜在的价值"化为"实在的价值"。这更是其他意识形态所不能取代的，因为文学是通过审美情感与读者建立联系的，审美不同于认识，认识是心灵的活动，"心灵与躯体是分离的"。而在文学阅读过程中，当作家带领读者去游历生活时，他不只是作为读者的同伴，更是以导游的身份而参与，通过他的指引，可以让读者在认识上、情感上分辨生活中的是非、善恶和美丑，启示读者什么是应该追求的，什么是必须批判否定的，让读者在人生道路上有一个正确的选择。虽然笼统地说"选择是行为的出发点"[①]，但认识的（心灵的）选择又与情感的选择不同，因为"感觉能力是不能脱离躯体的，而心灵则是分离的"，因而当"忿怒、温和、恐惧、怜悯、勇敢、喜悦，还有友爱和憎恨；当这些现象出现时躯体就要受到影响"[②]。现代心理学和生理学证明：一旦情感在大脑皮层产生，它就会通过内导神经传输到躯体的各个相关部位，如内分泌中枢、呼吸中枢、血液循环中枢而影响和调节人的行为，从而使得理智选择经由情感选择而推动和调控着意志的选择，使意

---

① ［古希腊］亚里士多德：《尼各马科伦理学》，苗力田译，中国社会科学出版社1990年版，第116页。
② ［古希腊］亚里士多德：《论灵魂》，秦典华译，载苗力田主编《亚里士多德全集》第三卷，中国人民大学出版社1992年版，第76、6页。

志从原来强制的转化为自发的，而成为人的自由的意志和行为的内在动力。所以马克思把激情看作"人强烈追求自己的对象的本质力量"[①]，并认为"思想根本不能实现什么东西。为了实现思想，就要有使用实践力量的人"[②]，这是一个"现实生活的任务"，它"只有通过实践方式，只有借助于人的实践力量，才是可能的"。[③]虽然读者被作品感动后未必就能直接转化为自己的行为，但经过长期阅读经验的积累，却能克服人格中的智、情、志的分离乃至对立的状态而使三者趋向统一，从而改变人的心理定式和行为习惯并形成一种动力定型，使人成为"心身一体""知行合一"，在行为中不再受强制的自由人。这就是我所理解的为马克思主义的"实践唯物主义"所包含的本体论、认识论、价值论三方统一的实践观。

所以，尽管文学活动主要是在反映活动和创造活动的层面上进行的，但是当我们把它放在马克思主义的本体观的基础上进行考虑，也就表明文学创作和阅读就其根本性质来说如同人类的一切活动那样，都是人类在认识和改造客观世界过程中来达到改造和提升自身主观世界的一种方式；反过来也表明只有以马克思主义本体观为依据，我们才能正确而深入地认识和理解人的活动，包括文学活动的性质，这表明文学不仅是以人为对象而且也是以改造和完善人自身为目的的。这些论述虽然都是在哲学的、思辨的层面上展开的，不在于经验的描述，却是我们正确深入理解马克思主义文学观，以及我国社会主义文学所必须坚持的方向和原则。

作者附记：本文根据笔者 2002 年所作的旧文改写而成，曾刊于《马克思主义美学研究》2022 年第 1 期。由于当时笔者正忙于《王元骧文集》的

---

① 〔德〕马克思：《1844 年经济学哲学手稿》，人民出版社 1985 年版，第 126 页。
② 〔德〕马克思：《神圣家族》，《马克思恩格斯全集》第二卷，人民出版社 1957 年版，第 118—119 页。
③ 〔德〕马克思：《1844 年经济学哲学手稿》，人民出版社 1985 年版，第 84 页。

校订工作，身心俱疲，改了一遍自觉很不满意，一时间又难以突破，所以想先请《马克思主义美学研究》编辑部的同志看看，提些意见之后再改，但没有想到很快就发表了，此事让我非常后悔，深感愧对读者！"五一"前接到《文艺理论与批评》编辑部杨娟同志来函，说欲将此文收入《马克思主义文艺理论研究年选（2022年卷）》，并允许我有充分的修改时间，使我有机会能再做一次修改来弥补以往的过失，我很感激！由于该文经过了两次改写，除仍保留原题目和基本观点之外，在具体论述方面相较于旧文似乎已经面目全非，完全是一篇新作了，所以希望日后若有读者引用本文，就以此篇为依据。

（原载《马克思主义美学研究》2022年第1期）

中国马克思主义文艺理论研究

《讲话》与人民文艺的原点性问题

贺桂梅
北京大学中文系

引言、"有经有权"

《讲话》是现当代中国文艺的纲领性文本。从1942年座谈会上提出、1943年正式发表以来，它不仅是指导理论批评、创作实践和文艺政策的核心依据，成为文艺史、文艺理论史和评论史上的重要研究对象，而且其基本理念也在当代文艺的实践发展中得到不断的丰富和推进，80年来有关《讲话》的纪念阐释和研究实践，同样构成了引人注目的文艺史现象。重读这样的"超级文本"，既要回到文本自身，准确地把握其中提出的问题和阐述方式，又要在与关于文本的多重阐释实践和创作实践的对话关系中不断地回到其中的"原点性"问题。胡乔木回忆，《讲话》正式发表后，郭沫若称其为"有经有权"，毛泽东很欣赏这种说法，"觉得得到了知音"[1]。这一说法也可以成为今天重读《讲话》的起点。

---

[1] 胡乔木：《胡乔木回忆毛泽东》（增订本），人民出版社2014年版，第60页。

从正式发表的文章来看,郭沫若在 1940 年的《"民族形式"商兑》一文中就提出了"凡事有经有权"。他把"经"解释为"经常的大道"和"理想上的形态",而"权"是因现实条件限制达不到理想状态而做的"通权达变"①。他用这个说法讨论"民族形式"论争中如何利用旧形式的问题,反对把民间形式作为"中心源泉",认为这只是"一时的现象",最终还是要回到新文艺的基础上来。胡乔木在回忆文章中也对"有经有权"做了说明,称之为"经常的道理"和"权宜之计"。他特别强调要从具体的"时代环境""历史条件"来理解《讲话》的经典意义,并结合普及问题、作家参加劳动等问题,反对"非历史的态度"。他这样举例说道:"讲话提出文艺的源泉是生活,这话是完全正确的,什么时候都适用。从文学史上看,所有大作家对生活都得观察、研究。作家必须深入生活、深入群众,与群众相结合,但怎么个结合法,要看历史和个人条件不同。"②

仔细辨析"有经有权"的具体内涵,涉及重读《讲话》的基本方法论问题。"经"与"权"是中国哲学史上的重要范畴,可以概括出其中的三层含义。其一,"经"与"权"是辩证的一体关系。"经"在具体实践中包含了"权"的成分,"权"的实践性需要有"经"的指导;没有"经","权"就会失去方向,变成相对主义、虚无主义,而没有"权","经"就会凝固,变成教条主义、死的知识。其二,"经"是一种处在结构性总纲地位的理念体系,有不同的表现层次和表现形式,有"大经"也有"小经"。比如马克思主义理论是"大经",人民文艺是马克思主义理论体系下的具体领域,可以称为"小经",而在文艺领域内部,又有各种文体的规范性,是更小层次的"小经"。但对于一个总体性时代而言,如果缺少"大经",就会丧失时代的特色

---

① 郭沫若:《"民族形式"商兑》,《大公报(重庆)》1940 年 6 月 9—10 日。
② 胡乔木:《胡乔木回忆毛泽东》(增订本),人民出版社 2014 年版,第 60—62 页。

和焦点。如果说规范和指导古典中国社会的经学体系是儒学经典，那么在现当代中国处于"经学"地位的则是马克思主义理论与哲学。其三，"权"可以说是在"经"许可的范围内的变通性实践，如果权宜之计超越了"经"的基本原则，那就不是"经"的实践，而是一种断裂或变形。同时"权"的实践方式也不是随心所欲的，由于受到客观物质条件的限制，权宜之计虽有多种，但具体历史语境中能有效地解决问题的方式却可能只有一种。

结合《讲话》来说，这种经与权的关系更可以通向有关马克思主义哲学与政治、理论与实践关系的基本理解。马克思主义哲学理论的最重要特点，是《关于费尔巴哈的提纲》中所说的"哲学家们只是用不同的方式解释世界，问题在于改变世界"[①]。这是一种反经院哲学的哲学，它既是阐释性的也是实践性的，其基本原则构成了不同实践领域的"总纲"。毛泽东将其总结为"马克思主义的哲学认为十分重要的问题，不在于懂得了客观世界的规律性，因而能够解释世界，而在于拿了这种对于客观规律性的认识去能动地改造世界"[②]。《讲话》提出的理论原则和文艺理论纲领，是在"马克思主义中国化"的明确诉求下产生的，也可以说是马列主义之"经"在中国文艺问题上的具体实践。由于中国历史条件的限制，完全照搬西方或苏联马列主义理论肯定是不可能的，因而必然存在各种必要的变通。换句话说，"中国化"本身就是一种"通权达变"的方式，但马列主义的"根本"并没有失掉。

毛泽东在发表《讲话》时提出的学习马列主义理论的基本方法，是反对照搬"具体的词句"和"空洞的教条"，而强调应该"为了要解决中国革命的理论问题、策略问题而到马克思、恩格斯、列宁、斯大林那里找立场，找

---

① ［德］马克思：《关于费尔巴哈的提纲》，载［德］恩格斯《路德维希·费尔巴哈和德国古典哲学的终结》，人民出版社 2018 年版，第 66 页。
② 毛泽东：《实践论》，《毛泽东选集》第一卷，人民出版社 1991 年版，第 292 页。

观点，找方法"。①他在《讲话》中也规劝文艺家，要学习"活的马克思主义"，而不是"在文学艺术作品中写哲学讲义"。②可以说，"有经有权"也是毛泽东学习、研究、实践马列主义理论经典的方法。《讲话》本身就是这种理论实践的成果之一，其中既包含了马克思主义哲学的实践原则，也包含毛泽东对文艺的原理性阐释，以及结合当时历史条件提出的战略性解决方案。这既是一个纲领性的理论阐释文本，也是一种实践性的政治行动文本。

自《讲话》发表以来，无论是中国社会还是中国文艺都发生了极大变化，与《讲话》提出时的历史语境已有很大的不同。在 21 世纪的语境下如何理解《讲话》的当代性意义，需要回到《讲话》文本及其历史语境，从"经"与"权"、理论与实践的辩证关系出发，重新探讨人民文艺的原点性问题。

一、"新哲学"的实践

对《讲话》的完整理解，需要放在毛泽东提出相关理论的具体语境和写作背景中加以分析。可以说，这是 20 世纪三四十年代之交毛泽东对马克思主义"新哲学"在文艺领域的具体实践。

这里所说的"新哲学"，指的是马列主义理论在中国传播发展至特定时段的一种历史称谓，其具体内涵即毛泽东 1938 年在中国共产党的六届六中全会所作的题为《论新阶段》的政治报告中提出的"马克思主义中国化"。

---

① 毛泽东：《改造我们的学习》，《毛泽东选集》第三卷，人民出版社 1991 年版，第 799 页。
② 毛泽东：《在延安文艺座谈会上的讲话》，《毛泽东选集》第三卷，人民出版社 1991 年版，第 874 页。

在会上政治报告《论新阶段》①的"学习"一节中,毛泽东提出了三项学习内容:一是作为"革命的科学"的马克思、恩格斯、列宁、斯大林的理论,称为"放之四海而皆准"的理论;二是学习"我们的历史遗产",并提出"马克思主义在中国具体化,使之在其每一表现中带着必须有的中国的特性";三是当前运动的"实际的问题",提出"研究这个运动的全面及其发展,是我们时刻要注意的大课题"。②可以说,"马克思主义中国化"主要指学习马列主义理论,以之批判地总结中国的历史遗产,并用这种中国化了的马列理论来研究和推进当前的社会运动实践。这种对马列主义理论的新的理解方式,成为在 1945 年中共七大上得到确立的"毛泽东思想"的核心理念,同时也是毛泽东在写作和发表包括《讲话》在内的一系列著作时的指导性思想内涵。

提及这种"新哲学"之新,需要对马列主义传播到中国在 20 世纪三四十年代这个阶段发生的变化和新特点做出更为历史化的分析。20 世纪 20 年代后期"大革命"失败后,知识界的一大变化,是以"新哲学""唯物论辩证法哲学""新的社会科学"等命名的马列主义理论在中国的传播和流行。这不仅表现为知识界关于社会史的论争,更成为知识青年中的一种新风尚。郭湛波如此写道:"自一九二七年社会科学风起云涌,辩证唯物论的思想大有一日千里之势。"③以至大学教授如果在课堂上不能讲几句马克思主义,就不会受到学生的欢迎。

作为"新哲学"的马列主义理论得到更大的社会传播,是 1936—1937

---

① 《论新阶段》的一部分更名为《中国共产党在民族战争中的地位》,参见《毛泽东选集》第二卷,人民出版社 1991 年版。
② 毛泽东:《中国共产党在民族战争中的地位》,《毛泽东选集》第二卷,人民出版社 1991 年版,第 532—535 页。
③ 郭湛波:《近五十年中国思想史》,山东人民出版社 1997 年版,第 281 页。

年的"新启蒙运动"。这场运动由陈伯达、何干之、艾思奇、张申府等北京、上海的知识分子主导,他们力图在抗战救亡背景下将马列主义理论与中华民族文化融合起来,展开一场"哲学上的国防动员""文化上的救亡运动"。① 其标志性口号是张申府提出的"打倒孔家店""救出孔夫子"②。1937 年抗战全面爆发以后,新启蒙运动的主要发起者除张申府之外,悉数到了延安,成为此后中国共产党在新的历史阶段构建政治理论主张的参与者。在毛泽东做出《论新阶段》这一政治报告之前的两周,"新哲学会"在延安成立,主要参与者除毛泽东之外,还有陈伯达、艾思奇、何干之,以及后来成为毛泽东思想建构的参与者和毛泽东身边的"秀才"胡乔木、周扬等人。③

从知识界的唯物辩证法理论热潮到在延安发展成熟的"毛泽东思想",关键人物当然是毛泽东。勾勒出"新启蒙运动"与中国共产党延安新理论之间的历史关系,主要是为了凸显在民族主义情绪高涨的抗战背景下,知识界在接受和理解唯物辩证法理论的基本导向上的变化。这股知识力量汇聚到延安,与毛泽东当时的理论诉求不谋而合,成为催生"新哲学"理论体系的构成力量④,同时值得提及的是,在 20 世纪二三十年代的唯物辩证法理论热潮中,马列主义理论经典和苏联诸多理论教科书都翻译到中国,

---

① 参见庞虎《中国化视阈下的新启蒙运动论析》,人民出版社 2018 年版;陈伯达《哲学的国防动员——新哲学者的自我批判和关于新启蒙运动的建议》,《读书生活》1936 年第 4 卷第 9 期。
② 张申府:《什么是新启蒙运动》,《月报》1937 年第 1 卷第 7 期。
③ 参见[美]雷蒙德·F. 怀利《毛主义的崛起:毛泽东、陈伯达及其对中国理论的探索(1935—1945)》(典藏本),杨悦译,中国人民大学出版社 2013 年版,第 86 页。另见艾克恩主编《延安文艺史》(河北教育出版社 2009 年版)、陈晋《毛泽东阅读史》(生活·读书·新知三联书店 2014 年版)。
④ 相关分析参见[美]雷蒙德·F. 怀利《毛主义的崛起:毛泽东、陈伯达及其对中国理论的探索(1935—1945)》(典藏本),杨悦译,中国人民大学出版社 2013 年版;罗永剑《艾思奇与马克思主义哲学中国化研究》,中央编译出版社 2016 年版。

并以曲折的方式流传到毛泽东手里，成为他精心研读并发展马列主义理论的主要依据。①

经历长征到达陕北之后，毛泽东开始系统地学习和研究马克思主义理论和哲学。虽然在此之前，毛泽东始终关注马列理论的学习和研究，但初到陕北，却是他"发愤研读哲学"的时期。②1936年到达保安的斯诺也发现毛泽东是一个"认真研究哲学的人"③。对"哲学"问题的重视，是毛泽东这个时期的阅读特点。1937年春夏，他在中国人民抗日军事政治大学讲授"辩证法唯物论"课程，其讲课提纲《辩证法唯物论（讲授提纲）》曾油印出版。特别是提纲中的两节，独立成稿为《实践论》和《矛盾论》，收入《毛泽东选集》正式发表。这份讲授提纲和《实践论》《矛盾论》可以说是毛泽东关于"新哲学"的集中阐释。从中可以看出，毛泽东广泛阅读了当时翻译出版的马列著作，重点参考了20世纪30年代苏联的有关辩证唯物主义和历史唯物主义的三本教科书，并逐渐形成了初具模型的马克思主义哲学理论体系。④从1938年开始，他陆续发表了《论持久战》《论新阶段》《新民主主义论》等重要文章，特别是"整风运动"期间他发表的诸多讲话，都可以视为这种"新哲学"的具体理论实践。

毛泽东如何理解"哲学"的位置呢？在《整顿党的作风》中，他这样写道："自从有阶级的社会存在以来，世界上的知识只有两门，一门叫做生产斗争知识，一门叫做阶级斗争知识。自然科学、社会科学，就是这两门

---

① 参见陈晋《毛泽东阅读史》，第四、五、六章，生活·读书·新知三联书店2014年版。
② 参见陈晋《毛泽东阅读史》，生活·读书·新知三联书店2014年版，第75—79页。
③ ［美］埃德加·斯诺：《红星照耀中国》，胡愈之、胡仲持译，人民教育出版社2018年版，第60页。
④ 相关研究参见许全兴《百年中国哲学革命》，人民出版社2015年版；杨信礼《重读〈实践论〉〈矛盾论〉》，人民出版社2014年版。

知识的结晶,哲学则是关于自然知识和社会知识的概括和总结。"①可见,在毛泽东的理解中,"哲学"是一种总括性和总纲性的知识。更多的时候,他用"理论""革命的科学""普遍真理"来描述他作为哲学来研读的马克思列宁主义。但毛泽东很少在纯哲学和纯理论的意义上讨论问题,而总是同时反对"教条主义"和"经验主义"。虽然他也反对不愿意学习理论的经验主义,但更反对的是将马列理论作为"教条","只会片面地引用马克思、恩格斯、列宁、斯大林的个别词句",更在《反对党八股》中列出教条主义的八条罪状。②他提出正确的方法应该是"运用他们的立场、观点和方法,来具体地研究中国的现状和中国的历史"③,强调马列理论的基本原则是"理论和实际统一"④。可以说,在毛泽东这里,如同在葛兰西那里一样,马列主义哲学和理论,始终是一种"实践哲学"⑤。而"马克思主义中国化"的三项内容,即"研究现状""研究历史""注重马克思列宁主义的应用"⑥,正是从这种实践哲学的实际运用中提出来的。

20世纪三四十年代之交,特别是1938—1945年,是毛泽东思想的核心理论文本成型时期。这一新理论、新哲学涉及军事、历史、政治、经济、文化等不同领域。军事研究包括《抗日游击战争的战略问题》《论持久战》;

---

① 毛泽东:《整顿党的作风》,《毛泽东选集》第三卷,人民出版社1991年版,第815—816页。
② 参见毛泽东《反对党八股》,《毛泽东选集》第三卷,人民出版社1991年版,第833—840页。
③ 毛泽东:《改造我们的学习》,《毛泽东选集》第三卷,人民出版社1991年版,第797页。
④ 毛泽东:《改造我们的学习》,《毛泽东选集》第三卷,人民出版社1991年版,第798页。
⑤ [意]安东尼奥·葛兰西:《狱中札记》,曹雷雨、姜丽、张跣译,河南大学出版社2016年版。葛兰西用"实践哲学"指称马克思主义理论,译者认为这并不是为避免政治检查而采用的一种代称,而是葛兰西对马克思主义理论的理解方式。另见仰海峰《实践哲学与霸权——当代语境中的葛兰西哲学》,北京大学出版社2009年版。
⑥ 毛泽东:《改造我们的学习》,《毛泽东选集》第三卷,人民出版社1991年版,第797页。

历史研究包括《中国革命和中国共产党》；政治研究包括《新民主主义论》《论联合政府》；经济研究包括《抗日时期的经济问题和财政问题》；文化研究则主要是《讲话》。但作为直接学习和研究哲学问题的理论文本，则是1937年春夏之间在中国人民抗日军事政治大学授课的《辩证法唯物论（讲授提纲）》，特别是其中得到发表的两节内容《实践论》和《矛盾论》。自1942年开始的延安"整风运动"，具体地表现为一场"学习运动"，毛泽东发表的《改造我们的学习》《整顿党的作风》《反对党八股》则被作为"整风运动"的核心文件。可以说，"毛泽东思想"的成型，正是"新哲学"的具体实践，是在"马克思主义中国化"这一基本诉求之下的理论与实践的统一。

对《讲话》的理解，也应放到这一哲学和理论建构的整体实践中来看待。缺少对"新哲学"的理解和把握，仅从文艺问题或文本出发，难以把握《讲话》的全部内涵。而人们在阐释和解读《讲话》时，偏向于将其视为一个文艺政策的政治性文本，正因为忽略了其作为马列主义中国化哲学和理论建构的具体实践这一面向。所谓"有经有权"，如果缺少对"新哲学"这一"经"的理解，显然不能把握《讲话》的确切含义。事实上，这也是当时中共中央对《讲话》的基本定位。1943年10月19日在《解放日报》全文发表《讲话》之后，第二天中共中央总学习委员会的通知中特别强调，"此文件绝不是单纯的文艺理论问题，而是马克思列宁主义普遍真理具体化，是每个共产党员对待任何事物应具有的阶级立场与解决任何问题应具有的辩证唯物主义历史唯物主义思想的典型示范"[①]。

促使毛泽东组织文艺界座谈会的基本动因，也是从"新哲学"的指导出发，在文化领域进行具体实践。据陈晋的研究，"整风运动"展开后，"为破

---

① 黎辛：《亲历延安岁月》，陕西人民出版社2016年版，第174页。

解边区现实中出现的难题,毛泽东阅读研究现实材料,正确把握和引导时事,突出体现在经济和文化两个领域"①。在经济领域,是1942年12月为陕甘宁边区高级干部会议所作的长篇报告《经济问题与财政问题》,而在文化领域,则是1942年5月的《讲话》。其共同诉求,都是强调理论联系实际,广泛阅读和研究相关书籍及报刊材料,并通过与多人调研谈话的方式,最后形成了以讲话形式发表的报告和文章。

关于座谈会的召开过程和《讲话》文本的形成过程,学界已经做了诸多详细描述和研究,包括1940年抗战进入相持阶段延安文化人的整体情况,包括当时延安文艺界的问题和论争,包括毛泽东找萧军、丁玲、艾青、舒群、何其芳、刘白羽等人的谈话和通信,也包括座谈会的组织形式和组织过程,还包括5月2日、16日、23日三次座谈的具体情形和内容,以及《讲话》文本的成稿与发表等。② 这里不拟从文学史、文艺史的具体史实和《讲话》文本的内部解读展开分析,而力图从"新哲学"在文艺问题上的具体实践这一角度,重新探讨《讲话》回应问题和解决问题的方式中包含的普遍理论性内涵。

二、知识分子的"有机化"

"新哲学"不同于一般意义上的马克思主义理论或20世纪二三十年代的"辩证法唯物论"哲学的地方,首先在于强调理论要和具体实践结合,并以

---

① 陈晋:《毛泽东阅读史》,生活·读书·新知三联书店2014年版,第127页。
② 相关资料参见艾克恩编纂《延安文艺运动纪盛(1937年1月—1948年3月)》,文化艺术出版社1987年版;程远主编《延安作家》,陕西人民教育出版社1992年版;艾克恩主编《延安文艺史》(下卷),河北教育出版社2009年版;胡乔木《胡乔木回忆毛泽东》,人民出版社1994年版;黎辛《亲历延安岁月》,陕西人民出版社2016年版;等等。

其解决中国革命实践中的实际问题。毛泽东称之为"有的放矢"。在《整顿党的作风》中，他这样说："马克思列宁主义理论和中国革命实际怎样互相联系呢？拿一句通俗的话来讲，就是'有的放矢'。……马克思列宁主义和中国革命的关系，就是箭和靶的关系。"① 在《改造我们的学习》中，他进一步解释："要有目的地去研究马克思列宁主义理论，要使马克思主义理论和中国革命的实际运动结合起来，是为着解决中国革命的理论问题和策略问题而去从它找立场，找观点，找方法的。"② 这意味着缺少对所需要解决的问题的把握，就无法准确地掌握理论，同时也意味着问题与理论是一体的，理论通过对问题的解决而体现其效力，而问题正是彰显理论的具体场域。

《讲话》所要解决的问题是什么呢？在1942年5月2日座谈会的"引言"中，毛泽东提出的问题是"来到延安和各个抗日根据地的革命的工作者"没有和"根据地的人民群众完全结合"，没有"使文艺很好地成为整个革命机器的一个组成部分"，由此而讨论文艺工作者的"立场问题，态度问题，工作对象问题，工作问题和学习问题"。③ 这里值得注意的，一是《讲话》针对的对象并不是全体文艺工作者，而是从国统区和其他区域来到延安和根据地的文化人。艾思奇曾区分了延安的三种文艺力量，"（一）边区老百姓自己的文艺，（二）八路军过去的文艺传统，（三）全国各地来的新旧各派文艺人"④。毛泽东的座谈对象正是第三种。二是《讲话》提出的解决方式，是劝导文艺人主动走向前两者，以实现彼此的"结合"，并创作出服务于工农兵的革命文艺。《讲话》结束后的第五天，他在中央学习组会议上的

---

① 毛泽东：《整顿党的作风》，《毛泽东选集》第三卷，人民出版社1991年版，第819页。
② 毛泽东：《改造我们的学习》，《毛泽东选集》第三卷，人民出版社1991年版，第801页。
③ 毛泽东：《在延安文艺座谈会上的讲话》，《毛泽东选集》第三卷，人民出版社1991年版，第848页。
④ 艾思奇：《谈延安文艺运动》，《群众》1938年第3卷第819期。

报告中又把"文艺工作者要同工农兵相结合"作为明确的政治要求提了出来。而且这次毛泽东将讨论对象提升到党关于知识分子政策和决定的层面，提出"任何一个阶级都要用这样的一批文化人来做事情，地主阶级、资产阶级、无产阶级都是一样，要有为他们使用的知识分子"①。如果说《讲话》是面对外来的文艺人说话，《文艺工作者要同工农兵相结合》则是面对党中央的领导者说话，可以说毛泽东所做的是两群人的工作，他不仅要说服引导文艺人走向工农兵，同时也要说服党的工作者意识到知识分子和文艺人的重要性。

这两方面的结合，显示出《讲话》要解决的，并不单纯是文艺问题，而是对当时存在的社会结构性问题的一种解决方案。在《讲话》的结束部分，毛泽东提醒从"亭子间"来到延安的文艺人要意识到，这"不但是经历了两种地区，而且是经历了两个历史时代"②。从上海到延安、从亭子间到革命根据地，既有地区性的差别，也有时代性的差别。地区性差别是一种历史性的社会现实，而时代性差别则是一种政治性的解决方案。知识分子和文艺人的地区性流动表明了两个社会事实：其一是文艺人所来自的都市空间和延安及根据地的边区空间，既存在着城市与乡村的差别，也有沿海发达地区与西北内陆地区的差别；其二是知识分子与工农兵的阶级性（阶层性）差别，从社会群体关系而言，前者拥有"知识"和"文化"，而后者则"不识字，无文化"③。因此，"知识分子与工农兵相结合"就是两种结构性力量的融合，既

---

① 毛泽东：《文艺工作者要同工农兵相结合》，载中共中央文献研究室编《毛泽东文艺论集》，中央文献出版社 2002 年版，第 95—96 页。
② 毛泽东：《在延安文艺座谈会上的讲话》，《毛泽东选集》第三卷，人民出版社 1991 年版，第 876 页。
③ 毛泽东：《在延安文艺座谈会上的讲话》，《毛泽东选集》第三卷，人民出版社 1991 年版，第 862 页。

是沿海发达地区与内陆落后地区的东部、西部的融合，同时也是有知识、有文化的文艺人与不识字、无文化的工农兵的社会群体结构的融合。而"结合"之所以必要，正是因为地区性和阶级性"鸿沟"本身的存在。这就需要把问题的讨论引向更开阔的社会历史视野。

"知识分子与工农相结合"在较长时间内常被理解为取消知识分子的独立性，但如果从中国社会结构的现代性转换来看，其意义则深远得多。黄仁宇将现代中国社会比喻为一只"大型的潜水艇夹肉面包"，并这样描述："国民党和蒋介石制造了一个新的高层机构。中共与毛泽东创造了一个新的低层机构……现今领导人物继承者的任务则是在上下之间敷设法制性的联系，使整个系统发挥功效。"① 他从财政运转特别是税收问题出发，将中国社会区分为上、中、下三层，并认为中国共产党成功地改造并重构基层社会结构。而吴晗、费孝通等人在20世纪40年代的研究中，就提出了传统中国社会的"双轨政治"，即由皇权主导的上层社会治理和由绅权主导的基层社会治理，充当上下沟通的主要环节，则是士大夫阶层的流动。士大夫群体通过科举考试进入皇权主导的官僚体系时为"士"，而年老回归乡里则为"绅"，从而起到沟通上下的结构性功能。② 清末废科举兴学校后，传统士绅阶级的双向流通渠道被打破，由此导致两种结构性的社会问题，一是乡村社会的崩解，二是知识分子城市化，"在精英城市化的潮流下，乡村社会成为一个被精英遗弃，管理日趋失序的地区"③。这是从政治治理的层面做出的分析。而从经济变化的层面，传统中国经济由中心城市、区域性城市、城镇和乡村构成的市

---

① 黄仁宇：《中国大历史》，生活·读书·新知三联书店1997年版，第295页。
② 参见吴晗、费孝通等《皇权与绅权》，天津人民出版社1988年版；费孝通《中国士绅：城乡关系论集》，生活·读书·新知三联书店2021年版，第62—66页。
③ 王奇生：《革命与反革命：社会文化视野下的民国政治》，社会科学文献出版社2010年版，第329页。

场体系，也因资本主义工业的冲击和传统男耕女织组织方式的破坏，导致乡村经济的溃败和内陆乡村地区逐渐成为沿海沿江发达地区的"腹地"。① 而在文化表现上，这正是王国斌所指出的"两种类型的民族"的分裂与结构性鸿沟，即"一个属于崛起中的、受西方影响的城市精英文化，与属于仍然存在的大量农业人口的帝国文化的差距，正在日益扩大"②。

通过这些简略的描述可以看出，中国从传统向现代转型过程中形成的这些"结构性鸿沟"，在中国共产党提出新的政治、经济与文化方案之前，并没有得到很好的解决。现代都市的教育体系、文化体系中的知识分子，占据的是自上而下的"启蒙"位置，主要将来自西方（现代世界）的现代观念传播至中国社会内部。这是一种自上而下的单向度的文化流动，缺少自下而上的沟通环节，由此导致庞大的中国乡村社会和内陆地区难以被整合到现代国家与社会结构之中。从这样的问题脉络来看，《讲话》强调作家通过自我改造而与工农兵相结合，创作出表达和动员他们的文艺作品，提出的是一种知识分子主动"下沉"的解决方案，目的是再度实现知识分子的"媒介性"，即实践一种连接并沟通中国社会的上层与下层、东部与西部、城市精英与乡村社会的中介性功能。这也是从长时段的社会结构视野所能观察到的问题史视野。

毛泽东在《讲话》时所面对的从都市"亭子间"来到延安和根据地的文艺家，并不是偶然或少数的现象。尽管当时现场的听众只有不到两百人，但他们带出来的问题却是普遍存在的。抗战时期，中国共产党提出统一战线并

---

① 相关分析参见费孝通《乡土重建》，《费孝通全集·第5卷，1947》，内蒙古人民出版社2009年版。
② 王国斌：《两种类型的民族，什么类型的政体？》，载［加］卜正民、［加］施恩德编《民族的构建：亚洲精英及其民族身份认同》，陈城等译，吉林出版集团有限责任公司2008年版，第139页。

采取"大量吸收知识分子"的政策,吸引了无数进步青年和知识分子奔赴延安和各根据地,由此而产生了如何将外来的文化人融入革命体制的问题。另外,日军占领了大部分沿海沿江城市和发达地区,人群普遍从都市向乡村、从东部向内陆地区转移,由此也造成了知识分子的"逆向流动"。正是这种大规模的人员流动,暴露出五四新文化运动自身的区域性和阶层性局限,如周扬写道,"抗战给新文艺换了一个环境,新文艺的老巢,随大都市的失去而失去了,广大农村与无数小市镇几乎成了新文艺的现在唯一的环境"[①]。

可以说,客观地存在于《讲话》时期的社会结构问题,一是大量知识分子和文艺人从都市流动到了延安和各根据地等内陆地区,二是知识分子曾经熟悉的新文艺事实上无法应对新环境,三是革命政党急需通过广泛的社会动员以构建和实践新的政治形式。这三者包含了三个结构性元素的历史性耦合,即知识分子、内陆环境及其中的工农兵、人民政治的实践形式。毛泽东将问题的焦点放在知识分子身上,希望通过他们而将广大工农兵组织到人民政治的实践整体中。

"知识分子与工农兵相结合"是一种实践知识分子"有机化"的具体组织方式。当毛泽东说"任何一个阶级都要用这样的一批文化人来做事情,地主阶级、资产阶级、无产阶级都是一样,要有为他们使用的知识分子"[②],与葛兰西理论所说的"有机知识分子"是同样的内涵。他们都不是从"智力活动内部"来考察知识分子与非知识分子的差别,而是从社会关系和社会功能来理解知识分子。并且与传统知识分子不同,新型的"有机知识分子"代表的是进步阶级的利益,充当的是"领导者"与"代理人",即"作为建设者、

[①] 周扬:《对旧形式利用在文学上的一个看法》,《中国文化》1940年第1卷第1期。
[②] 毛泽东:《文艺工作者要同工农兵相结合》,载中共中央文献研究室编《毛泽东文艺论集》,中央文献出版社2002年版,第95—96页。

组织者和'坚持不懈的劝说者'"而"积极地参与实际生活"。① 实际上,毛泽东所说的"革命知识分子"具有比葛兰西所说的"有机知识分子"更明确的内涵。他们既不同于传统的士绅阶级,也不同于五四新文化运动后产生的西式知识分子,而是通过人民政党实践人民政治的建设者、组织者。这个新阶级的根本特点表现在毛泽东关于"政治"的论述中"革命的政治家们,懂得革命的政治科学或政治艺术的政治专门家们,他们只是千千万万的群众政治家的领袖,他们的任务在于把群众政治家的意见集中起来,加以提炼,再使之回到群众中去,为群众所接受,所实践"②,显示的正是革命知识分子、政党与群众之间的辩证关系。

某种意义上可以说,"知识分子与工农兵相结合"在一定程度上修复了在现代崩解的中国式社会模型。传统中国社会的理想形态,王铭铭将其描述为横向的"家、国、天下"和纵向的"乡民、士绅、皇权"交错形成的关系体系,这也是古代中国"社会"的基本模式。而为这个社会模式提供规范知识的,则是居中的士绅(知识阶级),他们"规定行为规范并支持这个结构"。这种社会结构体系在现代的崩解,导致三层结构各缺失一层,即"天下"观念的缺失和士绅作为中间层的消失,"只剩下家与国或国与家——我们所理解的'国家'"③。传统士绅阶级不仅起着沟通上下政治轨道的作用,而且正是他们充当着整个社会组织者。可以说中国传统士绅阶级的最高境界,从来就是"有机化"的,其理想是充当整个社会结构的理念的提出者和

---

① [意]安东尼奥·葛兰西:《狱中札记》,曹雷雨、姜丽、张跣译,河南大学出版社 2016 年版,第 2—7 页。
② 毛泽东:《在延安文艺座谈会上的讲话》,《毛泽东选集》第三卷,人民出版社 1991 年版,第 866 页。
③ 王铭铭:《中国之现代,或"社会"观念的衰落》,《经验与心态:历史、世界想象与社会》,广西师范大学出版社 2007 年版,第 157 页。

实践者。但局限在于，这种实践不得不依托皇权主导的官僚体系，因此导致了上层和下层的双轨政治。从这种中国式社会理论出发反观"知识分子与工农兵相结合"和人民政治的整体性实践，可以说存在某种否定之否定的创造性延续和重构。关键差别在于，革命知识分子相对于传统士绅阶级而言，是真正"有机化"的，同时共产党的政党组织和国家政权也不同于传统的皇权与官僚体系，而是一种能将群众—政党—国家连接起来的能动性社会组织形态。居于中间环节的革命知识分子，能否充当"群众"与"国家"之间的转换媒介，是其关键之处。"知识分子与工农兵相结合"实际上是一种新型的上下沟通的社会运转形态，只有通过与工农兵结合，革命知识分子才能代表群众，也只有对"党性"的服从，革命知识分子才能将自身的实践纳入整个政党和国家的建构之中。

从这样的历史视野来看，《讲话》要解决的并不单纯是文艺问题，而是如何使文艺工作成为整体性人民政治实践的构成部分。正是在人民政治实践的整体性方案中，通过"知识分子与工农兵相结合"，弥合阶级、区域等结构性鸿沟的新社会模式才成为可能。其中，文艺是人民政治的具体实践方式，而文艺工作者则是完成这种政治实践的主体。从文艺这个侧面而言，文艺不是政治的对立面或外部，而是实践政治的一种方式。《讲话》的显著特点在于，虽然是一份有关文艺的理论性纲领，但并不是在从内部谈论文艺问题，而且较少涉及文艺的创作形式、艺术规律等问题。如果不对文艺与政治做本质化的理解，而是从"有的放矢"的统一性出发，意识到"政治通过文艺而实现"的可能性，那么这种新的政治并非简单地压抑了文艺，毋宁说为文艺打开了新的实践通道。而从文艺工作者这个侧面来说，新的人民政治实践方案固然批判和否定了文化人所习惯的旧有文艺观，但并没有否认他们的重要性，而可以说赋予了他们更重要的任务，即通过改造自我而承担起革命文艺家的"领导者、组织者"角色。其中，有三个与文艺相关的因素都改变了，其一是文艺表现的对象，其二是文艺实践者自身，其三是文艺的性质。

三、"工农兵"与文化领导权

《讲话》的结论将所有"问题的中心"归结为"一个为群众的问题和一个如何为群众的问题"①，并要求文艺家们改造自我，创造出为工农兵服务的文艺。将文艺表现的对象明确为一个与自身阶级属性并不相同的社会群体，强调他们是"中华民族的最大部分"②，这对于一般从事文艺创作的人而言，似乎是一种附加、外在的政治要求，因为现代文艺的主要特征常被认为是个人性的内在精神表达和表现。因此，需要问的是，为什么"工农兵"对于革命文艺变得如此重要？

毛泽东在《讲话》中不是作为"文艺家"发言，而凸显了文艺工作的政治性。但他并非文艺"外行"却众所周知。1938年，在鲁迅艺术学院的讲话中，他列出培养伟大艺术家的三个条件，除了"远大的理想""丰富的生活经验"，同时还应具有"良好的艺术技巧"。③ 但在《讲话》中，他几乎不涉及文艺的内部话题，而重点强调文艺工作要成为"整个革命机器"的一个组成部分。这就需要讨论毛泽东所理解的"政治"到底是什么。

《讲话》在讨论党性与文艺的关系时，对"政治"做了具体的表述。毛

---

① 毛泽东:《在延安文艺座谈会上的讲话》,《毛泽东选集》第三卷，人民出版社1991年版，第863页。
② 毛泽东:《在延安文艺座谈会上的讲话》,《毛泽东选集》第三卷，人民出版社1991年版，第855页。
③ 参见毛泽东《在鲁迅艺术学院的讲话》，载中共中央文献研究室编《毛泽东文艺论集》，中央文献出版社2002年版，第15—20页。

泽东说道："我们所说的文艺服从于政治，这政治是指阶级的政治、群众的政治，不是所谓少数政治家的政治。"也就是说这是一种"多数人"即阶级、群众的政治。他又说："革命的思想斗争和艺术斗争，必须服从于政治的斗争，因为只有经过政治，阶级和群众的需要才能集中地表现出来。"亦即政治是一种多数人利益的集中表现形式，进而他描述了实现这种政治的具体方式，即"把群众政治家的意见集中起来，加以提炼，再使之回到群众中去，为群众所接受，所实践"①。值得注意的是，毛泽东说这不是一般的"政治"，而是一种能动性的代表性实践。他把"革命的政治家们"称为"懂得革命的政治科学或政治艺术的政治专门家们"，强调从政治科学或政治艺术亦即政治实践的本质性、本体性内涵来谈论政治。

这种谈论政治的方式与葛兰西有颇多相近的地方。葛兰西认为，将政治作为一门独立的"科学"来理解源自马基雅维利，即"政治是一种独立的活动，自身具有区别于道德与宗教的原则和规律"。而政治的"第一要素"是"的的确确存在着统治者和被统治者，领袖和被领导者"，因此必须思考"怎样才能以最有效的方式进行统治""怎样才能以最佳的方式培养统治者"以及怎样找到"确保被统治者和被领导者服从命令的最理性的途径"。但这种划分并不是永久必要的，而是"分工的产物，是一种技术的事实"。因此，谈论政治的根本性出发点在于："人们是愿意永远都有统治者和被统治者呢，还是愿意创造条件，去消除存在这种划分的必要性？换言之，人们是从人类永远存在划分的前提出发呢，还是相信这种划分只是与一定条件相适应的历史事实？"②无产阶级政治如同所有的政治一样，无法摆脱这种领导与被领导的划分，但区别于其他少数人政治的地方在于，无产阶级政治要"创造条

---

① 毛泽东:《在延安文艺座谈会上的讲话》,《毛泽东选集》第三卷，人民出版社1991年版，第866页。
② [意]安东尼奥·葛兰西:《现代君主论》,陈越译，上海人民出版社2006年版，第18页。

件，去消除存在这种划分的必要性"。也就是说，无产阶级政治既要从领导权角度思考政治，同时又要将最终取消领导与被领导的划分作为其实践的出发点。

葛兰西和毛泽东都是20世纪国际共产主义运动中基于本民族特点展开社会主义运动实践的政治领袖。葛兰西在狱中写就的《狱中札记》于20世纪70年代以英文选本出版后，在西方左翼学界产生了广泛影响。人们经常拿来与葛兰西参照的中国革命家是同在第三国际工作的瞿秋白，而事实上，在毛泽东发表《讲话》的时期，瞿秋白的文艺思想是他参考的重要对象。[①]不过根本性的关联，在于毛泽东与葛兰西关注的问题和提出的解决方案的相似性。这并不是要用葛兰西来解释毛泽东，也不是用毛泽东来说明葛兰西，而是探讨马列主义理论在具体国家和区域实践时的相关性。如果说葛兰西的思想经由西方左翼学界而得到了更为理论化的阐释，那么可以说毛泽东的思想在中国理论界的再阐释却做得还不够。《讲话》中对"政治"的理解即是一例。

如果从革命政党的领导权实践角度来看毛泽东谈论政治的方式，可以更深入地打开"工农兵文艺"的讨论。其一是"群众""人民大众""工农兵"之所以重要，是因为无产阶级政党的合法性即在其能够代表"人民大众"。尽管大众政治是现代政治的普遍特点，但马克思主义政党的核心要义在于他们将超越此前政党的阶级局限，从总体性历史视野出发代表最大多数的人群。所以毛泽东说，文艺要为人民大众服务，这是一个"马克思主义者特别是列宁所早已解决了的"[②]问题。因此能不能争取到人民大众的支持，能否将他们的需要集中表现出来，就是革命政党正当性和合法性的根本问题。一

---

① 参见陈晋《毛泽东阅读史》，生活·读书·新知三联书店2014年版，第130页。
② 毛泽东：《在延安文艺座谈会上的讲话》，《毛泽东选集》第三卷，人民出版社1991年版，第854页。

方面应该承认存在着领导与被领导的事实，另一方面又要将取消这种领导与被领导的划分作为最终目标，以最终实现真正意义上的"人民当家作主"。文化是取得领导权的关键组成部分，如果不能从文化上"领导"人民大众，就无法取得"智识与道德上的领导权"，更无法获得人民大众的支持和认同。毛泽东重视文艺工作，强调"文武两个战线"，也正是着眼于领导权的全面确立。如果说"军事战线"侧重的是夺取政权和暴力国家机器的改造，那么"文化战线"则涉及动员、认同和意识形态国家机器的改造。[①] 这也可以解释为什么毛泽东如此重视通过文艺而组织人民大众，并要求文艺家们创造出表现工农兵并为工农兵服务的文艺。由此，革命文艺不再是文艺家的自我表现，而成为在文艺领域实践领导权的具体形式。

其二是在当时的中国，谁是"人民大众"，谁是革命文艺需要服务的对象？《讲话》首先描述陕甘宁边区和各根据地的文艺接受者，主要是"各种干部，部队的战士，工厂的工人，农村的农民"，而这与国统区及抗战前上海的主要读者"以一部分学生、职员、店员为主"[②] 有了很大不同。文艺接受对象的转变，要求文艺工作者改变其写作方式，融入群众中去，实现自身和文艺的"有机化"。继而毛泽东从全国人口的占比及其在中国革命中的功能角度，提出"人民大众"在当时的具体所指，即"最广大的人民，占全人口百分之九十以上的人民，是工人、农民、兵士和城市小资产阶级"[③]。此时毛泽东的视野已不限于边区和根据地，而是着眼于全国，并将"城市小资

[①] 参见［法］路易·阿尔都塞《意识形态和意识形态国家机器（研究笔记）》，载陈越编《哲学与政治：阿尔都塞读本》，吉林人民出版社2003年版，第320—375页。
[②] 毛泽东：《在延安文艺座谈会上的讲话》，《毛泽东选集》第三卷，人民出版社1991年版，第849—850页。
[③] 毛泽东：《在延安文艺座谈会上的讲话》，《毛泽东选集》第三卷，人民出版社1991年版，第855页。

产阶级"也纳入革命文艺服务的对象中。这两种界定方式,一种是具体地针对延安与根据地的现实情境,另一种则是从新的政治目标出发提出的理想。《讲话》中所说的"无产阶级领导的人民大众的反帝反封建文化",正是毛泽东在1940年发表的《新民主主义论》中提出的新中国文化建设的目标。可以说,将工农兵指认为革命文艺服务的对象,既是延安和各根据地的现实要求,也是新民主主义的理论建构。

将哪些人群指认为"人民大众",实际上涉及"新中国在哪里存在"这样的问题。明确"工农兵"作为人民政治的主体,不仅是对社会人群所做的阶级划分,更有将构建新中国的重心放在何处的问题。在1939年写给周扬的信中,毛泽东提出:"现在不宜于一般地说都市是新的而农村是旧的,同一农民亦不宜说只有某一方面","就经济因素来说,农村比都市为旧,就政治因素说,就反过来了,就文化说亦然"。因为"所谓民主主义的内容,在中国,基本上即是农民斗争","在当前,新中国恰恰只剩下了农村"。[1]毛泽东所说的政治因素,区别于客观性的经济形式或生活形式,指向能够展开能动性政治实践的主要人群。这种政治因素不是对经济形式的纯客观反映,而是发动工农群众创造新中国的能动性实践。在他看来,从民主主义到新民主主义政治得以展开的基础,就是农民。只有将农民发动起来,依托农村和农民,新中国的政治构想才能实现。"工农兵"三者中"农"是最大多数也是真正的核心,工厂的工人和部队的战士也大多是由农村的农民转化而来。从工农兵出发来动员和组织"中华民族的最大多数",可以说也是抗战建国背景下毛泽东对"中国社会各阶级的分析"的结果。从中可以看出,对工农兵的重视并不仅仅是被动地回应战争环境下人群从都市到乡村、从沿

---

[1] 毛泽东:《致周扬》,载中共中央文献研究室编《毛泽东文艺论集》,中央文献出版社2002年版,第259—260页。

海向内陆的流动，而是由此出发展开新的政治实践。同时，明确"工农兵"作为人民大众的主体，也是具体地实践人民政治的结果，即不是固定地指向某个或几个社会群体，而是从建构新中国这一政治诉求出发去培育、动员、组织最具政治能动性的政治实践主体。因此，"人民"的实质性内涵是中华民族的最大多数，而其具体构成则是历史性地发生变化的。将这个问题的讨论延伸至当下，重新讨论人民的具体所指，显然也是需要进行分析的问题。

其三是在尊重工农兵的历史主体性这一前提下的动员和组织。《讲话》提出"工农兵文艺"并非偶然，可以说是"马克思主义中国化"诉求下"民族形式"建构的进一步推进和具体发展。《书写"中国气派"——当代文学与民族形式建构》在讨论"当代文学"的发生时提出，应将1938—1942年"民族形式"论争作为当代文学的另一起源，因为这是中国共产党提出独立的民族国家政权诉求的起点。[①]但在"民族形式"的表述中，新政权的形态是不甚清晰的，政治主体也被宽泛地称为"老百姓"，即"为中国老百姓所喜闻乐见的中国作风和中国气派"。1940年的《新民主主义论》提出了新中国的国体和政体，并明确了民族形式的内容，即"中国文化应有自己的形式，这就是民族形式。民族的形式，新民主主义的内容——这就是我们今天的新文化"[②]。而在《讲话》中，则进一步明确了"工农兵""四种人"作为人民大众的具体所指，并赋予其在中国革命运动中的功能性位置。可以说，从"老百姓"到"人民大众"再到"工农兵"，从"民族形式"到"新民主主义文化"再到"工农兵文艺"，这是一个连续的越来越明确的关于新中国和新文化的构想过程。

---

① 参见贺桂梅《书写"中国气派"——当代文学与民族形式建构》，北京大学出版社2020年版，第20—35页。
② 毛泽东:《新民主主义论》,《毛泽东选集》第二卷，人民出版社1991年版，第707页。

表面来看,《讲话》不再将"民族形式"作为主要问题意识,但在凸显阶级性的同时,对中国性和民族性的强调始终存在。这也涉及对待"工农兵"的基本态度和"工农兵文艺"的创造形式。"马克思主义中国化"和"民族形式"的核心要点,是重视中国历史遗产以及从历史的延伸来分析把握现实运动,即毛泽东在《论新阶段》中所说的"今天的中国是历史的中国的一个发展……从孔夫子到孙中山,我们应当给以总结,继承这一份珍贵的遗产"①。这一点与毛泽东在此前的《辩证法唯物论(讲授提纲)》中对中国传统哲学采取"清算"态度相比,是一个大的变化。②将历史的中国纳入革命中国的内在构成部分,表现在《讲话》中则是对工农兵的历史主体性的尊重。虽然毛泽东说工农兵大多"不识字、无文化",但是这并不意味着他认为工农兵是一张白纸。对普及问题的重视,包含了对工农兵所承载的历史文化传统的重视;所谓"提高",也因此是在与传统文化、民间文化对话基础上的提高。尽管在普及与提高的二元表达中,包含了一种等级关系,但是对普及的强调使得这种提高必然是中国化的,是以与工农兵所熟悉并由他们延伸至当代的文化传统对话为前提的。因此,在工农兵文艺的塑造中,"民族形式"成为与塑造"英雄人物"同等重要的构成要素。③

其四是在等级性划分的关系格局中来定位和要求文艺工作者,而这种关系中隐含的教育与被教育、代表与被代表乃至领导与被领导,正是"政治"的实质性内涵。毛泽东劝说文艺家们抛弃灵魂深处的"小资产阶级知识分子

---

① 毛泽东:《中国共产党在民族战争中的地位》,《毛泽东选集》第二卷,人民出版社 1991 年版,第 534 页。
② 相关分析参见[美]雷蒙德·F.怀利《毛主义的崛起:毛泽东、陈伯达及其对中国理论的探索(1935—1945)》(典藏本),杨悦译,中国人民大学出版社 2013 年版,第 46—57 页。
③ 参见贺桂梅《书写"中国气派"——当代文学与民族形式建构》,北京大学出版社 2020 年版,第 4—5 页。

的王国"①，而与群众、与工农兵结合，表面上看这似乎是将工农兵放到了更重要的位置，但事实上，由革命的文艺家来"反映"工农兵，由革命的政治家来"集中表现"人民大众，则是更根本的情境和出发点。因此他说，"在教育工农兵的任务之前，就先有一个学习工农兵的任务"②，同时说"只有代表群众才能教育群众，只有做群众的学生才能做群众的先生"③。如果说政治的第一要素是权力等级的划分的话，那么毛泽东既承认了这种等级关系的存在，同时又寄望于作为教育者、领导者的知识分子自身的能动性改造来打破这种权力关系的凝固化。

《讲话》发表五天后，在面向干部的讲话中，毛泽东承认"现在是过渡期"，因为这是"资产阶级、小资产阶级出身的文艺家和工人农民结合的过程"。需要这个过渡期的原因，是"从工人农民中产生""大批作家"还没有实现，同时"教育工农"的现实需要又很急迫，因此"权宜之计"是改造非工农出身的作家，使其"脱胎换骨"来完成教育者的任务。④ 从马列主义理论的"经"而言，充当教育者的是具有无产阶级意识的工人和先锋党成员。如何处理工人的"自发性"和先锋党的教育组织功能，一直是世界社会主义实践中的难题。⑤ 要求知识分子、文艺家"有机化"的自我改造和对农民"两面性"的强调，是毛泽东解决这一难题的基本方式。

---

① 毛泽东:《在延安文艺座谈会上的讲话》,《毛泽东选集》第三卷，人民出版社1991年版，第857页。
② 毛泽东:《在延安文艺座谈会上的讲话》,《毛泽东选集》第三卷，人民出版社1991年版，第859页。
③ 毛泽东:《在延安文艺座谈会上的讲话》,《毛泽东选集》第三卷，人民出版社1991年版，第864页。
④ 参见毛泽东《文艺工作者要同工农兵相结合》,载中共中央文献研究室编《毛泽东文艺论集》,中央文献出版社2002年版，第93页。
⑤ 参见仰海峰《实践哲学与霸权——当代语境中的葛兰西哲学》,北京大学出版社2009年版，第193—197页。

正因为需要文艺家来承担"教育者"的任务,因此先有"知识分子与工农兵相结合"的要求。结合的最终目的,并非使知识分子变成"工农兵",而是通过他们将工农兵的诉求表达出来。所谓"从群众中来,到群众中去",占据着核心环节的正是革命化了的知识分子。只有同时意识到毛泽东建构的人民政治实践方案赋予知识分子的这一"组织者、领导者、劝说者"的功能性位置,才能更深入地理解他对于文艺政治性的强调。

可以说,毛泽东要求文艺工作者的,并不是仅仅做一个文艺家,而是同时做一个政治家,并且只有先成为政治家,才能成为革命的工农兵文艺家。这并不是贬低了知识分子的意义,要求其充当既定政治理念的宣传工具,而是赋予了知识分子和文艺家更高的任务和要求。

四、革命文艺家的主体修养

《讲话》论述文艺问题的焦点放在了文艺工作者身上。如果文艺家没有意识到自身的"媒介性""有机性",没有自觉的愿望去实践与工农兵结合的要求,就难以胜任创作工农兵文艺的任务,这一点是显然的。文艺家的主观能动性由此变成了关键问题,其中又包含了两个方面:一个是如何促发文艺家的"自觉性",另一个是文艺家如何具体地实践这种主体的改造和转换。

如果说在文艺家和工农兵的关系中,毛泽东预设了"先生"和"学生"的辩证关系,那么在"党"和"知识分子"的关系中,这种辩证关系也同样存在。1945年的中共七大会议上,毛泽东再次谈到知识分子和文化问题,重申"一个阶级革命要胜利,没有知识分子是不可能的""任何一个阶级都要有为它那个阶级服务的知识分子"。而对于"小资产阶级出身的知识分子",毛泽东认为他们有动摇性,需要用"教育的方法"去克服,但也反省

"因为整风审干,好像把知识分子压低了一点,有点不大公平"。因此他认为教育应该以他们的"自觉"为前提:"艺术家和作家,对文艺座谈会这样的方法也赞成,从前他们不知道怎样做,我们党给他们指出方针,向他们进行教育工作,不是命令主义,而是逐渐使他们自觉。"① 使其"自觉"的方法,不是将党性的要求放在文艺家的"外部",而是通过重新讨论文艺与政治的关系,将文艺视为政治实践的一种具体形式。

《讲话》在讨论"党的文艺工作"和"党的整个工作"的关系时,采用了列宁的说法,称之为整个革命机器中的"齿轮和螺丝钉"。② 其中确有翻译上的误读③,"机器"与"齿轮和螺丝钉"这一比喻的问题在于没有更准确地呈现文艺的能动性。但毛泽东自己的阐释事实上打破了这种凝固化的说法。在他的论述中,文艺是整个革命政治的一个组成部分,这是没有问题的,不然这就不是人民大众的文艺,关键在于如何理解政治的内涵,同时,文艺并不就等同于政治乃至"政策",而具有"反转过来给予伟大的影响于政治"的能动性。

更值得分析的是,毛泽东把"政治"和"文艺"视为两种同构性的代表性实践形式。他将政治视为一个动态的实践过程,即"只有经过政治,阶级和群众的需要才能集中地表现出来",而文艺同样是一种代表性实践,即"把这种日常的现象集中起来,把其中的矛盾和斗争典型化,造成文学作品或艺术作品,就能使人民群众惊醒起来,感奋起来,推动人民群众走向团结

---

① 参见毛泽东《正确对待知识分子和文化工作》,载中共中央文献研究室编《毛泽东文艺论集》,中央文献出版社2002年版,第119—123页。
② 参见毛泽东《在延安文艺座谈会上的讲话》,《毛泽东选集》第三卷,人民出版社1991年版,第865—866页。
③ 参见胡乔木《胡乔木回忆毛泽东》(增订本),人民出版社2014年版,第58—60页。

和斗争，实行改造自己的环境"。①如果说政治的实质是"集中表现"的代表性实践过程，那么文艺则是实践这种政治的具体方式。从这样的角度来说，文艺具有比军事、经济等工作更为切近"政治"的独特内涵，可以说，文艺是政治的自我表达。正是通过文艺，新民主主义政治所要构建的新中国才得以成为人民大众可见、可叙、可理解的认同对象。同时，如果说政治实践发生于现实生活中，那么文艺实践则是其高度集中和浓缩的再现。如果说政治家是在改造现实世界，那么文艺家则通过文艺再现一个理想世界，并以此去推动人民群众改造"自己的环境"。可以说，文艺家在新中国确立其领导权的过程中，具有不可替代的作用，比其他领域的工作者更需要政治家的素养和视野。

那么，政治家和文艺家在实践代表性功能的方式上有何差别呢？应该说毛泽东在《讲话》中更关注的是其同一性而非差异性，他侧重讨论如何使文艺家获得政治视野，注重文艺家在创作过程中把握现实生活的方式，而较少涉及如何创作和艺术形式的讨论。如果说文艺家的创作既包含从生活经验到作家主体修养，也包含从作家主体修养到艺术塑造完成这样两个环节的话，那么毛泽东讨论的主要是前一环节。因此，他关注的主要是文艺的"源"，即文艺与现实生活的关系，认为人民生活是"一切文学艺术的取之不尽、用之不竭的唯一的源泉"。继承和借鉴古人和外国人的文艺作品是必要的，但那"不是源而是流"，并要杜绝"最害人的文学教条主义和艺术教条主义"。革命的文艺家"必须长期地无条件地全心全意地到工农兵群众中去，到火热的斗争中去，到唯一的最广大最丰富的源泉中去"②，继而他提出了周立波所

---

① 毛泽东：《在延安文艺座谈会上的讲话》，《毛泽东选集》第三卷，人民出版社1991年版，第861页。
② 毛泽东：《在延安文艺座谈会上的讲话》，《毛泽东选集》第三卷，人民出版社1991年版，第860—861页。

概括的"八个大字与五个一切"①,即"观察、体验、研究、分析一切人,一切阶级,一切群众,一切生动的生活形式和斗争形式,一切文学和艺术的原始材料"。只有这样,"才有可能进入创作过程"②。可以看出,毛泽东关注的并不是文艺家如何创作,而是在进入创作之前,文艺家应有怎样的主体修养。

这种谈论方式,可以清晰地读出《实践论》的思想。他认为"实践"是辩证唯物主义认识论的"第一和基本的观点",即"人的认识一点也不能离开实践",并概括出认识的两个阶段,即感性阶段和理性阶段的辩证展开过程。③毛泽东的这些论述有两点特别值得注意。其一是他将辩证法唯物论的认识论和中国传统哲学的"知行统一观"联系起来,认为实践的过程不仅是"认识世界和改造世界",同时也是"改造自己的主观世界——改造自己的认识能力,改造主观世界同客观世界的关系"。④研究者提道,"在毛泽东之前,未见有人把改造人的主观世界和认识人自身列为改造世界的两大任务之一",而"重视主观世界的改造,重视人自身的改造,这既是在实践基础上对中国哲学'修身'思想的继承和发展,也是以中国哲学中特有的内容对马克思主义认识论和人学思想的补充和发展"。⑤

正因为重视通过实践而改造主观世界和人自身,因此毛泽东在《讲话》中提出知识分子出身的文艺工作者,"要把自己的思想感情来一个变化,来一番改造",认为这需要"经过长期的甚至是痛苦的磨炼",才能达到"和工

---

① 周立波:《深入生活,繁荣创作》,《红旗》1978年第5期。
② 毛泽东:《在延安文艺座谈会上的讲话》,《毛泽东选集》第三卷,人民出版社1991年版,第861页。
③ 参见毛泽东《实践论》,《毛泽东选集》第一卷,人民出版社1991年版,第282—297页。
④ 毛泽东:《实践论》,《毛泽东选集》第一卷,人民出版社1991年版,第296页。
⑤ 许全兴:《百年中国哲学革命》,人民出版社2015年版,第264页。

农兵大众的思想感情打成一片"。① 毛泽东反复谈到"理论上""口头上"和"实际上""行动上"的区别，认为后者才是问题的关键，思想感情起变化才是根本。可以概括说，文艺家的主体修养不仅是一个理论学习和理性认识的过程，同时也是一个改造主体情感结构的过程，其最终标志应该是在"思想感情"上和工农兵大众"打成一片"。丁玲由此写道："在克服一切的不愉快的情感中，在群众的斗争中，人会不觉的转变的。转变到情感与理论一致，转变到愉快、单纯，转变到平凡，然而却是多么亲切地理解一切。"② 与此同时，对思想感情的重视也并不是说文艺家的认识就限于工农兵的感性层次，而应具有比工农兵更高层次的把握，即《实践论》中所说的"感觉到了的东西，我们不能立刻理解它，只有理解了的东西才更深刻地感觉它"③。只有感性和理性的统一，才能最终创作出"比普通的实际生活更高，更强烈，更有集中性，更典型，更理想，因此就更带普遍性"④ 的高度浓缩的具象文艺世界。

强调文艺家的主体改造是否会导致其丧失自主性，如何区分自我改造的边界和限度，是长期以来讨论《讲话》提出的知识分子自我改造问题的难题。应该意识到，被动改造和主体修养是不同层次和不同脉络的问题。认为可以通过强制性的实践要求而改造主体，比如将知识分子的自我改造与改造反动阶级的监督劳动等同，这无疑是一种历史性的错误，但因此认为所有的自我改造和主体修养都是一种丧失自主性的"异化"，无疑也是一种偏见。两者的关键区别在于实践主体的能动性和主观意愿。

---

① 毛泽东:《在延安文艺座谈会上的讲话》,《毛泽东选集》第三卷，人民出版社1991年版，第851页。
② 丁玲:《关于立场问题我见》,《谷雨》(延安) 1942年第1卷第5期。
③ 毛泽东:《实践论》,《毛泽东选集》第一卷，人民出版社1991年版，第286页。
④ 毛泽东:《在延安文艺座谈会上的讲话》,《毛泽东选集》第三卷，人民出版社1991年版，第861页。

这也涉及《实践论》的第二个特点，即毛泽东认为"认识"本身就是一个能动的过程，不存在被动的认识，因此也不存在被动的改造。田辰山的研究提到，毛泽东在阅读西洛可夫和爱森堡的《辩证法唯物论教程》时，在"人类的认识，是当做一个动因被包含在多方面的社会的实践之中的能动的过程"一句下画了两条线，并在批注中写道："反映论不是被动的摄取对象，而是一个能动的过程。在生产和阶级斗争中，认识是能动的因素，起着改造世界的作用。"① 可以说，缺少主体的能动性，不仅主体的改造不可能发生，"认识"这一行为也不存在。因此，所谓"被动改造"不过是一种伪命题，是一种"强制"而非真正意义上的"实践"。

陈晋提道，"注重人的能动性的发挥，是毛泽东思想的一个重要特点"，但这并非一般所说的"唯意志论"，而是在客观条件许可的范围内充分发挥主观能动作用。② 田辰山将这一点概括为"毛泽东从来不认为人可以任意地做他想做的事情……毛泽东看上去在人的主观能动作用上加了很重的砝码，但事实上他是让'人'在其所处的关系情境中成为'互系关系'的焦点"③。所谓"互系关系"，也就是在特定情境中各种力量和因素之间的关系，而这也正是毛泽东在《矛盾论》中探讨的宇宙观，即"从事物的内部、从一切事物对他事物的关系去研究事物的发展"④。矛盾本身是一种"关系"而非实体。从毛泽东关于知识分子"两面性"的讨论来看，可以说这是一种主体矛盾论或辩证法的实践。他并不认为知识分子有不变的本质，而是其内在的动

---

① ［美］田辰山：《中国辩证法：从〈易经〉到马克思主义》，萧延中译，中国人民大学出版社 2008 年版，第 141 页。
② 参见陈晋《毛泽东读书笔记解析》（上册），广东人民出版社 1996 年版，第 829 页。
③ ［美］田辰山：《中国辩证法：从〈易经〉到马克思主义》，萧延中译，中国人民大学出版社 2008 年版，第 148 页。
④ 毛泽东：《矛盾论》，《毛泽东选集》第一卷，人民出版社 1991 年版，第 301 页。

摇性使其有可能转化为革命的有机构成部分。同样，他也认为农民具有这样的两面性，即革命性和保守性共存，因此他才批评周扬在《对旧形式利用在文学上的一个看法》中对农民和农村的简单化理解，而强调"农民，基本上是民主主义的，即是说，革命的"[1]。在《讲话》中，他同样强调了农民的改造，"他们在斗争中已经改造或正在改造自己，我们的文艺应该描写他们的这个改造过程"[2]。由此来看，毛泽东对知识分子和文艺家自我改造的强调，并不是单方面的，他同样也希望文艺家们看到农民的改造与自我改造。这也包含了毛泽东对于主体修养的特殊理解，即一方面他认为任何主体的构成都包含着内在的矛盾性，同时认为那些看似摇摆性的阶级主体（小资产阶级、农民）应成为革命运动争取和改造的主要对象；另一方面，认识和实践是互相统一的过程，唯有在能动地认识世界的基础上，才有能动地改造世界的实践，这个知行统一的过程既改变了客观世界也改变了主观世界。

《讲话》虽然也提及农民同样需要改造，但主要谈论的是知识分子的自我改造。可以说这是因为知识分子和文艺家的"文化"使他们比农民具有更高的认识世界和把握世界的能力，因此创造工农兵文艺的任务就不能不首先落在他们身上。从文艺家与其表现对象的关系而言，由小资产阶级的知识分子去表现"不识字、无文化"的工农大众，必然存在一种"代言"的权力关系。但通过文艺家的自我改造，其"思想感情"与工农兵打成一片，这种"先生"与"学生"、代言与被代言的等级划分首先在创作者那里被打破。同时，工农兵文艺所表现的对象，也并非客体化的工农兵社会群体，而是人民

---

[1] 毛泽东：《致周扬》，载中共中央文献研究室编《毛泽东文艺论集》，中央文献出版社2002年版，第259页。
[2] 毛泽东：《在延安文艺座谈会上的讲话》，《毛泽东选集》第三卷，人民出版社1991年版，第849页。

政治整体实践中的政治主体,因此文艺家"表现"工农兵,不是自我与他者的关系,而首先是在主体构成上"你中有我,我中有你",继而将两者的结合统一到"人民"这一理想的共同政治主体之中。因此,可以说,革命文艺家主体修养的目标从来就不是个人或文艺家群体,而是以文艺家为媒介或中介而得到表达的总体性政治世界。

五、"人人都是文艺家"

《讲话》提出"工农兵文艺"解决的是"为谁服务"的问题,而"知识分子与工农兵相结合"则解决的是"谁在写"的问题。不能不说,这两者之间还存在着很大的裂缝。借用葛兰西在探讨政治划分的根本前提时的说法,一般的文艺是"从人类永远存在划分的前提出发",而人民文艺则"相信这种划分只是与一定条件相适应的历史事实"。人民文艺并不是将知识分子、文艺家与群众、工农兵之间的划分作为其出发点和最终目标的,相反,实践人民文艺恰恰是要消除这种划分,从而真正做到文艺的大众化和普遍化。葛兰西在谈论马克思主义的哲学问题时,这样写道:"下面这种流布甚广的偏见必须加以革除:哲学是一种奇怪而艰难的东西,因为它是由特定领域内的专家或专业的和系统的哲学家所从事的专门的智识活动。"进而提出:"人人都是哲学家。"[①] 社会主义是一种真正意义上的最广泛的民主化实践,无论是政治还是哲学、文艺都内在地包含了这种"人人都是……"的实践诉求。人民文艺的理想状态可以说是"人人都是文艺家"。这个论述的指向并非自明的,结合《讲话》,可以探讨文艺的自发性、文艺的内在等级、文艺的特质、

---

① [意]安东尼奥·葛兰西:《狱中札记》,曹雷雨、姜丽、张跣译,河南大学出版社2016年版,第231页。

人民政治的总体性视野这四个关键议题。

"人人都是文艺家"首先涉及文艺的自发性问题。这并不是说每个人天生就是文艺家，而是说每个人都具有"自发的"文艺诉求和对生活世界的文艺表达方式。葛兰西将自发性哲学阐述为三个要素，即语言、常识、大众的宗教，由此认为每个人都是"不自觉"的哲学家。[①]事实上，这涉及普通民众如何理解和表达自身及其生活世界。没有人可以离开意义世界而生活，这是人与动物区分的标志。如果说"人人都是哲学家"指的是人看待世界的基本理念和意义秩序的话，那么"人人都是文艺家"则涉及的是人通过文艺形式所表达的意义世界。

毛泽东如何理解这种自发性呢？他在《讲话》中曾说工农大众"不识字、无文化"，因此"迫切要求一个普遍的启蒙运动"。[②]但这并不等于他否认了工农群众作为"文艺家"的自发性，而涉及如何理解自发性文艺要求和革命文艺之间的区分。重视群众的文艺自发性，是人民文艺创造的一个关键问题。可以说，提出"民族形式"问题，要求表现"为中国老百姓所喜闻乐见的中国作风和中国气派"本身，就是以承认中国普通民众生活中的文艺为前提的。所谓"民间形式""旧形式""地方形式""方言土语"，正是民众生活中的自发文艺形式。但是，这并不是把自发性意义上的"人人都是文艺家"等同于人民文艺的"人人都是文艺家"，而是在尊重自发性的前提下，通过革命文艺家来改造群众和自发性文艺，进而创造出更高层次的工农兵文艺。如果否认了群众的文艺自发性，将他们看成"一张白纸"或需要启蒙的

[①] 参见〔意〕安东尼奥·葛兰西《狱中札记》，曹雷雨、姜丽、张跣译，河南大学出版社2016年版，第231页。

[②] 毛泽东:《在延安文艺座谈会上的讲话》，《毛泽东选集》第三卷，人民出版社1991年版，第862页。

封建传统的"历史创伤"的负载者[①]，就难以理解《讲话》为何要求文艺家在"思想感情上"与他们打成一片，也不会有要求文艺家熟悉工农群众"语言"的问题。"知识分子与工农兵相结合"，也可以说是知识分子深入工农群众的自发性哲学和文艺及其生活世界，从内部去认识他们的过程。

毛泽东所说的"不识字、无文化"，第一点指的是在20世纪40年代的历史情境中绝大部分工农群众不识字，克服"文盲症"是急迫的现实需求。但"文字"和"文化"并不是二而一的问题，可以说工农群众是"有文化"而"不识字"。费孝通在20世纪40年代完成的《乡土中国》开篇就提到了"文字下乡"问题，认为农民因为不识字所以没有文化，这不过是一种城市人的偏见。[②] 毛泽东在批评周扬"不宜于把整个农村都看作是旧的"，实际上也在说同样的意思。乡村社会广泛存在的戏剧等表演性文艺和故事、传说等口传性文艺则表明，不识字的工农群众有他们自己的文化和文艺，这也是赵树理所说的"自在的文艺"[③]。因此毛泽东所说的"无文化"，指的是这种"自在的文艺"是传播封建、传统世界观的旧文艺，而且是一种没有通过"文字"这一传播媒介融入现代世界的文艺形式。而人民文艺所要求的"人人都是文艺家"显然是既批判地继承转化传统文艺同时又比其更高级的新文艺。

第二点涉及"人人"和"文艺家"的不同等级。《讲话》反复讨论的普及与提高问题，实际上说的是人民文艺的低级文艺与高级文艺的关系问题。

---

① 这是"民族形式"论争中胡风、冯雪峰等人所持的观点，参见胡风编《论民族形式问题》，海燕书店1949年版。相关分析参见贺桂梅《赵树理文学与乡土中国现代性》，北岳文艺出版社2016年版，第58—60页。

② 参见费孝通《乡土中国》，《费孝通全集·第6卷，1948—1949》，内蒙古人民出版社2009年版，第113—124页。

③ 赵树理：《〈三里湾〉写作前后》，《文艺报》1955年第19期。

文艺的不平衡性，正如革命的不平衡性，存在着内部的等级划分。毛泽东对普及问题的重视和强调，常被错误地理解为对高级文艺特别是知识分子文艺的否定。问题的实质并不是工农兵文艺与知识分子文艺的等级区分，更不是用普及性的工农兵文艺来否定高级的知识分子文艺，而是两种文艺如何结合。这里存在着自上而下和自下而上的两种方案。如果说五四新文艺是一种以知识分子和文艺家为中心的自上而下的启蒙路径，那么应该说毛泽东提出来的是一种三元结构，即新政治理念自上而下的开展，是通过知识分子自外而内的动员和群众自内而外的表达同时进行的。所谓"普及"首先是应该动员和组织群众参与其中，而提高则应该是在人民大众参与基础上的提升和发展。毛泽东这样解释："提高要有一个基础……那末所谓文艺的提高，是从什么基础上去提高呢？从封建阶级的基础吗？从资产阶级的基础吗？从小资产阶级知识分子的基础吗？都不是，只能是从工农兵群众的基础上去提高……沿着工农兵自己前进的方向去提高，沿着无产阶级前进的方向去提高。"[1] 这种普及与提高的辩证关系，虽然强调了工农群众的基础地位，但核心要点是知识分子与工农兵文艺的"统一"而非"分裂"。如果认为这是对高级文艺的否定、对知识分子创作的否定，那就不过是从文艺"永远存在划分的前提出发"的政治偏见。从人民文艺的诉求出发，关键问题是"人人都是文艺家"的理想状态应该同时是"人人都是能创作的文艺家"，但因为工农群众不能写、不能创作和表达，因此才有改造小资产阶级知识分子文艺家的历史要求。毛泽东承认"现在是过渡期"，他的理想是从工农大众中培养出大批"自己的文艺家"。这一理念在"文化大革命"中变成了"重新教育文艺干部，重新组织文艺队伍"，而对被认为革命不够彻底的文艺家展开普

---

[1] 毛泽东：《在延安文艺座谈会上的讲话》，《毛泽东选集》第三卷，人民出版社1991年版，第859—860页。

遍的"文化大革命"。①这种实践的历史教训是极其深刻的,其问题之一是没有认识到"培养自己的工农兵作家"将是一个长期的过程,是一次极其艰难的"漫长的革命",而更重要的问题则涉及如何理解文艺的特质,如何理解人民文艺的总体性视野。

文艺是一种独特的表达艺术,在"人人"和"文艺家"之间存在着专业化和非专业化的矛盾。《讲话》侧重强调了文艺认识现实、表现现实的政治功能,同时没有否认艺术性的重要,其中有关文艺特质的描述总是与"同心同德""惊醒""感奋""思想感情"等连在一起。可以说毛泽东将文艺视为一种具有感性、情感特质的表达形式,但没有涉及文艺的"本体论"讨论。他主要是作为"政治家"在谈话,而将具体的文艺创作视为文艺家的"内部"问题。《讲话》之后,由作家们发表的相关文章,典型如周立波的《思想、生活和形式》②、丁玲的《生活·创作·时代灵魂》③,特别是柳青提出的"三所学校"④,则都提炼出生活、政治、艺术这三种要素,并且认为只有在这三方面经过长期磨炼,才能创作出好作品。具备了革命文艺家修养的作家们,如何进入具体的文艺创作中,特别是采取何种艺术形式进行创作,是与政治修养、生活经验同样重要的问题。柳青历经"长安十四年",数易其稿,才写出《创业史》的第一部⑤,足见文艺创作本身的复杂和艰难。

意识到文艺创作的特殊性,意味着不能将文艺简单地等同于政治的观念

---

① 相关史料参见《林彪同志委托江青同志召开的部队文艺工作座谈会纪要》,《人民日报》1967年5月29日。
② 周立波:《思想、生活和形式》,《解放日报》1942年6月12日。
③ 丁玲:《生活·创作·时代灵魂》,湖南人民出版社1981年版。
④ 贺桂梅:《柳青的三所学校》,《读书》2017年第12期。
⑤ 参见刘可风《柳青传》,人民文学出版社2016年版,第179—181页。

性要求。不能不说，人民文艺如何处理文艺的政治性与艺术性、群众性与专业性要求，始终是一个难题。从总体偏向而言，当代文学前 30 年偏重于政治理念的层面，而后 30 年则有意无意更偏向于艺术性要求，并且常常将其简化为文艺与政治的二元对立。如果从文艺的特质而言，文艺既是列宁所说的"革命的镜子"①，也是毛泽东所说的感性实践和政治性表达。但是文艺并不等于"镜子"和"感性"，更不等于政治理念。在《实践论》中，毛泽东将"感性"和"理性"区分为认识的两个阶段，倾向于强调"理性"是比"感性"更高级的层次。而其极端形式是"文化大革命"时期的"政治美学化"。1983 年，周扬针对这一问题在《关于马克思主义的几个理论问题的探讨》中，由王元化执笔的部分提出了"用感性、知性、理想三范畴去代替感性和理性的两范畴"。也就是说在感性、理性之间还存在着一个"知性"阶段，理性的真正成熟并不直接表现为观念，而是从感受性的感性阶段，经过观念性的知性阶段，最终融合为同时包含了感性与知性、经验与观念、情感和理论的高级阶段。②这样的"理性"与"感性"的统一才是文艺真正要表现的"具象化"世界。而事实上，当毛泽东说"感觉到了的东西，我们不能立刻理解它，只有理解了的东西才更深刻地感觉它"，也正是这种状态。从这样的角度来说，强调文艺的特质，是要说明文艺虽然是人民政治的总体性实践中的一种表现形式和实践形式，但文艺并不等于政治，也不能用政治的理念要求全部回收文艺。法国理论家阿尔都塞提出的"半自律性""多元决定论"可以更准确地阐释这种理解。更有意味的是，正是受到毛泽东《矛盾

---

① 参见［苏］列宁《列夫·托尔斯泰是俄国革命的镜子》，载中国社会科学院文学研究所文艺理论研究主观编《列宁　论文学与艺术》，人民文学出版社 1983 年版，第 201—206 页。
② 参见周扬《关于马克思主义的几个理论问题的探讨》，《周扬文集》第五卷，人民文学出版社 1994 年版，第 462—463 页。

论》的启发，阿尔都塞才提出了这样的阐释方式。[①]

如果从文艺的特质出发，意识到文艺具有不同于政治实践的特殊表达形式，那么应该如何理解人民文艺对于"人人都是文艺家"的诉求呢？这一方面要意识到人民文艺的内在区分体系，文艺（家）存在着不同的层级，即存在着自发性的群众文艺、自觉创造的专业性文艺和超越专业性的人民文艺之间的区分。而人民文艺的特点在于超越专业性文艺的层级和圈子，与群众的自发性文艺相呼应，而形成更高级也更民主的文艺。人民文艺需要群众文艺，也需要高级文艺，关键在于不要将文艺仅仅局限于特定的专业圈子范围内。葛兰西将其称为"内在哲学论"，而毛泽东则说："革命的文学家艺术家，有出息的文学家艺术家，必须到群众中去。"[②] 与此同时，更重要的是要意识到无论何种文艺形态，作为人民文艺都共享有人民政治的"总体性视野"。这就需要再次回到"政治"这一基本范畴的理解方式。

"政治"的实质性内涵可以说是一种社会人群之间的权力关系。人民政治不同于他种政治的地方，正如毛泽东所说，这不是"少数人的政治"。如何实践一种超越特定阶级或群体的主观限定，立足并代表最大多数人群诉求的总体性政治形式，可以说是人民政治的真正内涵。从这一基本诉求出发，"人人都是文艺家"的关键在于文艺家能将"人人"都包含进其中的总体性政治视野和政治意识。知识分子文艺家，如果缺少这种总体性视野，那就是特定阶级的文艺家或"圈子里"、专业内的作家；同样，人民文艺的意义正

---

① 参见［法］路易·阿尔都塞《关于唯物辩证法（论起源的不平衡）》，《保卫马克思》，顾良译，商务印书馆2010年版，第175、187页。
② 参见毛泽东《在延安文艺座谈会上的讲话》，《毛泽东选集》第三卷，人民出版社1991年版，第860—861页。

在于广泛的代表性。如卢卡奇在《历史与阶级意识》[①]中讨论的，无产阶级之所以区别于资产阶级，就在于他们能够超越自身的阶级利益而获得总体性的历史意识。工人如果不能获得阶级意识，没有总体性历史意识，就无法成为"无产阶级"。同样可以说，人民文艺包含了超越具体阶级的总体性视野，无论创作者是知识分子还是工农兵，如果缺少这种政治视野，"人人都是文艺家"就是不可能的。

结语

《讲话》开启了人民文艺的具体实践路径。从五四新文化运动的"人的文学""平民文学"到左翼文艺界的大众化、民族化运动，都有相近的文艺民主化诉求，但是像这样不仅提出明确的人民文艺目标，而且提出了具体的实践方案，并将其纳入人民政党和人民国家的总体性建构目标中加以讨论的理论纲领，却还是第一次，其中包含了人民文艺实践的诸多原点性问题。"知识分子与工农兵相结合"是实践中国社会的结构性革命的要求，"工农兵文艺"是实践中国共产党的文化领导权要求，知识分子的主体修养是对人民文艺的创作者的要求，而人民文艺的根本目标和理想状态则可以说是"人人都是文艺家"。

对这些原点性问题的重新探讨，其意义是更深入地理解《讲话》同时具有的"经"与"权"。《讲话》提出的人民文艺的理想目标与实践原则，是其中的"经"；不同时期回应中国社会和人民生活的具体情境而展开的文艺实践方式，则是其中的"权"。"权"与"经"的关系，可以说也是经验和理

[①] 参见〔匈〕卢卡奇《历史与阶级意识——关于马克思主义辩证法的研究》，杜章智等译，商务印书馆1995年版。

想、现实和传统、实践和理论的关系。缺少"人人都是文艺家"的理想和愿景，缺少马克思主义中国化的哲学思想，人民文艺的实践将丧失其内在的实质性内涵。同时，经过80年的探索与实践，人民文艺的展开方式经历了历史性变化，在不同时期采取了不尽相同的实践形式，这些也构成了在21世纪语境下探索人民文艺的传统、遗产和经验。从《讲话》提出的原点性问题出发，既总结80年的历史经验和教训，同时结合新时代特点持续推进人民文艺的具体实践，这将是21世纪中国文艺实践的"有经有权"。借用毛泽东在《实践论》中的说法："实践、认识、再实践、再认识，这种形式，循环往复以至无穷，而实践和认识之每一循环的内容，都比较地进到了高一级的程度。"[①] 这可以说是人民文艺的"全部认识论"，也是人民文艺家的"知行统一观"。

（原载《中国现代文学研究丛刊》2022年第6期）

[①] 毛泽东：《实践论》，《毛泽东选集》第一卷，人民出版社1991年版，第296—297页。

从革命主体论及历史、现实的辩证关系看《讲话》

程 凯
中国社会科学院文学研究所

近些年讨论毛泽东的《在延安文艺座谈会上的讲话》(以下简称《讲话》)时常被引用的一句话是郭沫若当年所说的"有经有权"。这个评价经由胡乔木在回忆中披露[①],它配合着当代语境下对《讲话》的"权变"式理解:这个文本从理论上讲有符合文艺根本规律的地方,也有来自革命战争特殊语境之处,前者为"经",后者为"权"。前者为"本",为普遍性;后者为"末",为有历史局限处。然而,何者为"经",何者为"权",今天的界定,今天所依据的认识坐标、思想意识与当年《讲话》所生成的语境是否已发生了诸多倒错性的变化?换句话说,当年被认为是"经"的可能今天被视为"权",当年被认为是"权"的可能今天已变成了"经"。这种随着坐标系位移而对《讲话》的要义、侧重予以重塑的阐释学演变自《讲话》发表之后就一直没有停止。实质性的变化或许在于它所参照的坐标系从前40年革命运动的"大坐标"变成了后40年文学论的"小坐标"。因此,80年后要重新感知《讲话》蕴含的思想能量,前提之一在于突破"小坐标"下的"权"

---

① 参见胡乔木《胡乔木回忆毛泽东》,人民出版社1994年版,第60页。

之理解，使之不要被切割、整合进知识化的文艺论，而要努力将其回置到历史与现实的难题、挑战与辩证关系中，重建《讲话》理解的"大坐标"。

为此，在今天语境中重读《讲话》或许有必要确立一些前提意识。

第一，当下语境中对《讲话》的理解是在新时期以来经由官方、学界的历史反思而重构的，它有一个"晚近的当代起源"。这个起源的出发点是纠正文艺作为意识形态被过于政治工具化的弊端，用承认文艺自主性的方式重塑文艺与政治的关系。这无形中生成了将文艺与政治各自"领域化"的"历史无意识"，我们今天在很大程度上是借助这个已逐渐"历史无意识"化的透镜去看《讲话》。意识不到这个"晚近的当代起源"的存在以及辨析这个透镜的折射轨迹，则易流于惯性理解，从而难以再激发出《讲话》中蕴含的挑战性。

第二，如果说从20世纪40—70年代是《讲话》发挥最大效力的历史时期，那在此时段中《讲话》很大程度上不单是篇文艺论文本，更是一个关涉主体论（如何改造、形塑革命主体性）的文本，乃至奠定新中国政教体系和"普遍教育"原则的文本。而一个革命主体论之所以要通过文艺讲话的形态呈现又与中国革命的特殊条件、脉络相关。因此，还原《讲话》的生成史和针对性有必要回到中国现代转型的挫折，新文化运动的思想、社会后果以及中国共产革命的蜕变等诸多长时段脉络中加以把握。《讲话》所置身的整风运动之所以在中国共产革命的历史上发挥了决定性作用，也须借助这一长时段脉络才能锚定。而《讲话》发挥效力的方式和借助的支撑力尤其要结合整风运动的效应加以把握。

第三，重审《讲话》的生成脉络、坐标参照不限于遵循一种"还原"逻辑，尤其不能止步于将其视为一个"平滑"、自足的文本，而须进一步触及《讲话》面对的难题、矛盾。这些难题、矛盾有的蕴含于《讲话》论述中，有的产生于它的"落实"与发展中，尤其是当它从根据地、解放区革命队伍的思想教育文本变成新中国文艺体制乃至"广义教育"的指导方针时,其矛盾有一个不断滋生的过程。与此同时,又存在一个革命文艺工作者、理论工作者不断为其注入新的经验与思考,不断将其原则拓深、拓宽的过程。《讲话》无疑是革命年代、革命运动语境下的产物,有必要从现代革命运动的连续过程和它不断遭遇、克服自身危机的角度来看《讲话》的阐释方向与作用方式。

第四,再进一步,从长时段看《讲话》的结构性位置也意味着要做超出革命运动解释框架的认知努力。一种既有的尝试是把今天的中国看成一个未完成的"新中国",一个依然生成中的国家,从而就一个"新中国"应具备的政教体系的角度来审视《讲话》的意义。[①] 另一种从长时段看《讲话》的意识是把现代革命运动、国家生成视为中国现代转型的连续、曲折过程,特别注意从这一历史过程所诉诸的能动性力量——以新青年、新人、革命者等为代表——的主体状态、主体困境、主体改造的角度来把握《讲话》的结构性位置与认识价值,力图使《讲话》成为一个思想史、精神史、政治史、社会史交叉视野下的文本。

接下来本文会就以上所列举的问题展开讨论。

一

首先是《讲话》主旨在新时期后的"改写",其要害是对"文艺服从于政治"和主体改造——小资产阶级知识分子出身的革命者必须通过与工农兵相结合的方式改造自身——这两个《讲话》基本支点的反思、批评与修

[①] 参见张旭东《"革命机器"与"普遍的启蒙"——〈在延安文艺座谈会上的讲话〉的历史语境与政治哲学内涵再思考》,《批判的文学史——现代性与形式自觉》,上海人民出版社2020年版。

订。之所以文艺与政治的关系成为新时期之初文艺界"拨乱反正"的焦点与突破口，缘于20世纪六七十年代随着革命政治的激进化，文艺服从于政治、文艺为政治服务越来越异化成文艺为政治路线、为政治运动、为具体政策甚至为少数政治人物服务。[1] 政治斗争的滥用使得文艺赤裸裸地被界定为阶级斗争、路线斗争工具。基于对革命政治无边泛化和文艺沦为意识形态斗争工具所造成恶果的厌恶，新时期之后文艺领域解放思想的破冰之论首推对"文艺服从于政治"这一命题的搁置、弃用。而提出放弃使用"文艺为政治服务，文艺从属于政治"的说法，认为它"在理论上是站不住脚的"，"这个口号，从正面不能解释，但从反面、从消极方面，却可以产生种种缺点和影响"。[2] 1979年的第四次文代会以及邓小平在1980年中央干部会议上的讲话将这一转向公布出来："我们坚持'双百'方针和'三不主义'，不继续提文艺从属于政治这样的口号，因为这个口号容易成为对文艺横加干涉的理论根据，长期的实践证明它对文艺的发展利少害多。但是，这当然不是说文艺可以脱离政治。文艺是不可能脱离政治的。"[3] 虽然之后围绕文艺与政治的关系仍有反复论争，但新时期文艺政策的基点从《讲话》所强调的"要使文艺很好地成为整个革命机器的一个组成部分，作为团结人民、教育人民、打击敌人、消灭敌人的有力的武器"转向"文艺要为人民服务，为社会主义服务"

---

[1] 胡乔木在《当前思想战线的若干问题》（一九八一年八月八日）中写道："为政治服务可以并且曾经被理解为当前的某一项政策，某一项临时性的政治任务、政治事件，甚至为某一个政治领导者的瞎指挥服务。"参见中共中央文献研究室编《三中全会以来重要文献选编》，人民出版社1982年版，第942页。

[2] 胡乔木在1979年10月29日中央政治局会议上的讲话，由刘锡诚整理以《胡乔木同志谈文艺与政治——在一次会议上的发言》为题发表于《文艺情况》1979年第11期。刘锡诚：《在文坛边缘上（增订本）》（上），河南大学出版社2016年版，第345、347页。

[3] 邓小平：《目前的形势和任务》，《邓小平文选（一九七五——一九八二年）》，人民出版社1983年版，第220页。

的"二为"方针，意味着为文艺松绑，使文艺从"革命机器"的齿轮、螺丝钉，从为特定的"无产阶级革命政治"服务，变成为含义宽泛得多的"人民"和"社会主义"服务。这被界定为是新形势下对《讲话》原则的"运用和发展"：

> 党中央提出文艺要为人民服务，为社会主义服务，这是毛泽东同志的文艺思想在社会主义条件下的运用和发展。为人民服务，决不可以跟为工农兵服务对立起来……社会主义社会的知识分子，也是劳动人民的一部分……为社会主义服务，跟为政治服务的提法比较起来，前一个提法更加准确，更加清楚。这首先是因为，我们的一切政治归根结底都是为大多数人谋利益的手段，政治本身不是目的……我们不能为政治而政治，所以也不能为政治而文艺等等……
>
> 长期的实践证明，《讲话》中关于文艺从属于政治的提法，关于把文艺作品的思想内容简单地归结为作品的政治观点、政治倾向性，并把政治标准作为衡量文艺作品的第一标准的提法……究竟是不确切的，并且对于建国以来的文艺的发展产生了不利的影响。①

这里的要害环节在"政治""人民"这些核心词汇在语义、内涵上的变化。它与"文化大革命"后总的政治路线变化相配合，以釜底抽薪的方式对极端化的革命政治、革命路线进行了清算。原本在革命政治中，政治是第一性的，也是总体性的，而重新界定的政治成为一种不足以成为"目的"的"手段"。胡乔木在其《关于文艺与政治关系的几点意见》中将这

---

① 胡乔木：《当前思想战线的若干问题》（一九八一年八月八日），载中共中央文献研究室编《三中全会以来重要文献选编》，人民出版社1982年版，第942—944页。

层意思表达得尤为鲜明：

> "为政治服务"，政治本身不是目的，政治是达到我们的目的的一种手段，固然是一种重要的手段，非常重要的手段，但它终究只是手段。政治的目的是为人民的利益。人民的利益，这才是目的。政治要从属于人民，从属于社会主义，这样的政治才是正确的……这个间接的目标——政治，它的范围是有限的，是比较狭窄的。而人民、社会主义，这是根本的目标，是非常广阔的概念。它们把政治包含在内，但不单单归结为政治。它们是政治的目的，政治的正确性归根到底要用人民的利益、社会主义的利益来衡量和保证。①

这个范围"有限""狭窄"，作为"手段"的"政治"是一种"领域化"了的政治，是与经济、法律等并列的"上层建筑"的一个组成部分。这与毛泽东在《讲话》中所阐发的政治显出参差：

> 我们所说的文艺服从于政治，这政治是指阶级的政治、群众的政治，不是所谓少数政治家的政治。政治，不论革命的和反革命的，都是阶级对阶级的斗争，不是少数个人的行为。革命的思想斗争和艺术斗争，必须服从于政治的斗争，因为只有经过政治，阶级和群众的需要才能集中地表现出来。②

---

① 胡乔木：《关于文艺与政治关系的几点意见》，《胡乔木文集》第二卷，人民出版社 2012 年版，第 560 页。
② 毛泽东：《在延安文艺座谈会上的讲话》，《毛泽东选集》第三卷，人民出版社 1991 年版，第 866 页。

所谓"阶级的政治""群众的政治"是一种革命运动形态下的政治,是革命的动力关系意义上的政治,而非治理形态意义上或静态结构意义上的政治。毛泽东所言的政治始终与不可回避的斗争性构成一体两面的关系,它不被限定在某一领域中,而是矛盾激化到需要用区分敌我的程度加以把握时所产生的"政治性"。正因为政治是现实矛盾关系最集中、最激烈的体现,这些矛盾冲突最终要以革命形态爆发出来,而革命政治恰是动员、集中了"阶级和群众的需要",所以"革命的思想斗争和艺术斗争","必须服从于"那个体现了矛盾本质的"政治的斗争"。

而胡乔木的调整在于从革命政治也承认的目标——为争取最广大群众的利益——出发悬置、替换了革命动员意义上的"阶级的政治""群众的政治",将"群众的政治"更多理解为最大多数的、最广泛的群众诉求,而这一诉求又被认为是与国家和党的目标高度一致的(在20世纪80年代体现为对"现代化"的追求),通过将前者目标化、本体化,而将后者手段化,进而消除政治中的革命、斗争色彩,使之成为一种常规化的、服务性的(治理性的)政治。①

胡乔木讲"二为"就是《讲话》中所说的"群众的政治"。不过,首先,"为人民服务"中的"人民"在新时期语境中,其涵括已不同于《讲话》时的"群众"。后者多意指"革命队伍"意义上的"工农兵",其体现的是将原本被排斥在政治领域(特指少数政治家、当权者所垄断的,基于维护自身权利、利益的"少数人的政治")之外的"劳苦大众"树立为革命政治的主体(革命是一个给他们赋权的过程)。而且无论工农兵或知识分子、革命干部以及非革命阶级都要在革命政治中经受考验、淘洗和淬炼,才能被包纳进"群

---

① 胡乔木在其《关于文艺与政治关系的几点意见》的末尾处写道:"政治也不得不为经济服务,不得不为教育服务,不得不为文化服务,其中也包括为文学艺术服务,还要为很多很多的东西服务。"(参见胡乔木《胡乔木文集》第二卷,人民出版社2012年版,第564页)

众"的范畴。新时期的"人民"则剔除了革命阶级论色彩，将广义的"劳动人民"（包括知识分子）均视为社会主义国家的"主人翁"。确实如邓小平强调的，不使用"文艺为政治服务"的说法并不意味着文艺脱离政治。事实上，"二为"的实质是重新定义了文艺要与之发生客观关联的那个政治主体的属性。之前，这个政治主体是革命运动，之后则是"主权者"意义上的人民与国家。与此相关，"为……服务"的句式相比"服从……"也体现出关系上的转化。《讲话》中所讲的文艺要"服从""多数人的政治"和"群众的政治"不单纯是为群众、为多数人服务的意思，它是先在政治本体论的意义上确认了"群众""多数人"（劳苦大众）构成革命政治的本体、主体，而革命党则是群众自己解放自己的工具。① 这意味着，"群众"是政治主体的来源，而不只是政治的服务对象。所谓革命者"服务"于群众的过程其实是将群众潜在的革命主体性调动出来，使其从被动者变为主动者，从奴隶变为主人的过程。这个"服务"中同时包含着教育、启蒙的意义。在"二为"方针中，这层教育与启蒙的含义依然保留下来，文艺工作者仍是"人类灵魂的工程师"，但那种"群众"作为政治主体对教育者、启蒙者具有的反向教育功能、反向决定性则趋于淡化。

我们回看《讲话》中所讲的"政治"，会发现它不是被政治家垄断的"狭义政治"（鲁迅所说的"安于现状"意义上的"政治"），而是打破各种稳

---

① 刘少奇在中共七大上作关于修改党章的报告时（1945年，后以《论党》的题目发表），就指出"群众观点"的核心原则之一是"相信群众自己解放自己的观点"（参见中共中央文献研究室、中共中央党校编《刘少奇论党的建设》，中央文献出版社1991年版，第436页）。邓小平在中共八大《关于修改党的章程的报告》（1956年）中更明确地讲："工人阶级的政党不是把人民群众当作自己的工具，而是自觉地认定自己是人民群众中特定的历史时期为完成特定的历史任务的一种工具。"（参见中共中央文献研究室编《建国以来重要文献选编》第九册，中央文献出版社2011年版，第106页）

定边界的革命政治（鲁迅所说的"不安于现状"的"革命"）[1]，因此，它意味着所有置于这个结构、过程中的群众、革命者、知识分子都面临一个主体改造和转化的问题。谁的"身份"都不是绝对给定的，而要经历自我改造和改造别人的双向互动过程。《讲话》中提出的"先做群众的学生，再做群众的先生"正是基于这样一种逻辑。同样，在这个革命动力学的关系中，也没有领域化、实体化的"文艺"与"政治"的容身之处。因此，恰如有学者指出的，从《讲话》的角度看，"文艺是小政治，政治是大文艺"。一方面，"哪怕纯粹审美意义上的文艺也必然已经是彻头彻尾的政治"；另一方面，政治要转化为有效的政教体系、"广义的教育"才能具有总体性政治的能量。[2]

反之，一旦取消革命政治的本体论支撑，《讲话》就从一个思想教育文本变成了仅在文艺范畴内有效的"文学理论"文本。这个"文论化"的"改写"在胡乔木那里已经确立起来，"它的要点是：文学艺术是人类社会生活的反映，生活是文学艺术的唯一的源泉"[3]。当然，这并非胡乔木的个人见解。新时期之初，纠正文艺过分政治工具化的常见路径就是强化《讲话》中所讲的文艺与"生活"的关系，并以此来削弱政治对文艺的决定作用，从"生活是文学艺术的唯一的源泉"入手重建一种现实主义文艺观。这个路径奠定了新时期在"文学概论""现当代文学史"中讲述《讲话》的基本结构，即把《讲话》放置在文学反映论和现实主义原则的地基上进行重构与讲述。20世纪40—70年代理解《讲话》时那些前提性的原则——为革命政治服

---

[1] 参见鲁迅《文艺与政治的歧途》，《鲁迅全集》第八卷，人民文学出版社2005年版。
[2] 参见张旭东《"革命机器"与"普遍的启蒙"——〈在延安文艺座谈会上的讲话〉的历史语境与政治哲学内涵再思考》，《批判的文学史——现代性与形式自觉》，上海人民出版社2020年版，第282—283页。
[3] 胡乔木：《当前思想战线的若干问题》（一九八一年八月八日），载中共中央文献研究室编《三中全会以来重要文献选编》，人民出版社1982年版，第941页。

务、立场问题、主体改造、与工农兵相结合等——退居次席，而直接关于文艺创作的、配合文艺论的要素——生活是文学艺术的唯一源泉，文艺创作源于生活高于生活，更集中更典型更普遍等——则被置于前列得以凸显。

如果对比近40年来几部具有代表性（在历史叙述上堪称严谨、审慎）的现当代文学史，如成稿、定稿于20世纪70年代末80年代初，由唐弢、严家炎主编的《中国现代文学史》第三卷；成稿于20世纪80年代、修订于20世纪90年代的钱理群等人著的《中国现代文学三十年》；成稿于20世纪90年代末、2000年后修订的洪子诚著的《中国当代文学史》——能发现一种对《讲话》命题进行重构的演化轨迹。在唐弢、严家炎主编的《中国现代文学史》第三卷中，《讲话》仍被高度结合于整风运动的问题脉络中加以讲述，因此以一节的篇幅介绍了"革命形势的发展和文艺界的整风"。在《讲话》内容的阐释上，文艺"为什么人和怎么为"（"工农兵方向"）被置于首要位置，知识分子主体改造问题则被纳入"它紧密结合文艺的规律和特点，进一步从作家思想感情和社会生活源泉两个方面科学地解决了发展无产阶级文艺的关键问题"[1]这一范畴，突出了深入生活对创作本身的意义。这一过程"既转变思想，又获取源泉"，"完全符合文艺的特点"。[2]文艺与政治的关系退居到了第三位，并强调："要使文艺很好地为政治服务，应该充分尊重文艺的特点……取消文艺的特殊规律，也就取消了为政治服务本身。"[3]

《中国现代文学三十年》对《讲话》内容的梳理延续着《中国现代文学史》的论述顺序，但它更突出《讲话》之于革命政权的特殊适用性而非普遍适用性，指出其关键议题是从"政治层面"提出的，在革命政权下才具必要性和实现条件。同时，《中国现代文学三十年》将"文艺的工农兵方向"放

---

[1] 唐弢、严家炎主编：《中国现代文学史》（三），人民文学出版社1980年版，第209页。
[2] 唐弢、严家炎主编：《中国现代文学史》（三），人民文学出版社1980年版，第213页。
[3] 唐弢、严家炎主编：《中国现代文学史》（三），人民文学出版社1980年版，第218页。

置在"五四"以来"人的文学""平民文学""大众化"的发展、变形中来定位,但批评其对知识分子的贬低和对农民的拔高:"在知识分子与工农兵两者的比较中,对前者做了低调的评估,而对于农民作为一个群体,在指出其革命性的同时,却又忽略了他们中存在的小生产者的落后意识及封建思想的基点。"[1] 这种对农民小生产者意识、封建思想残余的警惕显示着20世纪80年代新启蒙思潮的典型认识路径:将共产革命的异化归结为小生产者意识、封建思想在(工农)革命队伍中的残留、发酵以及必须借助现代知识分子的启蒙予以剔除。这种对现代知识分子优位的再度赋能自然使得《讲话》支点之一的知识分子与工农兵相结合退居次要的位置。

相比之下,洪子诚的《中国当代文学史》是从更整体的"毛泽东文学思想",尤其是其所形塑的当代文艺的体制特征角度对《讲话》进行评述的。作者指出"文学的社会政治效用(功能),是毛泽东文学思想的核心问题"。在文学与政治的关系上,由于已经摆脱了争取、维护文学自主性的效能语境,作者能更客观地指出,"文学与政治的关系这一左翼文学的问题,已经被大大简化、直接化:现实政治是文学的目的,而文学则是政治力量为实现其目标必须选择的手段之一"[2]。也就是说,单纯以"从属"的表述看,文学似乎低于政治,但从把文学纳入"革命机器"的有机组成部分,承认并高度重视其政治性影响而言,又是在革命内部大大提升了文艺的位置,由此导致政治要对文学提出"规范性"要求——规定"写什么"和"怎么写"。与之前"生活源泉"说频频被用来抗衡政治决定论不同,洪子诚认为毛泽东对"生活"的重视源于他对文艺创作神秘化的警惕,在《讲话》初版本中将创作视为对生活"原料"的"加工"意味着创作过程的去专业化。这样一

---

[1] 钱理群、温儒敏、吴福辉:《中国现代文学三十年(修订本)》,北京大学出版社1998年版,第460页。
[2] 洪子诚:《中国当代文学史》,北京大学出版社2010年版,第13页。

来，工农群众对创作取得了直接参与权，"创作"不再被"文艺工作者"垄断。虽然"普及"的基础上还要"提高"，但"提高"必须是"沿着群众前进的方向提高"。甚至，他觉得毛泽东对"重建无产阶级的'文学队伍'，特别是从工人、农民中发现、培养作家"的期待要高于通过与工农兵结合、深入生活等方式来改造现有文艺工作者，因为后者始终有一个"小资产阶级"的"尾巴"和"顽强地表现他们自己"的倾向。[①] 这一理解在很大程度上结合了对当代文学前三十年越来越激进的发展方向与内在展开逻辑的剖析。这些要素和方向一方面确实已蕴含在《讲话》这一原点中；另一方面，它内蕴的激进性恰恰来自其政治出发点足以突破一般文艺论的束缚，这个政治出发点不单纯是一种革命家的主观立场，而是回应、针对着中国共产革命所置身的历史、现实矛盾，如果不深入这个矛盾的构成，仅囿于作为其后果的文艺体制的变化轨迹与效用，则尚不足以透视《讲话》的生成脉络。

二

因此，如前所述，还原《讲话》的生成史和问题针对性有必要回溯在中国现代转型的挫折、新文化运动的后果以及中国共产革命的曲折中所遭遇的核心挑战与回应方式，来重建《讲话》认识的"大坐标"。这一系列挑战中的贯穿性问题之一是如何"养成"作为现代转型引导、支撑力量的"新人"，这些新人应具有什么样的主体状态，包括他们应具备怎样的意识准备、思考品质、精神气质和行动能力，以及他们如何发挥广泛的社会作用（组织、教育与带动），如何与其他社会力量互动。《讲话》所面临的挑战和发挥的中枢作用是将"五四"式的新人转化、改造为革命队伍和普遍的社会改造所

---

① 参见洪子诚《中国当代文学史》，北京大学出版社2010年版，第15页。

需要的新人。从这个角度看,《讲话》在很大程度上是一个主体论文本。但这个主体论弃置了哲学意义上的主体论讨论,也不像早期"无产阶级文学论"那样将观念性的意识转换("转向")作为主体改造的充分条件,而是把阶级意识的突破、主体的重塑看成一个必须经由身心机制、情感机能的变化才能达成的状态。因此,首先,它必然是长期的("非有十年八年的长时间不可");其次,它必须通过与工农兵"长期地无条件地全心全意地"结合才能达成。为要实现这种"完全的结合",为从"了解人熟悉人"递进到思想意识上"打成一片",再递进到阶级感情彻底起变化,就必须在检讨、批判自己的"小资产阶级"意识、习性的前提下重新认识革命工作、认识群众,"先做群众的学生,再做群众的先生",全力投入并置身于工农兵的群众工作之中,通过与工作密切结合而与群众结合。这样一种主体改造路径是《讲话》重点指示的方向,而它之所以能够实现则依托于当时触及革命队伍整体的整风运动。《讲话》是作为整风运动的一个有机部分而发挥了其历史作用的,它是把整风运动中的一个核心要旨——革命者(先锋队)与工农兵的再结合——以文艺论形式传达出来,同时又搭配着整风运动一环环展开链条——从"学文件""写自传"到批判运动、"抢救运动",再到生产运动、贯彻群众路线——才能逐步从"原则"落实为"自觉"和"行动"。之所以在这一时期"整风"、《讲话》所指涉的革命者主体改造问题凸显出来,并跃升至革命队伍重塑的要害环节上,与革命本身遭遇的"状况性"相关——它们是要回应抗战进入相持阶段后根据地革命队伍产生的变化以及出现的矛盾。而从深层来讲,当时诸多状况性问题的出现恰是结构性矛盾和现实处境叠加所造成的。对这些问题的感知与察觉经历了一段相当长时间的积累、酝酿,并借助特定的局势条件发动起来,为此需要对延安整风的针对性做一些粗线条梳理。

《胡乔木回忆毛泽东》一书对延安整风运动有如下定位:"延安整风运

动,是一次全党范围内的马克思主义教育运动。其主要目的是清算六届四中全会以后在党内长期占统治地位的'左'倾错误路线及其表现形式——主观主义、宗派主义和党八股。整风运动分高级干部的整风和全党干部的普遍整风两个层次进行。"[1]作为整风亲历者的于光远则说得更明白:"说是一个整风运动,其实是两个整风运动同时进行。一个目的是反对王明路线、肃清王明路线影响的整风运动;一个是针对党内参加革命不久的知识分子,对他们进行教育的整风运动。"[2]也就是说,前者出于对革命路线的清算,后者是对知识分子出身的"新革命者"的再教育。这看似不同的两个层面,却在一种批判观念论先行,树立实践论优先的意义上存在共通之处。整风运动所着力批判的"教条主义""主观主义""本本主义"在某种程度上正是新文化运动影响下新青年、革命青年以观念先行的方式树立世界观、认识论,过分依赖"正确"理论、立场,又掺杂着"薄海民"式小资产阶级狂热所产生的偏差。[3]而"新革命者"虽然较少受到之前"左"倾路线的沾染,但其爱国、革命热情和对革命队伍的想象、感知也常常受制于不自知的"主观主义",以至在应对不理想现状时表现出激烈与乏力的交织。

---

[1] 胡乔木:《胡乔木回忆毛泽东》,人民出版社1994年版,第188页。
[2] 于光远:《我的编年故事·1939—1945(抗战胜利前在延安)》,大象出版社2005年版,第142页。
[3] 瞿秋白曾在《〈鲁迅杂感选集〉序言》中如此概括新青年出身的文学者、革命者身上的小资产阶级气质:"'五四'到'五卅'之间中国城市里迅速的积聚着各种'薄海民'(Bohemian)——小资产阶级的流浪人的知识青年。这种知识阶层和早期的士大夫阶级的'逆子贰臣',同样是中国封建宗法社会崩溃的结果,同样是帝国主义以及军阀官僚的牺牲品,同样是被中国畸形的资本主义关系的发展过程所'挤出轨道'的孤儿。但是,他们的都市化和摩登化更深刻了,他们和农村的联系更稀薄了,他们没有前一辈的黎明期的清醒的现实主义——也可以说是老实的农民的实事求是的精神——反而传染了欧洲的世纪末的气质。这种新起的知识分子,因为他们的'热度'关系,往往首先卷进革命的怒潮,但是,也会首先'落荒'或者'颓废',甚至'叛变'——如果不坚决的克服自己的浪漫蒂克主义。"(参见《瞿秋白文集(文学编)》第三卷,人民文学出版社1989年版,第113页)

周扬在 1979 年纪念五四运动六十周年讲话中将延安整风称为五四运动之后的"第二次思想解放运动":"整风运动的宗旨,仍然是思想解放,但不是把人们的思想从封建教条,而是从'左'倾机会主义者制造的关于马列的教条、第三国际的教条下解放出来……反对党内新八股、新教条的斗争,实际上是五四运动反对老八股、老教条斗争的继续和发展,也是彻底完成反封建思想革命的前提。"[1] 但实际上,"新八股""新教条"的产生与"五四"式思想解放所依赖的路径及其内蕴的限度有着潜在的联系。因此,对新老教条的突破可以看成一个有连通线索的思想解放过程,而非在"启蒙"与"革命"之间树立对立关系。

20 世纪 80 年代之后,一度流行的思潮认为"五四"主潮是以"人的发现"、个人觉醒为核心的启蒙主义,之后兴起的救亡运动、革命运动则带着集体主义、(封建)专制主义的烙印,形成对"五四"传统的背离,造成所谓"救亡压倒启蒙"。[2] 但实际上,"五四"的启蒙立场并不单系于知识阶级的觉醒,它更进一步诉诸民众的启蒙与解放、全体社会的启蒙与解放。"五四"先驱者和进步力量提出的"走向民间"、"民众的大联合"乃至组党、革命化都应视为"五四"启蒙主义立场的深化与延续。从这个角度看,"革命启蒙"在很大程度上是"五四"启蒙的拓展,是一种新的启蒙主义。革命启蒙将解放的主体不仅放在自己身上,同时将解放的使命寄托于无产阶级、工农大众身上,因此它能够突破个人主义启蒙那种将知识阶级的思想意识过于优位化的潜意识,关注到工农大众身上蕴含的革命潜力、自我解放的可能,

---

[1] 周扬:《三次伟大的思想解放运动——在中国社会科学院召开的纪念五四运动六十周年学术讨论会上的报告》,载徐庆全编《周扬新时期文稿》,山西人民出版社 2004 年版,第 302 页。

[2] 李泽厚:《启蒙与救亡的双重变奏》,《中国现代思想史论》,生活·读书·新知三联书店 2008 年版。

从而使得他们在启蒙工农大众的同时受到工农大众的反向教育。这使得"五四"式的单向启蒙有可能变成一种知识阶级与工农、民众之间双向互动的启蒙。① 如果我们把"思想解放"的含义界定为不断突破、颠覆趋于僵化、教条的现实认识与自我认识,那"革命启蒙"对趋于固化的小资产阶级个人主义解放而言就具有新的"思想解放"的意义。瞿秋白当年大力呼唤一种"无产阶级新五四"就是意识到五四启蒙主义的立场正在走向反面,产生了一种规范性、压制性力量,而新的进步、解放力量需要从革命深化(包括"新的文化革命")中汲取动能。②

当然,对"左"倾路线的清算和对新革命者的再教育有着不同的展开契机与脉络。在抗战前夕,接受、贯彻"统一战线"原则的过程中就伴随着对"左"倾路线下白区与苏区"盲动主义""冒险主义""关门主义"的初步检讨。③ 抗战爆发后,中国共产党获得了远比之前充分的发展空间,同时也遭遇了要广泛深入中国社会基层以及与中国社会各阶层互动、联合的挑战。这意味着共产党的中国社会认识和革命实践论都有调整与深化的必要。毛泽东的一系列重要文章,像《实践论》(1937年)、《〈共产党人〉发刊词》(1939年)、《中国革命和中国共产党》(1939年)、《新民主主义论》(1940年)等构成对这类挑战的逐一回应。而到1941年国共关系再趋紧张,根据地从扩张转为收缩后,革命队伍的核心力量——党的各级干部、知识分子出身的新革命者——的思想整顿成为革命能够应对危机、脱胎换骨的一个转折点。事

---

① 参见贺照田《启蒙与革命的双重变奏》,《读书》2016年第2期。
② 参见瞿秋白《"五四"和新的文化革命》,《瞿秋白文集(文学编)》第三卷,人民文学出版社1989年版。
③ 参见刘少奇《肃清关门主义与冒险主义》(1936年)、张闻天《关于白区工作中的一些问题》(1936年),载中共中央文献研究室编《建党以来重要文献选编》第十三册,中央文献出版社2011年版。

实上，抗战后革命队伍的构成，尤其是干部队伍发生了很大变化："到1942年年初，全国党员有80万，党领导的军队（包括游击队）有57万，大部分是抗战以后在民族浪潮高涨时加入革命的。成千上万的青年知识分子从国统区来到延安。在全党，新党员、新干部占90%。"①之前在历经苏区斗争、长征淘洗后，共产党中工农出身干部已占绝大多数。抗战军兴后，共产党取得合法地位，大批新生力量涌入革命队伍，渴望投入抗战的进步青年、知识分子纷纷奔赴延安和各抗日根据地，延安一时成为"革命圣地"和一座"大学校"。然而，这种"大发展"也带来思想与组织上的挑战，首先是之前曾给革命带来沉重损失的错误路线和思想根源尚未得到彻底肃清，中国共产党独立自主、实事求是的革命思想尚未真正确立起来和得到全党承认，这一难题不解决则路线摇摆、政治动摇以及听命于人的局面终究难以被彻底扭转。其次是新革命者的加入，尤其是知识分子、进步青年的涌入大大提高了革命队伍的思想文化水平，起到更新换代的作用。他们对思想提高和理论学习的渴望促成了学习风气的兴起，同时也构成对中国共产党思想理论水平的考验。换句话说，虽然大家有着一致的革命理想和民族解放目标，但在什么是真正的无产阶级革命思想，什么是无产阶级革命队伍的组织方式，尤其是革命者应有的主体状态、思想修养，乃至情感结构上实际潜藏着分歧，也无形中造成一种争夺。毛泽东之所以在《讲话》中警告革命队伍中存在一种"用小资产阶级的世界观改造党"的倾向，批评许多青年干部"灵魂深处还是一个小资产阶级王国"，矛头就指向这种潜在争夺。

这类矛盾之所以在《讲话》前夕暴露出来，不完全是自然发酵的过程，而恰恰与之前为提高革命队伍思想理论水平而展开的一系列学习、提高活动有关。如胡乔木所回忆的，1938年中国共产党六届六中全会后，"毛主席把

---

① 胡乔木：《胡乔木回忆毛泽东》，人民出版社1994年版，第204页。

加强马克思主义理论学习作为'有头等重要的意义'的工作来抓,从1939年开始有组织地掀起了一个学习运动"①。在延安,这个学习运动尤其形成一股通过研读马列主义经典来增强思想水平的风气,倾向于正规化的、知识分子式的学习。②这种正规化学习虽然大大提高了延安的研究气氛,但也使得新加入革命队伍的知识分子在此环境下会更多沿着新青年品性所习惯的方向发展,削弱接受革命队伍改造的一面,并将对旧社会的批判视角与不调和关系、对峙关系移植到革命队伍内部来。与此同时,为反击国统区的复古主义逆流和建立自身文化思想根基,中国共产党提出建设"新民主主义文化和新民主主义社会"的口号,致力于将抗日民主根据地变为"新民主主义文化运动"的大本营。从1940年年底到1941年发布的一系列指示中可以看出,这时中国共产党的文化思想立场趋于建立一种文化领域的"统一战线",注重创造新民主主义文化过程中的开放性、包容性。这意味着,除了以固有的革命文艺、无产阶级文艺为根本之外,还要含纳资产阶级、小资产阶级的自由主义文艺、进步文艺;除了采用实用、普及、通俗的文艺形式之外,还需要创造"专门"的、高深的新文艺;除了参与为抗战服务的集体行动外,还可以保留个人主义的创作方式。③这一系列方向调整使得延安的文艺、文化活

---

① 胡乔木:《胡乔木回忆毛泽东》,人民出版社1994年版,第190页。
② 参见于光远《我的编年故事·1939—1945(抗战胜利前在延安)》,大象出版社2005年版,第34页。
③ 由张闻天起草,以宣传部与中央文化委员会名义发出的《关于各抗日根据地文化人与文化团体的指示》(1940年10月)中就提出:"要纠正党内一部分同志轻视、厌恶、猜疑文化人的落后心理,应该重视文化人,他们的作品在对内对外上常常有很大的影响;要从精神上、物质上保障文化人的写作,给予实际的创作自由,力求避免人为的限制,如定题目,规定政治内容等;对文化人力戒用讥笑怒骂的态度,用政治口号和褊狭的公式去非难他们的作品;估计到文化人在生活上的习惯,提出过高的苛刻的要求是不适当的,共产党人应有足够的气量同有自己特殊习惯的文化人一起工作、生活。"参见张闻天选集编辑组编《张闻天文集》第三卷,中共党史出版社1994年版,第117页。

动很快从战时机制转朝"正规化"方向迈进。

在文艺领域，本来抗战初期的文艺工作者在"文章下乡、文章入伍"的总形势下处于高度流动状态，前后方保持密切联动，其创作风格也遵从服务战地前线、宣传鼓动的目标，强调结合形势、短小精悍、通俗易懂。但随着"新民主主义文化运动"的展开，延安的文化建设就不再单纯着眼于为前线服务，更着眼于打造"新民主主义文化"的深度和广度，使得革命文艺、无产阶级文艺在汲取传统资源、民间文化、西方现代进步文艺以及五四新文学和革命文艺的基础上融汇锻造，创造出有"新民主主义"品质又为群众喜闻乐见的文艺。由此，以"提高"带"普及"，以"文化专门化"的方式提高的思路流行一时。从1940年开始，延安文艺的"正规化"进入了快车道。突出的表现包括鲁艺的改革，演大戏、洋戏、古戏，创作大合唱，同人性文艺期刊的大量出现等。不能说从1940年到1942年《讲话》前的文艺探索缺乏创造力，因为事实上，在较为宽松自由的创作环境中，这一阶段出现了延安文艺的一个创作高峰。但这种围困状况下的文艺繁荣建立在一种较为扭曲的基础上，也就是在前后方流动受限的情况下，大批文化人聚集在延安，客观上造成"文化城"效应。① 可这个"文化城"与周边落后的农村环境形成巨大反差，它越按照自己的习性发展，离根据地扎根环境的距离就越远，同时，循着新文化、新文学自身"积习"发展的方式也会不断产生内部矛盾以及与革命政权的冲突。像"鲁艺""文抗"两个文化人群体间的对立，围

---

① 高杰在其史实考辨的论文《关于延安文艺座谈会历史诸问题新说》中指出，1939年下半年后"共产党的战略方针也逐步调整为大力巩固敌后抗日根据地，因为要新开辟根据地已变得非常困难。在这种情况下，前方对为新开辟根据地进行大力宣传的需要也不很迫切，同时由于根据地紧缩，给养也成了问题。这样看来，停止前后方的文艺交流，成了势所必然。而一旦停止了前后方的文艺交流，就意味着文艺工作者与主要的大面积的实际斗争生活隔绝了。毛泽东在《讲话》中所说的'许多文艺工作者''脱离群众，生活空虚'，其根据就在这里"。参见高杰《延安文艺座谈会纪实》，陕西人民出版社2013年版，第171页。

绕"歌颂与暴露"展开的论争，都带着20世纪30年代左翼文化运动中那种"关门斗争"的"宗派主义"味道。而他们对延安阴暗面的不满和揭露也很大程度上是新文学批判立场的延续与发酵。①

在此状况下，1941年年底毛泽东发表《改造我们的学习》向教条主义开火后，知识分子、文艺家、青年干部均有积极响应，并很快将矛头指向革命队伍内部的"官僚主义"、等级制。他们的主观意愿是想以此促进、推进"整风"，但他们诉诸平等、自由、"同志爱"等价值的批判方式不但招致工农干部（"土包子"）的反感，也在（"洋包子"）内部促生越来越多的牢骚、对立和倦怠感。这样一种批评革命队伍的方式在革命政治家看来是一种小资产阶级意识的勃发，潜在着"用小资产阶级的世界观改造党"的端倪。到1942年四五月时，文艺界与一般党政军经干部的隔阂已成为"整风"中要迫切面对的问题。毛泽东1942年5月28日在中央高级学习组上提出："要让文艺家与在党政军经工作的同志结合，否则，总是格格不入。最近一个时期，某些文章和作品，对一些事情不满意，提出一些意见，是对的，因为那些同志根本上都是革命的，某些文章作品没有弄好，是属于部分的性质，不难解决。严重的问题是，有的文艺家离彻底运用马克思主义思想，达到革命性、党性与艺术工作的完全统一还差得很远，不破除他们头脑中的资产阶级和小资产阶级思想，让它发展下去，是很危险的。他们最基本的问题，是文

---

① 李书磊在《1942：走向民间》中曾就此总结："应该说五四新文学运动就是以现实批判作为基本取向的，即使那些不直接指涉现实的抒情作品也自然地带有个性主义的抗议与示威的性质；延安的作家都是新文学的传人，现实批判本是他们文学活动的积习。……他们之所以肯定延安是因为他们可以自由地批评延安。即使那些对党的性质和党的纪律有充分理解的党员作家与干部作家，也常常会把现实批判用作文学创作的主题；对于这部分作家来说现实批判不惟是一种权利，它同时还是一种义务乃至天职，揭露丑恶、祛除黑暗正是他们对党的忠诚的体现，正是党性的一种表达。"参见李书磊《1942：走向民间》，山东教育出版社1998年版，第198—199页。

艺要不要为工农大众服务,忽视革命也是严重一些的偏向。"① 文艺座谈会和《讲话》的必要与针对性正体现于此。

三

不难理解,为什么 1942 年 5 月 2 日召开的文艺座谈会一开始,毛泽东就开门见山地挑明座谈会的目的在于:"研究文艺工作和一般革命工作的关系,求得革命文艺的正确发展,求得革命文艺对其他革命工作的更好的协助。"② 这首先就预示着没有将文艺工作单纯放在文化领域里衡量,意味着必须站在革命工作的整体立场、构造和方向上定位文艺工作。表面上看,这是取消了文艺的独立地位,将其置于"协助""从属"的位置上。但从革命政治的整体性上讲,它又"提高"了文艺的位置,也就是将文艺视为可以同其他革命斗争方式并驾齐驱的战线。这里所指已不是狭义的文艺而是广义的文化思想战线。

> 在我们为中国人民解放的斗争中,有各种的战线,就中也可以说有文武两个战线,这就是文化战线和军事战线。我们要战胜敌人,首先要依靠手里拿枪的军队。但是仅仅有这种军队是不够的,我们还要有文化的军队,这是团结自己、战胜敌人必不可少的一支军队。"五四"以来,这支文化军队就在中国形成,帮助了中国革命……③

---

① 陈晋:《文人毛泽东》,上海人民出版社 2005 年版,第 225 页。
② 毛泽东:《在延安文艺座谈会上的讲话》,《毛泽东选集》第三卷,人民出版社 1991 年版,第 847 页。
③ 毛泽东:《在延安文艺座谈会上的讲话》,《毛泽东选集》第三卷,人民出版社 1991 年版,第 847 页。

恰似《新民主主义论》中毛泽东将"新民主主义革命"的起点上溯至五四运动，这里也是把"文化军队"的形成视为"五四"产物。这使得"文化战线""文化军队"不局限于革命队伍、革命政权内部的"革命文化工作"，而是新文化、革命文化、无产阶级文化在整个现代文化思想场域中争夺文化领导权。这个争夺处于革命侧翼，但又很大程度上在相对自主的文化思想场域中展开。因此，它足以同军事战线并列成一个有独立体系、价值的文化战线。不过，与政治斗争、军事斗争在20世纪30年代陆续转向农村不同，文化战线的存在、发展深度依托于当时的"文化场"——现代的都市文化生产机制、公共舆论空间、现代传播体系等。这个"文化场"的物质基础和运行逻辑在很大程度上与市民社会的兴起、资本主义文化生产方式的发达有关。20世纪30年代的左翼青年虽然在思想上认同无产阶级革命，乃至许多人加入了革命组织，但在上海一类大都市展开的思想文化工作基本是置身市民阶级的生活、文化环境，其写作方式、读者对象都囿于五四新文化运动影响下的小资产阶级知识群体。而"大革命"失败后，共产党领导的共产革命逐渐发生着一个从城市转战农村的趋势，这使得以苏区、红军为代表的革命战争与在上海等大都市里的革命文化运动产生了分离。虽然20世纪30年代的左翼文化运动一开始就树立了"文艺大众化"的目标，试图打造以工农为主体的革命文化，但由于文化屏障的存在、实践条件的限制，"大众化"更多停留于倡导和讨论，停留于左翼作家为工农代言。这就是《讲话》中所说的："革命的文学艺术运动，在十年内战时期有了大的发展。这个运动和当时的革命战争，在总的方向上是一致的，但在实际工作上却没有互相结合起来。"[①]

抗战带来的转变契机是：战争冲击了新文化知识分子寄身的都市文化空

---

① 毛泽东：《在延安文艺座谈会上的讲话》，《毛泽东选集》第三卷，人民出版社1991年版，第848页。

间,众多革命文化人投奔抗日民主根据地,造成革命文化人与"实际革命工作"相结合的条件。但最初的"结合"仍多是"工作"意义上的结合,是用抗战宣传、用民族意识"启蒙"大众,而未把与民众、群众本身"结合",尤其未把向民众、向工农兵学习,进而转化新青年自身的主体状态和习性作为任务提出来。所以,毛泽东进一步提出:"到了根据地,并不是说就已经和根据地的人民群众完全结合了。我们要把革命工作向前推进,就要使这两者完全结合起来。"① 这个"完全结合"首先指有着自身特殊发展脉络的文艺工作与"一般革命工作"必须"完全结合"——"成为整个革命机器的一个组成部分"。有了这一结合的前提,才有文艺工作者与"人民群众"的完全结合。事实上,对很多革命文艺家而言,投身革命队伍固然意味着早已摒弃了或愿意摒弃"个人"立场,但常倾向于用更宏观、超越的"人类解放"立场、"民族解放"立场、"统一战线"立场来统摄、覆盖革命政党所要求的阶级革命、人民革命立场,会把前者看成更原则、更本质的立场来相对化、审视和批评仿佛属于具体领域(带有"党派性")的"党的立场""党性和党的政策的立场"。而对于毛泽东来说,"无产阶级革命"是"民族解放""人类解放"的现实道路,"党的立场"则是"无产阶级和人民大众"立场的集中与代表,其"党派性"非消极意义上的党派性,而是战斗意义上的、积极的党派性。因此,他要求革命文艺应该具备这种积极的、自觉的党派性,成为它的工具——"团结人民、教育人民、打击敌人、消灭敌人的有力的武器,帮助人民同心同德地和敌人作斗争"②。这意味着要把民族解放战争所调动、汇聚起来的民主主义性质的革命文艺力量进一步改造为能与无产阶级革命队

---

① 毛泽东:《在延安文艺座谈会上的讲话》,《毛泽东选集》第三卷,人民出版社1991年版,第848页。
② 毛泽东:《在延安文艺座谈会上的讲话》,《毛泽东选集》第三卷,人民出版社1991年版,第848页。

伍和共产党高度结合的文艺力量。

这种"党派立场"的凸显在马克思主义的文艺思想发展中有一个演化过程。经典马克思主义并不把作家立场放在决定性位置上，反而强调作家政治立场、倾向性与"真实地把握、表现现实"之间的非决定关系："作者的意见越是隐蔽，对于艺术品也就越发好"，"我所认为的现实主义，是不管作者的观点怎么样，而始终要表现出来的"①。另外，在所谓"批判现实主义"作品中，无论作家主观意图如何，客观上却深刻、真实地反映了社会关系的本质。这种揭示在恩格斯看来具有不自觉的革命效应。在现实主义传统中，"创作方法"比作家倾向占据更核心位置。作家主观认为的应在作品中宣扬的观念、意识（包括认为自己的纯客观、无宣扬）与经由创作方法所造成的现实把握和表现效果常常形成反差。②但随着无产阶级革命的兴起，尤其是无产阶级革命政权的出现，现实主义主观倾向性与表现的反差被认为是"旧现实主义"的标志与局限。而新的现实主义（革命现实主义）就是要突破表现者与实践者之间的区隔，它不再是"浪子"和"多余人"的产物，而是革命者的产物，要由那些主观上认同无产阶级革命理念、行动上结合于革命实践的作者来完成。20世纪30年代，左翼文艺运动提出的"唯物辩证法创作方法"就试图从创作方法上建立一种突破现实主义的主观认识与客观表现分离的路径，自觉打造认识过程，使之成为对现实生产、社会、生活内在构成关系准确、"正确"的把握。这基于对"无产阶级"在生产关系中优势地位的指认：他们在社会生产中的特殊处境使得他们"在自己的生活经验上认识了社会，认识了资本主义社会的全

---

① 瞿秋白：《恩格斯论巴尔扎克》，《瞿秋白文集（文学编）》第四卷，人民文学出版社1986年版，第23—24页。
② 参见瞿秋白《拉法格和他的文艺批评》，《瞿秋白文集（文学编）》第四卷，人民文学出版社1986年版，第136页。

部机械"①，同时，文艺作为一种带阶级属性的意识形态在阶级对立激化格局中具有的意识斗争功能也越来越得到宣扬。文艺被视为各阶级有意无意的斗争武器，无产阶级作为意识形态霸权的挑战者，更要将隐性的意识形态倾向变为显性的意识形态斗争工具。②列宁正是在这一延长线上挑明了文学的党性原则，在《党的组织与党的文学》中对党员舆论工作者提出特殊要求。③这一文学党性原则（包括舆论宣传上的党性原则）是特别建立在革命整体性（"革命机器"）基础上的。

毛泽东在《讲话》中重申了文艺的党派立场，并且要体现在"对于各种具体事物所采取的具体态度"上。不过，鉴于中国共产党领导的革命队伍在抗战期间带有浓厚的统一战线色彩，使得"正确立场"尚不能等同于狭义的党的立场，而是存在着相对广泛的光谱："我们是站在无产阶级的和人民大众的立场。对于共产党员来说，也就是要站在党的立场，站在党性和党的政策的立场。"因此，当立场问题落实为态度问题时——"比如说，歌颂呢，还是暴露呢？"——也不只是敌我的简单二分，而是要分出三种对象、三种态度："有三种人，一种是敌人，一种是统一战线中的同盟者，一种是自己人，这第三种人就是人民群众及其先锋队。对于这三种人需要有三种态度。"④这三种对象、三种态度，显然将重点落在了如何看待革命阵营内部的

---

① 瞿秋白：《拉法格和他的文艺批评》，《瞿秋白文集（文学编）》第四卷，人民文学出版社1986年版，第138页。
② 参见瞿秋白《恩格斯和文学上的机械论》，《瞿秋白文集（文学编）》第四卷，人民文学出版社1986年版，第47页。
③ 列宁此文中的"党的文学"在20世纪80年代译本中被改译为"党的出版物"。这一改译的依据、目的和后果胡乔木在其《关于文艺与政治关系的几点意见》（1982年）中有较详细的解释。参见胡乔木《胡乔木文集》第二卷，人民出版社2012年版。
④ 毛泽东：《在延安文艺座谈会上的讲话》，《毛泽东选集》第三卷，人民出版社1991年版，第848页。

缺点与落后上。毛泽东并未单纯否定"暴露",主张"歌颂",而是强调要正面处理,要以耐心教育、帮助的态度对待人民和无产阶级中的缺点。毛泽东在以往的革命论中曾一再重申中国革命的不平衡性。这意味着,现有的中国工人阶级、农民阶级,乃至小资产阶级在半殖民地半封建社会不均衡的社会状况中,一方面具有不同的革命潜能,构成了革命的现实基础;另一方面又存在着方方面面的不足与缺点,意味着他们同时是革命改造、转化的对象。这使得中国共产党革命论中的"无产阶级""人民"不同于民粹主义意义上的民众、人民。新文学作家身上不时显露的对民众的抽象推崇和对民众现实缺点的难以容忍恰是小资产阶级矛盾立场的延续。而《讲话》主张的"正确的立场"是一种基于革命责任感的、普遍教育的立场,它把文艺工作视为一种广义的教育,尤其是在革命阵营内部,它不只是"革命机器"式的斗争武器,更是批评落后、鼓励进步、促成团结的工具。要起"团结"作用而非"分裂"作用,批评者的"态度"至关重要。而正确的批评态度要来自文艺工作者克服单纯基于自己的好恶心和标举对"单纯""真诚"的信仰去发言的习惯[①],置身革命阵营、对革命任务的内在认识、理解去确定自己的批评立场、批评对象和批评态度。就此而言,"态度"的选择、定位相当程度上显示着"立场"的正确与否。

[①] 如王实味在《野百合花》中曾申明:"青年的可贵,在于他们纯洁,敏感,热情,勇敢,他们充满着生命底新锐的力。别人没有感觉的黑暗,他们先感觉;别人没有看到的肮脏,他们先看到;别人不愿说不敢说的话,他们大胆地说。因此,他们意见多一些,但不见得就是'牢骚';他们的话或许说得不够四平八稳,但也不见得就是'叫嚷'。我们应该从这些所谓'牢骚''叫嚷'和'不安'的现象里,去探求那产生这些现象的问题底本质,合理地消除这些现象底根源。"参见王实味著,朱鸿召编《王实味文存》,上海三联书店1998年版,第128—129页。

四

之所以延安的文艺工作者在"立场""态度"上存在偏差,毛泽东以为根源之一在于他们将读者,将工作对象、服务对象习惯性地设定在原有的圈子中。

> 在上海时期,革命文艺作品的接受者是以一部分学生、职员、店员为主。在抗战以后的国民党统治区,范围曾有过一些扩大,但基本上也还是以这些人为主,因为那里的政府把工农兵和革命文艺互相隔绝了。在我们的根据地就完全不同。文艺作品在根据地的接受者,是工农兵以及革命的干部。根据地也有学生,但这些学生和旧式学生也不相同,他们不是过去的干部,就是未来的干部。各种干部,部队的战士,工厂的工人,农村的农民,他们识了字,就要看书、看报,不识字的,也要看戏、看画,唱歌、听音乐,他们就是我们文艺作品的接受者。①

从过去在大城市以学生、知识分子、小资产阶级群体为"理想读者"转向在根据地以工农兵、革命干部为主要接受对象,意味着创作形式、风格、趣味的重新打造,进而需要文艺家在思想意识、精神气质、情感结构、表达方式上产生蜕变,这预示着一个为了写工农兵、为了服务工农兵而进行自觉的主体改造的过程。毛泽东在《实践论》中特别强调"改造客观世界,也改造自己的主观世界"是一个相互作用的、一体的过程,且这个双向的改造过

---

① 毛泽东:《在延安文艺座谈会上的讲话》,《毛泽东选集》第三卷,人民出版社1991年版,第849页。

程只有通过进入实践过程才能展开。①因此，在毛泽东看来，主体转化是创作转化的前提，首要的一步在于文艺家要突破小资产阶级的生活壁垒、人际圈子，走进工农兵，结合革命工作的实践去"了解人熟悉人"。

> 既然文艺工作的对象是工农兵及其干部，就发生一个了解他们熟悉他们的问题。而为要了解他们，熟悉他们，为要在党政机关，在农村，在工厂，在八路军新四军里面，了解各种人，熟悉各种人，了解各种事情，熟悉各种事情，就需要做很多的工作。我们的文艺工作者需要做自己的文艺工作，但是这个了解人熟悉人的工作却是第一位的工作。②

仅仅"了解""熟悉"尚且不够，因为它仍是一个观察者与被观察者分离的状态，再进一步还要"打成一片"，尤须在"思想感情"上打成一片，才能产生真正的交融、结合。以往的革命论也好、革命文艺论也好，常常突出"认识""观念"的决定作用。就像早期的"无产阶级文学论"认为"无产阶级的阶级意识"是一套认识现实的世界观，它很难由无暇、无力从事意识批判的工人阶级自己来掌握，反而要借由具备观念批判能力的小资产阶级知识分子来把握。"在无产阶级意识上创作无产阶级文学底人，都大半是革命的知识分子"，因而"无产阶级文学的作家，不一定要出自无产阶级，而

---

① 毛泽东在《实践论》中主张："如果要直接地认识某种或某些事物，便只有亲身参加于变革现实、变革某种或某些事物的实践斗争中，才能触到那种或那些事物的现象，也只有在亲身参加变革现实的实践的斗争中，才能暴露那种或那些事物的本质而理解他们。"参见《毛泽东选集》第一卷，人民出版社1991年版，第287页。
② 毛泽东：《在延安文艺座谈会上的讲话》，《毛泽东选集》第三卷，人民出版社1991年版，第850页。

无产阶级的出身者，不一定会产生出无产阶级文学"。如后来者所批评的："他们一方面将主观原因强调到了绝对的地位，另一方面又自以为经过了彻底的改造，都已经无产阶级化。他们把从一个阶级转到另一个阶级的思想变化看得十分容易，认为昨天还是资产阶级的人，只要今天受了无产阶级精神的洗礼，就可以写出无产阶级文学作品来。这样不但否定艺术创造过程的复杂性与具体性，同时也抹煞了精神生产者思想改造的一个重要规律：让主观认识和客观实践结合起来。"[1] 而毛泽东有意要打破观念论的窠臼，不仅要"让主观认识和客观实践结合起来"，而且更进一步，把不同于思想观念的身心感觉的变化看作主体状态变化的前提与后果，把情感改变视为阶级意识真正变化的标志。

在这里，我可以说一说我自己感情变化的经验。我是个学生出身的人，在学校养成了一种学生习惯，在一大群肩不能挑手不能提的学生面前做一点劳动的事，比如自己挑行李吧，也觉得不像样子。那时，我觉得世界上干净的人只有知识分子，工人农民总是比较脏的。知识分子的衣服，别人的我可以穿，以为是干净的，工人农民的衣服，我就不愿意穿，以为是脏的。革命了，同工人农民和革命军的战士在一起了，我逐渐熟悉他们，他们也逐渐熟悉了我。这时，只是在这时，我才根本地改变了资产阶级学校所教给我的那种资产阶级的和小资产阶级的感情。这时，拿未曾改造的知识分子和工人农民比较，就觉得知识分子不干净了，最干净的还是工人农民，尽管他们手是黑的，脚上有牛屎，还是比资产阶级和小资产阶级知识分子都干净。这

---

[1] 唐弢：《论作家与群众结合——纪念〈在延安文艺座谈会上的讲话〉发表二十周年》，《唐弢文集》第八卷，社会科学文献出版社1995年版，第436页。

就叫做感情起了变化,由一个阶级变到另一个阶级。我们知识分子出身的文艺工作者,要使自己的作品为群众所欢迎,就得把自己的思想感情来一个变化,来一番改造。没有这个变化,没有这个改造,什么事情都是做不好的,都是格格不入的。[1]

相对于思想观念可以诉诸"觉悟""突变""转向",感情的变化、身心结构的变化、生活习性的变化则非一朝一夕所能达成的,它意味着要长期深入、沉浸在实践过程中,长期与工农兵生活在一起,彼此了解、熟悉,进而习惯、浸染才能产生"化合"式的变化。在此基础上,毛泽东重新定义了"大众化":"许多同志爱说'大众化',但是什么叫做大众化呢?就是我们的文艺工作者的思想感情和工农兵大众的思想感情打成一片。"[2]这个"大众化"与20世纪30年代左翼文学运动中倡导的"大众化"有何重心上的差别?周扬在其《马克思主义与文艺》"序言"中曾有阐发:

"大众化"我们过去是怎么认识的呢?我们把"大众化"简单地看做就是创造大众能懂的作品,以为只是一个语言文字的形式问题,而不知道同时甚至更重要、更根本的是思想情绪的内容的问题。初期的革命文学者是自以为已经"获得无产阶级的阶级意识"("无产阶级意识"当时也叫普罗列塔利亚意特渥洛奇,是很时髦的)。那时所理解的"大众化"就是将这"无产阶级意识"用大众容易接受的形式灌输给大众,为的是去改造大众的意识。我们常常讲改造大众的意识,

---

[1] 毛泽东:《在延安文艺座谈会上的讲话》,《毛泽东选集》第三卷,人民出版社1991年版,第851页。
[2] 毛泽东:《在延安文艺座谈会上的讲话》,《毛泽东选集》第三卷,人民出版社1991年版,第851页。

甚至提出过和大众的无知斗争，和大众的封建的、资产阶级的、小资产阶级的意识斗争的口号，却没有或至少很少提过改造自己的意识。我们没有或至少很少想到过向大众学习。①

正因为大众化的前提在于"向大众学习"，所以，毛泽东在《讲话》"引言"结尾提到学习问题时，除了讲要学习马列主义，与之并举的是强调"学习社会"："要研究社会上的各个阶级，研究它们的相互关系和各自状况，研究它们的面貌和它们的心理。只有把这些弄清楚了，我们的文艺才能有丰富的内容和正确的方向。"② 这种"学习"和"研究"固然可以通过书本资料、通过调查研究，但对于以"生活"为原料的文艺工作者而言，更重要、更必要的路径是通过深入革命实践过程，通过深入基层社会基体、深入人民群众。就此，《讲话》的"结论"中直接提出了对革命文艺工作者的要求：

> 中国的革命的文学家艺术家，有出息的文学家艺术家，必须到群众中去，必须长期地无条件地全心全意地到工农兵群众中去，到火热的斗争中去，到唯一的最广大最丰富的源泉中去，观察、体验、研究、分析一切人，一切阶级，一切群众，一切生动的生活形式和斗争形式，一切文学和艺术的原始材料，然后才有可能进入创作过程。否则你的劳动就没有对象，你就只能做鲁迅在他的遗嘱里所谆谆嘱咐他的儿子万不可做的那种空头文学家，或空头艺术家。③

---

① 周扬：《马克思主义与文艺》"序言"，作家出版社1984年版，第8页。
② 毛泽东：《在延安文艺座谈会上的讲话》，《毛泽东选集》第三卷，人民出版社1991年版，第852页。
③ 毛泽东：《在延安文艺座谈会上的讲话》，《毛泽东选集》第三卷，人民出版社1991年版，第861页。

这一要求成为之后关于知识分子、革命文艺工作者与工农兵相结合、与群众相结合的纲领。从《讲话》发表到20世纪70年代，每当提及《讲话》原则，这一段落往往首先被引用。也就是说，在很长一段历史时期内，知识分子、革命文艺工作者与工农兵、与群众结合的问题被认为是《讲话》的核心。像唐弢在纪念《讲话》发表二十周年的长篇论文中就讲道："作家深入工农兵并与群众结合是一个新课题。由于历史进程的特定要求，它是马克思列宁主义文艺理论中新的情况下创造性的发展"，"这个论断以其不可掩蔽的光彩贯穿了《讲话》的内容，即使在那些没有直接涉及的部分里，也像映水的月色闪动在清波涟漪里一样，引人注意地闪动在字里行间，闪动在娓娓动听的辩证唯物主义的论述里……"，它"不是一个简单的概念，而是一个具有丰富内容的完整体系"。[①] 也就是说，知识分子与群众相结合的命题被认为无论在马列主义革命论的意义上还是在马列主义文艺论的意义上都是一种创新和发展。

这个深度结合的必要性、针对性与中国革命的特殊条件、特定构造紧密相关。现代中国作为一个半殖民地半封建社会，本应成为革命主力的无产阶级、农民阶级都存在着严重的缺陷与不足，这使得中国共产革命在生成、发展的过程中，具备现代眼光，同时又继承传统士大夫使命责任意识的小资产阶级知识分子扮演着至关重要的角色。早期共产党领袖中，新文化运动影响下的新青年占了相当比例。只是深受西方现代文化（包括革命思潮）浸染的新文化知识分子难免过于正面、乐观地看待自己接受的现代价值观念，

[①] 唐弢：《论作家与群众结合——纪念〈在延安文艺座谈会上的讲话〉发表二十周年》，《唐弢文集》第八卷，社会科学文献出版社1995年版，第418—419、447页。

过于负面地看待中国社会和民众的"落后"①，由此造成与现实社会的"格格不入"和革命行动中的削足适履。基于"主观主义""教条主义"的深刻教训，毛泽东反复重申正确认识的必经之途要从实践中来，从调查研究中来。而借由对革命文艺工作者——他们身上的小资产阶级习气被认为更浓厚和根深蒂固的针砭，他进一步把革命者认识论的改造推进到必须经过与革命实践结合、与工农兵结合的地步——"革命的或不革命的或反革命的知识分子的最后的分界，看其是否愿意并且实行和工农民众相结合"②，并预设这个"结合"与"转变"的过程一定是长期的、持续的，"非有十年八年的长时间不可"，其过程必然是曲折的、反复的、艰苦的，"一定会发生许多痛苦，许多摩擦"。这意味着这个"结合"的过程、这个身心改造的过程是一个持续不断的、反复锤炼的自我"克服"与"印证"的过程。这个机制仿佛一种以革命实践为中介的心性之学，它要以"正心诚意""克己复礼"的态度贯彻原则，又要在与群众的往复互动中磨炼心性，以对群众的"诚"意而耐心看待、对待其优劣、短长，把深入对象肌理的熟悉、了解作为工作、动员的前提。这样一种足以达到深入肌理程度的深入群众和与群众相结合才能使得革命工作者培养出超强的、落地生根的群众工作能力。在之后的革命战争、革命运动中，革命力量能够以惊人的速度开枝散叶，这种对新革命者主体意识的改造起到了关键作用。

周扬认为相对于"五四"式的启蒙与新人，整风运动作为"第二次思想

---

① 瞿秋白曾在《〈鲁迅杂感选集〉序言》中批评道："这些早期的革命作家，反映着封建宗法社会崩溃的过程，时常不是立刻就能够脱离个性主义——怀疑群众的倾向的；他们看得见群众——农民小私有者的群众的自私、盲目、迷信、自欺，甚至于驯服的奴隶性，可是，往往看不见这种群众的'革命可能性'，看不见他们的笨拙的守旧的口号背后隐藏着革命的价值。"（《瞿秋白文集（文学编）》第三卷，人民文学出版社1989年版，第113页）

② 毛泽东：《五四运动》，《毛泽东选集》第二卷，人民出版社1991年版，第559页。

解放运动"的关键推进之一是诉诸"普遍的启蒙",意在造就工农群众意义上的"新人"。正如有研究者指出的:"《讲话》最精彩的部分正在于这种革命的教育哲学,毛泽东把它通俗化地解释为用工农兵自己的东西去提高自己,即通过革命文化战线的工作,完成新人的自我生产,在自己的历史基础上,自己把自己作为高于自己的东西创造出来。"①但这种工农自己的提高并不是也不可能完全依靠工农自己完成,工农提高的前提恰好是"五四"式的新人、新青年纠正自己的单向启蒙意识,克服与工农在思想、感情、心理、表达上的隔阂,"先做群众的学生,再做群众的先生",使得"教育者"与"被教育者"构成双向互动的辩证关系,使得工农群众自我提高式的"新人化"和知识分子自我改造式的"新人化"融汇成一个彼此促生的、有机结合的、不可分割的实践过程。由此产生的"新人"才能既在文化、思想、价值上占据进步立场,又高度结合社会基体,在社会最基层发挥组织、构造、带动作用。以此为基础的革命政权、革命国家方能获得稳固的根基。因此,这是《讲话》原则中最富创造性的部分,同时也是在实践中激发出丰富经验和遭遇严峻挑战的部分。

五

就此看来,"文艺为政治服务"的核心不仅在于"服务"的觉悟,更在于怎么服务,如《讲话》中所说,不单要意识到"为什么人",更要思考"怎么为"。这个"怎么为"中要融合工作与创作两个层次,其中的关键是对"生活"的界定。《讲话》中强调"生活"是创作的唯一源泉,把"深入

---

① 张旭东:《"革命机器"与"普遍的启蒙"——〈在延安文艺座谈会上的讲话〉的历史语境与政治哲学内涵再思考》,《批判的文学史——现代性与形式自觉》,上海人民出版社 2020 年版,第 286 页。

生活"作为创作的必要、必经前提。此处的"生活"显然不是自然形态的生活，而是被革命政治搅动、改写、熏染的生活。这个生活既根植于民众生活固有的样态、脉络，同时更是经由革命政治的渗入、带动而被调动、激发出来的状态与可能。由此，对文艺工作者的要求是先悬置自己的创作者身份，作为一名普通的"群众工作者"参与到群众工作中，通过工作"嵌入"民众的生活世界，在"精雕细刻"的群众工作中与民众互动，触发他们的潜能去改变自己的生活。在此过程中，又会将群众身上焕发出的积极性、创造力看成群众本来蕴藏的创造性，从而产生向群众学习的心理。这将逐步引导创作者去注意、去体会那些被启蒙视野忽视，也或为革命政治视野所覆盖的民众的"实有"状态，从中油然而生一种对"人民"本身的理解和信心。这样一个完整过程才是对"生活"的体验、理解过程，也只有这种"生活"才具备本源的创造性。

因此，在创作论层面，《讲话》的激进性体现在它认为创作过程自身不具备本源性的创造，它只是对生活"原料"的"加工"（中华人民共和国成立后定版改为"生活"与"创作"）：

> 从文学服务于政治的这一要求出发，毛泽东显然不愿意将文学创作神秘化。……他认为，过去的文学作品是"流"，而社会生活才是创作的"唯一源泉"。在《讲话》的整体表述中，"社会生活"在创作中的重要性被充分地强调，以至于文学创作大体上被视为作家对"生活"原料的模仿或加工。……
>
> 在1948年版的《讲话》中，毛泽东将"社会生活"称为"自然形态的文艺"，有时又称为"原料"或"半制品"，将创作过程称为对原料、半制品的"加工"过程。到50年代《毛泽东选集》中，删去了这些词语，用"创造"来取代"加工"。但是，很难说已改变对文

学创作性质的这种看法。……在多数情况下,"加工"与艺术创造的区别,是表达一种稳定的、普遍性观念与表现不可重复的独创性的区别,是创作过程中对直觉、情感、想象和形式感到重视程度的区别。①

可以说,在《讲话》原本的逻辑上,文艺创作不是以其作品性、完成度为必要前提来与现实结合。在一定程度上,它恰好要打破自己的自足性,甚至牺牲自己的完成度,结合革命政治的实践过程并作为其中的一个有机环节发挥作用。看上去这会导致某种粗糙的政治功能主义。但如果把它放回"五四"以来现代文学的发展历程就能看出一种特别的针对性。早在20世纪20年代末的"革命文学论争"中,"无产阶级文学派"提出"无产阶级文学"命题时就有一个明确的指向,即认为革命文学的终极目的不仅在于创造内容或形式上具有"革命性"的作品,而且在于创造一种新的文艺生产机制,使得文艺实践不是作为"反映论"意义上的作品与革命实践发生联系,而是本身成为实践的一个有机组成部分。在他们看来,"五四"文学虽然从内容上是进步的,但从形式上,尤其是从生产方式上是"资产阶级式"的。所谓"资产阶级式的文艺生产"的意思是:创作、生产(印刷、出版、发行)、阅读、接受、实践转化——这一链条上的每个环节都是相互分离的,都独立存在于一个自成体系的运转空间中,按照一种"自律性"的规则运作。而"无产阶级文学"的理想之一在于破除这种分离性,使创作作为"意识斗争"的有机组成部分直接介入到社会革命实践中。然而这一理想在20世纪20年代末只具有理论上的批判意义,缺乏真正付诸实践的路径与条件。所以,"无产阶级文学派"自己的言论同样高度寄托于小社团、小书店、小杂志所构成的都市"公共领域"的典型"物质基础"上。20世纪30年代,左翼大众文艺运动曾

---

① 洪子诚:《中国当代文学概说》,北京大学出版社2010年版,第11—13页。

倡导以壁报、通信等形式直接介入社会运动，但其范围和程度一直非常受限。

而《讲话》之后，配合《讲话》精神的落实，首先就解散、缩小了根据地的知识分子文艺团体，停办同人刊物，从体制上破除"五四"式现代文艺创作所寄身的空间。1943年，《讲话》正式发表后又随即推动文艺工作者的"下乡运动"。在1943年3月10日"党的文艺工作者会议"上，陈云、凯丰等为动员"下乡"作了报告，就文艺工作者的身份认定、"深入生活"的原则要求等做出了一系列规定。这些规定确立了根据地、解放区以及新中国成立后文艺工作的一系列基本方针、准则，它们其实应被视为《讲话》的有机组成部分。比如，陈云《关于党的文艺工作者的两个倾向问题》的报告特别从组织论角度提出：党的文艺工作者必须明确自己首先是党员，其次才是文化人。这是把文艺的"党性"立场结合党员身份的理解做了进一步界定。党员文艺工作者要认识到"文化工作只是党内的分工"，其职责使命均需服从革命的整体目标和任务。由此，"党员作家""党员文艺工作者"成为一种有特定文化政治含义的概念，它对现代文学中领域分工意义上的"作家""文艺家"概念构成冲击，同时也保持着张力关系。凯丰在其《关于文艺工作者下乡的问题》报告中则重点讲了"深入生活"必须打破做客观念，真正参加工作，也就是必经"深入工作"才能"深入生活"的原则。这里提出的一系列要求——搁置文艺家身份，担任基层具体职务，以工作态度而非收集材料态度长期工作——成为很长一段时期（直到20世纪70年代末）作家深入生活的基本准则。大批根据地、解放区、新中国的作家、文艺家正是遵循这样的原则建立自己的工作基地和写作基地，长期在基层蹲点，以丰富的地方经验、基层经验写出了一大批有浓厚生活气息和坚实的现实主义品质的杰作。

不过，《讲话》刚刚发表后，有一大段文艺的直接实践性得到彻底贯彻的时期。许多作家纷纷放弃自己熟悉的创作手法，去写结合具体工作、情境的通讯报道、剧本、秧歌戏、新歌剧，乃至小唱本、快板书、通俗故事等可以同群众直接见面的作品。这些作品性弱但短小精悍、灵活生动，群众喜闻乐见的作品一时占据了根据地、解放区的文艺主流。与此同时，落实文艺的"工农兵方向"更激进的形态是诉诸以工农兵为创作主体的"群众文艺运动"，即为了倡导、鼓励老百姓自编自演的群众文艺，甚至压抑文艺工作者自己创作的必要，认为文艺工作者的使命不在于自己创作，而在于帮助群众进行创作。[1] 群众既然是革命政治的主体也就足以成为创作的主体，文艺工作者要通过帮助群众自己创作，激发他们蕴含的创造力，实现群众自己解放自己的目标。[2] 这样一种较为极端地否定专业创作，推崇业余创作和群众创作的倾向随着新中国成立后正规化文艺体制的确立而有所纠正，但知识分子的专业文艺创作，或者说文艺创作本身的专业性到底在革命文艺中、在无产阶级文学和社会主义文艺中应该占据什么样的位置和比重一直是一个存在争议与摇摆的问题。

20世纪80年代反思《讲话》后的文艺路线时，有研究者特别指出单纯强调思想改造，忽视"艺术规律"会带来认识上的不足、不完整以及实践上的偏差。

> 毛泽东同志在《讲话》中特别强调了改造思想的重要性，目的是要解决作家的主观与客观的关系。就作为创作方法或创作原则的革命

---

[1] 朱穆之在《谈创造新文艺》（1946年）中就提出："大大提倡与尊重群众的创作，发扬群众的文艺创作才能，把新文艺的创造与发展，依托在群众身上，而不需要我们自己来包揽这个大任。我们的文艺工作者的工作，应该主要的是培养群众创作才能和群众的文艺家。而不是只专心于自己来创作什么新文艺杰作，及把自己培养成什么伟大的文艺家。"中国作家协会山西省分会编：《山西革命根据地文艺资料》（上），北岳文艺出版社1987年版，第291页。

[2] 当年根据地一个典型的群众创作案例是"《穷人乐》方向"。关于一个成功的群众创作如何能出现、基于哪些条件、达到何种状态的讨论，请参见拙文《"群众创造"的经验与问题——以"〈穷人乐〉方向"为案例》，载罗岗、孙晓忠主编《重返"人民文艺"》，上海人民出版社2019年版。

现实主义来说，除了世界观的重要指导作用以外，要真实地按照生活的本来面貌反映生活，还有许多艺术规律的问题需要研究和探索。即就世界观对创作的指导作用来说，当然它是十分重要的，但如果像十年浩劫时期那样把世界观的作用强调到绝对化和起决定作用的程度，那就不能不最终否定从生活出发、真实地再现生活的根部原则，而陷入唯心主义和反现实主义的泥坑。因为要写成一部好的作品，需要很多条件，即使作家长期深入生活并同劳动人民在思想感情上没有隔阂，也只是具备了作为革命作家的一个重要条件，并不能保证他就一定能写出优秀的成功的作品；这里还有作家认识生活和感受生活的能力，作家积累素材和提炼概括的本领，作家的艺术修养和表现手段等等重要因素。[1]

如此一来，"深入生活"变成只是创作成功作品的充分条件而非必要条件。于是，《讲话》中所说的——"文艺作品中反映出来的生活却可以而且应该比普通的实际生活更高、更强烈、更有集中性、更典型、更理想，因此就更带普遍性"——被拿来支持"提高"的、专业形态的文艺比"普及"的、"自然形态上的文学艺术"更"高级"、更能发挥作用。但《讲话》中之所以强调"沿着群众前进的方向提高"、强调"普及基础上的提高，提高指导下的普及"就是要防止将"普及""提高"割裂成两种文化形态：底层是供大众消费的通俗文化，上层是精英主义的"高级文化"。在《讲话》的逻辑方向上，文艺上的"提高"、专业化理应与社会实践、生活实践的深入同步、正相关，而不能导向削弱"结合"实践方向上的提高。换句话说，文艺上的

---

[1] 王瑶：《〈在延安文艺座谈会上的讲话〉在现代文学史上的历史意义》，《王瑶全集》第五卷，河北教育出版社2000年版，第257—258页。

提高、深入要求会进一步促进文艺工作者深入生活、结合实践的自我要求和深度。深入实践、深入群众与文艺的提高理应是一个相互促生、相互激发的过程。如唐弢在《论作家与群众结合——纪念〈在延安文艺座谈会上的讲话〉发表二十周年》中指出的:"观察、体验、研究、分析是一个一层深似一层的认识过程,而被观察、体验、研究、分析的又是一个非常广大非常丰富的背景。这就说明生活实践是创作实践的根本,创作实践是生活实践的一部分。艺术创造全部过程具备了提高思想认识的作用。"[1] 也就是说,"认识生活和感受生活的能力,作家积累素材和提炼概括的本领,作家的艺术修养和表现手段"固然属于"创作过程",但它们也只有不脱离生活实践才能持续深化。艺术创作过程不纯粹等同于"构思""表现"和"写"的过程,它要以"提高思想认识"为根基和目标,创作实践不仅是生活实践的一部分,也是思想养成的一部分。因此,在"深入生活"得到制度保证的条件下,不单是小资产阶级出身的文艺工作者需要视之为自我改造的必由之路,哪怕是工农出身的文艺工作者也要通过反复"深入生活"来重新理解"新鲜事物",再度与群众结合,防止蜕化变质。《论作家与群众结合——纪念〈在延安文艺座谈会上的讲话〉发表二十周年》中就特别指明:

> 正如与群众结合是思想改造的径由,而思想改造并没有止境一样,作家与群众结合在特定的历史阶段有其突出的意义,却决不是一个过渡的办法。任何一个作家都需要周而复始地了解生活,了解群众。一旦离开原来的生活而不继续进取的话,他就必然会脱离自以为已经熟悉的群众,从已经达到的思想认识上后退。正是因为这样,资

---

[1] 唐弢:《论作家与群众结合——纪念〈在延安文艺座谈会上的讲话〉发表二十周年》,《唐弢文集》第八卷,社会科学文献出版社1995年版,第446—447页。

产阶级出身、受资产阶级教育的作家需要与群众结合，工人阶级出身、受社会主义孵化的作家也需要与群众结合。……认为在社会主义社会中成长起来、受到了社会主义教育的人已经是无产阶级作家，因此不需要再与群众结合，这种观点是错误的。他们只强调从生活上与人民群众联系，却不愿意从思想上与人民群众结合，企图用抽象的出于主观臆想的或者传统的人道主义的钥匙去开启所有的人的心灵，实际上是忘记了环绕着他们的世界，忘记了自己背上历史的重荷，忘记了即使到了将来，资产阶级进步文艺作为文化积累还将长期地存在，继续散播其积极的或消极的影响。精神生产者一旦脱离人民就容易为因袭所俘虏。①

这篇写于1962年的纪念《讲话》发表二十周年的文章清楚地显示出"与群众结合""与工农兵相结合"之所以要不断重申、不断践行，是因为无产阶级式的主体改造随时置身于一个不稳定的、争夺性结构中。② 它源于这样一种警惕：哪怕是在社会主义政权、社会主义社会内部依然会时刻滋生资产阶级、小资产阶级因素。这种警惕当然来自一种激进意识形态，但它也对应着能引起普遍共鸣的社会现象，像革命意志、热情消退后的惰性、迟钝、僵化、保守、作茧自缚。更准确地说，它指向一种在固化的体制性关系

---

① 唐弢：《论作家与群众结合——纪念〈在延安文艺座谈会上的讲话〉发表二十周年》，《唐弢文集》第八卷，社会科学文献出版社1995年版，第452—453页。
② 洪子诚在《当代文学的"一体化"》中写道："大量的文学遗产，现代不同样态创作的存在，与所要确立的当代'经典'所构成的对照，有可能显现当代'经典'在思想艺术上的脆弱的方面，成为它的'威胁'。这给'一体化'的推动者提出了悖论式的难题：如果这种被宣称为最进步、最美好、最富于魅力的文学，不从'遗产'中接受精神和艺术的经验，它的生命力将受到削弱。但是，如果它与可疑的、需要与之'划清界限'的文学关系暧昧，那又将导致对其存在基础的损害，最终可能使'一体化'崩溃。"参见洪子诚《当代文学的概念》，北京大学出版社2010年版，第74页。

中规范、决定自己与现实、与他人关系的惰性状态，由此必然导致"脱离群众"——这里的"群众""生活"都是《讲话》语义上的，一种突破于规范、教条、主观，蕴含革命活力的活泼泼的现实。因此，对革命负责的主体要不断返回、投入，再结合于群众，以克服可能在自己身上滋生的官僚主义、享乐主义，磨炼自己的敏锐、意志，这构成一种自我养成意义上的"不断革命"。《讲话》之所以在20世纪60年代之后越发得到重申，也是因为革命越是遭遇挫折或潜藏危机，越需要调动这种锤炼主体的革命论。

六

虽然《讲话》原则在新中国成立后很大程度上被"体制化"，但《讲话》本身其实蕴含着某种反现代（文艺）体制倾向[①]，或者说它倾向于用革命运动（一种非常规状态）突破现代体制的无形桎梏。毛泽东在《讲话》中曾使用"革命机器"的概念，不过，相比"机器"这样一个偏于机械化的意象，更准确的概括、描述或许是"革命运动"。《讲话》中所分辨、涉及的党内关系、党外关系、统一战线、阶级联盟、群众路线都应统摄于"革命运动"的逻辑中。这种"运动"状态非政治革命领域所特有，事实上，它是新文化运动的文化政治逻辑（文化革命与政治革命相交织）展开、演化出来的形态，蕴含着突破各种领域界限，并使之联动的能量。鲁迅当年把作为边缘文体的"杂文"转化为自己主要的写作形式就是有意将自己的写作变成推进相互连

[①] 唐小兵在其《大众文艺与通俗文学：〈再解读〉导言》中曾提出："（延安文艺）是一场反现代的现代先锋派文化运动"，"对以现代城市为具体象征的市场经济方式的一种集体性抵抗意识，尤其是对资本主义生产方式所带来的'感性分离'、价值与意义的分割所催发的无机生存的下意识恐慌和否定"。参见唐小兵《英雄与凡人的时代：解读20世纪》，上海文艺出版社2001年版，第250—252页。

带的文学、思想、社会运动（包括左翼文化运动）的中介性工具，"反"新文学的经典化、体制化（所谓"纸枷锁"），促使其充分机能化，使得文艺能有力且及时地与现实一起摆荡、共振。在革命运动的逻辑上，在"行动式写作"的逻辑上，毛泽东理想的革命文艺实践不是那种现代文学生产方式下的、以作品的自身完成度为前提条件的、"先分离后结合"的服务革命方式，而是突出文艺工作的实践性品质，让文艺工作"嵌入"社会改造的实践过程，作为其中的一个有机环节发挥作用；其注重群众创造的萌芽状态、基层工作中初级简单的文艺形式、"普及第一"的原则、"沿着群众前进的方向提高"等都蕴含某种"反现代文学"的倾向。如前所述，解放区文艺在1943年之后的创作主流一度是大批"不成作品的作品"——小戏、唱本、故事、快板、通讯报道，包括群众自编自演的"群众文艺"。即使是被特别树立的"赵树理方向"也是作为一种"工农兵创作"的变形，一种介于可读与可看、可听的中间形态并起到沟通作用的创作而大受鼓励。稍晚才出现的《太阳照在桑干河上》《暴风骤雨》《种谷记》等回到现代文学创作轨道上的经典长篇小说。且这类"史诗性"作品是否符合"工农兵方向"在出版之初都引发了争议。反而是在进城后面临都市"高级文艺"的竞争，以及确立了以苏联的社会主义文艺为学习目标后，这类创作才越来越得到认可。①

---

① 新中国成立后，20世纪50年代，相比解放区时期，文艺生产形态上的激进性大大减退。新中国成立后的文艺生产体制是伴随着一整套现代文学生产方式的回归而确立起来的，尤其是在苏联经验的参照下，一方面有着高稿酬、高版税这些后来被批为"资产阶级法权"的东西；另一方面，作家还获得了一套体制化、机关化的身份。因此，出现一种悖论式的状态：从意识上，官方高度重视根据地、解放区时期的文艺经验，试图通过"文艺整风""深入生活"等措施确保文艺工作者与革命政治、基层社会的紧密联系。可是，从体制上讲——作协文联体制，层级化的发表、出版机制——都无形中鼓励"创作"回到一个自我运行的轨道中：实际上鼓励那些能在《人民文学》这样的大刊上发表的、达到足够创作水准的"作品"。这造成那些"深入生活"所产生的作品随着发表就进入了一个由学生、干部、市民读者组成的阅读空间，使得它不易回到它所生成的基层空间、环境中去发挥面对面的作用。

或许我们可以意识到，1950—1970 年的"国家"是某种体制性状态和运动性状态的复合体。仅就文艺而言，无论是文艺体制还是创作机制，尽管表面统一在《讲话》原则之下，实际却内含诸多矛盾性因素。许多矛盾不是遵循《讲话》原则和背离《讲话》原则之间的矛盾，而是《讲话》原则在深化、落实过程中产生的自我矛盾。比如基于"文艺从属于政治"而确立的"及时反映现实"原则与源于"与工农相结合"而产生的"深入生活"原则，落实到作家的实践中就常常产生难以兼得、左右为难的状态。因为，"深入生活"所诉诸的"久"与"深"结合着社会主义现实主义的写作要求，常常会造成写作的不断延宕——或因投入实际工作而搁置写作，或为实现史诗性作品、成熟作品的抱负而舍弃"短平快"的创作——从而与"及时反映现实"的原则产生冲突。更根本地讲，无论"及时反映现实"或"深入生活"，其有效性在很大程度上都要依托于革命政治自身的良好运转。当革命政治本身有创造力时，那个被革命打造、穿透的"生活"才能被激发出超常的活力，沉入、结合于这个生活的创作者就此可以生成同样有活力的社会感与政治感。《讲话》发表之初，之所以激发出创作上的丰富创造力与整风运动后"群众路线"工作意识、工作方法的全面铺开与拓深大有关系，是基层工作实践本身的改造、新变为文艺的改造、新变打下了地基。问题是，如果沉入基层社会后遭遇的革命政治状态并不理想，而在创作上又被要求按照一种理想认识（现实规范）路径去写，就难免产生越"深入"越写不出来的困境。① 况且，如果不是从革命政治自上而下的视角看，而是从社会实际自下而上的视角看，则现实的"不理想"是常态，因为它本来就是一种"矛盾性构造"。革命介入改造社会的过程是令现实越发复杂、矛盾更加尖锐的过程。

---

① 关于新中国成立后"深入生活"经验会遭遇的挑战、矛盾，请参见笔者的《"深入生活"的难题——以〈徐光耀日记〉为中心的考察》，《中国现代文学研究丛刊》2020 年第 2 期。

因此,"深入生活"过程中的创作者往往要持续遭遇多层、立体的"矛盾性现实构造"。其中不仅有社会生活本身的构造,还包含从革命角度出发的现实认知构造以及认知指导下实践方式与经验表述上的矛盾。

20世纪50年代至70年代,"生活"的特殊之处就在于它承受着理论构造的强力介入,社会生活、日常生活被政治话语引导与塑造。而起到塑造作用的革命思想以及它起作用的过程会交织、叠加诸多层面与牵扯、决定因素,诸如①"主义"、信念层面的理念、理论(不完全依赖现实条件,有主动性的构造力量);②推动现实发展的路线、方针、政策,包括其中蕴含的现实认知和叙述方式(它们往往提供着直接的认知框架和叙述模式);③政策指导下的社会实践运行(实践的多层构造会导致执行中的种种偏航);④政策执行者的理解、行动能力(干部、群众的行为方式),包括对经验的整理、表述;⑤"生活世界"的构造(生活矛盾、社会矛盾、阶级矛盾、政治矛盾的交织);⑥人的精神世界、主体状态、情感机制等。所谓"现实主义写作"所要触及的"现实"是这一系列层面的叠加,有质量的现实主义写作的标志在于它会触及诸多层面的矛盾关系与真实状态。因此,这一时期有品质的现实主义写作表面看似乎只是配合政治,但实际上,它既能遵循规范性认识,又能突破规范认识的抽象性,在丰富、深化感知的基础上重建一个有真实质感且具认识挑战价值的"生活世界"。

以践行"深入生活"原则最彻底、写作质量最高的作家柳青为例。他在1943年主动申请下乡、扎根基层,以深入工作的方式深入生活,看上去是亦步亦趋遵循《讲话》与"下乡运动"的指示。但米脂三年"深入生活"的经验之所以能在他身上产生决定性作用,奠定其后来日益坚信的创作原则,是基于他致力于在生活、工作与写作三个层面独立摸索出自己的方法。他虽身处最基层,却从一开始就试图从革命政治原理的把握上去构筑自己的政治认识,避免使自己的工作流于被动、工具状态。他是先去全力打造工作实践意义上的创造性，在实践行进中切入、体会、感知现实的矛盾构造与复杂性，同时努力去思考、想象其合理的发展方向和方式，再以现实主义写作的力度将其表现出来。他铸造自己现实主义立场的过程不是一个单纯地被政治穿透的过程，而是决定性地重构了文艺、政治、社会（生活）这几重元素的构造、组合方式。他把政治要求转化为"再嵌入"社会的意志，打开了沿着政治的纵深脉络和社会自身的深广土壤去感知生活的途径。在此意义上，为政治服务的文学作为出发点，最终却潜在拓展出一种"从社会出发的文学"的空间。同时，他一再坚持"文艺服务政治"不必然是"及时的""无间的"，更应该是一种"根本的服务"，为此"不仅仅要正确的政治立场，而且要正确的美学观点"，在坚持革命文学的党性原则的同时还亟须发展出"无产阶级文学的美学原理"。[①]他的代表作《创业史》是要写出以他的工作经验、政治思考、生活体会来认识到的在中国农村进行社会主义革命应该采取的方式、应该具备的意识构造和主体想象。这一书写足以产生比历史现实本身更具认识意义的"现实"理解能量。从他的努力甚至可以想象经由《讲话》原则的铸造，现实主义所具备的某种潜能：经由（"深入生活"的）文艺实践道路发展出的对现实感知路径可以取得与政治现实相对峙的机能。

众所周知，《讲话》发表后的三十多年是其具有根本塑造力的时期，只是这种塑造力在新时期之后的解读中越来越被窄化为一种政治的塑造力、政治的决定性作用，由此导致这一时期的文学被笼统地冠以"政治文学"（被政治支配的文学）的"帽子"。然而，这种特定时代状况下的"政治文学"具有怎样复杂的构成和张力，具有怎样的在摸索一种新的文艺生产机制上的抱负、尝试，以及由此激发出的丰富且富于实验性的创作经验，尚未得到充

[①] 柳青：《二十年的信仰和体会》，《柳青文集》第四卷，人民文学出版社 2005 年版，第 273、269 页。

分认识与挖掘。而不真正深入剖析这些《讲话》在历史展开中形成的系列后果，我们对《讲话》所蕴含的价值、能量就难以有切实的体认。

新时期以后，对极端化的"政治的文学"的清算是以逐步树立起"人的文学"的标杆来实现的，并渐渐形成了一种颠倒的"主流""逆流"关系——将"人的文学"看成"五四"以来现当代文学发展的主流，把革命年代的"政治的文学"视为某种逆流。不过，如果从文艺生产机制的角度审视，新时期之后的发展路径完全回到了现代文学体制的固有轨道上。文艺在树立起无可置疑的自律性原则的同时也在消损革命年代建立起来的与社会现实密切结合的、互动的能力，无形中滑向自我循环、自我生产和依附商业机制的轨道，创作上的以自我为中心与生产、传播的充分商品化构成一体两面的存在。为此，20世纪80年代以来，启蒙主义倾向的知识分子不断通过召唤"五四"式文学的社会责任意识、人文精神、社会批判立场来救弊。但"五四"式文学蕴含的现代个人主义、自由主义、启蒙主义的意识机能、观念形态在今天不也难掩其保守性？其依托的文化生产机制与今天人文危机状况的同构性（内在关联）难道不令人警惕吗？相形之下，《讲话》所开辟的文艺经验虽然带有"政治文艺"色彩，但其中也蕴含着激发重新思考文艺与政治、文艺与社会、文艺与生活这几重关系的可能，蕴含着重新理解、想象现代中国所期待的主体性的可能。今天是否存在着"从社会出发的文艺"的可能与萌芽？这取决于今天有哪些正在萌动的新的政治与社会实践形式，它们提出了什么样的对文艺的要求、期待，文艺又将如何去回应它们？

在今天，要把《讲话》重新树立为一个能够去认真对待、审视，乃至批判、扬弃的历史文本与理论文本，首先意味着要把《讲话》演变的"整体经验"作为一个严肃的历史考察对象和理论思考对象。其中既包括了《讲话》自身的生成脉络、历史语境、问题构造、实践路径，也包括了它的体制化过程，它在建立一种新的普遍教育原则、在塑造新的主体性时所占据的位置，其激发的活力以及内含的矛盾，乃至"异化"过程。其次，考察还应该延伸到它的"解体""松绑"过程，包括其"松绑"路径所造成的历史、文化与主体后果。最后，还要从今天的文化现状所遭遇的体制性症结与主体性危机的角度重新审视《讲话》，使之成为一个能够与今天的状况形成对峙和产生显性效应的文本。当把这一系列的重返、再认、断裂、否定、继承作为一个连续而相关的整体加以把握后，我们才能真正透视《讲话》这一经典的完整面目，面对它所提出的挑战，激发出它所蕴含的能量。如果我们有能力把"新中国"看成一个未完成的状态、有待完善的状态的话，那打造出与之相匹配并提供支撑的政教体系和主体状态就始终会是向所有思想资源开放的过程。在这个意义上，《讲话》的"整体经验"终将再构成我们必须向之索取的对象。

（原载《中国现代文学研究丛刊》2022 年第 5 期）

主客与文野
——在历史中阅读作为思想文本的《在延安文艺座谈会上的讲话》

周展安

上海大学中文系

一、政策文本如何转化为思想文本

《在延安文艺座谈会上的讲话》（以下简称《讲话》）长期以来主要是作为一个政策文本被认识的。这与《讲话》是出自革命领袖之手，而且一经产生就迅速且持续地被权威化有直接关系。与《讲话》虽然以"文艺"为题，但其核心关切却并不止于"文艺"类似，《讲话》的被权威化过程也不能仅仅从其在文艺界的影响来认识，而应该在更宏观的层面加以解明。

本文认为这一过程有三个关键性节点：其一是20世纪40年代前半期延安整风运动将《讲话》列为必读文献[①]；其二是1953年，《讲话》被收入

[①] 在整风运动中，题为"整风文献"的书籍版本较多。据笔者的调查，1942年由"陕甘宁边区新华书店"发行的《整风文献》尚没有收入《讲话》，这是因为《讲话》此时还没有正式发表。但1943年出版的"订正本"，无论是"中共晋绥分局"版，还是"解放社"版，都收录了《讲话》。

《毛泽东选集》第三卷出版；其三是 1966 年"文化大革命"爆发之初，《红旗》杂志将《讲话》重刊。收入《毛泽东选集》对于《讲话》经典地位的突出自不待言，延安整风运动则是这一权威化过程的起点。1943 年 10 月 20 日，《讲话》在《解放日报》正式发表的次日，负责延安整风运动的中共中央总学习委员会就指出《讲话》是"中国共产党在思想建设理论建设的事业上最重要的文献之一"，是"马克思主义中国化的教科书"。[①]1966 年，《红旗》杂志重刊《讲话》，并且专门以《无产阶级文化大革命的指南针》为题发表重刊的"编者按"，其中说《讲话》"最完整地、最全面地、最系统地总结了文化战线上的两条路线的斗争。这是无产阶级革命历史上第一次提出的最完整、最彻底、最正确的马克思列宁主义文艺路线"。《讲话》也与《新民主主义论》《关于正确处理人民内部矛盾问题的讲话》《在中国共产党全国宣传工作会议上的讲话》并列"四篇光辉著作"。[②]

　　本文勾勒这一权威化过程并不是要否定《讲话》本身的价值，也不是说《讲话》在此后所发挥的历史作用全部是由其权威化所赋予的。相反，勾勒这一过程恰恰是为了呈现《讲话》原本的问题脉络并释放其可能包含的理论能量。不仅如此，《讲话》被权威化的过程也需要在特定的历史脉动中加以分析。比如就《讲话》之被列为"整风文献"来说，它的被权威化不是孤立的，而是作为整个整风运动中的一环存在的。而整风运动本身则另有自己的问题脉络，有自己所要针对与克服的问题，即党风、学风、文风这"三风"

[①] 《中央总学委关于学习毛泽东同志〈在延安文艺座谈会上的讲话〉的通知》，《解放日报》1943 年 10 月 22 日。该通知于 1943 年 10 月 20 日发出。

[②] 《红旗》杂志编辑部：《无产阶级文化大革命的指南针》，《红旗》1966 年第 9 期。"四篇光辉著作"的提法并不始于此，《红旗》1966 年第 6 期（1966 年 4 月 29 日出版）转载《解放军报》的社论《高举毛泽东思想伟大旗帜，积极参加社会主义文化大革命》中就有此提法，但其表述和语调都不似第 9 期这样斩截与高亢。

问题。再进一步说，整风运动又是在抗日且是抗日极为艰难的相持时刻展开的。抗战需要对敌我有政治、经济、军事等各方面情况的调查研究，需要对中国的现状、历史进行判断，需要借鉴、学习国际上的革命经验，但当时的实际情况是无论在上述任何一方面"我们所收集的材料还是零碎的，我们的研究工作还是没有系统的"[①]。因此，这里面有一个迫切的眼光向下去掌握"对中国社会问题的最基础的知识"[②]的需要。而这一点，是近代以来，尤其是在"大革命"失败后，主要通过中国社会性质问题论战以及中国农村社会性质问题论战所提出来的问题，这甚至可以说是推动中国现代史内在展开的基本动能。

但具体到《讲话》，这里的确存在"《讲话》本身的问题脉络"与"《讲话》的被权威化"这两个维度。《讲话》的被权威化促使《讲话》的部分理念可以迅速落实且普遍展开，在"新的群众的时代"造成一个新的群众文艺的局面，在文艺上出现了新的主题、新的人物、新的语言和新的形式。如周扬说："文艺座谈会以后，在解放区，文艺的面貌，文艺工作者的面貌，有了根本的改变。这是真正新的人民的文艺。文艺与广大群众的关系也根本改变了。文艺已成为教育群众、教育干部的有效工具之一，文艺工作已成为一个对人十分负责的工作。"[③]权威化赋予《讲话》以政策指导的性质，使《讲话》成为一个政策文本，这对于《讲话》理念的落实具有不可取代的意义。但是，成为政策文本也同时是对《讲话》之理念的凝固，是对《讲话》所包含的思想能量的板结，是对《讲话》之问题脉络的抽空。比如，《讲话》

[①] 毛泽东:《改造我们的学习》,《毛泽东选集》第三卷，人民出版社 1953 年版，第 796—797 页。

[②] 毛泽东:《〈农村调查〉的序言和跋》,《毛泽东选集》第三卷，人民出版社 1953 年版，第 789 页。

[③] 周扬:《新的人民的文艺》,《周扬文集》第一卷，人民文学出版社 1984 年版，第 512 页。

提出了"为革命的工农兵群众服务",但就在同时期的《反对党八股》里,毛泽东又指出"中国是一个小资产阶级成分极其广大的国家",那么,"工农兵群众"和广大的"小资产阶级"是什么关系?"工农兵群众"和"无产阶级"是什么关系?这些提法是实体性的还是理念性的?这些提法是对既有状况的说明还是广阔政治进程的一个推动力?《讲话》说"沿着工农兵自己前进的方向去提高",又说现在"迫切需要一个启蒙运动",这二者的关系如何理解?所谓"工农兵自己前进的方向"是什么?《讲话》所提出的"人民的提高"与"人民的普及"究竟具有怎样的理论和政治内涵,"人民"又意味着什么?所有这些都是极难解答的问题,不仅是理论上难以解答,从历史上也难以一言而尽。但这些问题又迫切地要求得到解答,因为它们都是深植于中国近现代历史根基处的问题,或者说中国近现代历史无非是将这些问题把握为根基性的问题并且试图寻求解答的历史。但是,当《讲话》变成政策文本之后,这些问题都随之逐渐地消弭了,不仅其所从出的脉络消弭了,问题的强度也消弭了,或者根本就是"问题"逆转为了"答案"。"人民的提高"和"人民的普及"各自作为现成的结论保留下来,但二者的关系究竟如何则付之阙如。《讲话》本来是在"空前未有的人民大众当权的时代"[①]所展开的思考,因此也可以说是极具新颖性的"空前未有的思考"。但政策文本的性质削弱了《讲话》所包含的脉络、褶皱乃至可能具有的矛盾和断裂,也就抹掉了这种新颖性。《讲话》提出了极具新颖性的思想问题,但将《讲话》权威化的方式同时垄断了这些思想问题,而对思想问题的垄断也就终结了思想推进的可能。从这里,就只剩下重视或无视、赞成或否定的态度问题。而无论哪种态度,实际都无关于《讲话》。甚至,越是在赞成的态度中,《讲话》

---

① 毛泽东:《在延安文艺座谈会上的讲话》,《毛泽东选集》第三卷,人民出版社 1953 年版,第 877 页。

就越是被悬置。

因此，要改变《讲话》被悬置的状况，就必须区分作为"政策文本"的《讲话》和作为"思想文本"的《讲话》，把政策文本转化为思想文本。但这并不意味着必然要用既定的、外来的理论概念来阐释《讲话》中那些极为朴素的表达。那种格套化的阐释实际是一种置换，它可能赋予《讲话》一些"理论语言"的外观，但这种看似新鲜的理论语言却未必具有相应的理论性。"理论性"不同于有着精致外观的"理论"，或者说有着精致外观的"理论"未必具有"理论性"。"理论性"的有无，端视其和既定现实序列之间的关系，也就是其能否及物的能力。具有及物的能力、能改变既定现实序列的表达是具有理论性的表达，反之则无论其外观如何新鲜，都不具有理论性。这也就是说，要激活《讲话》所可能具有的理论性，考察其作为思想文本的意义，必须同时考察《讲话》所置身的那个现实序列，进行一种历史复原的工作，即在历史中来阅读《讲话》。这种历史复原，既包括对《讲话》自身的复原，也包括对《讲话》横向的同时代历史状况，以及对其纵向所处的历史状况的复原。对《讲话》自身的复原是把作为结论的"为工农兵服务""人民的普及"等重新放回《讲话》的论述过程之中，回溯这些结论所从出的问题脉络；对横向的同时代的复原则集中在《讲话》尚未彻底被权威化的20世纪40年代，尽可能将《讲话》的论述与其他的论述并置，从而勾勒40年代不同理论表述所共同面对的总问题，本文将此概括为"主客问题"；对纵向历史状况的复原则主要围绕《讲话》关于普及与提高的论述，勾勒从晚清以来中国革命就面临的一个基本问题构架，以及《讲话》对这一问题架构的推进，本文将此概括为"文野问题"。

二、《讲话》的版本修改与自身的问题脉络

对《讲话》的复原，是指重新铺展《讲话》自身的问题脉络，这意味着把《讲话》把握为一个思考过程，把握为一个乃至数个层层相套的"问答结构"。其中，当然有"文艺为工农兵服务"这样作为"答案"的内容，但也有"何以要提出文艺为工农兵服务"这样作为"问题"的内容。铺展其问题脉络即是把"答案"和"问题"重新勾连，在这一连续的问答结构中考察"答案"是否扣紧了、解决了"问题"，以及"答案"是在一个怎样的运思过程中被给出的。这种方法不同于把《讲话》的某些"答案"性、结论性的东西固定下来作为讨论起点的做法。本文认为，前一种即是把《讲话》把握为思想文本的方法，而后一种则是把《讲话》把握为政策文本的方法。聚焦于《讲话》自身的问题脉络，又是把《讲话》把握为思想文本的第一步。换言之，所谓"思想"不是作为结论而存在的东西，而是结论之所以被推导出来的那个过程。"思想"是在运思的过程中活跃着的东西，运思过程的密度决定思想的分量。由此附带着说，思想家的文本并不必然就是作为"思想文本"而发挥作用的。如果思想家的文本被抽离为某几条结论而存在的话，那么这近于是把思想家的文本把握为一个"政策文本"，尽管思想家在写作时并无创制"政策"的念头，也就是说对既定思想人物及其著作的研究并不必然就是一项思想研究。王阳明诚然提出了"知行合一""致良知"等学说，但如果不去理会、不能贴近他以"居夷处困""百死千难""在事上磨炼"等所提示的行事运思的轨迹，而只是执着于"阳明思想即是知行合一"或者"阳明思想即是致良知"这样的定式，则等于是把《传习录》《大学问》《拔本塞源论》等读成了"政策文本"。另外，所谓"思想文本"也不见得都是出自思想家之手的文本，如果能够将政策文本置于相应的问答结构之中，则政策文本也可以焕发思想的能量。

要重新铺展《讲话》自身的问题脉络，不能径直阅读现在通行的《讲话》版本，而需首先考察《讲话》的版本修改情况。现在通行的《讲话》是1953年收入《毛泽东选集》第三卷的版本。在1953年以前，另有1943年《解放日报》最早公开发表的版本、收入1944年5月由晋察冀日报社编印的《毛泽东选集》第五卷的版本、收入1946年8月由大众书店发行的《毛泽东选集》精装五卷的版本、收入1947年3月由中国共产党晋察冀中央局编印的《毛泽东选集》第六卷的版本等。依笔者所知，目前对《讲话》诸种版本的文字做出最详尽比对勘查的是出自日本学者竹内实（1923—2013）监修的《毛泽东集》[①]。该书充分体现了版本辑佚、考订、对勘这种"朴学"方向的工作对于毛泽东思想研究以及整个中国现代历史研究的奠基性意义。在不同版本的变迁、修订中所包含的历史信息是只靠单一版本研究无法取代的。《讲话》被收入该书第八卷，它是以1944年晋察冀日报社本为底本，辅以《解放日报》本和1947年晋察冀中央局本加以订正补充而完成的。编辑者以旁注、眉注、补注等多种形式详尽呈现了底本与1953年通行本之间的差异，仅眉注就约有438条，文内较大的删改近40处。本文接下来就依据《毛泽东集》先行的编纂和对勘工作，对底本和通行本的文字差异做进一步研究，从中摸索由文字修订所呈现的问题脉络。

综合来看，这些修订可以从三个方面来加以归纳。首先是文字术语的规范化。这主要涉及修辞问题，口语表达改为书面表达，以及很多术语的规范化。比如底本的"无产阶级社会主义"改为"社会主义的现实主义"，"马列主义"改为"马克思主义"，"思想战争"改为"革命的思想斗争"，"小资产阶级"改为"小资产阶级知识分子"，等等。这种规范化层面的修改占大多数，其中如"小资产阶级"等术语的改动对于理解文章思路的变化略有提

[①] 竹内実監修，毛沢東文献資料研究会編：『毛沢東集第8巻』，東京：北望社，1971年。

示意义，显示《讲话》在新中国成立后更被当作一个专门对知识界发言的文件。

其次是现场感的淡化。在底稿中有许多即时性的、基于当时历史状况的发言，有较为浓厚的现场感和具体的针对性。在通行稿中，这些发言多数被删掉了，从而使《讲话》更具有一种普遍性和指导性。在反驳超阶级艺术观的时候，底稿中"在有阶级有党的社会里，艺术既然服从阶级，服从党，当然就要服从阶级与党的政治要求"[1]等字样，通行稿中都删掉了，转而引用列宁关于艺术是革命机器中的"齿轮和螺丝钉"的说法加以说明。从全文的脉络来看，底稿中的话有一种直接性，但引据经典则冲淡了其直接性而显得更加稳妥和周全。底稿中原来在批评了"周作人、张资平"之后，还特别批评"有一种文艺是为特务机关的，可以叫做特务文艺"[2]，在批评了"组织上入了党，思想上并没有完全入党"这种现象之后，还特别批评了"当然还有一种比这更坏的人，就是组织上加入的也是日本党、汪精卫党、大资产阶级大地主的特务党，但是他们随后又钻进了共产党和共产党领导的组织，挂着'党员'和'革命者'的招牌"[3]这种情况，这两处在通行稿中也都删掉了。在底稿的脉络中，对"特务文艺"和"特务党"的批评是贴着抗战的现状展开的，是即时而尖锐的。通行稿删掉之后就突出了对一种普遍的文艺和思想状况的关注。

最后也是最重要的，或可以概括为人民性的突出。在底稿中，颇有些地方是显示着提高者与普及者之距离的，删改之后，这二者的距离被缩短，高低关系也发生变化，民众在文化、文艺上的创造性得到更多强调，以人民为

---

[1] 竹内実監修，毛沢東文献資料研究会編：『毛沢東集第8巻』，東京：北望社，1971年，第134頁。

[2] 竹内実監修，毛沢東文献資料研究会編：『毛沢東集第8巻』，東京：北望社，1971年，第120—121頁。

[3] 竹内実監修，毛沢東文献資料研究会編：『毛沢東集第8巻』，東京：北望社，1971年，第146頁。

中心的论述更具有主导性。《讲话》提出文艺要为"四种人"即工人、农民、士兵、小资产阶级服务。在底稿中，对于这四种人曾有如下说法："在这四种人里面，工农兵又是主要的，小资产阶级人数较少，革命坚决性较小，也比工农兵较有文化教养。所以我们的文艺，第一是为着工农兵，第二才是为着小资产阶级。在这里，不应该把小资产阶级提到第一位，把工农兵降到第二位。"① 通行稿中删掉这段话，而代之以"我们要为这四种人服务，就必须站在无产阶级的立场上，而不能站在小资产阶级的立场上。在今天，坚持个人主义的小资产阶级立场的作家是不可能真正地为革命的工农兵群众服务的，他们的兴趣，主要是放在少数小资产阶级知识分子上面"②。此处引文略长，但颇能说明问题。底稿中将"小资产阶级"放在次要地位，但认为其比工农兵较有文化修养，通行稿中则不再提及这种次要地位，而是把地位的主次排列改换为立场问题，用"无产阶级的立场"统摄了服务的性质。小资产阶级与工农兵可以说构成《讲话》基本的对立架构，对小资产阶级的淡化即是对工农兵地位的强化。人民性的突出也体现在对普及和提高之关系的修订上。底稿在论及"普及工作和提高工作是不能截然分开"的时候，曾说："普及者若不高于被普及者，则普及还有什么意义呢？"③ 通行稿删掉这一句而代之以"不但一部分优秀的作品现在也有普及的可能，而且广大群众的文化水平也是在不断提高的"④。前者突出的是普及者相对于被普及者之"高"，也就是普及和提高之不能截然分开，是要以保留普及者的"高"来完成普及

---

① 竹内実監修，毛沢東文献資料研究会編：『毛沢東集第8巻』東京：北望社，1971年，第121页。
② 毛泽东：《在延安文艺座谈会上的讲话》，《毛泽东选集》第三卷，人民出版社1953年版，第858页。
③ 竹内実監修，毛沢東文献資料研究会編：『毛沢東集第8巻』東京：北望社，1971年，第129页。
④ 毛泽东：《在延安文艺座谈会上的讲话》，《毛泽东选集》第三卷，人民出版社1953年版，第864页。

的工作,即高低之差异是普及得以可能的前提;后者则突出了广大群众即被普及者文化水平在不断提高这一状况,从而普及和提高之不能分开乃是着眼于被普及者之有能力来提高自己这一点,不是高与低的差异,而是在低位者能够跃升至高位成为普及工作得以可能的前提。这里存在着眼点之高与低的颠倒,不仅普及者与被普及者之距离缩短,同作为"被普及"对象的干部与群众之距离也缩短了。《讲话》注意到干部和群众文化水平之差别,而作出"直接为群众所需要的提高",即面对群众的提高和"间接为群众所需要的提高",即面对干部的提高这样的区分。底稿中曾有这样的话为之说明:"他们的接受能力比群众高,因此他们不能满足于当前的和群众同一水平的普及工作,不能满足于'小放牛',等等。"[1] 通行稿则删掉这些话,而直接强调"为干部,也直接是为群众"[2]。底稿中当然也是强调文艺"为人民大众的根本原则"的,但这一原则是联系着干部与群众之差异这一客观状况来论及的,其根本导向和一种现实状况相关联,而通行本更突出的是"根本原则"的压倒性地位,《讲话》也就越发体现出它的指导性。[3]

分析《讲话》的版本修改问题,不是在诸种版本之间加以轩轾,而是要通过对修改过程的回溯,更清晰地呈现《讲话》的种种论断不是一种单向的

---

[1] 竹内实监修,毛泽东文献资料研究会编:『毛泽东集第 8 卷』,東京:北望社,1971 年,第 130 页。

[2] 毛泽东:《在延安文艺座谈会上的讲话》,《毛泽东选集》第三卷,人民出版社 1953 年版,第 864 页。

[3] 通过比对勘查,类似的材料还有不少,为节省篇幅,这里不再一一分析。较有代表性的,如第 130 页曾保留的"提高""不是硬搬"的说明,虽是对"提高"的一个提醒,但也可以说还是有对"提高"的特别关注,通行本中将此删掉了;如第 131 页在论及"群众文艺"时多处用到"比较低级"或"最低级"等定语,后来都删掉了;如第 141 页在论及人民的"缺点"时,曾说人民的缺点和统治阶级的关系等,后来也删掉了。所有这些,不同程度体现了对于"人民"的维护。以上页码均据竹内实监修,毛泽东文献资料研究会编:『毛泽东集第 8 卷』,東京:北望社,1971 年。

命令或者倡导而已，它们有其现实感，有其在对现实问题的指涉中所自然存在的曲折的层次和脉络。有现实感，即不是自说自话的，而是对话性的。对话性则是思想性的题中应有之义。对《讲话》早期版本的回溯，是为了较为便利但也是初步地来摸索《讲话》作为思想文本的特点。小资产阶级知识分子和工农兵之间的距离、普及者和被普及者之间的距离、干部和群众之间的距离，等等，作为"现实"的基本内容，在底稿中都充分地保留着。它们和"文艺为工农兵服务""人民的普及"等结论共同组成文本内部的张力结构。后来的通行稿对前者做了淡化处理，从而使《讲话》显得更为光滑。但实际上，那些由"距离"和"差异"所表现出来的问题并没有消失，只是被更加深隐了。我们在第一节中曾简要提及的"广大的小资产阶级"与"革命的工农兵群众"之间的关系、"无产阶级"和"工农兵群众"之间的关系、"普遍的启蒙运动"与"工农兵自己的前进的方向"之间的关系等，都是对这种"距离"的具体表达。所有这些，在《讲话》中尤其集中在"普及"与"提高"的关系问题上。《讲话》说："所谓普及，也就是向工农兵普及，所谓提高，也就是从工农兵提高。"[1]但是，该普及什么呢？当然不是封建阶级或者资产阶级的东西，而是"工农兵自己所需要、所便于接受的东西"。但是长期在文化上被剥夺的工农兵群众该如何确定自己所需要的东西，并且，由于普及者本身"灵魂深处有一个小资产阶级知识分子的王国"[2]，他们又该如何扮演普及者的角色？所谓普及究竟是技术性的，还是具有思想指导意义的呢？就"提高"来说，当然不是提高到统治阶级的高度上去，"而是沿着工

---

[1] 毛泽东：《在延安文艺座谈会上的讲话》，《毛泽东选集》第三卷，人民出版社1953年版，第861页。
[2] 毛泽东：《在延安文艺座谈会上的讲话》，《毛泽东选集》第三卷，人民出版社1953年版，第859页。

农兵自己前进的方向去提高"①。但是在文化上被剥夺的工农兵该如何确定自己前进的方向，何况"人民也有缺点的"②，"中国是一个小资产阶级成分极其广大的国家，我们党是处在这个广大阶级的包围中，我们又有很大数量的党员是出身于这个阶级的"③。另外，如果工农兵能够明确自己前进的方向，则普及者又该如何用自己所没有的东西去向具有前进方向的工农兵进行普及和帮助其提高？《讲话》最后是用"普及是人民的普及，提高也是人民的提高"来作结的。但是这种光滑的结论显然无法纾解上述张力，反倒因为其自我循环的意味更加凸显了这些张力。④就此而言，《讲话》的意义不在于它给出了答案，而在于它凸显了问题。

三、《讲话》与 20 世纪 40 年代文艺构图中的"主客问题"

对《讲话》内部之曲折、张力与问题脉络的勾勒尚是将《讲话》把握为思想文本的第一步，要深入理解《讲话》的问题性也即思想性，还需要将《讲话》置于同时代即 20 世纪 40 年代的整体文艺发展状况之中，尤其是置于 40 年代左翼文论的状况之中来加以考察。因为 40 年代是《讲话》尚未被

---

① 毛泽东：《在延安文艺座谈会上的讲话》，《毛泽东选集》第三卷，人民出版社 1953 年版，第 861 页。
② 毛泽东：《在延安文艺座谈会上的讲话》，《毛泽东选集》第三卷，人民出版社 1953 年版，第 851 页。
③ 毛泽东：《在延安文艺座谈会上的讲话》，《毛泽东选集》第三卷，人民出版社 1953 年版，第 834 页。
④ 丸山升也曾触及这一点，他说："《文艺讲话》在谈到普及与提高的关系时，说提高是在普及基础上的提高，这种提高，为普及所决定，'同时又给普及以指导'。但是，伴随着'给普及以指导'是怎么一回事，出现了理论和实践层面的问题，然而《文艺讲话》没有涉及。"参见［日］丸山升《中国的文学评论与文学政策》，《鲁迅·革命·历史——丸山升现代中国文学论集》，王俊文译，北京大学出版社 2005 年版，第 93 页。

完全权威化的时代，在此时，还存在着《讲话》与其他文艺理论对话、争辩的构图，虽然这一构图只是依稀可辨的。《讲话》尚没有被完全权威化、尚被置于一个对话的构图之中，这即是说《讲话》不构成讨论的起点或者中心，在《讲话》之外、之上还有更具原理性的问题，它吸引着包括《讲话》在内的一连串理论来展开思考。

这一更具原理性的问题就是"主客问题"。具体来说就是谁、哪种力量可以颠覆以往历史中既有的主客结构而成为新历史的担纲者。这里面牵扯到民众、知识者、政党等多方力量的角逐，而其核心则是回答民众或者人民能否以及如何成为历史的担纲者。就"主客问题"的原型来说，这当然是一个近代以来就逐步酝酿，甚至可以追溯至更早历史时期的问题。而之所以围绕"人民"的争论在此时成为"主客问题"的核心，或者说使得"主客问题"成为20世纪40年代具有原理性的问题，根本原因在于民众在抗战这一空前未有的事件中展现了空前未有的力量。在中国现代史的叙事中，抗战常与"五四""大革命"等并列，是作为诸种历史事件之一而存在的，具体到现代文学史，则有"五四文学""三十年代左翼文学""抗战文学""解放区文学"等提法的并列。但是就历史事件对于整个中国社会尤其是民众的世界之影响的深广而言，则恐怕没有任何事件可以超过抗战。抗战发生在一般所说的"中国现代史"内部，但因其关涉中华民族与中华文明的存亡绝续，则需要在整个中国史和世界史的尺度上来衡量。抗战是"大时代"，是"东亚历史的空前一章"[1]，"抗战是我们中国唯一的出路"，"我们要真真正正地做到'国存与存，国亡与亡'的地步"[2]，"此次中日之战是四千年中华民族之生死关头"[3]，这些由王芸生、郭沫若、张君劢等不同政治立场的人所分别讲出的

---

[1] 王芸生：《抗战大时代》，《抗战半月刊》1937年第1卷第1期。
[2] 郭沫若：《抗战与觉悟》，《抗战半月刊》1937年第1卷第2期。
[3] 张君劢：《民族生存战争中之三字诀》，《抗战半月刊》1937年第1卷第6期。

话，代表着抗战时期中国人的一种共同认识。也正是以抗战为契机，中国的普通民众表现出了空前的伟力。如穆旦在1942年的诗里所说的那样："我到处看见的人民呵，在耻辱里生活的人民，佝偻的人民，我要以带血的手和你们一一拥抱，因为一个民族已经起来。"[1]原来在耻辱中生活的佝偻的人民，在抗战中作为整体的民族的形象而站立起来，这是"人民"与"民族"在抵抗的意义上的合一。

《讲话》对这一问题的回应是在"引言"部分就提出的，也就是作为"结论"部分两个主题之一的"为群众的问题"。而"为群众"三个字即是《讲话》为解决"主客问题"所做出的总回答。这一回答有其表述简洁的优点，并且实际上也有力推动了解放区文学的发展，但同时也因为其简洁而近于混沌。这可以从三个层面来解析。其一，"为群众"的说法保留了作家为主体，而民众为客体的结构，但要求作家与民众的平衡一致，即主客的平衡一致，而非主体单向地决定客体。在《讲话》中，这首先表现为要求语言的一致，即熟悉人民的语言，而不是用"生造出来的和人民的语言相对立的不三不四的词句"[2]，这是在批评20世纪30年代文艺"大众化"运动之不足的脉络上提出的，然后要求思想感情的一致，即在思想感情上和群众打成一片，为此，毛泽东特别举出了自身思想转变的例证。其二，顺着思想感情一致的线索再往下推延，就变成对作为主体的作家进行思想改造的问题。在此，主客一致的结构开始动摇，重点变成主体的自我否定。在《讲话》中，这主要是通过阶级分析法来完成的，即将部分作家判定为小资产阶级知识分

---

[1] 穆旦：《赞美》，原载《文聚》第1卷第1期，1942年2月16日。转引自《穆旦诗文集》第一卷，人民文学出版社2006年版，第68页。
[2] 毛泽东：《在延安文艺座谈会上的讲话》，《毛泽东选集》第三卷，人民出版社1953年版，第852页。

子，认为其"灵魂深处有一个小资产阶级知识分子的王国"①。其三，不只是主客一致，也不只是既有主体的自我否定，而是互为主体乃至原来主客结构的颠倒。在此，重点是原来客体地位的上升，关于普及和提高之关系的辨析体现了这一点。《讲话》说提高是要"沿着工农兵自己前进的方向去提高，沿着无产阶级前进的方向去提高。而这里也就提出了学习工农兵的任务"②，并且说："只有代表群众才能教育群众，只有做群众的学生才能做群众的先生。"③ 学生、先生的说法可以说是互为主体的例证，而对"工农兵自己前进的方向"的确认则隐含了对工农兵固有状态的肯定，是将原来的客体逆转为主体。很显然，这三个层次对旧的主客结构的改造在方向上是不一样的，程度上也是顺序地越来越具有激进性。但在《讲话》中，这三个层次并不是截然区分的，而是缠绕在一起。这就造成了《讲话》在此问题上的混沌，在此后的文艺历史以及知识分子改造的历史上，同样能看到这种混沌性所带来的影响。

然而混沌性尚可加以辨析，难解的问题是第三层。原有主客结构的颠倒依赖于两点，即作家主体的自我否定和对"工农兵自己前进的方向"的确认。前者是可能的，这是由关于小资产阶级知识分子的阶级分析所保证的，但是后者则缺乏相应的支撑。因为工农兵在文化上恰是一种被剥夺的状态，即"他们正在和敌人作残酷的流血斗争，而他们由于长时期的封建阶级和资产阶级的统治，'不识字'，'无文化'，所以他们迫切要求一个普遍的启

---

① 毛泽东:《在延安文艺座谈会上的讲话》,《毛泽东选集》第三卷，人民出版社1953年版，第859页。
② 毛泽东:《在延安文艺座谈会上的讲话》,《毛泽东选集》第三卷，人民出版社1953年版，第861页。
③ 毛泽东:《在延安文艺座谈会上的讲话》,《毛泽东选集》第三卷，人民出版社1953年版，第865页。

蒙运动"①。因此，所谓"工农兵自己前进的方向"毋宁说是从工农兵在"军事战线"上作为担纲者的身份所衍生的结果。"他们迫切要求一个普遍的启蒙运动"这一表述本身就包含了这样的意思，即"启蒙"是由被启蒙者自我要求的。而被启蒙者之所以竟然可以规定启蒙的内容，乃在于他们承担了军事战线上的使命。但《讲话》一开始就指出，军事战线和文化战线是不能相互替代的两条战线。因此，工农兵在文化上的主体性也就无法确立。这一点也见于《讲话》将"占全人口百分之九十以上的人民""工农兵"与"无产阶级""人民"等概念的混用，比如"沿着工农兵自己前进的方向"的下一句即是"沿着无产阶级前进的方向"②，在这里，"工农兵"就被替换为"无产阶级"。前者是实体性的概念，后者则是理念性的。也就是说《讲话》对"主客问题"的解决最终有赖于理念性的"人民"概念的弥缝。然而弥缝本身即隐含了断裂。

以上分析意不在批评《讲话》，而是要透过其论述的限度——这同时也是其论述的极致——凸显《讲话》所面对的"主客问题"之重大与难解。这样，我们就可以反过来以"主客问题"为制高点，考察《讲话》同时代的其他理论对这一难题的回答。这同样也是将《讲话》把握为思想文本的方法之一种。这种方法看似是将《讲话》降格了，因为以问题为引导，必然是把《讲话》与其他理论并置，而非以《讲话》为中心将其他理论视为对《讲话》的回应，但本文认为这恰好可以恢复《讲话》的思想活力。晚清有过经学地位下降而诸子学地位上升的学术脉络，经学研究也由此变动而重获新机。以问题为抓手，将《讲话》与其他理论表述并置，类似置经学于诸子学之中

---

① 毛泽东:《在延安文艺座谈会上的讲话》,《毛泽东选集》第三卷, 人民出版社 1953 年版, 第 863 页。
② 毛泽东:《在延安文艺座谈会上的讲话》,《毛泽东选集》第三卷, 人民出版社 1953 年版, 第 861 页。

而开展历史中的经学研究。所谓其他的理论，这里主要就胡风和冯雪峰在20世纪40年代的相关论述来进行简要分析。本文认为，这两位通常被置于《讲话》对立面的理论家，同样感受到了40年代的历史脉动并且投入式地思考过"主客问题"，尤其是胡风更引动了40年代中后期一直持续的关于"主观"问题的论争。

据胡风自己说，在新中国成立之前，他曾两次参加由郭沫若在重庆主持的关于《讲话》的座谈会，还曾邀请何其芳等就延安思想改造运动做过报告[1]，在读过《讲话》之后，他从思想改造的角度把心得体会写在了《置身在为民主的斗争里面》，"那文章里没有明提，是因为顾虑到审查关系"[2]。这大概算是20世纪40年代胡风与《讲话》发生直接关系的全部内容。出现在《关于解放以来的文艺实践情况的报告》中的上述内容，是从辩护自己并不反对《讲话》的角度写下的。但是，如果我们重读《置身在为民主的斗争里面》的"说是作家要深入人民，说是作家要与人民结合。然而，怎样深入，又怎样结合呢？首先，当然要求一个战斗的实践立场和人民共命运的实践立场"[3]等表述，可以发现胡风诚然没有直接反对《讲话》，但其角度的确与《讲话》存在差异。不仅如此，就是新中国成立后专为纪念《讲话》十周年而写的《学习，为了实践》以及《关于解放以来的文艺实践情况的报告》中涉及《讲话》的论述，也都是继续发挥他在40年代的基本看法。胡风的文艺理论在大方向上无疑也是"为群众"的，也同样是围绕"主客问题"展开

---

[1] 胡风：《关于解放以来的文艺实践情况的报告》，《胡风全集》第六卷，湖北人民出版社1999年版，第311—312页。

[2] 胡风：《关于解放以来的文艺实践情况的报告》，《胡风全集》第六卷，湖北人民出版社1999年版，第123页。

[3] 胡风：《置身在为民主的斗争里面》，《胡风全集》第三卷，湖北人民出版社1999年版，第189页。

的，但他的具体阐发却与《讲话》存在差异。胡风有属于自己的文艺理论，而且其理论的要义是前后一贯的。

胡风同样感受到了20世纪40年代"战争"的意义以及"人民"在战争中的力量，"战争开始了。这个惊天动地的大事变所表现出来的是全民性的火一样的愿望和热情"①。但是，胡风并没有由此对"人民"产生完全积极的理解，他反复强调的是"人民的负担、觉醒、潜力、愿望和夺取生路这个火热的，甚至是痛苦的历史内容"②，而所谓负担和痛苦，特别指向人民所遭受的"精神奴役的创伤"，这些创伤是"以封建主义的各种各样的具体表现所造成的各式各态的安命精神为内容的"③。人民有潜力，有"创造历史的解放要求"，但是，就其和周遭的黑暗环境相较，"在这个旧中国的文化生活里面，有如寒夜里的焚火，浓雾里的远灯，它的光受到了湮濛，它的热受到了侵散，因而还不能够形成突出重围的大力"④。那么人民如何才能真正将其潜力释放出来呢？这就要依靠作家，而作家的创作"是从对于血肉的现实人生的搏斗开始的"⑤。所谓"血肉的现实人生"也就是承受精神奴役创伤的人民那带着血痕和泪痕的人生，与这样的人生"搏斗"，是现实性地呈现这一内容，但"也是克服对象的批判过程"⑥。胡风并未否定作家也需要自我斗争，但是，这种自我斗争不是作家依据某一先进思想先行完成的，不是与写作过

---

① 胡风：《论现实主义的路》，《胡风全集》第三卷，湖北人民出版社1999年版，第478页。
② 胡风：《论现实主义的路》，《胡风全集》第三卷，湖北人民出版社1999年版，第501页。
③ 胡风：《论现实主义的路》，《胡风全集》第三卷，湖北人民出版社1999年版，第554页。
④ 胡风：《逆流的日子·序》，《胡风全集》第三卷，湖北人民出版社1999年版，第172页。
⑤ 胡风：《置身在为民主的斗争里面》，《胡风全集》第三卷，湖北人民出版社1999年版，第186页。
⑥ 胡风：《置身在为民主的斗争里面》，《胡风全集》第三卷，湖北人民出版社1999年版，第187页。

程分离的,而是"对于对象的体现过程或克服过程,在作为主体的作家这一面同时也就是不断的自我扩张过程,不断的自我斗争过程"①。从而,写作过程、对人民的精神奴役创伤的批判过程、作家的自我斗争自我改造过程,在胡风这里是同一的。这一同一性的结构保证了作家写作的优先地位,也就是保证了胡风也曾说及的作家的主体性。所以《讲话》所欲颠倒的那个主客结构,在胡风这里毋宁说是更加强了的。胡风还进一步对作家的小资产阶级身份进行辩护,他以中国社会近代以来的剧烈变迁为依据,认为中国的知识分子同样是从贫困的环境中苦斗出来的,他们也能够和人民结合,甚至说他们就是人民。不仅如此,胡风还继续讨论了知识分子和政党的关系,认为中国的革命历史实际上是先进的知识分子将马克思主义"输入"到"先进阶级"即政党那里从而引发和推动的,"人民的力量强大了,但知识分子却是思想主力和人民之间的桥梁,开初是唯一的桥梁,现在依然是重要的桥梁"②。总之,在胡风这里,知识分子不仅先于民众,而且先于政党,是中国近代以来革命历史的源头性力量。

"主客问题"也同样构成冯雪峰在 20 世纪 40 年代思考的重心。但要分析这一点,还需要首先说明冯雪峰与《讲话》和胡风之间的关系,以显示其独特的位置。在写于 1966 年的一份检查材料中,冯雪峰曾说及自己关于普及和提高等问题的论述是与《讲话》背道而驰的③,在 1957 年关于"丁陈冯"的批判乃至更早的 1954 年围绕《文艺报》的批判中,冯雪峰也

---

① 胡风:《置身在为民主的斗争里面》,《胡风全集》第三卷,湖北人民出版社 1999 年版,第 188 页。
② 胡风:《论现实主义的路》,《胡风全集》第三卷,湖北人民出版社 1999 年版,第 526 页。
③ 冯雪峰:《我的反动修正主义文艺思想的重新认识》,《冯雪峰全集》第八卷,人民文学出版社 2016 年版,第 19 页。

都说到自己是反对工农兵文艺路线的。① 当然所有这些都是在巨大的政治压力之下说出的，而且复按新中国成立至 1954 年之间冯雪峰的论述，也可以读到不少引据《讲话》的文章。② 但是，就 20 世纪 40 年代的状况来说，辗转于上饶集中营、桂林、重庆、上海的冯雪峰的确与《讲话》保持了相当的距离，唯一提及《讲话》的一次却是"这里也可以不详说"③。像冯雪峰这样长期在党的文化、文艺战线上担任领导职务且有广泛影响的人来说，这种态度是非同寻常的，需要在理论上进行辨析。另外，冯雪峰虽曾与胡风密切往来，他自己也说"同胡风有过宗派的结合，对文艺上的一些基本的和重要的问题都同他抱一致的看法和态度"，并且"称赞过路翎的小说和《七月诗丛》的一些诗"。④ 胡风对于冯雪峰也同样有惺惺相惜之意，曾说冯雪峰是他"个人诗情的诱发者，在三十年代若干年四十年代若干年政治上的对敌斗争和文艺上的倾向斗争中给了我恳挚的关切和援助的知己和战友"⑤。但如果仔细分析其理论脉络，冯雪峰和胡风的文艺理论之间也存在着决定性的差异。

对于人民，一方面，类似于《讲话》，冯雪峰也高度肯定人民在抗战中所迸发的力量，认为"人民的觉醒的程度和范围，及其趋于组织性的力量，

---

① 参见冯雪峰《1957 年 9 月 4 日在中共中国作家协会党组第二十五次扩大会议上所作的检讨》，《冯雪峰全集》第九卷，人民文学出版社 2016 年版，第 351 页；《检讨我在〈文艺报〉所犯的错误》，《冯雪峰全集》第九卷，人民文学出版社 2016 年版，第 340 页。
② 如 1952 年的《必须坚持工农兵方向》《重提做群众的学生和先生的问题》等文章，参见《冯雪峰全集》第五卷，人民文学出版社 2016 年版。
③ 冯雪峰：《论民主革命的文艺运动》，《冯雪峰全集》第四卷，人民文学出版社 2016 年版，第 21 页。《论民主革命的文艺运动》初版于 1946 年。
④ 冯雪峰：《1957 年 9 月 4 日在中共中国作家协会党组第二十五次扩大会议上所作的检讨》，《冯雪峰全集》第九卷，人民文学出版社 2016 年版。
⑤ 胡风：《致冯雪峰同志追悼会唁电》，《胡风全集》第七卷，湖北人民出版社 1999 年版，第 128 页。

比起抗战前来是进步了不知好多倍了,这是长期的革命斗争和八年抗战斗争的结果",这种觉醒和力量,"在今天虽还没有能够立即使自己'翻身',但已经达到决定历史的诸因素中最大的因素了"①;另一方面,类似于胡风,他也明确指出人民的落后问题,认为"从数量上说,在现在,人民落后层的广大自然超过觉醒者"②,并且落后本身也构成压迫性的力量,因为所谓"落后"客观上即是被压迫势力的意识形态所贯穿的状况,是压迫势力继续统治的消极的基础。但是,冯雪峰不是要在这两者之间选择,也不是要将这两者相加采取所谓兼顾的态度,而是把静态化的"人民"转化为动态的矛盾斗争的过程。人民的力量和落后是无法分离开来单独论述的,而是作为矛盾的统一体表现在作为整体的矛盾斗争的过程之中,"革命的人民既不能不是和反革命阶级矛盾的对立物,它本身也就不能不是没有矛盾的统一物;人民的胜利就不能不在战胜敌人的过程中也同时经过自身的光明与黑暗,进步与落后的矛盾斗争的过程而取得的"③。这也就是他所说的"人民不能是一个概念的名词"④所要表达的意思。冯雪峰把所有关于人民的判定都置于"矛盾斗争"的过程之中来把握。"人民"不是既定的、已经完成的、在那儿的,没有矛盾,没有斗争,没有挣扎,也就没有人民,更没有人民的胜利。就其把握的一贯性和彻底性而言,这实际上构成了冯雪峰一个基本的方法论,即将一切力量都纳入动态的矛盾斗争过程来认识,从而就没有抽象的主体,当然同时

---

① 冯雪峰:《现在的基础,任务及运动的原则》,《冯雪峰全集》第四卷,人民文学出版社 2016 年版,第 46 页。
② 冯雪峰:《现在的基础,任务及运动的原则》,《冯雪峰全集》第四卷,人民文学出版社 2016 年版,第 47 页。
③ 冯雪峰:《革命宿命论和客观主义——公式主义,材料主义,经验主义,附谈感性生活,热情,及自然力的追求》,《冯雪峰全集》第四卷,人民文学出版社 2016 年版,第 37 页。
④ 冯雪峰:《革命宿命论和客观主义——公式主义,材料主义,经验主义,附谈感性生活,热情,及自然力的追求》,《冯雪峰全集》第四卷,人民文学出版社 2016 年版,第 37 页。

也就没有抽象的客体，因为主体和客体本就是相对而成的。"主客问题"就被扭转为如何把握动态的矛盾斗争过程的问题。阿尔都塞通过对《资本论》的研究，曾从"关系"的角度来批评历史阐释中的"主体"论，认为"真正的主体不是天真的人类学的'既定存在'的'事实'"①。阿尔都塞虽然否定了"人"作为历史主体，但提出"生产关系"仍保留了一个静态的、决定与被决定的结构。相比之下，冯雪峰则是将所有一切都动态化了，都处于矛盾、斗争、转化的过程当中。因此，和"人民"一样，作家也不能自外于这个过程，作家的自我批评或者如胡风说的"自我扩张"也总是有其社会的根源，总是在现实斗争中完成的。不仅如此，作家的批判如果是有意义的，那总是因为作家已经在现实斗争内部，即总是已经在和人民一起作战的过程中，因此"这种批判就正是人民自己的斗争"②，即作家的批判与人民的斗争是一个统一的过程。

以上三种论述可以说围绕"主客问题"构成了一个具有连续性的理论光谱。就穆旦所表述的"在耻辱里生活的人民"这一原点而言，《讲话》的激进性是最明显的，冯雪峰次之，而胡风又次之。勾勒理论光谱不在于褒贬。从理论提出者的角度，他们各自都有充分的理据。胡风是基于国统区的现实来书写的，在那里，人民"被冤屈所啃嚼，被痛苦所燃烧，被失望所窒息，有的也就陷入了疯狂"③；冯雪峰是在1946年，也就是中国再度陷入战争的前夜来书写的，在那时，"和平地实现全国的民主的政治，那艰难性之大是

---

① ［法］路易·阿尔都塞：《读〈资本论〉》，李其庆、冯文光译，中央编译出版社2001年版，第209页。
② 冯雪峰：《现实主义在今天的问题》，《冯雪峰全集》第四卷，人民文学出版社2016年版，第55页。
③ 胡风：《在疯狂的时代里面》，《胡风全集》第三卷，湖北人民出版社1999年版，第324页。

更加明白了"①，并且，这还与冯雪峰长期孤身在各地辗转而与各种势力保持了距离有关；《讲话》则是作为全党整风运动的一个环节，是从政党角度为争取抗战胜利奠定思想基础展开的论述，相比于对理论融贯的追求，毋宁说它更具有行动性。在当前的语境中，构想一个将这三者统合起来的张力结构，是更具挑战性的或许也是更有意义的课题。附带地说，这些各自以"文艺"的名义所展开的原理性认识，也显示了作为一个学科的"中国现代文学"的独特性，或者说其超越"文学"的能量。

四、《讲话》与近代以来的"文野问题"

"主客问题"是《讲话》立足于"群众的时代"、立足于"中国历史几千年来空前未有的人民大众当权的时代"②而首要思考的原理性问题。但是以"文艺"为题的《讲话》不只是抽象地讨论这一问题，而是将其具体摆在思想感情、文艺、文化的脉络中展开。也就是说，它在以"为群众"的表述方式回应"主客问题"之后，还要更具体地讨论其在文艺、文化领域的表现，即"人民大众"能否在文艺、文化领域"当权"的问题，"人民大众"能否创造新的文学、文艺、文化乃至新文明的问题。本文将此概括为"文野问题"。在《讲话》中，其具体对应的是作为"结论"部分第二个主题的"如何为群众的问题"。

在晚清的历史语境中，"文野问题"就已经是一个焦点。或者说，正是"文野问题"把晚清时期较为深隐的"主客问题"表象化了。概括而言，晚

---

① 冯雪峰：《论民主革命的文艺运动·序》，《冯雪峰全集》第四卷，人民文学出版社 2016 年版，第 3 页。
② 毛泽东：《在延安文艺座谈会上的讲话》，《毛泽东选集》第三卷，人民出版社 1953 年版，第 877 页。

清时期的"文野问题"是以西方在对中国施加侵略的同时自居于文明地位，而中国则被指为野蛮存在，且中国知识界的主流也认同这一区分的方式表现出来的。也就是说，晚清时期的"文野问题"具体表现为"中西问题"。严复1895年翻译的《天演论》和1904年翻译的《社会通诠》为当时的"文野问题"奠定了理论基础。前者宣传天演进化，"于保群进化之图，而只徒高睨大谈与夷夏轩轾之间者，为深无益于事实也"[①]，将夷夏即中国内部的反"满"问题扭转为中西之间的竞存问题；后者则立足蛮夷—宗法—军国的历史进化逻辑，判定"'支那'固宗法之社会，而渐入于军国者"[②]，将中西之别把握为落后的宗法社会与进步的军国社会之别。严复认为，这种区别即是"优胜劣败之公例"的"本原"。[③] 严复而外，更有梁启超袭取进化论及日本福泽谕吉《文明论概略》的脉络，奋笔宣传"文野三界之别"，即"蛮野之人、半开之人、文明之人"，认为人类的这三级如《春秋》三世之义，是顺序而升，不可躐等的，这就是所谓"进化之公理"。[④] 而对照这一公理，来看"今日之中国，则其思想发达、文物开化之度，不过与四百年前之欧洲相等"[⑤]。在当时，以"文野之分"来看待"中西之别"最为极致的，或可推创办于巴黎的《新世纪》作者群。所谓"极致"，是《新世纪》一方面极力鼓吹科学、进化、公理、文明，云云，并以欧美为之代表；另一方面则极力贬低中国，乃至将中国文字概括为"缺失甚多之死文、野蛮无统之古音"[⑥]，要求废除并代之以"万国新语"。

[①] 严复：《天演论》，《严复集》第五册，中华书局1986年版，第1331页。
[②] 严复：《〈社会通诠〉按语》，《严复集》第四册，中华书局1986年版，第923页。
[③] 严复：《〈社会通诠〉按语》，《严复集》第四册，中华书局1986年版，第929页。
[④] 梁启超：《文野三界之别》，《梁启超选集》，上海人民出版社1984年版，第94页。
[⑤] 梁启超：《文明与英雄之比例》，《梁启超选集》，上海人民出版社1984年版，第202页。
[⑥] 吴稚晖：《书〈驳中国用万国新语说〉后》，《新世纪》1908年第57期。

在晚清时期，对这种主流的文野之分进行了最激烈抵抗的是章太炎。这种抵抗从文章类型上可分三个层面来理解。其一是通过在《民报》上发表《俱分进化论》《社会通诠商兑》《四惑论》《五无论》等，以"时论"的方式对严复、梁启超、《新世纪》作者群等做出了直接的驳斥；其二是通过在《国粹学报》上发表文章以及完成《国故论衡》《文始》《新方言》等著作，从学术上总结中国固有的"文"；其三是通过撰写《齐物论释》，以唯识华严解庄，从理论上颠覆了所谓"文野之别"。特别要指出的是，章太炎不只从学术上破除了以"文野"解"中西"的逻辑，而且直指"文明论"背后的政治力学，即所谓"志存兼并者，外辞蚕食之名，而方寄言高义，若云使彼野人，获与文化。斯则文野不齐之见，为桀、跖之嚆矢明矣"[①]。他之痛斥《新世纪》杂志，更多也是因为后者"恨轩辕、历山为黄人，令己一朝堕藩溷，不得蜕化为大秦皙白文明之族"[②]这种政治而且是道德上的卑屈之态。立足"心声内曜"，对"所持为坚盾以自卫者，则有科学，有适用之事，有进化，有文明，其言尚矣，若不可以易"[③]这样的"恶声"加以驳斥的鲁迅，是章太炎反"文明论"思想脉络不多的继承者之一。

章氏师徒的努力冲击了但并没有完全改变晚清以"文野"解"中西"的模式。这一模式更大程度的动摇是在20世纪10年代末期即和"五四"重叠的那个时期发生的，但不是因为"五四"，而是由1914年至1918年"欧战"的爆发所促动的。"欧战"不仅对西方人来说预告了所谓"文明"的瓦解，如诗人艾略特1925年的《空心人》里所说的"世界就这样结束了，不是轰

[①] 章太炎：《齐物论释》，《章太炎全集》第六卷，上海人民出版社1986年版，第100页。
[②] 章太炎：《规〈新世纪〉》，《民报》1908年第24号。
[③] 鲁迅：《破恶声论》，《鲁迅全集》第八卷，人民文学出版社2005年版，第28页。

隆巨响，而是一声呜咽"①，而且也强烈冲击了中国人对西方文明的认识。曾致力于译介西方的严复在对"欧战"做了持续观察之后，认为"西国文明，自今番欧战，扫地遂尽"②，且用八个字总括西方文明为"利己杀人，寡廉鲜耻"③。梁启超虽然没有像严复一般激烈，但在1919年游历了比利时、荷兰、意大利、巴黎、柏林等之后，还是写下了以反思西方文明为主要内容的《欧游心影录》，在结尾提出了"拿西洋的文明来扩充我的文明，又拿我的文明去补助西洋的文明，叫他化合起来成一种新文明"④。稍早一点，杜亚泉在《东方杂志》撰文指出："此次大战，使西洋文明露显著之破绽。"⑤所有这些言论，都显示出以西方为文明、以东方为野蛮的固有认识模式之不足。这一般被归于"东西方文化论战"的言论可以说部分扭转了晚清时期的"文野问题"。并且，这些通常被视为保守的言论就其对西方的反思部分而言，与同时期《新青年》《新潮》等杂志上对于"欧战"的反思势成呼应。陈独秀1916年就着眼欧战而宣称："自世界言之，此一九一六年以前以后之历史，将灼然大变也欤？"⑥这就共同破裂了"中西问题"的框架。

由欧战而来的对西方文明的反思，在此时更加之以对国内共和危机的反思、十月革命的影响等，汇成新文化运动的巨浪，这是一个以"觉悟"为核心特征的浪潮。⑦在这里，核心的问题架构就不再是"中西"，而是"新旧"。

---

① 原文为："This is the way the world ends. Not with a bang but a whimper."国内通行有裘小龙、赵萝蕤等译本，此处引文系笔者根据英文改译。参见[英]T.S.艾略特《四个四重奏：艾略特诗选》，裘小龙译，译林出版社2017年版，第108页。
② 严复：《与熊纯如书七十三》，《严复集》第三册，中华书局1986年版，第690页。
③ 严复：《与熊纯如书七十三》，《严复集》第三册，中华书局1986年版，第692页。
④ 梁启超：《欧游心影录》，《梁启超选集》，上海人民出版社1984年版，第731页。
⑤ 杜亚泉：《战后东西文明之调和》，《东方杂志》1917年第14卷第4期。
⑥ 陈独秀：《一九一六年》，《青年杂志》1916年第1卷第5册。
⑦ 关于新文化运动中的"觉悟"问题，参见汪晖《文化与政治的变奏——战争、革命与1910年代的"思想战"》，《中国社会科学》2009年第4期。

这表现于此一时期报纸杂志上几乎俯拾皆是的"新青年""新文化""新文学""新语言""新思想""新社会""青春"等提法和论述当中。但是,"新旧问题"却依然没有摆脱"文野问题"的架构,或者说,"文野问题"经由新文化运动这一历史场合而将其具体内容改换为"新旧问题"。被陈独秀、钱玄同们视为"新"的地方,在"旧"的那一边来看,正是粗野不文的所在。林纾在致蔡元培的信里这样说:"天下唯有真学术,真道德,始足独树一帜,使人景从。若尽废古书,行用土语为文字,则都下引车卖浆之徒,所操之语,按之皆有文法,不类闽广人为无文法之啁啾,据此则凡京津之稗贩,均可用为教授矣。"又说:"果以篆籀之文,杂之白话之中,是试汉唐之环燕,与村妇谈心;陈商周之俎豆,为野老聚饮"。①引车卖浆之徒、闽广人、京津之稗贩、村妇、野老等,是"野";古书、篆籀之文、汉唐之环燕、商周之俎豆,是"文",林纾反对新文化运动的基础性架构即是"文野之分"。这一点也见于一般认为思想更为开通的章士钊。他更从文教秩序之破坏的角度来理解新文化运动,认为对新文学、新文化的推动是将"所有良法美意,孕育于礼与文者,不论粗精表里,一切摧毁不顾。而惟以人之一时思想所得之,口耳所得传,淫情滥绪,弹词小说所得描写,袒裼裸裎,使目致于世,号曰至美。是相率而返于上古獉獉狉狉之境"②。在这个意义上,新文化运动的反对者不只是"守旧"而已,在他们自己看来,其"守旧"乃是一种"守文",是要维持既有的文野架构,而新文化运动的支持者也不只是求新,而是要以新的"野"来颠覆既有的文野架构。不仅如此,就是在新文化运动的支持者内部,也存在着对"文野结构"再生产的倾向。比如成仿吾

---

① 林琴南:《致蔡鹤卿书》,原载《公言报》1919 年 3 月 18 日,转引自《新潮》第一卷第四号,1919 年 4 月 1 日。
② 章士钊:《评新文学运动》,《甲寅杂志·甲寅周刊》(影印)第一卷第十四号,国家图书馆出版社 2009 年版,第 322 页。

诚然曾反驳了章士钊，但仍援引美国语法学家 Lounsbury 的话来打气"一种能使一切读书人赞美而研究，一切著作人取以为模范的文学如未创出，真的国语是决不能成立的"，而这种文学的创出所依赖的"还有天才"。①对"模范的文学"乃至"天才"的推崇，体现了"文野之分"的吸纳能力。在新文化运动内部，这一点尤其体现在将由"觉悟"而来的"新"、由"觉悟"而来的断裂意识，重新连接到中国历史的固有脉络之中，把断裂意识再度转化为连续意识。这见之于周作人 1932 年在辅仁大学的演讲中将新文化连接于明代公安竟陵派文学②，见之于胡适 1935 年明确将新文化运动的"中心的工夫"概括为"检讨中国的文化的遗产"③，也见之于蔡元培 1935 年将新文化运动类比于欧洲的文艺复兴④，而这一思路本身就构成赵家璧主编《中国新文学大系》的指导思想。

新文化、新文学的地位经由新文化运动提出和奠立，此后的 20 世纪 20 年代就是新文化、新文学越发壮大的过程，是原来被视为"野"的白话文学越来越成为新的"文"的过程。但是，这个过程也几乎同步酝酿着内部的分裂，其具体表现就是五四新文学传统与大众化潮流之间的对立，或者说是"大众化"的趋向由隐而显，不断以"野"的姿态挑战五四新文学传统之"文"的过程。这是在新文学、新文化内部再次衍生出来的文野架构。这个架构可以追溯至五四运动内部，但主要是在 20 世纪 20 年代中后期经由"五卅运动"、北伐战争和大革命失败的历史脉动而逐步成型的。按

---

① 成仿吾：《读章氏〈评新文学运动〉》，载郑振铎编选《中国新文学大系·文学论争集》（影印本），上海文艺出版社 2003 年版，第 249 页。
② 参见周作人《中国新文学的源流》，河北教育出版社 2002 年版，第 29 页。
③ 胡适：《中国文艺复兴》，《胡适全集》第十二卷，安徽教育出版社 2003 年版，第 242 页。
④ 参见蔡元培《中国新文学大系·序》，载胡适编选《中国新文学大系·建设理论集》（影印本），上海文艺出版社 2003 年版，第 3 页。

照冯雪峰的说法，到 1928 年提出革命文学口号的时候，所谓"大众化"还是模糊的，此后有"大众文艺"的提法，但也只限于"通俗文艺"的意义，"大众化"的最终定型是"到'左联'成立以后，将革命文学的口号改成为更鲜明的无产阶级文学运动，参与这运动的作家也取了明白的阶级立场的时候，这才有正式的无产阶级的文学运动，而'大众化'也作为无产阶级文学运动之基本的路线和创作方向而提出"①。这里的"无产阶级文学运动"是在把五四新文学判定为资产阶级文学的意义上提出的，1928 年的"革命文学论战"中，李初梨、冯乃超、成仿吾等依据福本和夫而对"Petit bourgeois""bourgeois""印贴利更追亚"的批判性分析是这种判定的理论性预演。② 就资产阶级与无产阶级处于上下不同阶级而言，由"大众化"潮流所彰显出来的新的"文野问题"实质上可以概括为"上下问题"。

　　文学上的"大众化"潮流不是孤立和偶然的，它实质上乃是 1930 年前后整个历史变动中的一环。从政治上说，大革命失败之后，中国共产党逐渐开辟出农村包围城市的革命道路，这包括湘赣区、鄂豫皖区等革命根据地的建立，在各根据地开展的土地革命以及艰苦卓绝的长征；国民党方面也有改组派的出现、邓演达脱离国民党而建立"第三党"。从文化上说，经过中国社会性质问题论战、中国农村社会性质问题论战等之后，知识界更加聚焦社会科学，聚焦对中国现实尤其是农村的研究，史学上出现注重地方志研究、经济史研究的趋向，哲学上出现围绕唯物论的广泛传播和辩论。对所谓"智识阶级"的批判不仅出现在左翼内部，也出现在国民党方面，比如陶希圣此时除了创办专门研究中国社会经济史的《食货》杂志外，还不断撰文批判

---

① 冯雪峰：《论民主革命的文艺运动》，《冯雪峰选集》第四卷，人民文学出版社 2003 年版，第 16 页。
② 这些概念常出现于李初梨等人的文章中。对这些概念的外文及音译的使用本身提示了其理论脉络。

"士大夫阶级"[1]，要求在国民党内造成革命的知识分子并与农工和小市民阶级相结合。

由上可知，"文野问题"构成我们理解近代以来思想和文化变迁的一个基础性抓手。其在不同历史时期具体表现出来的"中西问题""新旧问题""上下问题"也连缀起来呈现为愈趋于激进的态势。"中西问题"是以中国之"野"对抗西方之"文"；"新旧问题"是在"中国"内部裂变的以新文化之"野"对抗古典文化之"文"；"上下问题"是在"新文化"内部裂变的以民众之"野"对抗智识阶级之"文"。在这环环相扣的关联中，每一次对抗都是将处于抵抗者位置的"野"转化和提升为新的"文"，并同时打破既有的文野架构。具体来说，就是首先将作为"野"的"中国"转化为"文"，继而将作为"野"的"新文化"转化为"文"，继而将作为"野"的"民众"转化为"文"。这是一个"文"愈趋于广大和深入的历史脉络。而《讲话》则正是这一脉络的承接与再推进。《讲话》在"引言"中就批评了以往"大众化"存在的问题："许多同志爱说'大众化'，但是什么叫做大众化呢？就是我们的文艺工作者的思想感情和工农兵大众的思想感情打成一片。"[2] 也就是说，《讲话》是要完成以往的"大众化"已经提出但还没有完成的"上下问题"这一新的"文野问题"，即把在"下"的"民众"真正提升为新的"文"。在《讲话》中，这也就是"如何为群众"的问题，其具体表现是如何处理普及和提高的关系问题。

这可以从三个层次来把握。其一，是普及和提高存在区别的状况。这也是比较直观的状况，即"普及的东西比较简单浅显"，而"高级的作品比较

---

[1] 陶希圣：《中国社会之史的分析（外一种：婚姻与家族）》，商务印书馆2015年版，第12页。该书初版于1929年。

[2] 毛泽东：《在延安文艺座谈会上的讲话》，《毛泽东选集》第三卷，人民出版社1953年版，第852页。

细致"。《讲话》没有无视这种区别,也可以说,正是首先着眼于普及和提高的区别,才会有《讲话》的产生,才会有对"文艺"的讨论。提高和普及的区别,就如文化战线和军事战线、文艺和现实的区别,而文艺"可以而且应该比普通的实际生活更高,更强烈,更有集中性,更典型,更理想,因此就更有普遍性"①。循此脉络,《讲话》也肯定了借鉴和继承"一切优秀的文学艺术遗产"的问题,"有这个借鉴和没有这个借鉴是不同的。这里有文野之分,粗细之分,高低之分,快慢之分"②。换言之,《讲话》对既有的文野架构是有充分认识的。在这一前提下对"文野问题"的推进是对于"普及"的强调。"有些同志,在过去,是相当地或是严重地轻视了和忽视了普及"③,而现在要认识到"第一步需要还不是'锦上添花',而是'雪中送炭'。所以在目前条件下,普及工作的任务更为迫切"④。

其二,是普及和提高统一于"学习工农兵"的状况。《讲话》反复强调无论是普及还是提高,无论是直接为群众的提高还是为干部的提高,无论是"专门家"的工作还是"普及工作者"的工作,都要围绕着工农兵展开。具体说,就是普及方面"只有用工农兵自己所需要、所便于接受的东西"来普及,提高方面"只能从工农兵群众的基础上去提高","沿着工农兵自己前进的方向去提高"。⑤ 两方面合起来,就是要首先"学习工农兵","先做群众

---

① 毛泽东:《在延安文艺座谈会上的讲话》,《毛泽东选集》第三卷,人民出版社1953年版,第863页。
② 毛泽东:《在延安文艺座谈会上的讲话》,《毛泽东选集》第三卷,人民出版社1953年版,第862页。
③ 毛泽东:《在延安文艺座谈会上的讲话》,《毛泽东选集》第三卷,人民出版社1953年版,第861页。
④ 毛泽东:《在延安文艺座谈会上的讲话》,《毛泽东选集》第三卷,人民出版社1953年版,第863页。
⑤ 毛泽东:《在延安文艺座谈会上的讲话》,《毛泽东选集》第三卷,人民出版社1953年版,第861页。

的学生"。对"学习工农兵"的反复强调,实际上已经淡化了普及和提高各自的工作内容,当然也就淡化了这二者的区别。在这里,重心转到了起点,即无论是普及还是提高,都要首先在起点处熟悉和学习工农兵。重点不是作家对群众做什么,而是作家对自己做什么,在自己内部有没有一个首先熟悉和学习工农兵的环节。这也就是《讲话》一开始提出的在思想感情上和群众打成一片的问题,是小资产阶级知识分子思想改造的问题。

其三,是普及和提高统一于"社会生活"的状况。仅仅强调向工农兵学习在理论上还是不彻底的,因为《讲话》也几次提及群众缺点的问题。要使得"向工农兵学习"真正确立,需要有更深的支撑。而"人民生活"就提供了这样的支撑。《讲话》说:"一切种类的文学艺术的源泉究竟是从何而来的呢?作为观念形态的文艺作品,都是一定的社会生活在人类头脑中反映的产物。革命的文艺,则是人民生活在革命作家头脑中的反映的产物。人民生活中本来存在着文学艺术原料的矿藏,这是自然形态的东西,是粗糙的东西,但也是最生动、最丰富、最基本的东西;在这点上说,它们使一切文学艺术相形见绌,它们是一切文学艺术的取之不尽、用之不竭的唯一的源泉。这是唯一的源泉,因为只能有这样的源泉,此外不能有第二个源泉。"[1]这里不惮烦琐地征引,是因为这段话不仅原理性地回答了何以要向工农兵学习的问题,从而回答了普及和提高之关系的问题,也回答了何以"上下问题",以及以之为内核的"文野问题"之能够解决的问题。人民的社会生活是唯一的源泉,就意味着作家与工农兵、优秀的文化遗产与民族形式、书面语与群众的语言、高级文艺与初级文艺、专门家与普及工作者,总而言之,一切的上下文野之分都没有本质性的差别。所有一切

---

[1] 毛泽东:《在延安文艺座谈会上的讲话》,《毛泽东选集》第三卷,人民出版社1953年版,第862页。

都要并且能够追溯到"社会生活"这个源头。不仅如此,在"社会生活"这个范畴里面,在革命的时代条件下,其主要内容就是"人民生活",从而所谓"野"就不仅取得了和"文"并驾的地位,而且还是作为"文"的基础而存在的。

以现实生活为文艺的源泉这种提法无疑是极为平常的,平常到要么很难被视为一个学术命题,要么如果理论地来看,其中有浓厚的决定论。只有历史性地考察,才能理解这一提法的意义。因为对中国革命来说,"现实"的被发现和被重视并非从来就有的,而是在五四运动之后,具体说是1920年以后才被自觉意识到的。所谓"现实"是在"非观念"的意义上存在的,它的被重视意味着各种观念、思想之政治意义的耗尽。可以说,大致以1920年为界,中国革命存在一个"由观念导引革命"到"由现实导引革命"的位移。由此,眼光向下注重中国的社会现实、注重调查研究就成为中国革命展开的基本路径。这一点到抗战达到了一个高点。因为在抗战中,所谓"现实"即意味着一个民族整体上的生死存亡。现实在抗战中被极致化了。而工农兵群众这一素来被忽视的群体,在这种现实的逼视中,却迸发出了空前的力量,他们不仅担负了抵抗的使命,而且在抵抗中显示了"做人的真诚,素朴,坚忍,谦冲,勇敢,一切健康而协和的性质"[①]。这构成了《讲话》现实源泉说的历史基础。

但是,《讲话》的现实源泉说究竟能否彻底推翻既有的文野架构、将民众的"野"提升为新的"文"呢?同在1942年,施蛰存在《文化先锋》上撰文,批评现代学科体制下的"纯文学"观念,他把这种以诗歌、小说、散文、戏剧为文学的现代观念称为"文学之贫困"。但是,这种批评并不是要由此通向文学的大众化,通向同时代抗战的现实,而是相反,通

---

① 郭沫若:《向人民大众学习》,《文哨》1945年第1卷第1期。

向"优越的文学修养"。这意味着一种古典的、作为古代智识阶级之必要修养的"文",是孔门四教文为第一的那个"文",是孔子所说"不学诗,无以言"的那个"文"。有了这种优越的文学修养,对于个人,则上可以恢宏学术,下可为参军纪室;对于社会,则能够裨益政教、表率人伦。那么,那些呼应抗战现实的文学或者无产阶级文学呢?在施蛰存看来,那是"贫困之贫困的现象",无产阶级文学不过是"无产阶级发泄牢骚之工具",而"把田间先生式的诗歌和文明戏式的话剧算作是抗战文学的收获,纵然数量不少,也还是贫困得可怜"。① 几乎同时,沈从文也在《文艺先锋》上撰文,批评文学与在朝在野的政治派别发生关系的现象,要求文学"再度成为'学术'一部门",而"学术的庄严是求真,和自由批评与探讨精神的广泛应用"就"恰恰是伟大文学作品产生必要的条件",能够承担这一任务的是"中层阶级分子"。② 不仅如此,就是在产生了《讲话》的延安,在鲁艺,固守上下等级的文野架构也是广泛存在的。鲁艺的"全部课程里面,研究现状,研究普及运动,研究民间艺术的课程,这几乎不占什么地位",鲁艺的许多学员则"完全沉潜于西洋古典作品的世界,由这培养了一种所谓'高级的'欣赏趣味。他们看不起中国当代的作品,民间的文艺更不消说,对于延安刊物发表的作品,甚至采取了一律不看的态度"。③ 从这些地方可以得知,《讲话》诚然从理论上提出了解决的可能性,并且以政党文件的方式公布了这种可能性,但就当时文艺发展的整体状况而言,《讲话》毋宁说是出于抵抗者的位置上。在新中国成立以后,《讲话》的位置诚然是变化了,但原来的"文野问题"又在形式上都宣称遵从《讲

---

① 施蛰存:《文学之贫困》,《文艺先锋》1942年第1卷第3期。
② 沈从文:《文学运动的重建》,《文艺先锋》1942年第1卷第2期。
③ 周扬:《艺术教育的改造问题》,《周扬文集》第一卷,人民文学出版社1984年版,第416页。

话》的脉络内部衍生出来，于是有五四新文学传统与解放区文学传统的对立、苏联文学经验与中国文学经验的对立、职业化写作与业余化写作的对立、"集体写作"与"一本书主义"的对立，等等。不消说，这种情况在今天是越发严重了。所有这些，提示了《讲话》所面临的问题状况，提示了《讲话》哪怕是在被权威化的情况下依然具有的现实针对性，以及在这种针对性当中所可能被激活的思想能量。

余论

以上，笔者以《讲话》的版本考订为引子分析了其内部的问题脉络，又以"主客问题"为牵引在20世纪40年代抗战的文艺构图中分析了《讲话》的位置与特点，再以"文野问题"为牵引在晚清以来的思想和文化脉动中分析了《讲话》对以往历史的承接、推进及其面临的困难。综合来讲，笔者尽力从内、外、纵、横多个维度为《讲话》编织了它所置身的问题脉络，同时也就将《讲话》本身问题化了。从这种问题脉络当中，即在《讲话》自身具有的以及外部牵动的诸多问答架构中，笔者尝试尽力发掘《讲话》所具有的对话性与思想性。在历史中阅读作为思想文本的《讲话》即是如此这般呈现出来的。

但这远远没有穷尽《讲话》的意义。或者说，这还只是一个勉为其难的起点而已。因为，《讲话》的根本指向在于"求得革命文艺对其他革命工作更好的协助，藉以打倒我们民族的敌人，完成民族解放的任务"，它并不讳言"无产阶级的革命的功利主义"。[①] 在这个意义上，作为思想文本

---

① 毛泽东：《在延安文艺座谈会上的讲话》，《毛泽东选集》第三卷，人民出版社1953年版，第866页。

只是《讲话》的基础性特征,将这一特征扬弃成为行动的指南,才是《讲话》的最终目的。作为研究者,我们可以将《讲话》把握为思想文本,并由此将之学术地置于当代知识与思想状况中。这是必要的,因为从思想文本的角度来理解、阐释《讲话》,本身就是在接续自晚清以来的"再造文野"的工作。作为行动指南的《讲话》具有将作为观念载体的自身加以爆破的潜能,它是写在形势中、写在实践中的。对《讲话》意义更完整的考察就需要突出《讲话》所开启的"形势"与"实践"。在这当中,最切近的一环即是"解放区文学"。通常被作为中国现代文学诸多组成部分之一的"解放区文学",实际具有和其他时段的文学不一样的特质,即与作为行动指南的《讲话》相配合的作为"行动的文学"的特质。[①] 作为"余论",笔者想引用一段话以窥其一斑:"他们看着、说着、唱着,有的小孩三五遍就学会了,满街哼起来,青年小伙子,白天忙着在山里生产,晚上回来,一簇一簇的拿灯照着看,悲苦、兴奋、愤怒,占住他们每个人的心,增长了他们的力量,逐渐的变成了行动。"[②] "三五遍就学会了""满街哼起来""晚上回来拿灯照着看",这些朴素的表达所显示的是作为数板、歌谣、小调和墙头诗的文学如何自然地与人民的生活合为一体。文学在这里不是观念性的,而是行动性地、随机地嵌入人民的生活之中。而在晋察冀地区阜平高街村剧团演出的《穷人乐》当中,通过"真人演真事""自

---

① 参见周展安《行动的文学:以鲁迅杂文为坐标重思中国现当代文学》,《文艺理论与批评》2020年第5期。
② 剑秋:《数板、歌谣、小调和墙头诗》,原载《胶东大众》1947年第51期。转引自胡采主编《中国解放区文学书系·文学运动·理论编》第一卷,重庆出版社1992年版,第510页。

己演自己"[1]则可以说文学更成了生活本身。

《讲话》在纵横交织的问题架构中尽力地思考了"主客问题"和"文野问题",但也留下了一些难题。或许可以说,只有引入"行动的文学"的视角,才有可能把作为思想文本的《讲话》所遗留的难题予以真正的解决。"思想"的难题需要以"行动"的方式来解决——如何对这一看似矛盾的构造"思想地"予以把握,是下一步的课题。

[本文系国家社会科学基金后期资助项目"中国社会主义革命的思想史阐释研究"(编号:20HKSB044)的阶段性成果]

(原载《文艺理论与批评》2022年第3期)

---

[1] 朱穆之:《"群众翻身,自唱自乐"——在晋察冀豫边区文化工作者座谈会上关于农村剧团的发言》,原载《北方杂志》1946年6月创刊号。转引自胡采主编《中国解放区文学书系·文学运动·理论编》第一卷,重庆出版社1992年版,第603页。

"从延安走来的人"

——丁玲与《在延安文艺座谈会上的讲话》的发生及其当代阐释

何吉贤

中国社会科学院文学研究所

丁玲是第一位到达延安地区的有全国性影响的新文学作家，在到达延安之前，她不仅已是新文学界有代表性的新锐作家，而且也是当时少数几位具有长期和成熟左翼文学创作和文学组织经验的作家之一。[1] 因此，到达苏区后，丁玲受到了毛泽东等中国共产党领导人的高度重视[2]，长期从事延安文艺的组织和领导工作，也是延安文艺运动的重要推动者。

对于毛泽东等中国共产党领导人来说，丁玲及其周围文人朋友的创作、言论、人际关系和生活方式，是他们重要的观察对象，也是毛泽东发表《在

---

[1] 20世纪30年代初期，丁玲是有明确左翼意识，且有创作实绩的代表性左翼作家，鲁迅称其为"唯一的无产阶级作家"（语见［朝鲜］申彦俊《新东亚》1934年第4期）。她曾担任"左联"书记，主编"左联"机关刊物《北斗》。

[2] 丁玲1936年11月到达保安，受到毛泽东等人的热烈欢迎。毛泽东曾赋诗："壁上红旗飘落照，西风漫卷孤城。保安人物一时新，洞中开宴会，招待出牢人。纤笔一枝谁与似？三千毛瑟精兵。阵图开向陇山东，昨天文小姐，今日武将军。"

延安文艺座谈会上的讲话》(以下简称《讲话》)之前"调研"的主要对象,在相当程度上,还是《讲话》诉诸的对话对象和重要听众。对于丁玲他们而言,《讲话》及与其伴随的"文艺整风"与"文艺下乡"运动[①]是一次总结、反思和改变自己文学道路和文学思想的重要机会。《讲话》对于绝大多数经历过延安的文艺家来说,几乎是自己创作思想和艺术生涯的一个分水岭。尽管以个人经验而言,丁玲在《讲话》前后经历了一段喜忧参半甚至"煎熬"的过程,但就思想和创作方式而言,《讲话》确实使她如唐僧取经,获得了某种蜕变。毛泽东专门称赞了她在《讲话》之后写的《田保霖》,也肯定了《太阳照在桑干河上》。[②] 作为"从延安走来的"作家代表,《讲话》之后的丁玲一直是《讲话》精神的阐释者和践行者,如其所言,这一过程贯穿了她之后的人生。

1942年《讲话》发表后,关于《讲话》的阐释、纪念和回忆文章数不胜数,是中国当代文学史上的一个显著现象,也构成了研究《讲话》传播和阐释史的丰富文献基础。近些年来,学界已注意到了《讲话》发表之初,在"国统区"的传播现象[③],以及胡风、冯雪峰和胡乔木等对《讲话》的某

[①] 赵卫东将"延安文艺体制"的建立解释为一个以《讲话》为标志点的多重建构过程,包括延安文艺座谈会及座谈会之后的"文艺界整风运动""文艺工作者下乡运动""秧歌剧运动",还有除《讲话》之外的毛泽东的《文艺工作者要同工农兵相结合》、党务广播《关于延安对文化人的工作的经验介绍》,以及中共中央宣传部印发的《关于执行党的文艺政策的决定》,"四事""四文"相互联动、环环相扣。参见赵卫东《"四事"与"四文"的连动——重论延安文艺体制的建构过程》,《中国现代文学研究丛刊》2021年第3期。
[②] 胡乔木在回忆延安文艺座谈会时说:"丁玲写的《田保霖》,毛主席很称赞。……后来《太阳照在桑干河上》写出以后……毛主席对丁玲更加看重。他曾说:'丁玲下乡,到农民里面生活,写出小说来了,而有人经常说与工农兵结合,也没有写出什么作品,到底结合了没有?'"参见胡乔木《胡乔木回忆毛泽东》(增订本),人民出版社2014年版,第56页。
[③] 参见蔡清富《〈在延安文艺座谈会上的讲话〉在国民党统治区的传播》,《中国现代文学研究丛刊》1980年第1期。

种差异性的解释。① 但大多数作家和文艺理论家对《讲话》的当代阐释是顺着《讲话》精神从正面阐发的，有鲜明的时代印记，往往结合了自己的创作经验，也富有个人特色。"十七年"时期，这一现象尤其明显，不同阶段被推举为代表性作家的赵树理、周立波、柳青、李准、浩然等人，都留下了纪念《讲话》的文章。这些文章对于理解不同的作家，理解相关时段的文学史，是重要的史料。丁玲则不仅是《讲话》发生时的密切亲历者，而且，作为"从延安走来的人"，在 20 世纪四五十年代以及"复出"后的 80 年代初期，都留下了不少关于《讲话》的文章、讲话和回忆文字。这些有着鲜明丁玲特色的文字，在一定意义上，丰富和深化了《讲话》精神，也构成了丁玲关于革命文学和社会主义文学探索和建设的宝贵经验。

一、左翼文学经验、苏区文艺实践与《讲话》

丁玲晚年一篇正式回忆《讲话》的文章中，一开始讲的却是"一点很早的事"，也即毛泽东 1936 年 11 月在苏区中国文艺协会成立大会上的讲话。毛泽东在讲话中对苏维埃的文艺运动寄予了很大的期望："中华苏维埃成立已很久，已做了许多伟大惊人的事业，但在文艺创作方面，我们干得很少。今天这个中国文艺协会的成立，这是近十年来苏维埃运动的创举。"② 丁玲解释说，毛泽东的这个讲话表明，苏区建立后就已有了自己的文艺，不是抗战期间大批知识分子进入延安后才有的；苏区文艺的特点是"工农大众

---

① 参见程凯《政治与文艺的再理解——从胡乔木讲话反观〈在延安文艺座谈会上的讲话〉》，《文学评论》2017 年第 5 期。
② 毛泽东：《在中国文艺协会成立大会上的讲话（1936 年 11 月 22 日）》，《毛泽东文集》第一卷，人民出版社 1993 年版，第 461 页。

文艺"①。这是丁玲在《讲话》发表四十周年之际重提"往事",但纪念《讲话》,却先提到苏区文艺传统,这是非常特别的。与一般把《讲话》当作一个封闭性的文本加以阐释的路径不同,丁玲把《讲话》及其发生放在了一个历史的过程里。丁玲在这篇回忆中谈到的历史背景是苏区的文艺实践,实际上,除了这一历史背景和资源,还有另一个历史的脉络,即 20 世纪 30 年代的左翼文学经验。而在这两方面,丁玲都是重要的参与者。

唐弢在纪念《讲话》发表二十周年的长文《论作家与群众的结合》中,将《讲话》中的核心问题,即"作家与群众的结合"问题,放在从"五四"开始的中国现代文学发展的脉络里加以详细论述。他总结现代文学的经验,认为只有到了延安时期,"'五四'以后贯穿在中国现代文学史上的一次又一次地提出,但是一次又一次地无法实现的'到民间去'的要求,在人民政权下得到了保障和鼓励,一切人为的困难消除了,一切禁锢、隔绝、压迫已成过去,革命的文艺工作者有了'到群众中去的完全自由',有了'创作真正的革命文艺的完全自由'。另一方面,'五四'以后不同阶段提出的'平民文学''民众文学''文艺大众化'等等口号,它们在理论里包含的优点和错误,对照现实的需要(抗日战争的现实)在群众的海洋里获得实际的考验"②。对于唐弢的总结,丁玲以自己的亲身体验提供了验证。

丁玲是"后五四"时代进入文坛的"新锐作家",早期创作以大胆、孤绝、犀利的笔调和突出的文学才能震动了文坛,但所涉题材多为青年人尤其是青年女性对社会、爱情的迷茫和反抗。由于经验和题材的限制,她也很快

---

① 丁玲:《延安文艺座谈会的前前后后》,载张炯主编《丁玲全集》第 10 卷,河北人民出版社 2001 年版,第 263—264 页。
② 唐弢:《论作家与群众的结合——纪念〈在延安文艺座谈会上的讲话〉发表二十周年》,《西方影响与民族风格》,人民文学出版社 1989 年版,第 78 页。

陷入了"室内硬写"[①]的困境。开始"左转"后的初期，丁玲的创作还是纠缠在"革命"和"爱情"、革命的"志业"与文学的"志业"的分离和冲突的主题上，她自己也坦陈："我也不愿写工人农人，因为我非工农，我能写出什么！"[②]

　　1931年春，丁玲的爱人胡也频被捕牺牲，"从1931年夏起，丁玲再不是中国左翼作家联盟阵外的'同路人'而是阵营内战斗的一员"[③]，承载着"死人的意志"[④]，参加"革命文学"的工作，主编"左联"机关刊物《北斗》，并开始有意识地摆脱"革命加恋爱"的公式，以革命现实主义的方法创作表现工农现实革命斗争的作品，发表了《某夜》《田家冲》《水》《法网》《夜会》《奔》等一系列作品。冯雪峰将《水》评价为"我们所应当有的新的小说"，其最高的价值，"是在最先着眼到大众自己的力量，其次相信大众是会转变的地方"。他总结丁玲从《梦珂》到《田家冲》"所走过来的这条进步的路，就是，从离社会，向'向社会'，从个人主义的虚无，向工农大众的革命的路，好多的进步的知识分子同走过来的路，是不能被曲解为纯是被作用，或只是惨暗的消极的觉悟的结果。我们必须理解这是作者被新思想所振荡，就据这新思想来作用，觉悟了自己阶级的崩溃，就更毁坏着自己的阶级，感到了自己的倾向，就进一步的向它斗争的表现"。而从《田家冲》到《水》，这段包含了丁玲直接参与"左联"工农通信员运动等实际斗争经验的过程，"是一段明明在社会的斗争和文艺理论上的斗争的激烈尖锐之下，在

---

① 参见姜涛《公寓里的塔：1920年代中国的文学与青年》，北京大学出版社2015年版，尤其是第5章。
② 丁玲：《我的自白》，载张炯主编《丁玲全集》第7卷，河北人民出版社2001年版，第4页。
③ 茅盾：《女作家丁玲》，《文艺月报》第2号，1933年7月15日。
④ 丁玲：《死人的意志难道不在大家身上吗？——在中国公学讲演》（1931年5月28日），载张炯主编《丁玲全集》第7卷，河北人民出版社2001年版，第6—7页。

自己的对于革命的更深一层的理解之下，作者正真严厉地实行着自己清算的过程"。①

丁玲本人在1932年《北斗》杂志关于"创作不振之原因及其出路"的征文总结中提出当时创作不振的原因，除了一部分小资产阶级知识分子走不出自己的趣味和意识，或者沉默躲懒之外，对于那些"有阶级的觉悟，为大众的革命在文化上作斗争的"青年来说，由于理论理解上的贫乏、实际生活的缺乏，写出来的东西就空洞、不正确，处处显露着"残余的旧意识的气氛"。丁玲认为，他们的出路，"主要的是改变生活。所有的理论，只有从实际上斗争的工作上，才能理解得最深刻而最正确。所有的旧感情和旧意识，只有在新的，属于大众的集团里得到解脱，而产生新的来。所以，要产生新的作品，除了等待将来的大众而外，就最好请这些人决心放弃了眼前的，苟安的，委琐的优越环境，而穿起粗布衣，到广大的工人，农人，士兵的队伍里去，为他们，同时就是为自己，大的自己的利益而作艰苦的斗争，这样子，再来写东西，我想大致的困难，是可以解决的了"②。所以，丁玲结合自己的经验，号召青年作家"不要把自己脱离大众，不要把自己当一个作家。记着自己就是大众中的一个，是在替大众说话，替自己说话"③。

丁玲早期的创作多基于个人生活经验，以青年（女性）知识分子题材为主，此时她要扩展创作题材，表现工农的斗争，但"对于大众的生活，没有经验"，"觉得很苦闷"。丁玲自己承认，加入"左联"后，"我的生活有了一个新的转变"，这个转变大概是指1932年3月自己加入中国共产党，并出

---

① 丹仁（冯雪峰）：《关于新的小说的诞生——评丁玲的〈水〉》，《北斗》1932年第2卷第1期。
② 丁玲：《对于创作上的几条具体意见》，《丁玲选集》，天马书店1933年版，第268—269页。
③ 丁玲：《对于创作上的几条具体意见》，《丁玲选集》，天马书店1933年版，第270页。

任"左联"党团书记，积极参加各种实际的革命活动。①从实际工作中，丁玲体会到，"每一个作者，对于一切现象，都应该去观察、去经历、去体验，因为只有在经验中，才能得到认识"②。

　　唐弢在谈到20世纪30年代初期的无产阶级革命文学运动时，曾分析说，由于介入无产阶级革命文学的多为非无产阶级出身者，所以，革命文学的提倡者以"外部注入"为理由，提出知识分子可承担普罗文学的责任。但唐弢指出："问题在于：他们一方面将主观原因强调到了绝对的地位，另一方面又自以为经过了彻底的改造，都已经无产阶级化。他们把从一个阶级转到另一个阶级的思想变化看得十分容易，认为昨天还是资产阶级的人，只要今天受了无产阶级精神的洗礼，就可以写出无产阶级文学作品来。这样不但否定艺术创造过程的复杂性与具体性，同时也抹煞了精神生产者思想改造的一个重要的规律：让主观认识和客观实践结合起来。"因此，在唐弢看来，普罗文学的实践者及与其伴随的文艺大众化运动的参与者（在人员上有相当的重合），都有历史的局限性："如果说二十年代'民众文学'讨论者是站在群众之外，那么，三十年代文艺大众化的倡导者们却是站在群众之上，因此虽然他们和'民众文学'讨论者不同，主观上诚诚恳恳地要为大众服务，却仍然没有取得真正能够为大众服务的成果。"③丁玲处在这一个历史潮流里，也是带着这样的经验及其连带的局限性来到陕北苏区的。

---

① 丁玲在晚年回忆录中说："三十年代初，我们战斗的士气是很高的，大家都不愿坐在家里写文章，到处跑、接触工人、上街游行、写标语、贴墙报、散传单、参加飞行集会。"参见丁玲《入党前后的片段回忆》，载张炯主编《丁玲全集》第10卷，河北人民出版社2001年版，第249页。
② 丁玲：《我的创作经验》，载张炯主编《丁玲全集》第7卷，河北人民出版社2001年版，第12页。
③ 唐弢：《论作家与群众结合——纪念〈在延安文艺座谈会上的讲话〉发表二十周年》，《西方影响与民族风格》，人民文学出版社1989年版，第72页。

丁玲1936年11月到达陕北后，立即投入了实际的革命工作，先后当过随军记者、中国文艺协会主任、中央警卫团政治部副主任。抗战全面爆发后，作为延安出发的第一支大规模抗日宣传文艺团体"西北战地服务团"（以下简称"西战团"）的团长，丁玲带领"西战团"转战山西抗日前线和西安等地将近一年，回到延安后，又担任《解放日报》文艺栏主编，以及陕甘宁边区文艺协会副主任等职务。这些经历，是丁玲从一位上海"亭子间"里的时髦女作家、激进左翼文化组织"左联"的组织者之一，成长为一位中国共产党革命事业中的有机工作者和革命作家的重要促进因素。尤其是作为准军事组织"西战团"负责人的一年经历，面对主要由文人、艺术家和知识青年组成的这个宣传团体，在战时流动状态下带来的诸如军事性的组织生活与个人性、较散漫的文人习性的矛盾；有目的的事务性工作与个人艺术创作工作的协调；宣传、艺术工作与地方势力、地方团体的关系；集体性、流动性的宣传工作与固定的、日常性的创作之间的差别等各种问题，对丁玲个人处理各种具体事务的能力、主体状态、在复杂的抗日统一战线背景下推进革命工作的耐心和平衡能力等，都是一种集中的锻炼和考验。

在丁玲本人和"西战团"同人当时的记述中，都会不约而同地谈到"西战团"中的"生活会"[①]。对于这些大多参加革命不久的知识分子和文人来说，"生活会"是其思想和习性改造、主体重塑的重要契机和思想交锋的场合。[②] 丁玲本人也是"生活会"及其相关连带形式的积极参与者和受益者，实际上，在"西战团"期间，丁玲也一直是一位积极、热情的学习者，努

[①] 参见丁玲《一年》（生活书店1939年版）中的《第一次的欢送会》《忆天山》等篇，以及西北战地服务团集体创作的《西线生活》（生活书店1939年版）中的相关文章。
[②] 关于"西战团"时期"生活会"情况的具体分析，可参见何吉贤《"流动"的主体和知识分子改造的"典型"——1940—1950年代转变之际的丁玲》，《中国现代文学研究丛刊》2018年第4期。

力改变着自己，试图适应新的形势、新的工作要求。"西战团"的成员史轮这样评价丁玲在此间的工作方式："就我个人的观察（诸同志们也一致承认的），就是她和我们每一个工作人员，事务人员一样地在——'学习，学习，再学习！'一样地在抗日工作中，在战场上，在集体的生活里艰苦地学习着。也就是——'从实践中学习'着。举凡所遇到的事物，她总一点不轻易放过，不惮麻烦，不辞劳苦地去思索，去分析，务要找出它的核心，它的根源来。"[①] 史轮认为："我觉得她的确把过去写小说的天才如今完全献给眼前的工作了，她把观察力，透视力完全应用到团里来了，她想使她领导着的团成为一件艺术品，一件天衣无缝的艺术品。她了解我们每一个人的个性，知道对待某一个人用某一种方法。"[②] 按史轮的观察，丁玲一方面在实践中努力学习和改变自己，另一方面又发挥了自己作为作家观察和理解人的长处。应该说，这是丁玲在苏区和抗战前期的一种典型的主体状态，相比于"左联"时期，她更深入和具体地介入了实际工作，与群众有了更具体的结合。但这种结合仍处于两分的状态，这种状态也体现在丁玲关于文艺形式的理解中。

在为苏区为什么没有产生像《阿Q正传》那样成熟的作品进行辩护时，丁玲说，苏区文艺虽然没有产生成熟的作品，"然而却自有它的特点，那就是大众化，普遍化，深入群众，虽不高超，却为大众所喜爱"。不过，尽管在受群众欢迎的程度和活泼、轻快、雄壮的风格上肯定了苏区文艺的成就，但丁玲对文艺的理解方式还是在原有"新文学"的框架内，将"高等博士

---

① 史轮：《丁玲同志》，载西北战地服务团集体创作《西线生活》，生活书店1939年版，第176页。
② 史轮：《丁玲同志》，载西北战地服务团集体创作《西线生活》，生活书店1939年版，第196页。

之流的幻想"与"实实在在生长在大众之中"互相对立。[1] 这也表现在她投身抗战宣传后的认识中，她说："我们现在要群众化，不是把我们变成与老百姓一样，不是要我们跟着他们走，是要使群众在我们的影响和领导之下，组织起来，走向抗战的路，建国的路。"[2] 在这里，知识分子（作家）和群众（老百姓）之间还是处于某种引领者/被引领者的分离关系中。

不论是在当时还是事后，丁玲在关于苏区文艺的叙述中都会突出大众化的问题，把它当作革命文艺最重要的特点和根本性目的，而主体的转化问题，则是在这一目的之下的必然要求。在离开延安、途经河北时写的一篇回忆瞿秋白的文章中，丁玲主要谈了大众化问题。她回忆说，20世纪30年代瞿秋白提倡大众化的时候，她也是参与者，瞿秋白的文章她都读过，也曾按这些文章的要求去做，但经过十多年的实践，经过毛泽东的《讲话》，才认识到当时并没有真正理解瞿秋白的文章，"我很难受我'脱胎换骨'之难"[3]。丁玲当然是有感而发，因为这个"难"也体现在《讲话》前后她自己的经历和思想蜕变中。

二、作为"事件"的延安文艺座谈会——丁玲在《讲话》中

在前文提到的写于20世纪80年代初的回忆录《延安文艺座谈会的前前后后》中，丁玲用绝大部分篇幅谈了诸多与《讲话》并没有直接关系的事，除了谈到《讲话》的渊源，大量的篇幅谈到了与自己有关的一些事，比

---

[1] 丁玲：《文艺在苏区》，载张炯主编《丁玲全集》第7卷，河北人民出版社2001年版，第21页。
[2] 丁玲：《适合群众与取媚群众》，载张炯主编《丁玲全集》第7卷，河北人民出版社2001年版，第22—23页。
[3] 丁玲：《纪念瞿秋白同志被难十一周年》，载张炯主编《丁玲全集》第5卷，河北人民出版社2001年版，第267页。

如"文协"和"文抗"的情况、民众剧团与延安的演剧情况、《讲话》前她曾主编的《解放日报》文艺栏的情况，当然也专节谈到了《"三八"节有感》这篇文章的情况。1982 年，丁玲虽已"复出"，但政治上的彻底平反还有待时日，在这篇回忆延安文艺座谈会的文章中，针对之前和当时众多的误解和责难，为自己的行为作出某种解释和辩护，是其目的之一。但即使是在这样一篇有自辩倾向的文章中，丁玲也不避讳对自己某几篇文章乃至行为的自我批评和检讨。这当然不能仅仅以压力下的"表白"来理解，对丁玲这样一位"从延安走来的人"，延安经历中具有标志性的事件《讲话》是其已经融进了血液的养分，对它的言说也必然带有事件发生时的某种现场感，甚至震惊，也体现出这种事件性带来的思想、情感和行动的影响和后果。

延安文艺座谈会是一系列经过周密准备、有很强针对性的会议，主要有 1942 年 5 月 2 日第一次会议（毛泽东做"引言"，大会讨论）、5 月 16 日第二次会议（大会讨论）、5 月 23 日第三次会议（毛泽东做"结论"，大会讨论发言）。除此之外，还有会议之前和进行中毛泽东等中央领导人找文艺工作者的个别谈话和调研、会议进行期间的小组讨论、《解放日报》的专栏讨论等。会议参加者除了在延安的文学、理论、戏剧、美术、音乐工作者外，还有中国共产党主要领导人毛泽东、朱德等。会议中的讨论非常开放，争论也非常激烈，有的发言还涉及工作中的具体问题，但毛泽东的《讲话》只谈原则问题，最后发表的毛泽东《讲话》，是由第一次会议的"引言"和第三次会议的"结论"两部分构成的。

丁玲作为延安文艺界的领导人、有代表性的文艺工作者，会议前就被毛泽东找去谈话。据丁玲回忆，毛泽东跟她的谈话只涉及了有关批评的问题[①]，

---

① 参见丁玲《延安文艺座谈会的前前后后》，载张炯主编《丁玲全集》第 10 卷，河北人民出版社 2001 年版，第 281 页。

而没有涉及诸如"写光明"与"写黑暗"等问题。① 另据刘白羽回忆，座谈会前，中央组织部部长陈云曾找他和丁玲去谈话，"谆谆开导，要我们在会上站稳立场"②，足见中央对这次会议以及对丁玲本人的重视。

延安文艺座谈会期间，丁玲公开发表了两篇文章，分别是《关于立场问题我见》和《文艺界对王实味应有的态度及反省》。前一篇文章最初发表在《谷雨》杂志专门为文艺座谈会编发的文艺理论"特辑"③中，在编入《丁玲全集》时，只标注了"一九四二年六月"这一时间，未作其他说明。但据研究者考证，这篇文章可能是丁玲在5月16日第二次会议中作为第一个发言者的发言整理稿。④ 不管这一考证是否属实，阅读《关于立场问题我见》，不难发现，文章现场感很强。对于丁玲而言，此文是她对文艺座谈会的最直接反应，也是内在于座谈会和《讲话》现场的重要文献。它反映了作为延安最有代表性的作家之一，丁玲对《讲话》内容和精神即时的和内在的理解。当然，更重要的是这种理解仍然是丁玲式的，有其独特的角度和重点。

文章谈了两个问题，第一个是"文艺与政治"的关系问题。关于这一点，丁玲说得简单而直接："文艺应该服从于政治，文艺是政治的一个环节。"⑤ 这是丁玲第一次提"文艺服从于政治"，结合毛泽东《讲话》原稿，

---

① 丁玲特意强调这一点，主要是针对1979年周扬接受赵浩生的访谈时谈到的一些人事问题。详见赵浩生《周扬笑谈历史功过》，《新文学史料》1979年第2期。
② 刘白羽：《延安文艺座谈会的前前后后》，《人民论坛》2002年第5期。
③ 即《谷雨》第1卷第5期（1942年6月15日）。同期发表的还有艾思奇《谈延安文艺工作的立场，态度和任务》、刘白羽《对当前文艺上诸问题的意见》、萧军《杂文还废不得说》、严文井《论文人的敏感同自我意识》等。
④ 参见高杰《延安文艺座谈会纪实》，陕西人民出版社2013年版，第107—110页。作者从文本内部出发，并引用多方旁证，试图证明《关于立场问题我见》是丁玲在5月16日第二次会议上的发言稿，但因没有直接证据和丁玲本人的证言，仍只能是一种推测。
⑤ 丁玲：《关于立场问题我见》，载张炯主编《丁玲全集》第7卷，河北人民出版社2001年版，第65页。

"引言"部分并没有这样的表述，5月23日的"结论"中才有了如此的表述。① 至于"文艺是政治的一个环节"，丁玲虽没有具体展开，但应该也包含了她此前参与和组织革命文艺工作的经验和体会。文章谈的第二个问题是"立场与方法"。丁玲提到，在根据地和革命队伍中的作家，立场肯定是没问题的。但丁玲提出，"这只还是理论的认识，方向的决定，路途的开端。有了大的整个的朦胧的世界观的前提，但如何养成在每个具体问题上随时随地都不脱离这轴心，都不稍微偏左或偏右，都敢担保完全正确，我想是不容易的。何况反映在作品中的思想，决不能靠我们的认识或企图，而是由于我们的意识，由于我们的理论与情感的一致"②。《讲话》"引言"中关于立场问题讲得较为简略，丁玲结合自己作家的经验，从理论认识到世界观、意识的变化，理论和情感的一致等方面，作了更充分的展开。

接下来的问题是，如何才能获得比较正确的立场与方法？丁玲提出，"我以为除了生活，到大众里面去，同群众的斗争生活结合在一起以外，

---

① 5月2日的《讲话》"引言"中，毛泽东一开始就谈到，座谈会的目的是"研究文艺工作与一般革命工作的关系，求得革命文艺的正确发展，求得革命文艺对其他革命工作的更好的协助"(《毛泽东选集》第三卷，人民出版社1991年版，第847页)，"要使文艺很好地成为整个革命机器的一个组成部分"(《毛泽东选集》第三卷，人民出版社1991年版，第848页)，并没有直接谈文艺和政治的关系问题。5月23日的"结论"第三部分中，毛泽东从党内问题和党外问题两个角度谈了文艺与政治的关系。在党内，"无产阶级的文学艺术是无产阶级整个革命事业的一部分……党的文艺工作，在党的整个革命工作中的位置是确定了的，摆好了的；是服从党在一定革命时期内所规定的革命任务的。……文艺是从属于政治的，但又反转来给予伟大的影响于政治。革命文艺是整个革命事业的一部分，是齿轮和螺丝钉，和别的更重要的部分比较起来，自然有轻重缓急第一第二之分，但它是对于整个机器不可缺少的齿轮和螺丝钉，对于整个革命事业不可缺少的一部分"(《毛泽东选集》第三卷，人民出版社1991年版，第865—866页)。在党外，文艺服从于政治的体现则是抗日民族统一战线的问题。

② 丁玲：《关于立场问题我见》，载张炯主编《丁玲全集》第7卷，河北人民出版社2001年版，第66页。

便是马列主义的学习"①。当然，在理论学习和生活中，她更强调的是生活："要改变自己，要根本去掉旧有的一切感情意识，就非长期地在群众斗争生活中受锻炼不可。要能把自己的感情融合于大众的喜怒哀乐之中，才能领略、反映大众的喜怒哀乐，这不只是变更我们的观点，而是改变我们的情感……提高自己的情感，才能捐弃那些个人的感伤，幻想，看来是细致，其实是委琐的情感，才能养成更高度的热爱人类，热爱无产阶级事业，热爱劳动者的伟大的热情。对这些如不能寄予生命的最高度的情感是不能写出感动人的伟大作品来的。"②所以知识分子要"改造"，"在克服一切不愉快的情感中，在群众的斗争中，人会不觉地转变的。转变到情感与理论一致，转变到愉快、单纯，转变到平凡，然而却是多么亲切地理解一切。即使是苦痛过的，复杂过的，可是都过去了，那些个人的伟大，实在不值得提起了。与其欣赏那些，赞美那些个人的伟大，还不如歌颂那些群众的平凡的事业。这才是真真的伟大"。③这里，有两点值得注意：第一，丁玲提到的"长期地在群众斗争生活中受锻炼"的问题，是毛泽东在《讲话》"结论"部分谈到"为群众和如何为群众"中具体展开的问题。也就是说，丁玲的这一"发言"——如果这篇文章是她5月16日第二次会议上的发言稿的话——在一定程度上"激发"了毛泽东此后的总结，至少它是高度符合毛泽东的思路的。第二，《讲话》之后，丁玲关于《讲话》精神的理解和阐释主要在"深入生活"上展开，而且形

---

① 丁玲：《关于立场问题我见》，载张炯主编《丁玲全集》第7卷，河北人民出版社2001年版，第67页。
② 丁玲：《关于立场问题我见》，载张炯主编《丁玲全集》第7卷，河北人民出版社2001年版，第68页。
③ 丁玲：《关于立场问题我见》，载张炯主编《丁玲全集》第7卷，河北人民出版社2001年版，第69页。

成了自己一套独特的观点和方法。《讲话》作为一个事件，在丁玲的这一思路上，是一个起点。

丁玲在《讲话》期间发表的另一篇文章是《文艺界对王实味应有的态度及反省》，这是延安文艺座谈会之后，6月11日在"中央研究院与王实味思想作斗争"座谈会上的发言。王实味的《野百合花》是丁玲主编《解放日报》文艺栏期间编发的，作为"责任人"，她必须有所表态。但在对已经定性的王实味问题作出表态之后，这篇文章的主要内容是丁玲的自我反省和检讨，因为除了主编刊发王实味的上述文章外，丁玲还刊发了自己写的、引起极大争议的文章《"三八"节有感》。对于这篇文章，丁玲公开表态说："我要向一切同感者说：这篇文章是篇坏文章"，"尽管我贯注了血泪在那篇文章中，安置了我多年的苦痛和寄予了热切的希望，但那文章本身仍旧表示了我只站在一部分人身上说话而没有站在全党的立场说话"。① 有研究者考证指出，丁玲是《讲话》之后第一个公开进行"检讨"的延安文人。② 对于丁玲而言，尴尬之处在于，尽管在"整风运动"中由于毛泽东的"保护"③和中组部的"结论"，她最后得以过关，但主编《解放日报》文艺栏以及《"三八"节有感》的问题，连同其他问题，在之后的不同历史时期，仍一再被提起。即使是在《讲话》四十周年之际写的回忆文章中，丁玲还要为是否"两

---

① 丁玲：《文艺界对王实味应有的态度及反省》，载张炯主编《丁玲全集》第7卷，河北人民出版社2001年版，第74页。
② 参见高杰《延安文艺座谈会纪实》，陕西人民出版社2013年版，第133页。
③ 毛泽东将丁玲与王实味作了区分："《"三八"节有感》虽然有批评，但还有建议。丁玲同王实味也不同，丁玲是同志，王实味是托派。"参见丁玲《延安文艺座谈会的前前后后》，载张炯主编《丁玲全集》第10卷，河北人民出版社2001年版，第280页。

篇文章引出延安文艺座谈会"的问题进行澄清和辩护。①

但延安文艺座谈会和《讲话》也给丁玲带来了另一个重要影响，即一种内在化的批评和自我批评（自我反省和检讨）的倾向和习惯。这一习惯她保持终身，体现在1949年年初在东北对萧军的批判②，体现在她20世纪50年代初主编《文艺报》时对萧也牧的批判③，甚至在她80年代初复出后对文坛和思想界一些问题的批判上。应该说，作为"从延安走来的人"，不仅在习惯上，而且在观念和表达上，《讲话》精神在丁玲那里一直有不断的体现和延伸。

1942年6月，延安文艺座谈会已经结束，丁玲在谈到自己学习《讲话》和"整顿三风"的感受时说："回溯着过去的所有的烦闷，所有的努力，所有的顾忌和过错，就像唐三藏站在到达天界的河边看自己的躯壳顺水流去的感觉，一种翻然而悟，憬然而惭的感觉。"④可以说，《讲话》重塑了丁玲及属于她那一代的众多文艺家。40年后，在为纪念《讲话》发表四十周年而写的一篇文章中，丁玲还是这样说："毛主席在文艺座谈会上的讲话教育了

---

① 丁玲在《延安文艺座谈会的前前后后》中写道："在'四人帮'垮台以后，我听到有人传说，延安文艺座谈会的召开是因为有这两篇文章（王文与丁文——引者），是这两篇文章才引起的。这样的说法，据我记忆，在延安的时候，我没有听说过。在一九五五年划丁、陈反党集团时没有听说过，在一九五七年划我为右派时也没有听说过。"参见张炯主编《丁玲全集》第10卷，河北人民出版社2001年版，第277页。值得注意的是，在这篇带有"自辩"色彩的文章中，丁玲仍然承认，写这篇文章时，"我的确缺少考虑，思想太解放，信笔所之，没有想到这将触犯到什么地方去"，"四十年之后，现在我重读它，也还是认为有错误的"。

② 1949年年初的萧军批判中，丁玲写了《批判萧军的错误思想——东北文艺界座谈会发言摘要》，主要批评了萧军的"个人英雄主义""极端自私的个人主义"。

③ 萧也牧批判中，丁玲写了《作为一种倾向来看——给萧也牧同志的一封信》，主要批判了萧也牧作品中的"小资产阶级意识""小市民的低级趣味"。

④ 丁玲：《文艺界对王实味应有的态度及反省》，载张炯主编《丁玲全集》第7卷，河北人民出版社2001年版，第75页。

一代知识分子，培养了一代作家的成长，而且影响到海外、未来。每回忆及此，我的心都为之振动。特别是，在我身处逆境的二十多年里，《讲话》给了我最大的力量和信心。我能够活过来，活到今天，我还能用一支破笔为人民写作，是同这一段时间受到的教育分不开的。"①

三、"深入生活"作为创作论——丁玲对《讲话》的当代阐释

丁玲是新中国成立后新文艺体制创建的重要参与者，考察其在20世纪50年代上半期的工作经历，她先后担任中华全国文学工作者协会（中国作协前身）副主席（1950年年初至1952年年底任常务副主席，主持工作）、《文艺报》主编、《人民文学》主编，筹备建立了中央文学研究所（后改称"文学讲习所"，以下简称"文讲所"），任所长等职务。这些职务，主要与创作、批评和文艺体制的建立和组织工作有关。50年代初也是丁玲论文（很多是相关会议上的讲话）和杂文的丰收期，多数文章与其主管的工作内容有关，也即以作家和艺术家为主体的创作、批评及相关文艺生产的组织和推进，以此为目的而建立的新的文艺体制，以及为符合新的"工农兵文艺"的需要，对新的作家的培养。

作为"从延安走来"的作家，丁玲个人的生活、思想和创作都经过了《讲话》的重新塑造，新中国成立前后，丁玲是作为"知识分子改造"的典型被推介的。② "知识分子改造"是《讲话》所包含和引申出来的重要议题，

---

① 丁玲：《延安文艺座谈会的前前后后》，载张炯主编《丁玲全集》第10卷，河北人民出版社2001年版，第282页。
② 1949年8月出版的《论思想改造》（读者书店）是最早出版的有关知识分子改造的书，该书第一篇收录了丁玲的文章《同青年朋友谈谈旧影响》。

但对于这一20世纪50年代初具有"国家发展战略"意义的议题[①],丁玲着墨并不多,作为文艺界的负责人,她主要还是从作家和艺术家的工作特点出发,寻找一条既能达成"知识分子"改造的目的,又能促进新政权所需的高质量的文艺作品生产的有效途径。丁玲找到的这条途径是"深入生活"。

《讲话》之后,丁玲每谈文学和创作,必提"生活",而且都将其放在最重要和显著的位置,可以说,如何"深入生活"是她思考和探索得最多、最深入的问题。这一看法和习惯,丁玲终身保持,即使是在她复出后政治和思想氛围迥异的80年代初,也是如此。

20世纪50年代初期,主持作协工作的丁玲发表了一系列讲话和文章,包括《从群众中来,到群众中去》(1949年7月召开的第一次文代会上的专题发言)、《知识分子下乡中的问题》(1950年7月)、《跨到新的时代来——谈知识分子的旧兴趣与工农兵文艺》(1950年)、《创作与生活》(1950年10月)、《要为人民服务得更好——纪念毛泽东同志〈在延安文艺座谈会上的讲话〉发表十周年》(1952年5月)、《作家需要培养对群众的感情》(1953年)、《生活、思想与人物》(1955年3月)、《到群众中去落户》(1953年9月召开的第二次文代会上的专题发言),等等。这些讲话和文章既是丁玲作为一位"从延安走来"的作家对已被新中国确认为文艺工作总方针的《讲话》精神的具体阐述,也是在人民政权建立后,对如何促进和繁荣文艺创作的方法的探索。作为对《讲话》精神的阐述和发展,这些讲话和文章贯穿了一条红线——深入生活,对为什么要深入生活、怎样深入生活、深入生活中会遇到怎样的问题等,展开了系统、全面的论述。除了上述这些讲话和文章,丁玲在50年代初创办文讲所,培养新政权所需的工农兵作家时,其教

---

① 毛泽东在中国人民政治协商会议第一届全国委员会第三次会议的开幕词中说:"思想改造,首先是各种知识分子的思想改造,是我国在各方面彻底实现民主改革和逐步实行工业化的重要条件之一。"参见《毛泽东文集》第六卷,人民出版社1999年版,第184页。

育思路的核心也是如何处理生活经验和提高创作的关系问题；对于那些从各种实际岗位上选拔上来的工农兵"业余"写作者，根据他们的具体情况，分别制定不同的培养方案；对于多数有独特而丰富生活经验的写作者，通过高强度的文艺理论、文学史知识的学习和讨论，帮助其提高文化水平和艺术表达技巧。但其中的佼佼者最后还是要回到自己的生活之地，如丁玲非常看重的徐光耀和陈登科，都遵循了她关于"深入生活"的想法，分别来到了河北雄县和安徽淮北农村，扎根基层，进行长期的"深入生活"。

丁玲关于"深入生活"的观点和论述，不仅是毛泽东《讲话》精神在当代文学中的具体展开和贯彻，其本身也构成了中国当代文学的一条独特路径。总结而言，丁玲作为创作主体论的"深入生活"，包含着以下一些内容。

首先，作家要"深入生活"，并通过"深入生活"的方式，达到自我改造，与群众结合，成为革命需要的新作家的目的。但在以作家或艺术家的身份"深入生活"的过程中，不能以外来者的身份，置身于群众的生活和利益之外，而应该担任具体的工作，卷入群众的生活中。

抗战初期，参加了具体抗战动员工作的丁玲就有感而发："我们希望这些文人多多接近下层，最好参加一点实际工作，化除成见，改变一点个人的习惯。那末，一些空空洞洞的印象，就会成为具体生动的文章了。"[1] 在丁玲看来，知识分子在变革落后的中国社会的过程中，是能起到"媒介作用"[2]的，这已为"五四"以后的历史所证明。但若要在变化了的革命形势中起到更大的作用，知识分子必须改造自己，改变自己的生活和意识、情感，打掉自己的优越感。1946年，离开延安的丁玲在张家口的一次讲话中谈道："知

---

[1] 丁玲：《说到"印象"》，载张炯主编《丁玲全集》第7卷，河北人民出版社2001年版，第29页。

[2] 丁玲：《青年知识分子的修养》，载张炯主编《丁玲全集》第7卷，河北人民出版社2001年版，第83页。

识分子如不同群众运动、群众生活相结合，最好，也只可以起点小小的作用，但如果一到群众中去，和群众生活结合，则立即可以成为英雄人物。"①对于普通的工农群众，她结合自己的经历，总结说："我说要学习他们的品质是从我亲身体验出来的，我以为工人农民，尤其是有了觉悟的工农，有着最好的品质。"②相比于20世纪30年代"左联"时期和抗战初期，丁玲的看法已经发生了明显而清晰的变化。在50年代，丁玲一直强调，"深入生活""下去的目的应该只有一个，就是在那里改造自己"③。

丁玲很少谈到群众中的落后面，这与丁玲对"深入生活"方式的理解有关。她的"深入生活"，是要求担任具体工作，介入现实的具体斗争，而要处理具体工作，则必须掌握生活的全态，把握生活中的主要矛盾和新的趋势，如此必然会关注生活和群众中的积极面。对历经延安时期"暴露黑暗"与"歌颂光明"之争，且《讲话》之后创作的《田保霖》受到毛泽东激赏的丁玲来说，这也应该是其从延安经历和《讲话》精神中体会较深的一点。

但关于怎样处理"深入生活"中具体工作和创作的关系，丁玲本人的看法有一个变化的过程。《讲话》之前，丁玲在谈到"深入生活"时，着重点还在作家的身份。在写于1940年的一篇文章中，她提出文艺工作者参加群众生活，抱着深深的热情的态度，能与大众打成一片是很好的。但如果忘记了自己的文艺任务，那虽变成了大众的一员，却也只能成为大众的一员，而不是一个带有特殊性的艺术任务的战斗员了。"所以作家必须时时记住自己

---

① 丁玲:《青年知识分子的修养》，载张炯主编《丁玲全集》第7卷，河北人民出版社2001年版，第88页。
② 丁玲:《青年知识分子的修养》，载张炯主编《丁玲全集》第7卷，河北人民出版社2001年版，第87页。
③ 丁玲:《谈谈文艺创作问题》，载张炯主编《丁玲全集》第7卷，河北人民出版社2001年版，第247页。

的任务,艰苦地、持久地、埋头地、有计划地做着收集材料的工作,咀嚼它,揣摩它,揉和它,消化这些材料。……作家在消化这些从生活中得来的材料中,培养出现实的同时也是自己的人物;这些人物都像在自己的口袋中,随时就可以拿出来的,活的人物的典型。"① 而在《讲话》之后,丁玲的看法发生了变化,工作和创作之间的关系变得更加内在和辩证了。在1949年的第一次文代会上的发言中,丁玲谈到"深入生活"时强调:"我们下去,是为写作,但必须先有把工作做好的精神,不是单纯为写作;要以工作为重,结果也是为了写作。"② 所以下去不是做客人,而是要同群众一同做主人。这种说法突出了作家的创作主体身份,也将工作和写作置于一种较为辩证的关系中。但对于具体工作中遇到的实际问题与创作的矛盾关系,丁玲并没有处理,其逻辑还比较粗疏,还需放在另外的层面中再展开。这一阶段,以丁玲的观点看,无论是"深入生活",还是参加具体实际工作,都是创作者的手段,而非目的。"深入生活"是为了打破自我的封闭,通过与群众的密切互动创造一种新的生活感觉和生活欲望,把创作主体从一种固定的"生活"状态中解放出来。只有这样,"工作"和"生活"才能互相重新界定,写作也才能从观念束缚中摆脱出来,才能回到真正意义上的写作。

在写作《讲话》发表十周年纪念文章的1952年5月,丁玲正处于人生的顶峰,是国家文艺工作的主要负责人。在这篇文章中,丁玲主要回答的问题是新中国成立十年来文艺界实践着《讲话》的方向,但为什么"比较站得住的作品不多"。丁玲对十年来的创作在主题、"典型人物"塑造、"思想和政策"等方面存在的问题进行了有针对性的分析,认为不是《讲话》方向有

---

① 丁玲:《作家与大众》,载张炯主编《丁玲全集》第7卷,河北人民出版社2001年版,第44页。
② 丁玲:《从群众中来,到群众中去》,载张炯主编《丁玲全集》第7卷,河北人民出版社2001年版,第109页。

问题，而是在理解《讲话》中犯了教条主义的错误，没能把握住现实和实际生活。[①] 丁玲这篇文章为纪念《讲话》十周年而写，但讲的却是当前文艺创作中存在的问题，不是表面的表态，而是要正视和解决问题。丁玲提出的解决方法还是"到生活中去"，只有深入生活的内部，掌握决定斗争发展的基本东西，才能找到正确的、积极的主题。

其次，作家要深入一地，长期"深入生活"，达到工作、生活和创作互相促进。

1949年，在第一次文代会的发言中，谈到未来努力的方向时丁玲提出的第一条就是"深入生活"，她说："深入生活，较长期的生活，集中在一点。以前由于环境不同，我们流动太多，以后就有可能了。我们不只要熟悉他们的生活，而且还要熟悉他们的灵魂，要带着充分的爱爱他们，关心他们，脑子中经常是他们在那里活动，有不可分的联系，这样我们就可以运用自如了。"[②] 这是丁玲第一次提出"较长期的生活""集中一点"的说法，它显示了丁玲在新中国成立后"深入生活"思想的发展及其核心观点，即第一，深入生活，集中在一点，找到自己的生活、经验和文学的"根据地"；第二，不仅要熟悉群众的生活，而且要与他们灵魂相通，用爱来爱他们——情感上的相通是一切工作的基础和目的。

在1953年9月召开的中国文学艺术工作者第二次代表大会上，作为文艺界的领导人，丁玲发出了"长期深入生活""到群众中去落户"的号召。她说："如果真的要创作，想写出几个人物或一本好书出来，就必须要长期在一定的地方生活，要落户，把户口落在群众当中，在那里面要有一种安身

[①] 参见丁玲《要为人民服务得更好——纪念毛泽东同志〈在延安文艺座谈会上的讲话〉发表十周年》，载张炯主编《丁玲全集》第7卷，河北人民出版社2001年版，第301—302页。

[②] 丁玲：《从群众中来，到群众中去》，载张炯主编《丁玲全集》第7卷，河北人民出版社2001年版，第113页。

立命的思想，不是五日京兆，而是要长期打算，要在那里建立自己的天地，要在那里找到堂兄、堂弟、表姐、姨妹、亲戚朋友、知心知己的人，同甘苦，共患难。"①她补充说，"我们不要做一个随风飘荡的小船，在这个码头上停一天，在那个港口上弯一夜；我们要在那里发现新大陆，要开辟，要建设，要在那里把根子扎下去。每一个人要为自己创造一个环境，一个比较长期的生活圈子，这个生活圈子是和我们要写的生活相一致的。……我们要钻到我们所写的生活里去，钻得深些，沉得长久些，同时要跟着那个圈子逐步扩大"②。丁玲提出"落户"号召的1953年，户口制度还没有实行，但随着新政权的建立，知识分子和干部入了城，革命时代知识分子、干部与群众原先那种密切融合的状态改变了。因此，丁玲的这一号召是有现实针对性的。

但是，不说"落户"的可能性，即使"落户"了，是否就必然"深入生活"了呢？是否会带来其他问题？对此，丁玲在1955年电影剧作讲习会上的讲话中又作了进一步的补充，"我所说的'落户'，主要是指：我同我所住的地方的群众或者是我去工作的地方（这里当然不是指机关或创作组里），特别是我们要描写的工农兵群众的生活和感情是息息相关的。不是一个人要老住在一个村子里面。现在要我们老住在一个村子里面，是办不到的，而且也不一定就好"③。这应该是针对当时已有不少作家和艺术家到各自生活地"落户"后产生的问题而作的补充，也是符合当时具体情况的。

丁玲发出"长期深入生活""到群众中去落户"的号召，是相对于当代

---

① 丁玲：《到群众中去落户》，载张炯主编《丁玲全集》第7卷，河北人民出版社2001年版，第363页。
② 丁玲：《到群众中去落户》，载张炯主编《丁玲全集》第7卷，河北人民出版社2001年版，第365页。
③ 丁玲：《生活、思想与人物》，载张炯主编《丁玲全集》第7卷，河北人民出版社2001年版，第420—421页。

中国也曾长期存在的一种文艺创作方法——"体验生活"而言的。丁玲批评说：抱着"体验"观念的人，"他们的生活方式是：站在生活边缘上看着，在生活的表面上晃荡着，听着一些极为概括了的、简单化了的、不知重复了多少次的报告、发言和谈话，他就更为简单地记录了下来，这些小本本就是所谓材料，就是满载而归的财富"①。这种方式当然要不得。那么，在丁玲的理解中，什么是真正的"体验（生活）"呢？丁玲说，"我的理解是：一个人生活过来了，他参加了群众的生活，忘我地和他们一块前进，和他们一块与旧的势力、和阻拦着新势力的发展的一切旧制度、旧思想、旧人作了斗争。他不是一个旁观者。他的生活中不是一个游手好闲的人，不是一个说轻松话的人，不是要把群众生活用来装饰自己的人，不是一个吹嘘的人。他踏踏实实地工作着，战斗着，思想着。他在生活中碰过钉子，为难过，痛苦过。他也要和自己战斗，他流过泪，他也欢笑，也感到幸福。他深刻地经历了各种感情，他为了继续战斗，就必得随时总结，而且继续在自己的思想有了提高的情况下再生活。"②"深入生活"是一个长期的过程，这个过程中，创作（工作）者不仅要长期牢牢抓住对象，而且要进入对象，而对于作为对象的"生活"，则不仅要长期扎根，而且要利益相关，多次出入，这才能克服"概括/抽象""旁观/轻松"的状态，真正"深入"生活，让生活成为创作主体内在的因素。

再次，情感作为中介和标志的"深入生活"。

毛泽东在《讲话》开篇就讲到了"情感变化"的问题："我们知识分子出身的文艺工作者，要使自己的作品为群众所欢迎，就得把自己的思想感情

---

① 丁玲：《到群众中去落户》，载张炯主编《丁玲全集》第 7 卷，河北人民出版社 2001 年版，第 361 页。

② 丁玲：《到群众中去落户》，载张炯主编《丁玲全集》第 7 卷，河北人民出版社 2001 年版，第 361 页。

来一个变化，来一番改造。"① 丁玲作为一位"有情"的革命作家②，作为一位以"热情"为自己从事创作基本动力的作家③，情感因素是其须臾不离的考虑因素。在关于"深入生活"的论述中，情感不仅是其考虑的起点，而且是其完成目的的中介，也是其最后力图达到的目标。

在 1950 年的一次与文艺工作者和文学爱好者的座谈中，丁玲谈到"生活"问题。"去生活是应该的，但'生活'不是'搜集材料'。"④ 要想了解每一个你所描写的人物，"首先要和他们感情相通"。"要想写工人也是这样，必须和他们在一块，有血肉相连的感情。""要写出他们，你必须参加群众的斗争生活，理解他们新鲜的、战斗的、热情的感觉才能启发自己的感情有所变化；在这种生活中，你的脑子才可能灵敏、新鲜、开朗，处处想到别人而不想自己。"⑤

1952 年，在对部队文艺工作者的长篇讲话《谈与创作有关诸问题》中，丁玲提出，作家最根本的问题是要解决为什么要创作的问题，是"有没有对创作的热情，对生活、人民的热情"。"作家不能是个为拿工资的匠人，创作者自己首先要有创作的感情，热爱生活的感情，要爱新的人物，爱新鲜的东西。一个创作者要懂得爱和恨，要有最深的恨，更要有最深的爱，深深地恨人民敌人，深深地爱人民群众，只有这种思想情感，才可能有革命的宽大的

---

① 毛泽东：《在延安文艺座谈会上的讲话》，《毛泽东选集》第三卷，人民出版社 1953 年版，第 851 页。
② 参见李杨《"革命"与"有情"——丁玲再解读》，《文学评论》2017 年第 1 期。
③ 参见何吉贤《"热情"与 20 世纪中国文学的基本情感动力》，《汉语言文学研究》2022 年第 1 期。
④ 丁玲：《谈文学修养》，载张炯主编《丁玲全集》第 7 卷，河北人民出版社 2001 年版，第 150 页。
⑤ 丁玲：《谈文学修养》，载张炯主编《丁玲全集》第 7 卷，河北人民出版社 2001 年版，第 150—151 页。

胸怀，才能有满腔革命战士的热情，感觉到一肚皮的话非写不可，非宣传不可，而从事创作。创作者非具备这样的创作热情和革命的热情不可。这些东西从哪里来呢？是从各方面来的。但也要创作者在生活中改造了自己之后，才可以丰富起来的。"① 这里，感情——对生活的感情，对与生活相连的人民的感情，以及因感情相连而产生出来的热情——是"深入生活"及创作的基础和出发点。

在"深入生活"的过程中，"下去"了的我们"在那里是一个负责任的人，严肃的人，热情的人，理解人的人，而且最重要的是没有私心的人，我们慷慨地、勇敢地把力量拿出来，我们也将会得到最多的、丰富的、各种各样的情感。到那个时候，我们就不贫乏了，我们就富有了一切生活中多彩多样的人的心灵的、生动的生命的跃动，我们就会觉得写不胜写，而且写得那样顺手，那样亲切了"②。这种情感上的变化也可以使工作和创作中的"态度—感情—方法—结果"达成沟通，形成一致。丁玲说，作家在"下去"的时候，"最好是老老实实，坦坦白白，诚诚恳恳，谦虚谨慎，热情地（一定要有热情）拿出自己的劳动来。在哪个地方工作，就把那个地方的工作搞好。不要在这里还有什么个人打算，好像干好了，个人还可以拿到什么。创作不是个人的，创作的结果就是大家的。你做了一个茶壶，这个茶壶就是社会，不归自己了"③。在丁玲看来，人对感情的需求，人与人的情感关系是"生活"的本质，是革命政治的内在要素，也是创作的依托。

---

① 丁玲：《谈与创作有关诸问题》，载张炯主编《丁玲全集》第7卷，河北人民出版社2001年版，第348页。
② 丁玲：《到群众中去落户》，载张炯主编《丁玲全集》第7卷，河北人民出版社2001年版，第363页。
③ 丁玲：《生活、思想与人物》，载张炯主编《丁玲全集》第7卷，河北人民出版社2001年版，第430页。

情感沟通以及因情感沟通而产生的"热情"和决心也是克服"深入生活"中诸多困难的有效方法。在 1950 年应《中国青年》约稿而写的《知识分子下乡中的问题》一文中，针对知识分子下乡中的问题，如生活太苦、工作不上手、与老干部和工农干部的结合、与群众的相处、个人的心情，等等，丁玲一一进行分析，并提出了解决办法。她提出，克服这一切问题的前提是要"有革命的热情，有为人民服务的决心"[①]。决心大了，意志才会坚定，"热情"才不会容易消退。

与群众情感相通以及改造后的情感本身也是增强和扩展文艺作品感染力和艺术性的有效途径。在 1953 年的一篇文章中，丁玲谈到，现在许多文艺作品中没有感情。毛泽东在《讲话》中反对过小资产阶级分子津津有味的自我描写，所以作家不敢写感情。但丁玲反问："我们改造了自己的感情后，和人民的感情一致了，为什么不可以写？"问题是我们的感情太渺小了，"我们只关心自己，没有对人民群众的感情，这是不行的。我们到群众中去，改造、丰富、培养、扩大对他们的感情。我们对他们的责任感强了，崇高的，无私的感情就会培养出来。我们的社会活动多，与人民的关系扯不开了，我们的感情就会丰富起来"。[②] 这种扩大和增强了的情感是"深入生活"后的理想结果，它既是丁玲"深入生活"论的鲜明特色，也可能是其理想性和局限所在。

最后，"深入生活"是对生活的提炼。

"生活论"是 20 世纪中国革命文艺理论的重要命题。丁玲的"深入生

[①] 丁玲：《知识分子下乡中的问题》，载张炯主编《丁玲全集》第 7 卷，河北人民出版社 2001 年版，第 190 页。

[②] 丁玲：《作家需要培养对群众的感情》，载张炯主编《丁玲全集》第 7 卷，河北人民出版社 2001 年版，第 372 页。

活"论源自《讲话》,在理论渊源上又与冯雪峰和胡风有对话关系。①20世纪50年代初,丁玲在回答"什么是生活"的问题时这样说:"所谓生活,绝不是指琐碎的生活现象,而是从实践中,从生活里面发现并提出最基本的问题,最能代表现实的问题。"②丁玲从创作主体的立场出发,强调"生活"高于观念,这个经过主体体验过的"生活",其前提是创作主体"忘我"的投入。在这个过程中,创作主体和群众经由感情的互相激发和融合,处于一种水乳交融、不分彼此的共同体的状态,"生活"也不再是原来的原生状态了。

丁玲并非一位以理论见长的作家,但在阐述"深入生活"时,她常常提到理论的重要性。在1951年对中央文讲所第二期学员的讲话中,她特别强调了学习理论的作用。"我们要认识理论对我们的重要性。我们有了理论,就更能够认识生活。没有理论,似是而非的东西一来,我们就会上当。"③丁玲提到,有人说搞文艺的不会接近群众,但她认为这是由于理论水平、思想

---

① 冯雪峰在1936年的总结性论文《论民主革命的文艺运动》中将"生活力"与"思想力""艺术战斗力"并称,以此批判他所称的公式主义、经验主义、自然主义错误倾向。在谈到艺术与生活的关系时,他说道:"作者虽然也有为了人民的战斗和为了艺术的创作的意志和热情,但因为作者自己不能深入到客观对象中去,使自己和人民一起战斗,一切都在现实生活和斗争的深处燃烧,锻炼和生长出来,所以自己和对象是隔离的,思想是抽象而无生气的,题意是外在地机械地塞到形象里去的,而想象大半还是为了题意或概念而制造出来的,都不是真实生活的概括;就是那些确实是观察了社会生活而得来的现象,也终于被抽去了生活的根,或和那根接连不起来的。"(《冯雪峰全集》第4卷,人民文学出版社2016年版,第39页)可以看出,冯雪峰的出发点还是创作主体的意志,他所称的生活仍是对象化的。胡风在1936年的《文学与生活》中承认"文艺是从生活产生出来的,而且是反映生活的"(《胡风全集》第2卷,湖北人民出版社1999年版,第293页),但他又提出"到处都有生活"之说,而不限于工农兵生活,试图扩大文艺创作题材和范围。这与丁玲的"深入生活"论有实质的不同。
② 丁玲:《谈谈文艺创作问题》,载张炯主编《丁玲全集》第7卷,河北人民出版社2001年版,第247页。
③ 丁玲:《怎样迎接新的学习》,载张炯主编《丁玲全集》第7卷,河北人民出版社2001年版,第232页。

水平低,"没有'本钱'去接近,与外人接近,连问题都提不出来"①,怎么接近呢?

当然,作为一位作家,丁玲从其创作经历出发,不会把理论学习当作解决一切问题的灵丹妙药。在丁玲看来,作家的理论敏感(思想水平)还有一个重要表现是对时代的敏锐把握,这也是一种政治意识。1950年,在谈到五四时期的文学经验时,丁玲有一个有意思的观察,她认为五四时期的文学作品,多半是在说明一个问题,并且是要解决这个问题的。尽管这个问题以今天的标准看也许并不复杂,"但却充满了强烈的政治情绪,有不解决不罢休之势。我们很强调作品的政治的社会价值,而今天我们作品里的那种政治的勇敢、热情,总觉得还没有'五四'时代的磅礴,可是我们又处于军事、政治、经济大进攻大变革的时代,所以就更觉得问题工作不相适应,文艺反映现实未免落后"。丁玲认为,"五四"时代的作家写小说、写诗,不是为了要当小说家或诗人,"就是为的要反对一些东西,反对封建,反对帝国主义去写的",形式上也不十分讲究,"只为要把自己的思想说出来,就用了这些形式",所以,五四时期的新文学,"年轻的时代是为政治服务得非常好的。那时好像没有人怀疑文学与政治的关系"。②

这里丁玲强调的是,"五四"新文学的出现是现实的和实际的斗争的结果。而到了20世纪50年代,创作者因为陷于日常的工作中,缺乏从实际经验和工作中提炼出来的政治的感觉和视野。"我们在实际工作中脑子里有一件东西,是当时当地一般干部也都可以有的感觉、认识和经验,我们还没有养成我们自己的较深刻的,较敏锐的,较远大正确的见解,所以我们不能表

---

① 丁玲:《怎样迎接新的学习》,载张炯主编《丁玲全集》第7卷,河北人民出版社2001年版,第233—234页。
② 丁玲:《"五四"杂谈》,载张炯主编《丁玲全集》第7卷,河北人民出版社2001年版,第157页。

现出比当时一般干部更高的政治思想来。"①也就是说，相比于30年前的五四时期的新文学，文学的政治性、文学与政治的关系到了20世纪50年代初反而减弱了，因为在后者那里，问题的意识消失了，政治的视野减弱了，作家成了一般干部的"尾巴"。正因为如此，丁玲才强调作家要重视理论学习，要打开视野。"写作品主要是写思想（也就是对政策有了消化），一切人物和事件都为透出一个思想，而不是写一段材料，一个故事。"②

"深入生活"论是丁玲结合自己的创作经历，从《讲话》中总结和引申出的一套观念和指导创作、培养作家的具体方法，丁玲自己一直走在这条道路上，而她关于"深入生活"的理念和方法也影响了一批当代作家。除了上面提到的受其指导和影响的文讲所培养出来的青年作家外，革命战争时期业已成名，新中国成立后已在北京落户和工作的作家赵树理、周立波、马烽和柳青等，都在丁玲提出"到群众中去落户"的号召前后，分别回到了自己的文学"根据地"——赵树理回到了山西晋城老家，周立波回到湖南益阳老家，马烽回到山西汾阳老家，柳青在陕西长安皇甫村蹲点落户14年，也各自进入了自己文学创作的另一个高峰期。

丁玲"深入生活"论最直接的来源是《讲话》"结论"中的这一段话："中国的革命的文学家艺术家，有出息的文学家艺术家，必须到群众中去，必须长期地无条件地全心全意地到工农兵群众中去，到火热的斗争中去，到唯一的最广大最丰富的源泉中去，观察、体验、研究、分析一切人，一切阶级，一切群众，一切生动的生活形式和斗争形式，一切文学和艺术的原始材

---

① 丁玲：《"五四"杂谈》，载张炯主编《丁玲全集》第7卷，河北人民出版社2001年版，第156页。
② 丁玲：《"五四"杂谈》，载张炯主编《丁玲全集》第7卷，河北人民出版社2001年版，第157页。

料，然后才有可能进入创作过程。"①《讲话》中，关于"(生活)源泉"的问题是放在普及和提高的部分里讲的。正如上文已提到的，丁玲在20世纪50年代初作为文艺界的主要领导人，她主抓的是文艺创作的组织问题，也就是说，在文艺生产和传播中，她关注的是生产，是作为"生产者"的文学家文艺家的主体变化问题；在普及和提高的关系问题中，她注重的是提高的问题，是《讲话》中所谈的"高级文艺"问题。在相当程度上，丁玲"深入生活"论的诉求是创作出符合《讲话》要求的高质量的、高级的文艺作品，而对于《讲话》中所说的作为"普遍启蒙"的在"提高指导下的普及"问题，并没有涉及。当代文学中，"普遍启蒙"意义上的"真正的工农兵文艺"的要求，与作为一个新生的社会主义政权、现代民族国家所需要的"高级文艺"之间，一直存在相当紧张的关系，丁玲的"深入生活"论，也是这种紧张关系的体现之一。

近期也有研究者指出，丁玲重构的"深入生活"原则固然在创作上是有力的，但它却与"文艺服从于政治"所衍生出来的"及时反映现实"的要求之间构成冲突。因为根据"深入生活"原则的要求，这是一个长期、缓慢的过程，而革命工作、革命运动的变化却需要及时的反映和宣传。因此，对"深入生活"后可能遭遇的危机，丁玲只能用一种理想主义、浪漫化的道理加以弥合，并不能有针对性地予以解决。②但不管怎样，丁玲关于"深入生活"的思考不仅贴近创作主体，而且深入而系统，是认识当代中国文学的宝贵资源。

---

① 毛泽东：《在延安文艺座谈会上的讲话》，《毛泽东选集》第三卷，人民出版社1991年版，第860—861页。
② 参见程凯《"深入生活"的难题——以〈徐光耀日记〉为中心的考察》，《中国现代文学研究丛刊》2020年第2期。

余论

20世纪70年代末80年代初,丁玲复出文坛。在一个众说"伤痕",告别过去的时代,丁玲作为一位历经磨难的"归来者",却再次强调了其"从延安走来的人"的身份。她谈"文艺与政治的关系",强调"作家是政治的人",在纪念《讲话》发表四十周年之际,重新又提出"到群众中去!"的口号。除此之外,她还直接就延安文艺座谈会发表了《答外国驻京记者问》《回忆与期望——为纪念〈在延安文艺座谈会上的讲话〉发表四十周年答中国青年报〈向日葵〉编者问》《回顾与追求——在〈延安文艺丛书〉首次出版发行座谈会上的发言》《重视生活 深入生活——与〈延安文艺研究〉编者的谈话》等众多文章。在一个"告别历史"的时代,她却在自己身上重重地打上了"延安"和《讲话》的印记。

1984年年底,《延安文艺研究》创刊,丁玲作为"从延安走来的人",作为延安作家的代表性人物,向该刊编者发表了谈话,再次强调了"深入生活"的重要性和必要性:"群众生活是创作的唯一源泉,这是毋庸置疑的。"① 但毕竟时移世易,丁玲在强调"深入生活"的重要性时,对不同的人如何"深入生活"提出了需要探讨的问题。"不同的人,不同的条件,可以有不同的深入生活的方式,不必一个样。"她再次界定了"深入生活"的问题:"所谓深入生活,就是要求我们和群众一起,在改造社会、推动历史前进的运动中,成为战斗的一员,不光是浮光掠影的走马观花,更不是拢着双手的隔岸观火。这就要求我们文艺工作者要有热情,也就是要有革命的激情。""对生活要有热情,也就是对人民、对国家、对民族的责任感。如

---

① 丁玲:《重视生活 深入生活——与〈延安文艺研究〉编者的谈话》,载张炯主编《丁玲全集》第8卷,河北人民出版社2001年版,第427页。

果没有这种热情,不能始终保持这种热情,就会缺少对群众生活的正确理解,更谈不上正确的表现。把仅有的那点生活写完了,就难以为继了。形势在发展,生活在前进,作家的思想感情也得跟上去。否则,你只能视而不见,可以看见生活,看见种种表面现象,其中革命的东西却看不见了,抓不住了。"[1]感情,以及最内在于丁玲感情深处的"热情",成为她20世纪80年代初最常用的词汇。这也许是一位革命作家对滋养其成长的精神的共鸣,也许是一位优秀作家对时代的敏感,事后看来,不仅令人感动,也可谓切中时弊。

在表现自我、表现内心成为文学主流,新一波的现代派潮流即将喷薄而出的时代,丁玲的声音显得突兀、生硬而顽强,这位曾经引领文学新潮的新派作家,终于站到了潮流的对立面。我们也能看到,在丁玲"不变"的背后,也有因时代和潮流的变动而带来的"变",也就是在强调"深入生活"的不变之中,"深入生活"的基调和重点有了调整——调整到了作为创作主体的作家的情感上,对于因强调"自我"而走向某种历史和价值虚无的"新时期"文学潮流,这是有明确的指向性的。丁玲复出之后,一直以各种方式表示自己经过那么多年的人生沉浮,有了深厚的生活积累,还能创作,还希望写出另"一本书"。但遗憾的是,时不我待,她最终未能如愿。在20世纪80年代的众声喧哗中,丁玲的声音也走进了历史深处,发出了与历史特有的共鸣。

(原载《文艺理论与批评》2022年第3期)

---

[1] 丁玲:《重视生活 深入生活——与〈延安文艺研究〉编者的谈话》,载张炯主编《丁玲全集》第8卷,河北人民出版社2001年版,第428页。

马克思主义文学反映论在 20 世纪 80 年代中后期的发展与深化

张永清

中国人民大学文学院

20 世纪 80 年代无疑是思想最解放、思维最活跃、理论最具创新性的时期之一。本文把 1984 年至 1989 年这一时段视为马克思主义文学反映论的"发展与深化阶段"。问题在于，基于何种理由把马克思主义文学反映论的"发展"时间"划定"在 1984 年？又出于哪种考虑把它的"深化"时间"框定"在 1989 年？在新中国马克思主义文学反映论的发展史上，1984 年之所以具有"发展"这一标志性意义，就在于童庆炳、钱中文等不仅明确提出了"文学是社会生活的审美反映""文学是审美的意识形态"这两大新理论命题，更重要的是还对其进行了初步的理论阐发；1989 年之所以具有"深化"这一标志性意义，就在于钱中文、王元骧等把他们的新思考、新洞见进行了初步的知识化、系统化、教科书化。因此，1984 年、1989 年是马克思主义文学反映论进入"发展与深化"新阶段具有标志性意义的两个时间"节点"。

本文拟以语境化与知识化这一双重视角为切点，以时间发生为脉络，以重点人物为对象，以基本理论问题为中心，对"发展与深化阶段（1984—1989）"的马克思主义文学反映论展开以下四个方面的尝试性探讨。

一、文学"审美反映论""审美意识形态论"的明确提出与初步阐发

1984年,童庆炳、"梁仲华们"①、钱中文等在文学的"形象反映论""特殊意识形态论"基础上,极其明确地提出了文学的"审美反映论""审美意识形态论",并作了初步的理论阐发。

我们先来看谁或哪些人是"文学审美反映论"这一命题的明确提出者与初步的理论阐发者这一问题。

任何新理论都不会横空出世,它们都有一个瓜熟蒂落的过程。如何理解文学反映社会生活的特殊性?易健、王先霈等就此做了具有20世纪80年代初期特点即凸显审美特性的理论回答:"文学是社会生活整体的综合反映;文学是社会生活审美的反映;文学是社会生活形象的反映。"②其中对"文学是社会生活审美的反映"的论述颇有理论新见,因为它"开始将文学反映论与审美联系起来"③。就新中国马克思主义文学反映论而言,"文学是对现实的反映"这一理论"总题"经历了从"确立与巩固期"到"恢复与反思阶段",再到"发展与深化阶段"这一"演进"过程:从"文学是社会生活的形象的反映"到"文学是社会生活审美的反映",再到"文学是社会生活的审美反映"的嬗变态势。

从我们所掌握的现有文献资料看,"文学是社会生活审美的反映"即"文学审美反映论"这一新命题的首个明确提出者、初步的理论阐发者是

---

① 本文权且把梁仲华视为北京师范大学中文系文艺理论教研室全体人员的代表,简称"梁仲华们"。
② 易健、王先霈编:《文学概论》,湖南教育出版社1983年版,第50页。
③ 童庆炳主编:《新时期高校文学理论教材编写调查报告》,春风文艺出版社2006年版,第41页。

童庆炳，主要体现在他出版于 1984 年 2 月的《文学概论》（上）（以下简称"童本"）①。不过，并非童庆炳一人在 1984 年提出了"文学是社会生活的审美反映"这一新命题，其他代表性人物在 1984 年的相关论述同样值得我们认真探究。《文学概论》（以下简称"教研室本"）的实际执笔人为钟子翱、梁仲华、童庆炳。② 国内学界在探究"文学审美反映论"的历史发生这一问题过程中，始终未能给予"教研室本"第一章第二节以及"梁仲华们"在其中所起作用以应有的关注。③ 概括地说，与"童本""文学是社会生活的审美反映"这样新颖醒目的理论化标题相比，"教研室本"的标题即"文学反映社会生活的特殊性"确实未能做到把创新性的理论思考"概念化""标识化""命题化"，但从二者所呈现的主要内容及论证思路等方面看，"教研室本"与"童本"的理论观点具有高度的"趋同性"，即二者都以审美的反映、富有个性特点和情感的反映来揭示文学反映社会生活的特殊性。

公允地讲，现有研究论著对钱中文在"文学审美反映论"这一问题方面的理论贡献已做了充分且深入的探究。不过，有些论述不尽准确，还需要对其作更加准确的把握。比如《20 世纪中国马克思主义文艺理论研究》一

---

① 童庆炳在"后记"中写道："1983 年 7 月至 1984 年 4 月，北京电视台举办党政干部基础科《文学概论》讲座，我应邀讲授了这门课，这部书就是我匆匆写成的讲稿。"参见童庆炳《文学概论》（下），红旗出版社 1984 年版，第 619 页。

② 三人分工情况十分醒目地呈现在《文学概论》的扉页上。其中，梁仲华具体执笔的部分是绪论，第一章，第二章第一、三节，第三章第三节，第九章，第十章，参见北京师范大学中文系文艺理论教研室编《文学概论》（上下），北京师范大学出版社 1984 年版。

③ 从时间上看，"童本"问世于 1984 年 2 月，"教研室本"问世于 1984 年 12 月；从写作主体看，童庆炳既是"童本"的独著者又是"教研室本"的三大执笔者之一。问题在于，文艺理论教研室全体成员在集体讨论"教研室本"第一章的过程中，究竟是童庆炳的观点影响了梁仲华，还是梁仲华的观点影响了童庆炳，或者教研室其他成员的思想影响了他们俩，这一切如今都无从考证。考虑到具体执笔人显然有别于独立撰写人，考虑到"教研室本"第一章的具体执笔人既不是钟子翱，也不是童庆炳，而是"梁仲华们"。

书这样写道:"80年代中期,文学'审美反映'论文学观念终于诞生。……1986年钱中文教授也提出文学'审美反映'论。"①这段引文存在比较明显的疏漏之处,即钱中文提出"文学审美反映论"的确切时间是1984年而不是1986年。这一点可以从钱中文当年发表的相关论文中得到"印证"。比如,钱中文不仅明确提出了"文学创作不是一般的反映,而是一种审美的反映"这一新论断,同时还对其作了初步的理论阐发,我们不妨把其中最能说明问题的核心段落援引如下:"文学创作不是一般的反映,而是一种审美的反映……最后审美反映的丰富性在于它的具体性和主观性,即列宁所说'最具体的和最主观的是最丰富的',这个论点我以为是对反映论、对审美反映的出色表达。"②

我们再来看谁或哪些人是文学"审美意识形态论"这一理论命题的明确提出者、初步理论阐发者。如果说"文学是社会生活的审美反映"这一新命题首推童庆炳,那么"文学是一种审美的意识形态"这一新命题的提出非钱中文莫属。单从时间上看,江建文有关"文艺作为审美意识形态""文学作为审美意识形态"的零星论述确实要稍早于钱中文,但从理论问题的明确提出以及理论命题的明确指向来看,两人之间几乎不存在可比性,钱中文是当之无愧的最早明确提出者、初步的理论阐发者。

有学者认为,"钱中文则于1987年发表文章,直接提出'审美意识形态论'的观念,从多方面作出了论证"③。实际情况是,钱中文在1984年就提

---

① 童庆炳主编:《20世纪中国马克思主义文艺理论研究》,北京大学出版社2012年版,第465页。
② 钱中文:《文艺理论的发展和方法更新的迫切性》,《文学评论》1984年第6期。
③ 童庆炳主编:《文学理论教程》(修订二版),高等教育出版社2004年版,第59页。类似的表述参见童庆炳主编《新时期高校文学理论教材编写调查报告》,春风文艺出版社2006年版,第72页;童庆炳主编《文学理论教程》(第4版),高等教育出版社2008年版,第55页。

出了"审美意识形态论",并对其进行了初步的理论阐发。比如,钱中文认为,"文学艺术固然是一种意识形态,但这是一种审美的意识形态;文学艺术不仅是认识,而且也表现人们的感情、思想;审美的本性同样是文学的根本特性,缺乏这种审美的本性,也就不足以言文学艺术"①。显而易见,1984年的钱中文在探究文学本质时,不再秉持过去的认识本质论文学观,转而持"认识性与审美性"相统一的"双重本质"文学观。从这个意义上讲,"文学是审美的意识形态"这一命题的提出是钱中文对"认识本质论""审美本质论"这两种"单一论"或"唯一论"文学观"扬弃"后的新思考、新提炼。

如果说"文学是社会生活形象的反映""文学是属于上层建筑的特殊意识形态"这两大"旧"理论命题以"形象"为轴心构建了一套马克思主义文学反映论的形象话语体系,那么"文学是社会生活的审美反映""文学是审美的意识形态"这两大"新"理论命题则以"审美"为轴心构建了一套马克思主义文学反映论的审美话语体系,"审美"已然取代了"形象",成为仅次于"反映"与"意识形态"的至关重要的关键词。毫不夸张地讲,1984年是初步构建马克思主义文学反映论"审美"话语体系的"元年",童庆炳、钱中文等是构建这一新理论话语的真正开拓者。

二、文学反映论直面"新四论"的挑战

无可讳言,这一阶段的马克思主义文学反映论不得不"直面"新方法、新观念的严峻挑战,因为诸如主体论、生产论、本体论、价值论(以下简称"新四论")等在当时都以"取代"马克思主义文学反映论这一"旧论"作为

---

① 钱中文:《评波斯彼洛夫的〈文学原理〉——兼评苏联的其他几本同类著作》,《文学评论》1984年第4期。

它们共同的理论诉求。本文在聚焦文学反映论的新理论命题过程中，把"新四论"作为不可或缺的理论参照，努力在比较视野中呈现论争的焦点以及问题的实质。

其一，"取代"文学反映论是文学主体论者十分明确的理论目标之一。从 1985 年年底到 1986 年年初，刘再复较为完整、系统地论述了其文学主体论。在他看来，以往的文学反映论实际是一种机械反映论，存在着没有解决实现能动反映的内在机制等四个方面的主要理论缺陷，因而需要实现从反映论向主体论的理论转移。①

文学主体论对文学反映论及其哲学根基的批判随即"引发"了反映论者与主体论者之间的激烈论争：认同、支持文学主体论的代表性人物有杨春时、林兴宅、孙绍振等，他们以机械、静态、直观、片面、庸俗等各种批判性、否定性语词来"抨击"文学反映论；蔡仪、程代熙、陈涌、陆梅林等文学反映论的坚持者、捍卫者则旗帜鲜明、立场坚定地予以了强力"回击"。考虑到学界对此已有相当具体且深入的探究，本文只就与本论题密切相关的问题略加剖析。

杨春时提出，文学反映论之所以变成了"直观的反映论"，就在于它忽视了能动的实践观点这一马克思主义哲学的核心，抹杀了主体的创造性。②孙绍振认为，文学主体论的提出标志着被动、自卑、消极的反映论在文艺理论上统治的结束，标志着审美主体觉醒新阶段的开始。③

程代熙认为，刘再复等主体论者把列宁的反映论视为机械反映论等不仅

---

① 参见刘再复《论文学的主体性》(下)，《文学评论》1986 年第 1 期。
② 参见杨春时《论文艺的充分主体性和超越性——兼评〈文艺学方法论问题〉》，《文学评论》1986 年第 4 期。
③ 参见孙绍振《论实践主体性、精神主体性和审美主体性》，《文学评论》1987 年第 1 期。

轻率而且完全错误。①陈涌强调,"过去的主要问题,无论如何不是什么'主体性的失落',而是我们的作家、艺术家的生活经验不足,对自己所表现的对象理解、体验不足"②。陆梅林告诫说,"我们理解偏了,讲偏了,只能怪我们自己,而不能怪马克思和他的唯物史观"③。还有学者坚信,反映论文艺观永远不会为主体论所"替代",它有其始终存在的"天然"合理性④;反映论与主体论不仅不矛盾,辩证唯物主义的反映论"还是唯物主义主体论的哲学前提"⑤。

经过与主体论者的激烈论争,部分反映论的坚持者、发展者自觉加强了对创作主体的能动性、创造性以及反映的中介、反映的心理机制等问题的深入探讨,"审美反映论得到认同,文学的审美特性得到强调,模糊文学与哲学界限的一般反映论缺陷得以克服"⑥。

其二,生产论者同样把"代替"反映论作为其理论话语构建的主要诉求之一。肖君和明确提出:"人们都说,指导我们文艺思想、文艺创作的具体的理论基础是列宁的反映论。这种说法对吗?不对。指导我们文艺思想、文艺创作的具体的理论基础应该是马克思的生产论,而不是反映论。在文艺观念更新的今天,我们应该用生产论代替反映论,以便对文艺思想、文艺创作

---

① 参见程代熙《再评刘再复的"文学主体性理论"——关于反映论问题》,《文艺理论与批评》1987年第2期。
② 陈涌:《也论现实主义和反映论问题》,《文艺理论与批评》1989年第1期。
③ 陆梅林:《哲学上的狐步舞——〈现实主义和反映论问题〉一文读后》,《文艺理论与批评》1989年第4期。
④ 参见黄力之《主客体关系与审美反映》,《湖南师范大学社会科学学报》1989年第6期。
⑤ 王元骧:《反映论:马克思主义文艺学的哲学基础》,《审美反映与艺术创造》,杭州大学出版社1992年版,第4页。
⑥ 童庆炳主编:《新时期高校文学理论教材编写调查报告》,春风文艺出版社2006年版,第72页。

进行有效的指导。"① 肖君和在该文中主要从艺术的生产本质等七个方面对此问题进行了具体论证。何国瑞在《论马克思的艺术生产理论体系》等系列论文中提出，马克思的艺术生产理论是一个完整的科学系统，为我们的文艺学研究开创了新局面，提供了可靠的理论基础。② 何国瑞在《艺术生产原理》一书中进一步提出了具有某种"体系性"的生产理论范式，并在此基础上做了较为具体的理论阐释。

其三，文学本体论能否"取代"文学反映论？这也是反映论者当时必须正视的重要理论问题之一，因为它关涉文学的本质与本体之间的关系这一基本理论问题。如果说国内哲学界自1985年始就比较多地探讨本体论问题，那么国内文艺理论界对本体论问题的讨论大概始于1987年。朱立元、徐岱、孙文宪、稷山、杜书瀛、王岳川等有关文学本体、人类学本体、艺术本体方面的论文相继问世后，形成了文学艺术理论领域的本体论研究思潮。与主体论、生产论一样，文学本体论同样对文学反映论形成一种强烈的"理论挤压"。在赖干坚等看来，"本体论仅仅向反映论渗透而已，充其量只在某些批评家当中取代反映论，使他们的评论呈现较明显的质变，就像当前在创作界涌现的某些具有先锋派色彩的作家一样"③。

其四，文学价值论在理论构建上也试图"取代"文学反映论。针对文学反映论注重认识但忽视价值功能的理论偏颇，有学者于1984年就提出应从价值论视角来理解文学。④ 大体而论，国内哲学、美学、文学领域对价值

---

① 肖君和：《要用马克思的"生产论"指导文艺》，《文艺争鸣》1986年第4期。
② 参见何国瑞《论马克思的艺术生产理论体系》，《武汉大学学报（社会科学版）》1988年第4期。另见何国瑞《艺术是一种发明性的精神生产》，《江汉论坛》1988年第3期；何国瑞《艺术生产论纲》，《理论与创作》1989年第4期；何国瑞主编《艺术生产原理》，人民文学出版社1989年版。
③ 赖干坚：《文艺本体论对反映论的碰撞与渗透》，《文艺研究》1989年第2期。
④ 参见刘再复《思维方式与开放性眼光》，《文学评论》1984年第6期。

问题的集中探讨始于 20 世纪 80 年代中后期。黄海澄作为这一时期文学价值论最有代表性的人物之一，以蔡仪主编的《文学概论》为个案，在具体剖析"文学艺术是社会生活的反映"这一命题存在的突出问题后提出，应以价值论"取代"反映论。① 在王元骧看来，价值论对于建立马克思主义文艺学确实具有十分重要的理论意义，但如果"把价值论和认识论对立起来，通过取消评价与认识之间的内在联系，来否定反映论对文艺学的普遍指导意义，那又是从一种极端走向另一种极端了"②。

反映论与"新四论"之间的思想交锋不应简单理解为取代与被取代的关系，而应理解为相互砥砺的共存共赢关系，这是因为理性平和、兼收并蓄的思想对话十分有助于文艺理论多样化格局的形成，十分有益于马克思主义文艺理论的多形态发展。部分学者在使命感、责任感的激励下，分别从马克思主义哲学原理的普遍性与文学的特殊性两个方面，对文学反映论展开了较为具体、深入、系统的理论思考与探究。

三、对文学反映论理论基石的新理解，对新理论命题更具体、更深入的论析

与蔡仪、陈涌、程代熙等重在坚持、捍卫的理论立场不同，王元骧等更注重在坚持中发展、在发展中捍卫马克思主义哲学即辩证唯物主义与历史唯物主义。比如王元骧提出，一切推倒反映论的原理来重建文学理论的企图都是不正确的，当务之急乃是对其原理作出完整而正确的理解。③ 再如栾昌大

---

① 参见黄海澄《价值论文艺学原理》，《南方文坛》1988 年第 3 期。
② 王元骧：《反映论：马克思主义文艺学的哲学基础》，《审美反映与艺术创造》，杭州大学出版社 1992 年版，第 7—8 页。
③ 参见王元骧《反映论原理与文学本质问题》，《文艺理论与批评》1988 年第 1 期。

认为，确有必要对能动反映论的原则、机制、效能等进行全面反思，这是因为"要发展马克思主义文艺学，首先就要发展马克思主义哲学"①。

问题在于，如何才能真正做到对马克思主义反映论原理的完整而正确的理解？概括地讲，学者们主要做了以下两方面的理论探索。

一方面，对马克思主义的认识论与反映论以及认识与反映的关系做了深入、细致的学理剖析。一些学者提出，反映论观点是马克思主义认识论最重要的基石，辩证唯物主义的认识论必须始终以充分发展了主体能动性的"全面反映论"为基础。②有学者在区分反映本身、反映范畴、反映论三者之间的不同，以及反映活动的广义与狭义之分等问题的基础上指出，"只有反映活动的一种特殊类型，即'观念对于客观实在的反映'，才是认识论所研究的反映，而其他各种类型的反映活动，都不属于认识论研究的范围"③。还有学者着重从意识是存在的反映等五个方面对认识与反映的关系做了新理解、新把握。④

如果说"确立与巩固期"的文学反映论把认识与反映、认识论与反映论完全相等同，那么这一阶段就十分注重从理论上对两者进行区分，由原来的认识即反映、认识论即反映论向反映并不只是认识、反映论不等于认识论的思想观念转变，即认识只是反映的一种形式，情感、意志同样是反映的主要形式。这一区分之所以对文学反映论的意义格外重要，就在于以往的文学反映论只把文学反映理解为单纯的文学认识，只重视对认识反映的探究而忽视对情感、意志等其他反映形式的相关理论思考，而情感、意志恰恰是文学反

---

① 参见栾昌大《能动反映论与马克思主义文艺学》，《文艺理论与批评》1988 年第 2 期。
② 参见李德顺《知识论、认识论与全面的反映论》，《教学与研究》1986 年第 3 期。
③ 赖金良：《反映论不等于唯物主义认识论——兼论反映定义及反映与认识的关系问题》，《福建论坛（文史哲版）》1987 年第 6 期。
④ 参见王元骧《文学意识形态性质的再认识》，《社会科学战线》1987 年第 3 期。

映有别于哲学等其他反映的特殊性之所在。这也从一定程度上解释了当时的一个突出理论现象,即绝大多数学者在阐释自己的理论观点时,往往刻意选择使用文学反映论、审美反映论等概念,尽量少用或不用文学认识论、审美认识论等概念,以避免在对文学本质等问题的理解与把握过程中再度陷入以往那种"唯认识"的理论困境。

另一方面,对反映的心理内容、心理机制、形式转换等问题做了比较深入、系统的分析、论证。比如王元骧认为,对反映的心理内容、反映的心理机制等问题的相关论述"对于填补能动反映论原理的内部环节,确立反映活动的主体性原则,丰富和发展辩证唯物主义反映论的学说,创立马克思主义反映学说的当代形态,以及帮助我们对能动反映论原理深入领会,日益显示出它不可低估的作用"[①]。又如董学文提出,如果能实现反映论从经典形式到现代形式的三大转换,那么就有可能形成和建立"现代形式"的马克思主义美学和文艺学的反映论。[②]

钱中文、王元骧、董学文、栾昌大等对马克思主义文学反映论的发展、深化突出体现在他们对文学作为一种反映、文学作为一种意识形态的特殊性等问题的深入思考、具体论析上。

先来看钱中文、王元骧等对"文学审美反映论"更具体、更深入的学理论析。

如前所述,童庆炳、"梁仲华们"、钱中文于1984年对"文学审美反映论"这一新论断作了初步理论阐发。1986年,钱中文不仅首次明确提出了应以文学审美反映论来"代替"文学反映论这一理论主张,而且还对其作了较为具体化、学理化、系统化的阐释。下面这一段引文最能说明问题:"文

[①] 王元骧:《反映论原理与文学本质问题》,《文艺理论与批评》1988年第1期。
[②] 参见董学文《马克思主义文艺学当代形态论纲》,《文艺研究》1988年第2期。

学的反映是一种特殊的反映——审美反映……要以审美反映代替反映论。"①概言之，钱中文在该文中对文学的审美反映结构、审美反映的主体创造力、审美心理定式及动力源、审美反映中的再现与表现，以及审美反映的多样性及其无限可能性等问题都做了具体剖析。②此外，钱中文在《论文学观念的系统性特征》《文学是审美价值、功能系统》等论文中对审美反映这一问题作了相关补充性论析。

需要着重指出的是，"文学审美反映论"在这一阶段得到了相当一部分学者的认同，他们在各自的论文、著作中对这一新论断进行了程度不一的具体阐发、论证。在此，我们仅选取两部有代表性的著作来说明问题。

《文学导论》把"文学是社会生活的审美反映"这一新命题直接作为第一章"艺术的本质"第三节的标题，同时对"文学的艺术本质"做了如下界定：它"不仅表现为社会生活能动的形象反映，而且更为深刻地表现为社会生活的审美反映。文学的形象和典型，即是作家审美反映生活的表现形态"③。《文学论纲》把"文学是社会生活的审美反映"作为第一章"文学与生活"第二节的标题，它把文学反映区别于哲学反映等的特殊性把握为："审美标准、审美方法和审美表现，是文学对生活审美反映的重要范畴，而审美反映是文学反映生活必须遵循的法则。对生活的非审美的反映通向哲学、法学、伦理学等社会科学领域，而只有对生活的审美反映，才引导我们通向文学的大门。"④蒋孔阳为《文学论纲》所写的"序"一方面充分肯定了

---

① 钱中文：《最具体的和最主观的是最丰富的——审美反映的创造性本质》，《文艺理论研究》1986年第4期。
② 参见钱中文《最具体的和最主观的是最丰富的——审美反映的创造性本质》，《文艺理论研究》1986年第4期。
③ 张怀瑾主编：《文学导论》，天津教育出版社1987年版，第49页。
④ 孙正荃主编：《文学论纲》，陕西人民出版社1988年版，第37页。

该书从观念上打破线性思维、以审美为主视角建构新理论体系的可贵探索精神，另一方面对文学与反映、意识形态的关系作了十分精当的理论阐释："文学是意识形态，但它是审美意识形态；文学是对生活的反映，但它是审美的反映。没有审美便没有文学、没有艺术。所以从审美视角透视文学、研究文学，不仅是重要的，而且是不可或缺的。……没有主体参与的反映不是审美的反映。"①

王元骧对文学的审美反映问题作了更具体、更细致、更深入的理论阐释。在他看来，文学艺术对现实的反映不是以认识的形式而是以情感的形式，即通过作家、艺术家对现实生活的审美感知和审美体验而作出，这一特质决定了它既是理性的又是感性的，既是智力的又是直觉的，既是意识的又是无意识的。②

再来看文学与意识形态的关系这一问题。

客观而论，在如何理解与把握文学作为意识形态的特殊性这一问题上，栾昌大、董学文等学者提出了其他两种理论命题及探究路径。换言之，这一阶段存在着"一旧""三新"理论命题：蔡仪等的"文学是反映社会生活的特殊意识形态"，钱中文等的"文学是审美与意识形态性的结合"，栾昌大等的"文艺既有意识形态性又有超意识形态性"，董学文等的"文学是意识形态与非意识形态的集合体"。

前已论及，针对"文学是属于上层建筑的特殊意识形态"这一传统理论命题存在的不足，钱中文等于1984年明确提出了"文学是审美的意识形态"这一新理论命题，并对其作了初步理论阐发。1986年，钱中文在1984年的相关论述基础上首次明确提出"审美与意识形态性的结合"论："文学

---

① 孙正荃主编：《文学论纲》，陕西人民出版社1988年版，第3页。
② 王元骧：《审美反映与艺术创造》，《文艺理论与批评》1989年第4期。

艺术作为意识形态，它的最根本的特性应是审美与意识形态性的结合，意识形态的理论只阐明了它和现实的关系，它和其他意识形态的共同点。……文学艺术是一种审美意识形态，它的本性的主要方面就是审美的意识形态性。"[1]1987年，钱中文在论述文学本质的多重性过程中，再次对他的"结合论"做了具体分析："重要的在于文学不是一种抽象的意识形态，而是审美意识形态。当审美的特性与意识形态特性结合到一起时，这种系统性使对象发生了质的变化。"[2]1988年，童庆炳把"文学是一种审美意识形态"这一理论命题作为他所主编的《文学理论导引》第一编"本质论"第二章的标题。童庆炳把文学区别于其他意识形态的特殊本质把握为："文学是一种审美意识形态，是对生活的审美反映。审美是文学区别于非文学的根本属性。"[3]

1987年，栾昌大明确提出，文艺居于意识形态与超意识形态之间，文艺是意识形态性和超意识形态性的统一。[4]1988年，董学文在1986年相关论述的基础上明确主张，文学艺术的特殊性在于它是意识形态和非意识形态的集合体。[5]1989年，郭育新等认为，意识形态性与主体性是文艺本质多层次构成的两个不同层面，而审美性之所以是文艺独特的本质规定，原因就在于它是区分文艺与非文艺的唯一标志。[6]王元骧强调，意识形态性与非意识

---

[1] 钱中文：《文艺学观念和方法论问题——两本外国文学理论著作比较研究》，《文艺理论与批评》1986年第1期。
[2] 钱中文：《论文学观念的系统性特征》，《文艺研究》1987年第6期。
[3] 童庆炳主编：《文学理论导引》，高等教育出版社1988年版，第45页。
[4] 栾昌大的这一观点最早见于《文艺不是意识形态之一》（《文学评论》1987年第3期"来稿撷英"部分），原文标题为《文艺意识形态本性说辨析》，全文刊载于《文艺争鸣》1988年第1期。
[5] 参见董学文《马克思主义文艺学当代形态论纲》，《文艺研究》1988年第2期。
[6] 参见郭育新、侯健主编《文艺学导论》，高等教育出版社1989年版，第34页。

形态性两者之间既不互相并列也不折中调和，作为矛盾的双方，意识形态性总是居于主导的、支配的地位，它不仅体现在文学作品的意识内容里，而且也渗透在文学作品的艺术形式中。①

不难看出，以上对文学作为意识形态的特殊性这一问题的三种主要理解均使用了"文学是……与……"或"文学既有……又有……"之类的表达句式。从当时的思想语境看，对文学根本特性的理解存在着"唯认识论"与"唯审美论"两极化趋向，前者主要体现在改革开放前三十年即"确立与巩固期"，后者主要体现在改革开放以来的"恢复与反思""发展与深化"这两个阶段。上述对文学本质的三种新理论概括主要是为了避免陷入其中的任何一种理论困境，力图在"扬弃"二者基础上提出契合文学本质内涵的新论断。因此，他们有意选择使用这样的句式结构，并非将两个异质的东西做简单的组合、拼贴、剪裁，而是力求在概念的对立统一中更恰切地呈现文学本质的多重性，进而实现理论构建所期待的那种"具体的总体性"。无可否认，对当时的诸多学者来说，文学在过往被片面认识化、片面意识形态化的"创伤记忆"不时萦绕在脑海、涌动在心间。由于"审美"更切近人们对文学、艺术的情感体验，因而当需要在"审美与意识形态性的结合""意识形态与非意识形态""意识形态性和超意识形态性"等理论范畴中有所选择时，人们更倾向于、更乐于、更愿意接受钱中文等关于文学的本质是"审美与意识形态性的结合"之类的话语表述。因此，在"时代偏好""集体记忆"等诸多因素的促使下，文学的"审美反映论""审美意识形态论"最终"脱颖而出"，成为一代学人集体理论探索最新成果的时代表达。

---

① 参见王元骧《文学的意识形态性与非意识形态性》，《高校社会科学》1989年第1期。

四、对文学反映论新命题的初步"知识化""系统化""教科书化"

20世纪80年代中后期不仅是努力探索基本理论问题、创新理论话语的时期,而且是积极构建马克思主义文艺学"理论体系""当代形态"的时代,正如董学文所说,"我们不再迷恋和追怀五六十年代的文艺学。……我们要创造马克思主义文艺学的'当代形态'。这是时代交给我们的使命"[①]。不同学者对马克思主义文艺学的理论根基即马克思主义哲学的理解各不相同,导致各自对"理论体系""当代形态"的不同构想,最终形成了以反映论、主体论、生产论为主要代表的三种探索路径。从某种程度上讲,1989年对马克思主义文艺学的意义格外重大,这是因为经过与本体论、价值论、系统论、结构论等多种理论的争鸣后,主体论文艺学、生产论文艺学、反映论文艺学在1989年均收获了沉甸甸的理论果实。锐意创新的学者们通过"著作""教科书"等不同形式,把他们对相关问题的所思、所想、所见、所得进行了初步的知识化、系统化、教科书化,其中最具代表性的有:九歌的《主体论文艺学》、何国瑞主编的《艺术生产原理》、王元骧的《文学原理》、钱中文的《文学原理——发展论》等。

尽管本论题的聚焦点是文学反映论,但从马克思主义文艺学的总体性考虑,有必要先对主体论文艺学、生产论文艺学及其哲学理论根基等问题做粗略论述。

《主体论文艺学》无疑是文学主体论在"教科书"建设方面所取得的主要理论成果之一。《主体论文艺学》之所以是马克思主义性质的,就在于九

[①] 董学文:《前言:我的理论反思》,《走向当代形态的文艺学》,高等教育出版社1989年版,第4页。

歌"以马克思主义哲学关于人的活动的本体论为基础。……长期以来,流行的反映论文艺学不以马克思主义哲学关于人的活动的本体论为理论基础,而是以反映论的认识论为理论基础,重要的原因之一,是对于马克思主义哲学的理解的缺失"①。无可争议的是,《主体论文艺学》"秉承"了刘再复等主体论者对机械反映论的相关批判。为了"取代"反映论文艺学,九歌在把文学定义为"主体的一种特殊的精神活动"的基础上,把"主体"作为逻辑"红线"与核心理论范畴融贯在全部内容即九章或九个方面的问题中,因而在理论上就为主体论文艺学的诞生打开了一条通道,从而构建出了有别于反映论文艺学的新话语形态、新理论体系。②

《艺术生产原理》是艺术生产论在"教科书"建设方面的理论探索之作。它之所以是马克思主义性质的,就在于何国瑞等始终以马克思或马克思主义的生产论为哲学根基。何国瑞等在构建艺术生产的话语形态、理论体系过程中,始终坚持把"生产"作为其逻辑起点,以区别于以认识或反映、主体等为逻辑起点的文艺观。大体看来,《艺术生产原理》按照艺术生产的实际过程架构出了具体由本体论、主体论、客体论、载体论、受体论组合而成的"五论"模式,同时以新创设的"艺象"概念作为生产论文艺学的核心理论范畴,以区别于以往文学反映论的"形象"概念,并在此基础上重新界定艺术类型以及与此相应的创作手法等。《艺术生产原理》对马克思主义生产论文艺学的新话语形态、新理论体系构建等重要问题做了具有一定启发性的理论思考。

相比于主体论、生产论文艺学,反映论文艺学在教科书建设方面的情况要更复杂些,其复杂性主要体现在以下三个方面。

---

① 九歌:《主体论文艺学》,中国社会科学出版社1989年版,第351页。
② 参见九歌《主体论文艺学》,中国社会科学出版社1989年版,第335—336页。

首先，这一阶段的部分文学理论新论、新编等虽有一定的理论创新，但基本沿用了蔡仪、以群等原有教科书的体例结构、内容以及理论范畴。比如《文艺学概论》尽管列了专章论述"西方文学中的现代派"等新问题，但依然认为"文学是用语言塑造形象来反映社会生活的一种社会意识形态"[①]。

其次，也有一部分文学理论著作在体例、结构、内容等方面确有创新，但其基本理论并未以哲学反映论作为根基，只是把主体、审美尤其是意识形态因素融入了新话语、新体例之中。比如《文学学》把文学的本质理解为具有多方面规定性、多层次构成的系统：作为社会历史文化现象而言，它具有社会意识形态特性；作为可供观照的审美对象而言，它具有审美特性；作为语言艺术来说，它具有文学性。[②]

最后，能够在坚持中真正发展反映论文艺学的是童庆炳、钱中文、王元骧等。与《主体论文艺学》《艺术生产原理》等著作是集体劳作的成果有所不同，无论是童庆炳的《文学概论》还是王元骧的《文学原理》以及钱中文的《文学原理——发展论》，都是由个人独立完成的。童庆炳在 1985 年至 1989 年间未就两大新命题展开更加深入的理论探讨，但在《文学的结构原理与审美心理学》《论审美知觉及其形成过程》《论审美情感的生成机制》等论著中，对审美心理、审美情感等问题的思考与探究在一定程度上弥补了文学审美反映论在心理学方面的理论不足。就文学原理的"五论模式"看，尽管钱中文着重探究的是"发展论"，但审美反映、审美意识形态是《文学原理——发展论》一书的核心理论范畴，集中体现在第一编第四章"文学观念"这一部分。考虑到这一部分即"方法论问题：主导、多样、综合""文学是审美意识形态""文学是审美本体系统——文学本体论"这三节与《论

---

① 刘叔成：《文艺学概论》(《文学概论四十讲》修订本)，中央广播电视大学出版社 1985 年版，第 27 页。
② 参见吴调公主编《文学学》，百花文艺出版社 1987 年版，第 14 页。

文学观念的系统性特征》的内容相合，此处不再赘述。

实事求是地讲，王元骧的《文学原理》是反映论文艺学在"教科书"建设方面所取得的最具代表性的理论硕果之一。首先，与多数教科书相比，《文学原理》基本上是王元骧在自己的系列论文基础上完成的，这意味着相关理论问题的结论是王元骧经过独立思考、反复斟酌后得出的。其次，与系列论文有所不同的是，从《文学原理》的体例、结构以及内容安排就可清楚得知，王元骧在该书中对审美反映、审美意识形态等问题进行了初步的知识化、系统化梳理。审美反映、审美意识形态既作为理论范畴贯穿于《文学原理》八章之中，又作为基本理论问题被集中论述于第一章。比如王元骧不仅把"文学是一种审美意识形态"作为第一章第一节的标题，而且从"文学作为意识形态的一般性质""文学作为审美意识形态的特殊本质""文学反映的特殊对象和特殊形式"三个方面作了具体、深入的理论阐释。[①] 因此，王元骧的《文学原理》基本做到了理论自洽、立论公允、说理透辟。

需要特别指出的是，马克思主义文学反映论实现了两大新命题在反映论文艺学"教科书"中的首次"闭合"：1984 年 2 月，童庆炳把"文学是社会生活的审美反映"这一新命题首次写入他独著的《文学概论》；1989 年 4 月，王元骧把"文学是一种审美意识形态"首次写入他独著的《文学原理》。"教科书化"意味着两大新命题由探索、探讨阶段走向了理论的总结与提炼、知识的传授与传播阶段，意味着两大新命题走向了知识化、系统化、经典化的理论之旅。

从创新性的关键概念、话语形态、体系构建等方面看，如果说"确立与巩固期"即改革开放前三十年的"经典"之作当数蔡仪主编的《文学概论》与以群主编的《文学的基本原理》，那么"恢复与反思""发展与深化"这两

[①] 王元骧：《文学原理》，浙江教育出版社 1989 年版，第 24—41 页。

个阶段即 20 世纪 80 年代的"典范"之作非王元骧的《文学原理》莫属。当然，它们之间并非一种简单的替换而是"升级迭代"的关系，即反映论文艺学初步实现了从"历史形态"到"当代形态"的理论转换。文学的审美反映论、审美意识形态论之所以能够"取代"文学的形象反映论、文学的特殊意识形态论，就在于它基本兼顾了反映论基本原理的"一般性"与文学作为文学的"特殊性"，既能够有效纠正原有理论命题存在的偏颇，又能够通过与时俱进的理论创新来回应现实关切。

此外，单从时间上看，王元骧比童庆炳、钱中文等步入这一理论领域确实要稍晚些，但他对相关问题的思考、探究可谓用心最多、用力最勤、挖得最深、走得最远。

至此，马克思主义文学反映论在 20 世纪 80 年代中后期形成了以"三驾马车"即童庆炳、钱中文、王元骧等为主要代表的发展新格局。

结语

在 20 世纪 80 年代中后期的文艺理论百花园里，马克思主义文学反映论最终成了最绚烂夺目的那一朵：以"三驾马车"等为主要代表的一代学人，赋予了马克思主义文学反映论这一所谓"过气之学"新的理论品格。当然，这种"新"与蔡仪、以群等构建的理论体系既一脉相承又有所丰富、发展、深化。他们在理论上初步实现了对"确立与巩固期"马克思主义文学反映论的"升级迭代"工作，同时又为马克思主义文学反映论在 90 年代的"拓展与突破"奠定了新基础、开辟了新路径。若从知识化所要求的严谨性、自洽性等方面看，以"三驾马车"等为主要代表的马克思主义文学反映论还存在以下有待解决的突出问题。

首先，"文学审美反映论"这一理论命题本身的提法并非"无懈可击"

的，它可能会导致如何有效确定理论的边界等问题的产生。比如有学者提出，"审美反映，是反映的个别形式，因而可以说打开了建立审美——文艺学方法论的通道。这种看法将要遇到的障碍是：第一，如何解释何谓审美；第二，文艺创造活动与审美活动有无区别"[1]。这也许是最早对"文学审美反映论"这一新理论命题自身存在问题的审慎性反思。还有学者认为，若只从认识论或反映论角度把文学理解为对现实的一种反映，无论在"反映"之前增加"形象"还是"审美"等修饰词，都不能从根本上达到对文学本质的全面把握。[2]

其次，对"文学审美意识形态论"这一新理论命题来说，一些学者不仅未能有效区分，反而混淆了"审美意识""审美的意识形态""审美意识的形态"等关键概念，由此产生在阐释过程中把核心概念予以置换、转换等诸多问题，给之后的相关论争带来了不应有的理论困扰。比如，有学者把"审美意识形态"理解为"审美意识的一种表现……所谓审美意识，即广义的美感"[3]。再比如，有学者不自觉地把"审美的意识形态"与"审美意识的形态"这两种不同性质的问题相混淆。[4] 至于"审美""审美意识""意识形态""审美意识形态""审美的意识形态""审美意识的形态""审美意识形式"这些概念之间以及它们所呈现的问题之间究竟是何种关系等问题，笔者拟在后续的论文中对此做尝试性探讨。

最后，这一时期的理论新思、新见依然受困于"纯认识论范式"。尽管以"三驾马车"为主要代表的一代学人就反映与主体、反映与创造、反映与价值、反映与本体等问题做出了具体、深入的分析、阐释，但受限于时代境

---

[1] 栾昌大：《能动反映论与马克思主义文艺学》，《文艺理论与批评》1988年第2期。
[2] 参见孙子威主编《文学原理》，华中师范大学出版社1989年版，第5页。
[3] 苏恒、李敬敏主编：《文学原理新论》，四川省社会科学院出版社1987年版，第4页。
[4] 参见钱中文《论文学观念的系统性特征》，《文艺研究》1987年第6期。

遇、学术视野等因素，马克思主义哲学的实践观还未能有机融入文学反映论之中，到20世纪90年代才有对反映与实践这一问题的深入思考，才有突破"纯认识论范式"的理论自觉。从这个意义上讲，马克思主义文学反映论在80年代中后期得到的新发展之所以是深化性而不是突破性的，最主要的原因莫过于其总体理论架构依然是"纯认识论范式"。

诚如马克思所讲，问题是时代的格言，问题意识、现实情怀永远是话语重塑、范式革命、体系构建最重要、最根本的内驱力。诸多新思想、新理论、新命题、新观点、新方法于80年代中后期提出或形成，但只有其中一部分经过岁月洗礼后还能够被认可、被接受、被传播，而文学的审美反映论、审美意识形态论恰好是"流传至今"的理论资产之一。无论这两大新理论命题存在着多少问题，留下了多少遗憾，它们都是一代学人在这一阶段勤于思考、不懈探索的思想结晶。

[本文系国家社科基金重大项目"马克思主义文学理论关键词及当代意义研究"（项目编号：18ZDA275）的阶段性研究成果］

（原载《文学评论》2022年第3期）

马克思主义文学反映论在 20 世纪 90 年代的拓展与突破

张永清

中国人民大学文学院

一、问题的缘起

马克思主义文学反映论在发展与深化阶段（1984—1989）的"升级迭代"并不意味着反映论文艺学的学科话语、理论体系构建工作已"大功告成"。恰恰相反，马克思主义文学反映论迄今仍然是一项"未竟"之业。回顾 20 世纪 90 年代，对马克思主义文学反映论新理论命题继续进行"拓展"乃至"突破"就成为王元骧、童庆炳等自觉担负的理论重任。[①] 笔者在其他

[①] 本文是"马克思主义文学反映论的语境化与知识化（1949—2020）"这一总问题的第 4 篇论文。笔者在第 2 篇《审美特性的凸显——恢复与反思阶段的马克思主义文学反映论》一文中把马克思主义文学反映论的"反思与突破期（1979—1999）"进一步细分为恢复与反思（1979—1983）、发展与深化（1984—1989）、拓展与突破（1990—1999）三个阶段，参见《中国人民大学学报》2021 年第 5 期；对"发展与深化（1984—1989）"这一阶段的相关论述，参见第 3 篇论文《马克思主义文学反映论在 20 世纪 80 年代中后期的发展与深化》，《文学评论》2022 年第 3 期。

文章中已提及，1989 年是马克思主义文学反映论的阶段性"节点"：它一方面意味着钱中文、王元骧等在"发展与深化阶段"对文学审美反映论、审美意识形态论这两大新命题的初步知识化、系统化、教科书化，另一方面也预示着理论重心的转移即"实践偏向"在"拓展与突破阶段"的发生。1999 年是马克思主义文学反映论的时期性"节点"：它一方面标志着"反思与突破期"所取得的重大理论成果，即文学审美反映论、审美意识形态论这两大新命题在"拓展与突破阶段"被进一步称为"文艺学的第一原理"；另一方面也埋下了围绕这两大新命题在"综合与超越期（2000—2020）"所展开的新论争种子。

为了清晰呈现、粗略描述、扼要论述马克思主义文学反映论在 20 世纪 90 年代的相关新变，本文大体以 1993 年为界把马克思主义文学反映论再细分为拓展（1990—1992）与突破（1993—1999）两个时段。拓展时段主要是对 20 世纪 80 年代文学反映论总问题的再思考、再阐释，体现出一定的新知、新见，聚焦于文学反映论与主体论、价值论、生产论等之间的关系，文学的认识性与审美性之间的关系以及文学的审美意识形态性等问题。突破时段主要是通过对文学的认识性与实践性关系等问题的探讨，经由"实践偏向"走出 80 年代所提出的文学反映论新命题依然受制于"认识论范式"这一理论困境。此外，通过对文学反映论新理论命题的再反思、再阐释，借由"文艺学的第一原理"这一新论断来维护、捍卫 80 年代以来所形成的新理论命题的历史正当性、现实合理性、理论合法性。

与之前的三篇论文一样，本文以语境化与知识化这一双重视角为切入点，以时间发生为脉络，以重点人物为对象，以基本理论问题为中心，对"拓展与突破阶段（1990—1999）"的马克思主义文学反映论展开以下三个方面的尝试性探讨，对文学反映论基本问题的新理解、新洞见；对文学反映论新命题存在问题的理论反思、学理批判；对文学反映论新命题"纯认识论范式"突破的新路径:实践偏向。

二、对文学反映论基本问题的新理解、新洞见

部分学者对文学反映论基本问题的新理解、新洞见主要涵盖在三个问题域:反映论与主体论、生产论、价值论之间的关系,文学的认识性与审美性的关系,文学的审美意识形态性等问题。这些问题无疑属于 20 世纪 80 年代中后期的总问题,但其意涵在 90 年代尤其是初期得到了一些新拓展。

先来看部分学者有关文学反映论与主体论、生产论、价值论之间关系问题的新思考。如同 80 年代那样,90 年代初的文学理论界存在着对何谓马克思主义哲学的不同理解,仅就共同秉持马克思主义哲学即辩证唯物主义与历史唯物主义这一理论信念而言,文学反映论领域同样存在着以陈涌、蔡仪、陆梅林等为代表的坚守论与以狄其骢、王元骧、童庆炳等为代表的发展论这两种略有不同的学术立场。[1] 正如一些学者所论,文艺理论界与哲学界一样,90 年代的问题焦点已不再是主体性是否存在,而是如何更好地理解主体性,因为它直接关系到如何把握马克思主义文艺理论的哲学根基问题。[2] 在一些学者看来,刘再复等的主体论并不是什么新发现,而是掇拾了古今中外一些唯心主义的哲学观、伦理观和文艺观,因而不属于马克思主义而属于本体论或存在论。[3] 他们认为,主体及主体性在马克思主义理论体系中无疑占有重

---

[1] 代表性论文有陈涌:《反映论——一个理论工作者的手记》,《文艺理论与批评》1991 年第 4 期;蔡仪:《论马克思主义哲学的反映论问题》,《文艺理论与批评》1994 年第 3 期;陆梅林:《马克思主义文艺学论纲》,《文学评论》1994 年第 4 期。

[2] 参见陈中立等《反映论新论:马克思主义反映论及其在现时代的发展》,中国社会科学出版社 1997 年版,第 284—285 页。

[3] 参见狄其骢《关于文学主体性问题》,《文史哲》1991 年第 2 期;王元骧《评〈论文学的主体性〉》,《高校理论战线》1991 年第 1 期。

要位置，但马克思主义的文学主体论必须坚持反映论原则，应自觉把主体论纳入反映论的理论图式之中；建立在现实的人的社会实践基础上的文学主体论，既不能离开反映论去虚构艺术的"本体"，也不能无视艺术本体中主体的地位与作用；马克思主义的文学反映论是实践的反映论，它并不排斥主体的能动作用，文学反映论应当加强对主体的研究。[①]董学文更为明确地提出了两种主体观，其中马克思主义的文学主体观既坚持了唯物主义的反映论原理，又从根本上改造了旧反映论的粗糙状况，能动反映论和正确主体观实际上是侧重点有别的一回事，把反映论和主体观尖锐对立起来在理论和实践上都是没有根据的。[②]

朱立元认为，马克思主义的艺术生产论与艺术反映论在根本上并不矛盾，应从唯物史观出发直接推演出艺术生产论，而艺术反映论的哲学依据是马克思主义的认识论；艺术生产论在范围上大于艺术反映论，前者在性质上更切近于艺术的特殊本质和艺术运动的特殊规律。[③]问题在于，如果艺术生产论的理论根基是唯物史观即历史唯物主义，艺术反映论的哲学基石是辩证唯物主义，那么此种理解其实隐含着如何进一步理解与把握两者关系的问题。按照王元骧的相关论析，如果说20世纪90年代的艺术生产论呈现出从微观向宏观推进的倾向，那么文学审美反映论则呈现出从宏观向微观研究推进的趋向，虽然艺术生产论比文学审美反映论更富有创新精神和理论探索勇气，但艺术生产论要健康发展就不仅应吸收和充实认识论的内容，而且还应

[①] 参见狄其骢《关于文学主体性问题》，《文史哲》1991年第2期；陈传才《马克思主义与艺术主体性问题》，《中国人民大学学报》1991年第2期；冯宪光《艺术反映论的主体观念》，《四川大学学报（哲学社会科学版）》1991年第4期。
[②] 参见董学文《两种文学主体观》，春风文艺出版社1992年版，第91页。
[③] 参见朱立元《艺术生产论与艺术反映论关系之辨析——兼与何国瑞先生商榷》，《学术月刊》1992年第8期。

该与人生实践层面的内容进行有机结合。①

在侯敏泽、党圣元看来，20世纪80年代有关文学反映论的论证和阐述多偏重在客体的意识形式，而对于丰富多彩的主体的意识形式则常常视而不见，这显然有悖于马克思主义反映论的全面本质，应该把价值论等充分引入反映论之中。②董学文等指出，文学所反映的不是对象的实体属性而是对象的价值属性，尤其是它的审美价值属性，马克思主义的反映论学说理所当然地包含着价值论的内容；以往的文学理论在价值论研究方面比较薄弱，对文学与人的关系中这个重要问题有所忽视，如果能在现代心理学的进展和成就上，进一步结合作家、艺术家的心理特征进行考察，那么就可以为文学反映论和创作论的研究开辟出更为广阔的天地。③

再来看王元骧等对文学的认识性与审美性关系这一问题的再思考、新阐释。认识性与审美性的关系是王元骧1990年至1992年间所探究的核心理论问题，具体涉及对再现论、表现论、形式论、文学主体论、纯审美论等文学观念的学理批判，其中尤以1990年《艺术的认识性与审美性》一文为代表。④王元骧认为，如果说认识本性论把艺术与科学的区别仅限于形式而忽视艺术自身的特殊性，因而出现把艺术沦为政治的附庸以及艺术的公式化、概念化等突出问题，那么审美本性论则忽视了情感与认识的联系，因而出现以主观主义和神秘主义的方式来解释艺术源泉等突出问题；认识反映与审美

---

① 参见王元骧《对于推进马克思主义文艺学在当代发展的思考》，《社会科学战线》1997年第5期。
② 参见侯敏泽、党圣元《文学价值论》，社会科学文献出版社1997年版，第171—175页。
③ 参见董学文主编《文艺学当代形态论——"有中国特色马克思主义文艺学"研究》，北京大学出版社1998年版，第124—126页。
④ 王元骧：《审美反映与艺术创造》（杭州大学出版社1992年版）收录了王元骧20世纪60年代至90年代初有代表性的论文20篇。其中，刊载于1990年至1991年间的《艺术的认识性与审美性》等6篇论文被收录。

或情感反映在对象、目的、方式三个方面无疑存在着显著差异，但不应把认识反映与审美或情感反映两者完全割裂甚至对立起来，它们之间还呈现出必然的互渗性。① 在我们看来，针对 20 世纪 80 年代初期文学理论界存在的重认识轻情感或审美这一理论偏颇，王元骧着力探究的是情感或审美的重要性；针对 80 年代中后期以及 90 年代初期文学理论界存在的重情感或审美轻认识这一理论缺陷，王元骧着力探究的是情感或审美与认识之间的联系，以及认识是情感或审美的根源等问题。不难发现，王元骧在不同时期对文学的认识与情感或审美、认识性与审美性等问题的思考呈现出鲜明的问题导向，并非那种只是简单、机械地强调两者的逻辑有机统一，而是从所处的具体社会现实需要、所针对的问题症结出发，十分有针对性地提出具体的进入路径及解决方法。对王元骧来说，马克思主义文学反映论在 90 年代不仅要拓展而且要突破，突破就意味着要努力实现由"认识性与审美性的统一"到"认识性与实践性的统一"的问题转换，因而"实践"诸问题就成为他 1993 年至 1998 年间自觉担负的理论重任。由于这是我们接下来要重点讨论的问题，这里就不再详述。

再来看童庆炳主编的《文学理论教程》（以下简称《教程》）一书对文学的审美意识形态性等问题的新阐释。②

---

① 参见王元骧《艺术的认识性与审美性》，《文艺理论研究》1990 年第 3 期。
② 童庆炳主编的《文学理论教程》迄今已出 5 版：第 1、2 版分别问世于 1992 年、1998 年，第 3、4、5 版分别问世于 2004 年、2008 年、2015 年。1992 年版《教程》一书由导论、文学活动、文学生产、文学产品、文学消费与接受五编构成；其中第一编导论由童庆炳撰写，第二编文学活动中的第四章由王一川撰写。此外，童庆炳在 1992 年版《教程》的"后记"中指出，一年时间顺利完成的《教程》具有两大突出特点：其一，它是新中国第一部由十一所师范院校中文系理论教师集体编写的教科书，呈现出鲜明的"师范性"；其二，它始终"以马克思主义为指导，贯彻历史唯物主义和辩证唯物主义"。参见童庆炳主编《文学理论教程》，高等教育出版社 1992 年版，第 496 页。

"导论"开宗明义地提出，马克思主义文学理论的根基是历史唯物主义和辩证唯物主义，作为社会意识形态的文学既有一般社会意识形态的共同性质又有区别于一般意识形态的特殊本质，反映论是理解文学的本质特征和其他文学问题的基础，文学不仅是反映过程，而且是艺术生产过程。① "导论"明确了《教程》的总体理论构架，即以马克思主义的反映论为基石，以"社会意识形态论"为核心，以"生活活动论""社会意识形态论""艺术生产论"为三个支点（为了便于记忆，我们不妨把其简括为"一一三模式"）。此外，"导论"还强调，应把反映论"具体化"在对各章各节问题的科学解释中。②

《教程》对"文学审美意识形态论"这一理论问题的集中阐释主要体现在第四章"文学活动的意识形态性质"，尤其是第四章第二节有关话语的界定以及第四节对话语与审美意识形态之间关系的论述。③ 简言之，作为审美意识形态的文学既是无功利的也是功利的，既是意象直觉的也是概念推理的，既是评价的也是认识的，既是审美的也是实践的；文学属于意识形态话语，但并非任何话语都是意识形态，文学的审美意识形态性质总是显现在话语含蕴之中，所谓"话语含蕴"意指其丰富的生成可能性。④

毋庸讳言，1992年版《教程》还存在值得关注的三大现象：其一，"导论"强调了作为理论基石的反映论对文学活动各个环节的重要性，但只字未

---

① 参见童庆炳主编《文学理论教程》，高等教育出版社1992年版，第15页。
② 参见童庆炳主编《文学理论教程》，高等教育出版社1992年版，第25—26页。
③ 第四章由"文学概念辨析""文学的一般意识形态性质""文学的审美意识形态性质""文学是显现在话语含蕴中的审美意识形态"四节构成；其中第二节与第三节的逻辑关系呈现为一般与特殊的关系或共性与个性的关系，即意识形态这一共性制约着审美的意识形态那一个性，而审美的意识形态这一个性经由话语、社会、反映三个层面显现着意识形态那一共性。参见童庆炳主编《文学理论教程》，高等教育出版社1992年版，第75—76页。
④ 参见童庆炳主编《文学理论教程》，高等教育出版社1992年版，第84—85、94—97页。

提审美反映论在其中的重要性；其二，"导论"强调了文学的社会意识形态性质，但只字未提审美意识形态论在其中所处的位置及其作用；其三，"导论"自觉借鉴了马克思主义的生活活动论、生产论等 20 世纪 80 年代的相关理论成果，这从"导论"不仅把文学理解为反映活动同时还理解为生产活动，以及全书的体例与结构安排中都可看出，但"导论"并未对马克思主义的反映论与马克思主义的生活活动论、生产论之间的关系做出十分明确的理论阐释。

还应提及的是，尽管童庆炳主编的《文学概论新编》出版于 1995 年，但该书对文学审美意识形态论的相关理论阐释仍属于 80 年代[①]；童庆炳主编的《文学理论要略》出版于 1995 年，尽管该书第二章"文学的性质"与 1992 年版《教程》第四章"文学活动的意识形态性质"的标题有所不同，但下辖四节的相关内容几乎完全一致，本文不再赘述。[②]

众所周知，童庆炳率先在《文学概论》（1984）一书中提出了"文学是

[①] 童庆炳主编的《文学概论新编》（北京师范大学出版社 1995 年版，第 15—80 页）与《文学理论导引》（高等教育出版社 1988 年版，第 14—80 页）这两本教科书的第一编"本质论"所辖三章（"文学是一种社会意识形态""文学是一种审美意识形态""文学是语言的艺术"）的内容几乎相同。此外，尽管 1988 年版《文学理论导引》（高等教育出版社）与 1984 年版《文学概论》（红旗出版社）两者在体例、命名方式上呈现出一些差异，但主要内容及论述逻辑并未改变，比如前者把后者第一章"文学的本质和特性"直接修改为第一编"本质论"；前者把后者三节（"文学是社会生活的反映""文学是社会生活的审美反映""文学是语言的艺术"）直接修改为三章（"文学是一种社会意识形态""文学是一种审美意识形态""文学是语言的艺术"）。不难看出，《文学理论导引》把修改后的章标题直接以审美意识形态命名，从而取代了《文学概论》以审美反映命名的节标题，这样一来就导致了如何理解审美反映与审美意识形态的关系这样一个问题的出现。

[②] 童庆炳主编的《文学理论要略》（高校文科教材，人民文学出版社 1995 年版，第 35—79 页）第二章"文学的性质"（由"文学概念""文学的一般意识形态性质""文学的审美意识形态性质""文学是显现在话语含蕴中的审美意识形态"四节构成）的结构安排与内容组织，类似于 1992 年版《教程》第四章"文学活动的意识形态性质"。

社会生活的审美反映"即"文学审美反映论"。不过，1992 年版《教程》只论及了文学反映是受动与能动的统一等内容，作为 20 世纪 80 年代马克思主义文学反映论两大新命题之一的"文学审美反映论"，则几乎处于"不在场"状态；若说有所"在场"，"审美反映"仅出现在第十章"文学产品的样式"第一节"各种文学样式的基本特征"有关"诗"的特征之一即"凝练性"的简短论述中。① 迥然有别的是，马克思主义文学反映论的另外一个新命题即"文学审美意识形态论"始终是 1992 年版《教程》的理论重点，比如它把作为意识形态的文学一般性理解为文学是对现实社会生活的反映，把特殊性理解为文学是显现在话语含蕴中的审美意识形态。② 我们应当如何对上述现象做出合理解释？这极有可能是外在与内在两大因素所致：外因是《教程》编写于 90 年代初期，相关编撰追求的是稳妥而不是新锐；内因是《教程》不是个人独立撰写而是集体协作，这在某种程度上会影响到理论自身的自洽性。当然，今后十分有必要对上述现象做更具体、更深入、更学理化的探索。

三、对文学反映论新命题存在问题的理论反思、学理批判

如果说 20 世纪 80 年代中后期的马克思主义文学反映论聚焦在对文学的形象反映论、特殊意识形态论这两大旧命题的批判性反思，进而提出并论证文学的"审美反映论""审美意识形态论"这两大新命题（其间尽管也有栾昌大等个别学者对新命题的质疑），那么这两大新命题在 90 年代则成为当初的提出者、之后的研究者进行自我反思、审慎批判并在此基础上予以坚决捍

---

① 原文如下："它要求精选生活材料，抓住感受最深，表现力最强的自然景物和生活现象，用极概括的艺术形象达到对现实矛盾和规律的审美反映。"参见童庆炳主编《文学理论教程》，高等教育出版社 1992 年版，第 244 页。
② 参见童庆炳主编《文学理论教程》，高等教育出版社 1992 年版，第 84 页。

卫的主要对象。

其一，童庆炳、谭好哲等主要以理论自觉这一方式来捍卫新理论命题尤其是文学审美意识形态论的现实合理性、理论合法性。

相比较而言，童庆炳主编的1998年版《教程》并未对1992年版《教程》进行大改，比如仅对下述部分标题及内容做了微调：在"导论"三个理论支点之一"社会意识形态论"部分增加了"（包括反映论）"内容[①]；把第三章"文学作为活动"第一节、第二节的次序及三级标题做了调整；把第四章标题修改为"文学活动的审美意识形态性质"，把第三节"文学的审美意识形态性质"下设的二、三、四小标题分别修改为"文学既是形象的，也是概念的""文学既是情感的也是认识的""文学的审美意识形态性质"。童庆炳在1998年版"后记"中对《教程》的理论效应、理论架构做了如下概括、说明："大家普遍认为这是一本'换代'教材，它摆脱了50年代前苏联旧教

---

① 参见童庆炳主编《文学理论教程》（普通高等教育"九五"国家重点教材），高等教育出版社1998年版，第28页。此外，与1998年版相比，2004年版的修订幅度较大，主要体现在以下方面：其一，2004年版把第二章第一节的标题修改为"马克思主义文学理论的基石"，它由文学活动论、文学反映论、艺术生产论、文学审美意识形态论、艺术交往论（简称"五论"）构成，这一点还可以从2004年版的"后记"中得到印证，"我们在修订时把马克思主义文学理论的基石概括为'五论'：文学活动论、文学反映论、艺术生产论、文学审美意识形态论和艺术交往论。教材对文学问题的解释以这'五论'为指导。"（第385页）把第四章"文学活动的审美意识形态属性"下设的四节调整为三节："文学的含义""文学的审美意识形态属性""文学的话语蕴藉属性"。相对而言，1992年、1998年版的"一一三模式"其实由生活活动论、反映论、社会意识形态论、艺术生产论这"四论"构成；若把前两版的"四论"与第三版即2004年版的"五论"（增加了艺术交往论）相比，只有艺术生产论贯穿在三版之中，其余三论的标题都有改动：生活活动论修改为文学活动论，反映论修改为文学反映论，社会意识形态论修改为审美意识形态论。此外，2004年版的"五论"在2008年版中被修正为"四论"（去掉了艺术交往论）；2015年版再度把2008年版的"四论"修改为"六论"：艺术活动论、艺术交往论、艺术生产论、艺术反映论、文学的审美意识形态论、人民文学论。

材的范式，同时又坚持了马克思主义世界观、方法论的指导……这次修订，指导思想不变，大的框架不变。"①

不过，无论是1992年、1998年版的"一一三"理论构架，还是21世纪以来诸如2004年版的"五论"、2008年版的"四论"以及2015年版的"六论"模式，文学审美反映论始终未能作为《教程》中的一论被列入。这样的理论谋划与结构安排多少会给我们造成一些心理疑惑：文学反映论与文学审美反映论，文学反映论与文学审美意识形态论，以及文学审美反映论与文学审美意识形态论之间究竟是一种怎样的关系？它们在何种意义上可以互换乃至可以等同，又在何种情况下是必须加以仔细区分的不同论题？

1999年前后，有学者在回顾改革开放20年所取得的理论成就时仅把马克思主义文学反映论两大新命题看作去极左政治的权宜之计，还有学者更是把两大新理论命题理解为审美加反映、审美加意识形态以及纯审美主义等观点。在此状况下，作为文学反映论新理论命题的"三驾马车"之一，童庆炳在《"审美意识形态论"作为文艺学的第一原理》一文中写道："我认为有必要就这个问题申述我的一些看法，因为我也是当时较早提出'审美反映'论、'审美意识形态'论的人之一，而且至今仍然坚持这一观点，甚至认为'审美反映'论、'审美意识形态'论是文艺学的第一原理。"童庆炳强调指出，"文学审美意识形态论"是一个相对独立整一的系统，是一种复合结构，它既有集团倾向性又有人类共通性，既是认识又是情感，既具无功利性又具

---

① 童庆炳主编：《文学理论教程》（普通高等教育"九五"国家重点教材），高等教育出版社1998年版，第480页。值得在此指出的是，尽管2004年版《教程》在"第二章""第四章"部分补充了有关"审美反映"的内容，但依然未把其作为核心理论命题进行论述，比如在论述马克思主义文学理论五大基石之一的"审美意识形态论"过程中，《教程》仅出现了如下表述："同样也得出文学是一种'审美意识形态'或'审美反映'的结论。"参见童庆炳主编《文学理论教程》，高等教育出版社2004年版，第9页。

功利性，既有假定性又有真实性。童庆炳认为，他从社会结构这个层面来区别文学与非文学，以及从上层建筑和社会意识形态层面来把握文学特性还是最为恰当的，他从理论基础和原理构成方面对文学审美意识形态论做了较为完整的阐述，因而"文学的'审美意识形态'论是文艺学的第一原理"[①]。

我们无意在此对其展开详细讨论，这是后续文章要重点探究的问题。但值得在此特别关注的是，若把《"审美意识形态论"作为文艺学的第一原理》一文的标题与其正文相对照，我们不难发现如下一些现象：论文标题是"'审美意识形态论'作为文艺学的第一原理"，正文部分却把文学审美反映论、审美意识形态论两者都作为了文艺学的第一原理。我们不免产生以下困惑：文艺学的第一原理究竟是一个还是两个？如果是一个，文学审美反映论与文学审美意识形态论这两者之中，到底哪一个是？如果两者都是，文学审美反映论与文学审美意识形态论这两者之间又是一种怎样的关系？显然，文章未就这些问题做出十分详细的阐释。

如果说以往的相关阐释多把文学的审美意识形态性理解为认识性与审美性的关系，那么谭好哲则是在认识、审美、实践三者的关系中对此问题进行剖析。谭好哲比较清楚地阐明了文学作为意识形态的特殊性之所在，即审美既是认识功能与实践功能的中介，也是赋予认识与实践以艺术性的必要因素。谭好哲认为，马克思主义文艺学对文艺本质问题的把握理应涵盖意识形态的思想倾向性、对现实的反映和认识、审美这三个重要层面；由于艺术的意识形态性与认识性的辩证联系以往被人为割裂开来，因而有必要回到马克思有关意识形态的性质和社会功能的相关文本之中来重建这种辩证联系；由于艺术认识、科学认识、哲学认识在目的、对象、心理和内容诸多方面存在

[①] 童庆炳：《"审美意识形态论"作为文艺学的第一原理》，《文学前沿》1999年第1期。此外，童庆炳《"审美意识形态论"作为文艺学的第一原理》一文刊载于《学术研究》2000年第1期，我们依问世时间先后把文艺学的第一原理的提出时间认定为1999年。

着求知与审美、专门与广阔、客观与主观、意识与无意识、理性与非理性等显著区别，因而既要认识世界又要认识自我就成为艺术认识的特殊性所在，其特殊性根源于艺术活动是一种实践——精神的掌握方式；由于以往的相关探究仅从对生活现象的普遍概括性着眼和立论，因而对艺术认识内容的构成性和艺术意识的双向度性还缺乏认识。在谭好哲看来，一般意识形态既具有认识功能又具有实践功能，但对文学这种特殊意识形态而言，它是"认识功能、实践功能与审美功能的有机统一……艺术对现实的认识是审美的认识，而艺术凭借其思想情感上的评判力作用于现实的实践功能也只能是一种审美的实践。只有从这样一种艺术因素的组合关系中，才能正确地理解艺术的审美意识形态性质，辩证地把握艺术的意识形态性与认识属性的内在联系和关系"[①]。

需要说明的是，钱中文尽管没有像20世纪80年代那样把理论探究的重心置于马克思主义文学反映论的两大新命题及相关问题上，他在90年代的学术贡献主要体现在新理性精神的提出、巴赫金对话理论的研究等方面，但为1998年版《文学发展论》所写的"跋"在一定程度上表明了他在文学反映论这一问题上的坚定理论立场。[②]

---

① 谭好哲：《论文艺的意识形态性与认识性的辩证关系》，载刘纲纪主编《马克思主义美学》第一辑，广西师范大学出版社1998年版，第307—326页。
② 1998年版《文学发展论》是1989年版《文学原理——发展论》的增订本。钱中文在1998年版"跋"中写道："1993年，《文学原理——发展论》获中国社会科学院1977—1991年优秀科研成果奖，并获1993年国家图书奖提名；书中的某些概念、观点，不断被一些同行在专著、论文中征引……如今文艺理论中新说蜂起，成绩斐然。20世纪90年代学术界的理论探索较之80年代深入得多了，真个是走向宏放、走向纵深。同时我觉得一些论者的起点并不很高，还缺少对理论把握的整体性。表现在对不同的文学观念进行评说时，不是充分理解它们不同的特征，多一些宽容，多留一点理论建树，而是突出他们所从事的或是他所喜欢的理论观点，自称这是最新最高成就了；或是要按他们提倡的观点来写文艺学，以为那就是理论的胜利了。"参见钱中文《文学发展论（增订本）》，经济科学出版社1998年版，第453页。

其二，与童庆炳、谭好哲等把理论反思的侧重点置于文学审美意识形态论不同，王元骧、朱立元、杜卫等把理论批判的侧重点放在文学审美反映论上。

王元骧认为，文学审美反映论依然存在两大理论局限：由于在观念上受纯认识论文艺观的影响较深，对文艺与现实之间关系的考察只侧重于从作家创作一极即从认识一极，几乎完全忽视了从读者阅读一极即从实践这一极去加以探讨；由于审美反映论侧重于把马克思主义认识论与创作过程中作家心理活动的具体特点结合起来，未能做到与宏观研究相结合，最终极有可能使相关研究心理学化。正是由于文学审美反映论忽略了实践这个关键性的问题，自然也就限制了它在学术上的成就，只有通过实践才能有效突破纯认识论范式的束缚。[1]

朱立元指出，文学审美反映论存在着三大理论不足：用审美反映论概括文艺的本质至少是不够完整的；审美反映论仍局限于从认识论角度和范围来阐述文艺的本质，而文艺的本质实际上远超出和大于认识论范围；审美反映论作为一种文艺本质论，它所包括的审美论与反映论两者本身存在着某些内在矛盾，在现有的理论框架内很难得到妥善解决。[2]

在杜卫看来，文学反映论新理论命题呈现出另外两大理论缺陷："审美意识形态"不仅能用来概括文学，它还能用来概括其他所有的艺术；"审美反映"属于美学范畴，并非文学所特有的"审美反映"不可能包含文学的诸多特征。[3]

---

[1] 参见王元骧《对于推进马克思主义文艺学在当代发展的思考》，《社会科学战线》1997年第5期。

[2] 参见朱立元《对反映论艺术观的历史反思》，载刘纲纪主编《马克思主义美学研究》第二辑，广西师范大学出版社1999年版，第55—56页。

[3] 参见杜卫《从反映论到审美反映论的发展的意义》，《浙江社会科学》1998年第5期。

此外，针对20世纪90年代之前把能动反映论等同于审美反映论等理论偏颇，叶纪彬提出了艺术审美反映论应具有三大理论层面、五大本质特征。① 但是，艺术审美反映论的哲学根基究竟是辩证唯物主义与历史唯物主义还是实践本体论，由于该文并未对此做出清晰区分，由此导致相关论述存在比较突出的自相矛盾，很难起到以理服人的接受效果。

不过，发现问题毕竟是朝着解决问题迈出的正确一步，只有明确、正视问题之所在，才有可能提出新理路、开拓新路径，才有可能实现对原有理论范式的某种突破。由上可知，对实践问题的关注与探讨程度不一地渗透在对新理论命题的反思与批判之中。文学反映论新理论命题的实践偏向这一探索性工作主要体现在王元骧等的理论思考中。

四、对文学反映论"纯认识论范式"突破的新路径：实践偏向

如前所述，20世纪80年代文学理论界重点关注、反复讨论的基本问题之一，即如何才能对文学反映社会生活、文学作为社会意识形态的特殊性给予更恰切的理解与命名，所取得的理论共识之一便是文学的形象反映论、特殊意识形态论被文学审美反映论、审美意识形态论所代替。换言之，80年代的文学理论界主要是通过审美（情感）来纠认识之偏，突出强调文学反映现实的形式不只有认识，同时还有审美（情感）、意志等其他不同形式，尤其是审美（情感）是文学反映、文学作为意识形态的特殊性之所在。但80年代的马克思主义文学反映论过于注重认识与审美的统一而忽视了对认识与

---

① 参见叶纪彬《论艺术审美反映论的三个理论层面及其关系》，《马克思主义美学研究》第二辑，第71—86页。

实践的统一这一马克思主义理论精髓的探究，由此导致文学审美反映论、审美意识形态论这两大新命题理应所具备的实践内涵、实践功能被忽视这一重大理论缺陷，导致马克思主义文学反映论新理论命题仍受困于"纯认识论范式"这一困局。

尽管国内学界在20世纪90年代之前就存在着把马克思主义哲学理解为实践的唯物主义、实践本体论、实践一元论等，把马克思主义美学理解为实践美学这一客观情况，但实践在辩证唯物主义与历史唯物主义以及马克思主义文学反映论中的重要性在90年代才开始得以凸显。由于马克思主义文学反映论始终把辩证唯物主义与历史唯物主义作为其哲学根基，而哲学理论的创新势必会对文学反映论的原有理论构架等产生或大或小的影响。因此，针对文学反映论两大新理论命题实践品格的缺失，首先需要从哲学方面对实践与认识、反映、主体之间的关系等问题进行必要的理论阐释，其次需要着力探究实践这一范畴是如何具体化在马克思主义文学反映论中的。

先来看实践在马克思主义哲学中的凸显这一问题。90年代出版的有关反映论的两部哲学著作，在一定意义上代表了辩证唯物主义与历史唯物主义、实践唯物主义这两种不同的马克思主义哲学体系对认识、实践、反映三者之间关系的新理解、新把握，呈现出两种反映观、两种实践观。辩证唯物主义与历史唯物主义最显著的理论创新莫过于把实践作为其核心理论范畴之一，由此形成了新的理论表述：马克思主义的哲学反映论之所以区别于古代素朴唯物主义、近代机械唯物主义的反映论，就在于它是现代唯物主义的反映论即实践的反映论。比如《反映论新论：马克思主义反映论及其在现时代的发展》(1997)一书明确提出，马克思主义反映论之所以是实践的反映论，正是由于它把实践的观点融入对物质本体的理解中，才使马克思主义的认识论在更加彻底的唯物主义反映论的基础上同一切旧唯物主义反映论区别开来；马克思主义的认识论不是一般的反映论，就在于它把主体性寓于反映论之中。马克思主义哲学把实践范畴引入认识论，实际上也就是把人的主体性引入反映论。① 此外，《唯物主义的现代形态——实践唯物主义研究》（2012）一书指出，辩证唯物主义的认识论以"全面的反映论"为基础，它本质上是一种实践论；所谓"全面的反映论"首先是反映论，即在认识论中始终坚持"物质第一性，意识第二性"的根本观点；"反映"是就意识对物质、思维对存在的最根本、最普遍的本质关系而言的，绝不能把它混同于如反射、感觉、直观等某一或几种特定的反映形式。②

再来看实践如何具体化在马克思主义文学反映论中这一问题。客观而论，王元骧等始终把辩证唯物主义与历史唯物主义作为马克思主义文学反映论的哲学根基。如果说把认识性与审美性有机融贯在文学审美反映论、审美意识形态论这两大新命题之中，是王元骧等1993年之前思考的主要问题之一，那么如何实现由认识与审美的统一到认识与实践的统一的问题转换，就是王元骧等1993年之后自觉担负的理论重任。在他们看来，马克思主义哲学即辩证唯物主义与历史唯物主义的理论精髓是认识与实践的统一，但以往的相关理解把两者割裂开来了。马克思主义文学反映论新命题在此偏差的影响下，其所应具有的实践品格被轻视乃至忽视，因而有必要在认识与实践的统一这一新理论构架中对文学审美反映论、审美意识形态论这两大新命题进行再反思，并在此基础上开拓出新的理论路径，进而摆脱"纯认识论范式"的禁锢。

具体而言，王元骧本人1993年后的理论重心存在着十分明显的问题转向：他对实践问题的相关思考呈现出从哲学的实践性到艺术的实践性，再到

---

① 参见陈中立等《反映论新论：马克思主义反映论及其在现时代的发展》，中国社会科学出版社1997年版，第235、272页。
② 参见萧前、杨耕等《唯物主义的现代形态——实践唯物主义研究》，中国人民大学出版社2012年版，第269页。

艺术的实践本性这样一个发展过程。1993年问世的《艺术本质：从认识性和实践性的统一中寻求——兼评当今文艺理论界对于艺术本质的探讨》一文在王元骧本人思想的发展过程中，无疑具有问题转换即"实践偏向"的标志性理论意义。王元骧在对认识本性、审美本性、艺术生产这三种有代表性的艺术本质论的具体剖析基础上首次明确提出，认识本性论与审美本性论的共性问题根源于它们都是从"纯认识论"的理论框架即从认识与审美的统一来探究文学本质问题，现在应转换解决问题的思路即从认识和实践的统一这一新理论构架中对其进行再思考。①

依此新理路，王元骧1994年在对马克思《〈政治经济学批判〉导言》这一经典文本的再细读以及相关研究文献的再把握基础上提出，马克思艺术掌握世界的方式或艺术的实践性是对理论、宗教、实践—精神这三种方式的有机综合，它具有三大特殊性：在实践基础上发生，以审美情感为心理中介与对象建立联系，不仅从一定的审美心理结构出发而且必须借助于一定的媒介和形式才能同化现象。②王元骧1995年在《文艺是认识与实践的统一》一文中着重指出，一定的文艺观总是以一定的哲学观为基础，要使马克思主义文艺理论研究真正有所突破，就需要对马克思主义哲学有一个比较全面、准确而深入的理解，但以往对认识与实践的统一这一马克思主义哲学精髓的相关理解存在着将两者分割乃至对立的偏差，而认识与实践的统一的重要性就在于它为受困于"纯认识论范式"的马克思主义文学反映论提供了切实可行的突破路径。就文学层面而言，其实践性要求我们"不能仅仅从创作、从作品、从'体'的方面，而且还必须从接受、从功能、从'用'的方面，亦即从认识与实践统一的意义上来加以考察。这就要求我们必须突破传统以纯

---

① 参见王元骧《艺术本质：从认识性和实践性的统一中寻求——兼评当今文艺理论界对于艺术本质的探讨》，《社会科学战线》1993年第2期。
② 参见王元骧《艺术掌握方式之我见》，《江海学刊》1994年第4期。

认识论的观点来界定文艺的性质、解释文艺的意识形态性所形成的理论框架。……当作一个动态的结构、一个活动的过程来进行把握"①。与此同时，王元骧在《艺术的实践本性》一文中更加明确地提出，关注、探究艺术的实践本性"这个问题的目的只不过是为了克服长期以来仅仅从认识论视角研究所造成的某些理论上的偏狭和局限，以求对艺术的本质有一个更加全面、完整而深入的认识"②。王元骧1996年在《黑格尔纯认识论文艺观的得与失》《立足反映论，超越反映论——谈我对苏联文艺学模式的认识历程》等文中对黑格尔纯认识论文艺观以及苏联文艺学模式的论析基础上指出，他本人在理论思考过程中从未以艺术的实践性来否定艺术的认识性，与此相反，他始终"立足反映论、超越反映论"。在他看来，只有在观念上把认识与实践、认识与价值、科学精神与人文精神统一起来，只有在方法上把静态与动态、宏观与微观等研究统一起来，才能从根本上突破纯认识论范式，才能"最终开辟出一条建设真正具有中国特色的马克思主义文艺理论的新路来"③。王元骧1997年撰文再次明确提出，马克思主义的文学审美反映论在20世纪90年代面临的主要理论困境就在于其实践品格的缺失，若要真正走出"纯认识论范式"这一理论困境，就必须"把从认识一极的研究进一步引向实践一极"④。

---

① 王元骧：《文艺是认识与实践的统一》，《文艺研究》1995年第5期。
② 王元骧：《艺术的实践本性》，《文学评论》1995年第6期。此外，俞兆平《马克思的实践观点有别于康德的实践理性》(《文学评论》1997年第3期)提出批评后，王元骧在《再谈艺术的实践性问题——兼与俞兆平先生商榷》(《文学评论》1998年第2期)一文中予以了回应。
③ 王元骧：《黑格尔纯认识论文艺观的得与失》，《文艺理论与批评》1996年第4期；《立足反映论，超越反映论——谈我对苏联文艺学模式的认识历程》，《杭州师范学院学报》1996年第5期。
④ 王元骧：《对于推进马克思主义文艺学在当代发展的思考》，《社会科学战线》1997年第5期。

1998年，王元骧在《艺术实践本性论纲》一文中不仅把上述文章的核心观点及相关问题进行了初步系统化，而且把实践性具体化在创作对象、创作构思与传达以及作品等文学活动的各个环节，"艺术的实践理性成分除了认识因素之外，还必然包含着情感、意志等动机因素、驱动力量，应把其理解为由知、意、情，理性层面与非理性层面相互渗透所形成的一个整体结构"①。此外，王元骧在之后的相关访谈中对他这一阶段的问题转向、理论诉求有着十分清楚的说明："到了1990年代中期，'反映论'与'主体论'的论争似已告一段落……康德的《实践理性批判》和《道德形而上学原理》等对我的启示最大……我写了《艺术的实践本性》以及《再谈艺术的实践本性》、《实践的思想与马克思主义文艺理论研究的变革》等文。"②

与王元骧主要把实践植根于马克思主义哲学即辩证唯物主义与历史唯物主义不同，苏宏斌把马克思主义哲学理解为实践本体论。苏宏斌认为，与文学主体论、文学价值论等一样，文学审美反映论等之所以受困于认识论模式，问题的根本是由于其哲学基础依旧是认识论而非实践本体论的，即由于认识论文艺观把文学最终归结为一种认识，它仍然停留在近代哲学的水平上。③ 在苏宏斌看来，实践是马克思主义哲学的最高范畴，其含义是不能由作为其属概念的物质、客观等来规定的，因为这些范畴恰好应该由实践来规定而不是相反，我们的文艺学研究囿于旧的本体论观念，导致在哲学基础上无法获得根本的突破。④ 基于此，苏宏斌提出，艺术实践论、实践是艺术活

---

① 王元骧：《艺术实践本性论纲》，《社会科学战线》1998年第3期。
② 陈飞龙、王元骧：《求实严谨的科学态度 求真创新的学术精神——王元骧教授访谈》，《文艺理论与批评》2014年第2期。
③ 参见苏宏斌《走向艺术实践论：兼谈文艺学方法论变革》，《学术研究》1996年第5期。
④ 参见苏宏斌《实践：艺术活动的本体之维——兼论马克思主义文艺学的当代性》，《人文杂志》1998年第3期。

动的本体之维是解决文学主体论、文学审美反映论等深陷"认识论藩篱"这一理论困难的新路径。

由此看来，20世纪90年代文学理论界存在着两种实践观和两种实践偏向：王元骧等以辩证唯物主义与历史唯物主义为哲学根基的马克思主义文学反映论的实践偏向，苏宏斌等以实践本体论为哲学根基的艺术实践论的实践偏向。此外，王元骧等所代表的马克思主义文学反映论的实践偏向并未"终结"于90年代，它在综合与超越期（2000—2020）得到了更加深入的探究。

结语

就马克思主义文学反映论两大新理论命题看，童庆炳与王元骧代表了两个不同的理论取向：前者侧重于文学审美意识形态性问题；后者侧重于文学审美反映论问题。如果说童庆炳等重在拓展、维护、捍卫马克思主义文学反映论新理论命题，那么王元骧等则重在突破马克思主义文学反映论新理论命题的"纯认识论范式"。概言之，研究者在拓展与深化阶段一方面不仅对马克思主义文学反映论新命题做了新拓展，而且对新命题的理论合法性进行了坚决捍卫，即断言文学审美反映论、审美意识形态论是文艺学的第一原理，另一方面不仅对新理论命题自身存在的突出问题进行了理论反思，而且为马克思主义文学反映论开拓出了"实践偏向"这一新的理论路径。

总体而言，马克思主义文学反映论在20世纪90年代呈现出以下三个新变。

其一，马克思主义文学反映论的语境化与知识化之间呈现出某种典型的疏离而非亲和关系。与80年代相似的是，马克思主义文学反映论在1990年面临的依然是机遇与挑战并存的社会环境，但有所不同的是，思想的火花不再那么激烈碰撞，理论争锋的声音不再那么慷慨激昂。我们不妨从语境化与知识化的双重视角对其略作描述：语境化突出表现为邓小平南方谈话、建立社会主义市场经济体制目标的提出（1992），经商热、下海潮（1993），新中国成立50周年及世纪之交（1999）；知识化则突出表现为"人文精神大讨论"（1993），后现代、后殖民、后实践美学等的纷纷"登场"以及中国古代文论的现代转换、新理性精神等各种新论的提出（1995年前后），巴赫金对话理论、"文化诗学"等新观点的问世（1998），以及对改革开放20年、新中国文学理论50年、百年文学理论的回顾与展望（1999）；等等。无论从语境化还是从知识化视角看，20世纪90年代的马克思主义文学反映论已然不是各种新主义、新理论、新学说、新观点必须摆脱的观念羁绊，也不是各种新论争的"众矢之的"，它几乎陷入了"无人问津"的境地。

其二，从事马克思主义文学反映论相关研究的理论阵营有所收缩。尽管有新人加入，但研究队伍基本上还是由80年代所形成的两个主要群体构成：一个以蔡仪、陈涌、程代熙、陆梅林等为主要代表构成，另一个由王元骧、童庆炳、董学文、朱立元等构成。仅就文学反映论新理论命题的"三驾马车"来说，钱中文在90年代鲜有对文学反映论的相关思考，他的理论关注重心在文学理论的回顾与展望、新理性精神的提出以及巴赫金研究等问题方面；童庆炳对文学反映论的相关思考集中体现在他所主编的相关教科书以及所撰写的一篇文章之中，而心理美学、中国古代文论、文学理论的回顾与展望以及"文化诗学"构想等问题构成了童庆炳在这一阶段的探究重点；王元骧尽管在这一时期也撰写了诸如《中国文学理论研究的世纪回眸》《从分析走向综合——文艺理论研究的回顾与展望》等论文，但并没有像钱中文、童庆炳那样在诸多理论问题域进行历史性、前瞻性的思索，而始终把攻克马克思主义文学反映论在90年代面临的新难题、新困境作为自己的首要理论任务。除"三驾马车"之外，董学文、朱立元、谭好哲、杜卫等对马克思主义文学反映论的相关问题进行了颇具新意的理论反思与学理批判。

其三，马克思主义文学反映论在20世纪90年代的相关探究发生了由"审美"到"实践"的问题转向。就新中国马克思主义文学反映论所关注的总问题及其侧重面而言，它存在着三次较为显著的问题转向：第一次发生在新中国成立后的"确立与巩固期"，主要是从新中国成立前"复数"主义的"多元"文学观向"单数"主义的"一元"文学观，即马克思主义的"认识论"文学观的转换，我们称其为马克思主义文学反映论的"认识偏向"；第二次发生在80年代，主要是从"确立与巩固期"的"认识性"向"恢复与反思""发展与深化"这两个阶段的"认识性与审美性的统一"的问题转换，即文学审美反映论、文学审美意识形态论这两大新命题是对文学的形象反映论、文学的特殊意识形态论这两大旧命题的"升级迭代"，我们称其为马克思主义文学反映论的"审美偏向"；第三次发生在90年代即拓展与突破阶段，主要是从80年代"认识性与审美性的统一"向"拓展与突破"阶段的"认识性与实践性的统一"的问题转化，我们称其为马克思主义文学反映论新理论命题的"实践偏向"。如果说恢复与反思、发展与深化这两个阶段的审美偏向主要针对的是马克思主义文学反映论两大旧命题所存在的突出问题即"认识偏向"，那么拓展与突破阶段的实践偏向主要针对的则是马克思主义文学反映论两大新命题所存在的突出问题即"审美偏向"。

不过，马克思主义文学反映论在拓展与突破这一阶段还存在以下突出问题。

首先，研究者对审美反映论与审美意识形态论之间的关系问题仍然未能给予足够的重视。实事求是地讲，这一问题自20世纪80年代中期以来就已经存在，虽偶有论述但未能触及根本，基本上处于被悬置状态。比如这一问题在20世纪80年代童庆炳主编的《文学理论导引》、20世纪90年代的《"审美意识形态论"作为文艺学的第一原理》一文中都有着比较明显的呈现。需要追问的是,审美反映论、审美意识形态论的哲学根基有无区别?如果回答是肯定的,区别何在?换言之,审美反映论与审美意识形态论这二者究竟是两个问题还是一个问题的两种不同表述?实际情况是,一些学者在探究文学反映论时往往把审美反映论与审美意识形态论二者并提或等同。此外,对作为文学理论范畴的审美反映、审美意识形态与作为文学反映论理论命题的审美反映论、审美意识形态论之间的联系与区别这一问题也缺乏足够的重视。

其次,尽管研究者从哲学与文学两个方面对实践问题进行了深入思考,但其中的一些新见还缺乏必要的理论自洽。最突出的问题莫过于对实践意涵的理解与把握,比如针对把实践理解为伦理学的、存在论的、个体的生存活动、人类的社会生产活动、内部立法的意志、外部执行的意志等多种意涵。王元骧认为,凡是确立目的并通过意志努力,采取一定手段,使之在对象世界得以实现,从而达到主客体统一的活动,都应是实践所涵盖的领域,因而毫无疑义地应包括以上各种不同的理解在内;应以实践自身丰富的含义来理解艺术的实践本性,这是研究艺术的实践本性之前首先应达成的共识。[①] 但困难在于,我们如何才能真正把认识论的、伦理的、本体论的以及马克思主义与非马克思主义的实践观统摄起来。显然,这些问题依然是王元骧等在"综合与超越期(2000—2020)"所面对的主要理论难题。

瑕不掩瑜,马克思主义文学反映论在20世纪90年代不仅开启了实践偏向这一新理论路径,而且提出了它们是"文艺学的第一原理"这一新论断。不过,历史的吊诡之处在于,学者们历经20年不懈探索所取得的理论硕果在21世纪初就遭到了"多方狙击":与确立和巩固期的马克思主义文学反

[①] 参见王元骧《艺术实践本性论纲》,《社会科学战线》1998年第3期。

映论"旧"理论命题在20世纪80年代的命运十分相似,"反思与突破期"的马克思主义文学反映论"新"理论命题在"综合与超越期"迎来了更为猛烈的论争风暴。

[本文系国家社会科学基金重大项目"20世纪中国文学学术话语体系的形成、建构与反思研究"(20&ZD280)的阶段性成果]

(原载《学术月刊》2022年第3期)

是学者，也是战士
——我所接触的文艺理论家程代熙

刘文斌

内蒙古师范大学文学院

一

我同程代熙相识，始于拜读其大作。1977年夏天，我在《光明日报》上看到一篇题为《关于"拿来主义"——学习鲁迅介绍外国文学的经验》的长文，作者是程代熙。该文以翔实的资料，总结鲁迅认真翻译介绍外国文学特别是俄苏进步文学和革命文学的经验。作者认为鲁迅倡导的"拿来主义"，"完全符合马列主义的科学原理"，并且引用了列宁《青年团的任务》一文中的有关论述，"无产阶级文化并不是从天上掉下来的，也不是那些自命为无产阶级文化专家的人杜撰出来的"，"只有确切地了解人类全部发展过程所创造的文化，只有对这种文化进行改造，才能建设无产阶级的文化"。[①]这篇

---

① 程代熙：《关于"拿来主义"——学习鲁迅介绍外国文学的经验》，《程代熙文集》第六卷，长征出版社1999年版，第355页。

文章对我思想触动很大，此后，每当我在报刊上看到程代熙的文章，总要认真拜读。

1978年，我重回母校学习文艺理论，毕业后留校任教，1986年秋季受命讲授"马克思主义文艺论著选讲"课程（简称"马列文论"）。受当时颇为流行的马列文论"过时论""机械论""断简残篇论"等谬说的影响，我不愿意讲授这门课，只是在不得已的情况下才勉强上岗，并打算一旦有机会，便跳槽去改教其他"学术含量高"的课程。但既然要讲授这门课了，就得备课，于是，程代熙的《文艺问题论稿》（上海文艺出版社，1979）、《艺术家的眼睛》（陕西人民出版社，1982）、《马克思主义与美学中的现实主义》（上海文艺出版社，1983），以及程先生先后任副主编、主编的《文艺理论与批评》杂志，就成为我的案头必备之物。程先生发挥其熟悉中外文化的优势，结合匈牙利学者卢卡契、苏联学者里夫希茨、英国学者柏拉威尔以及中国学者陆梅林等的相关论述，联系社会主义文艺的实践，有理有据地指出："马克思主义文艺理论具有严谨的科学体系。"他接着援引列宁"只有以先进理论为指南的党，才能实现先进战士的作用"的名言，指出"这句名言的精神，完全适用于我们的文艺事业"。[①] 程先生的这些论述，不但消除了我对马克思主义文艺理论的疑虑，也使我体会到他努力以马克思主义文艺思想武装自己、做一名革命文艺队伍中"先进战士"的决心。不仅如此，程先生的著作还澄清了种种理论迷雾，帮助我破解了一个个理论难题，使我加深了对马克思主义文艺思想的理解。

20世纪八九十年代，"多元化"引起广泛争论，一时间，"政治多元化""理论多元化""文艺多元化"等似乎成了"思想解放"的基本特征。为此，程代熙撰写并发表了《一元·二元·多元——对一个哲学问题的探讨》

[①] 程代熙：《关于文学与真实的关系问题——在一次座谈会上的发言》，《程代熙文集》第一卷，长征出版社1999年版，第362页。

一文。文章从哲学高度指出,"元"即哲学中"本原"的意思,"马克思主义哲学是彻底的唯物主义一元论哲学","多元论认为世界是由多种本原构成的一种哲学学说",所以人们常说的"多元化"应改为"多样化"。程先生还针对当时的所谓马克思主义文艺学只是"百家中的一家"的说法,一语中的地指出:"这些人不过是想以此来否定马克思主义文艺学在文艺领域的指导地位,使各种非马克思主义文艺学同马克思主义文艺学分庭抗礼,进而以前者取代后者。用他们自己的话来说,就是'中国迫切需要多元化','不需要一个统一的意识形态来管理'。"[①] 今天,人们对此已进一步厘清认识,之所以有如此变化,程代熙等马克思主义理论家功不可没。

文艺反映论,是马克思主义文艺思想的一个基本理论。20世纪80年代前后,歪曲、贬损马克思主义文艺反映论几乎成为一种时髦的国际现象。美国"新批评"派的重要文论家雷内·韦勒克与瑞士儿童心理学家J.皮亚杰(他后来不再坚持这一看法)就将马克思主义反映论譬作"镜子式的反映"。无独有偶,我国学界也有人将马克思主义反映论说成是"机械反映论""直观反映论",认为这是造成20世纪我国文学"主体性失落"的重要原因。王若水在《文汇报》上发表了一篇长文《现实主义与反映论问题》,文章从列宁《唯物主义和经验批判主义》一书中摘引了两段话,将列宁的反映论定性为"直观反映论",并认为其是现实主义创作方法的哲学基础。程代熙对此文提出质疑:"列宁的《唯物主义和经验批判主义》是一部长达二三十万言的重要学术著作,而王若水同志上不沾天、下不挨地地抽出其中的两段话,就一口咬定列宁的反映论是直观反映论。"[②] 他将王若水"省略"去的列宁的几段

---

① 程代熙:《一元·二元·多元——对一个哲学问题的探讨》,《程代熙文集》第四卷,长征出版社1999年版,第185—193页。
② 刘文斌:《迎接挑战 开拓前进——全国马列文论研究会第十届年会讨论情况综述》,《文艺理论与批评》1989年第1期。

话摘出,同王若水摘引的两段话进行对比分析,指出王若水是在断章取义地引用列宁著作,从而肢解歪曲了列宁的原意。程先生还以列宁同一时期写的《列甫·托尔斯泰是俄国革命的镜子》一文中的相关论述作为佐证,说明列宁的反映论并非"直观反映论",而是彻底的反映论。[1]

现实主义是人类进步文艺的一面旗帜,也是马克思主义文艺理论的中心问题。然而,它的历史发展、基本特征及未来命运,中外学界众说纷纭、莫衷一是。程代熙连续撰文阐释马克思、恩格斯的现实主义理论,大声疾呼"文艺必须真实地反映生活"[2]。然而,一些青年作家在创作中却又照抄生活,陷入自然主义泥淖。于是,程代熙又撰文指出:"没有真实,就没有现实主义……但是却不能因此就反过来说,现实主义就等于真实。因为现实主义文学还要求真善美的统一。"[3]程先生还对现实主义的历史做了深入细致的梳理,勾勒出从席勒和歌德首先在文艺领域提出"现实主义"这一概念起到19世纪末为止,"现实主义"在德国、法国、俄国、英国、波兰和丹麦等国文艺运动中产生和衍化的大致轮廓,并在此基础上,对现实主义的内涵及真实性与倾向性的关系等发表了精当的见解。[4]20世纪80年代中期,随着西方现代派文艺大量涌入,现实主义面临着严重挑战。有观点认为"现实主义是蒸汽机时代的产物,早已过时了","国家要搞现代化,文艺何妨现代派"。为此,程代熙撰写并发表了多篇论文,认为现实主义是欧洲文学中长时期以

---

[1] 参见刘文斌《迎接挑战 开拓前进——全国马列文论研究会第十届年会讨论情况综述》,《文艺理论与批评》1989年第1期。
[2] 程代熙:《文艺必须真实地反映生活——读书札记》,《程代熙文集》第一卷,长征出版社1999年版,第341页。
[3] 程代熙:《现实主义的真实和作家的同情》,《程代熙文集》第一卷,长征出版社1999年版,第355页。
[4] 参见程代熙《再论现实主义的源流——读书札记》,《程代熙文集》第一卷,长征出版社1999年版,第431页。

来就存在的,并且还是不断地发展着的一个重要文学现象,并非"蒸汽机时代的产物"①。程先生上述论断,反驳了"现实主义过时论",得到学术界的广泛认可,被写入新时期出版的多种高校文学理论教材中。

程代熙大力弘扬马克思主义文艺学,但他并不排斥其他现当代西方的进步文论。20世纪80年代中期,大量西方文艺批评新方法被引入中国。程先生充分肯定引进西方文学批评新方法的积极意义,认为它"在开拓眼界和打开思路方面的确起了很好的作用",但他同时也指出"这些方法的哲学基础并不都是唯物主义的","如果丢弃了马克思主义哲学这件宝贝,所谓方法论的多样化就会导向指导思想上的多元化"。② 程先生还发挥其外语优势,在深入研究一手资料的基础上,运用马克思主义文艺思想对这些新方法逐一进行分析,并发表了《结构主义漫评——读书札记》《海外华人学者现象学研究一瞥——读书札记》《雅克·德里达:解构理论纵横谈——读书札记》等一系列论文,科学地分析了西方各种文学批评新方法的成败得失与功过是非,阐明我们对其所应采取的正确态度。③ 他的这些论文资料翔实、论点精辟、论证充分,因而经常被当作权威论断引用。

二

邓小平同志在1983年10月曾指出:"现在有些同志对于西方各种哲学的、经济学的、社会政治的和文学艺术的思潮,不分析、不鉴别、不批判,

---

① 程代熙:《卢卡契和布莱希特的现实主义——在歌德学院北京分院和〈外国文学评论〉编辑部联合召开的一次学术会议上的发言》,《程代熙文集》第四卷,长征出版社1999年版,第439页。
② 程代熙:《一元化和多样化》,《程代熙文集》第四卷,长征出版社1999年版,第182页。
③ 参见《程代熙文集》第四卷,长征出版社1999年版。

而是一窝蜂地盲目推崇。……对此,马克思主义者应当站出来讲话。"[1] 遵照邓小平同志的上述指示精神,程代熙同陈涌、陆梅林等一道,在中宣部、文化部的支持下,创办了国内首个以研究马克思主义文艺理论为宗旨的机构——中国艺术研究院马克思主义文艺理论研究所(以下简称"马文所"),同时,还创办了以弘扬马克思主义文艺理论、繁荣社会主义文艺为目的的刊物——《文艺理论与批评》。程代熙被任命为"马文所"副所长,并先后担任《文艺理论与批评》副主编(1986—1990)、主编(1990—1997)。"作为一位威望甚高的理论大家,代熙同志对待刊物的编辑工作同样严谨、认真,从没有一丝一毫的懈怠,他担任主编后,视刊物为自己生命的一部分,具有很强的责任感,尤其对培养年轻作者,倾注了极大热情。"[2]

程代熙对于不同学术观点,严格遵循"双百"方针,积极地组织讨论,鼓励争鸣,努力营造健康的文艺批评生态。1998年,一位叫刘宏彬的读者写信给程代熙,对他关于"朱光潜前期美学思想的评价问题"表示"难以接受",并就此谈了自己的看法。这封信后来以《朱光潜前后期美学思想的一致性及五十年代的自我批评——致程代熙先生》为题,刊发于《文艺理论与批评》1998年第4期的"商讨与争鸣"栏目。此类事例还可举出许多,限于本文篇幅,不再赘述。在刊物"商讨与争鸣""自由论坛""理论探索"等栏目中,有些文章的观点,程代熙并不同意或不完全同意,但他仍然乐意为其提供版面。程先生之所以有如此雅量,并非要做做样子,而是源自他对"双百"方针的深刻理解。他曾这样写道:"为什么必须允许争论、开展正常的批评呢?这是因为社会生活是一种非常复杂的现象。人们对同一种社会现象往往会有不同的认识,在科学文化领域就常常出现不同的学派。怎么办?

---

[1] 邓小平:《邓小平论文艺》,人民文学出版社1989年版,第84—86页。
[2] 闻礼萍:《"追思程代熙同志、研讨〈程代熙文集〉座谈会"在京举行》,《文艺理论与批评》1999年第5期。

是采取'罢黜百家，独尊儒术'的办法，把不符合自己看法的观点、思想都视为异端，还是采取讨论、争论、批评的办法呢？正确的答案显然是后者而不是前者。"①

依程代熙之见，坚持和发展马克思主义文艺理论与批评，离不开良好的学风和文风。为此，程代熙以身作则、率先垂范。他的文章不但论点深刻独到，而且紧密结合文艺实践，深入浅出，十分好读，常常是在娓娓道来、引人入胜的讲述中，蕴蓄着精辟的见解，闪烁着智慧的光芒，即便是一些论战性的文字，也总是能以理服人，而不以势压人。刘再复在其《论文学的主体性》一文中，将美国人本主义心理学家马斯洛关于人的五种需求的理论作为研究作家心理结构的指导原则。对此，程代熙结合中外文学史上的大量史实予以反驳。"曹雪芹晚年住在北京西郊的小茅屋里，穷得'举家食粥'，可是他作为作家的主体意识和主体能力并没有处于沉睡状态，他还以惊人的毅力，而且穷十年之久，呕心沥血地五次润色、增删他的巨著《红楼梦》。……巴尔扎克一生都是在穷困潦倒中度过的，但他的写作欲望也就是主体意识却始终很强烈很旺盛，而且他的用心也是十分良苦的。……鲁迅是名副其实靠稿费为生的。在温饱问题上，他比曹雪芹解决得好一些，也可能比巴尔扎克略胜一筹，因为鲁迅还不曾为躲债到处搬家。可是鲁迅却没有人身安全，国民党特务总是在伺机向他打黑枪。……按照马斯洛的需求等级说，像曹雪芹、巴尔扎克、鲁迅这些总是处在最低需求等级上的人，或者如刘再复所说处在'缺乏必要的从事创造的外在条件'，因而不可能'进入深邃的精神生活'的作家，是绝不会达到'作家的意志、能力、创造性的全面实现'的所谓最高

---

① 程代熙：《新春断想——读书札记》，《程代熙文集》第五卷，长征出版社1999年版，第216页。

等级的。"① 程先生运用人们所熟知的文学史实,去说明人们所不熟悉的文学理论问题,举重若轻,势如破竹,且语气平和、文风严谨、笑谈真理、雍容大度,令人感佩之至、钦羡不已。

程代熙在他主编的刊物上,编发过我的一些文章。这不但令我大受鼓舞,而且引领了我的学术研究方向,教会我研究学术的方法。不过,拙文遭程先生"枪毙"的也不少。令我动容的是,先生没有一"毙"了事,而总是坦诚又认真地指出稿件中存在的问题,并耐心地提醒我今后应如何改进。从1986年11月至1989年6月,程先生给我写过八封信,我珍藏至今。这里不妨摘抄几段。"谈《讲话》一篇,较少新意,如没有新意,与一般文章很容易雷同,就不可能被接受。""此文有一定基础,但仍显得有些分散。此文在'破'之余,'立'论较弱。""您文章中的失实处,我在发稿时已发现,并代您作了更正。……以后作文一定要勤于检索资料。凡有疑点一定要在下笔前或定稿前作一次检查。""可以写点短文、随笔或杂文,针对一题一事作些剖析,将有大益。""您教学工作较重,我希望您尽量挤时间来阅读一些当代文论,不读不行,一定要读一些。不充实自己,文章的质量就难以提高。俗语说,磨刀不误砍柴工。""您的文章从大处着眼的多,这诚然好,但不够,还要从细处落笔,理论文章要写得具体些。有具体性、生动性,才有可读性。今后再谈原理时,最好多结合具体作品,多作一些具体的艺术分析。原理是旧的,但角度要新。这样就可以做到有新意了。"那时候,我在内蒙古师范大学中文系教书,一位同我关系较好的同事看到程先生寄给我的信,故意做出吃惊的样子,大声说道:"啊呀妈呀!程代熙先生的亲笔信,吓死人啦!"朋友话中固然有玩笑的成分,但也不乏真实的感受。的确,程先生

---

① 程代熙:《对一种文学主体性理论的述评——与刘再复商榷》,《程代熙文集》第四卷,长征出版社1999年版,第102—103页。

这位大名鼎鼎的学者，亲笔写信指导我这个初出茅庐的理论新兵（我当时还只是个讲师），能不令人感动吗？程先生之所以如此，当然远不只是对我个人学业的关心、扶持，从中也不难体察到先生努力建设中国化马克思主义文艺学、繁荣社会主义文艺的良苦用心。

三

1999年5月15日，我突然收到"程代熙同志治丧办公室"的来信，心头一紧，拆开看时，才知程先生"因患癌症，术后意外，抢救无效，于1999年5月12日中午12时15分逝世，享年72岁"。我草拟了唁电，到邮局发出。此后不久，我收到北京寄来的《程代熙文集》（10卷），第一卷扉页上有"程代熙，九九、五、十二"的字样，"程代熙"三字是先生生前的签名手迹放大、制成印章后加盖上去的。我看着"签名印章"那熟悉的笔迹和书中先生的一些照片，不禁回想起过去同先生接触的一些往事。

1986年9月16日至19日，全国马列文论研究会第六届年会在甘肃敦煌召开。我前去参会，有幸见到仰慕已久的程代熙。先生看上去60岁上下，中等个头，身体微胖，衣着整洁，风度儒雅。他的谈话中流露出的对于马克思主义文艺理论的高度自信和努力做好文艺理论与批评工作的坚强决心，给我留下很深的印象。

1987年冬季，我受所在单位派遣去往内蒙古额尔古纳左旗讲课，返回途中经过北京时，特意下车去看望住在西坝河东里原文化部宿舍楼的程代熙。先生家兼作客厅的书房不算宽敞，但窗明几净，一尘不染，陈设虽很普通，但摆放得井然有序。走廊墙上贴着几联未装裱的条幅，皆为先生手书，其内容则全是抄录古代志士仁人的言志诗。记得其中有郑板桥的《竹石》："咬定青山不放松，立根原在破岩中。千磨万击还坚劲，任尔东西南北风。"

想必程先生是借它来表达自己的精神追求和心灵寄托吧。在我看来，它也正是程先生坚信马克思主义、心系人民大众，虽历经磨难却不忘初心的真实写照。

我最后一次见到程代熙，是1998年秋季在四川大学召开的全国马列文论研究会年会上。当时，程先生已做了肺癌切除手术，身体大不如前，说话气喘，但他仍然坚持在大会上发言，在饭桌上还同武汉大学的何国瑞教授讨论"艺术生产原理"。此后的半年多，我给程先生打过几次电话，每当我问及他的身体状况时，先生总是淡淡地说一句："马马虎虎吧。"但当涉及学术问题和文坛动态时，先生依旧严肃认真、一丝不苟。我担心累着先生，只想讲点令他高兴的事便打住，可先生却常显得"意犹未尽"。

程代熙离世后，我从报刊上读到介绍先生生平的资料。原来，程先生幼年丧父、家境贫寒，靠亲友资助勉强读完初中后即辍学去当学徒，靠自学和上夜校较熟练地掌握了英语和大量中外文学知识。他20岁时即在上海《新民晚报》发表了声援全国学生反饥饿运动的诗歌，以及翻译美国诗人惠特曼的诗作《船长》。1952年，程先生被他当时所在的国际新闻局选送去往新成立的中国人民大学俄语系深造。经过四年学习，他不但熟练地掌握了俄语，比较熟练地掌握了德语，而且还学习了俄国文学史，以及马克思主义哲学、政治经济学、联共（布）党史，初步树立了马克思主义世界观、人生观、价值观。1956年，程先生大学毕业，被分配到人民文学出版社，担任"马克思主义文艺理论丛书"的责任编辑。四卷本的《马克思恩格斯论艺术》、两卷本的《列宁论文学与艺术》和一卷本的《斯大林论文学与艺术》，以及《鲁迅论文学》《瞿秋白论文学》《拉法格论文学》等，都是经先生之手送去发排的。在此期间，程先生还比较系统地阅读了马克思、恩格斯、列宁、普列汉诺夫等的著作，特别是他们有关美学、文艺学的著述，树立起马克思主义文艺观、美学观。

十年"文化大革命"中，程代熙历经磨难，但他不改初心、牢记使命。"文化大革命"后，先生经过短暂的思想调整，就又奋不顾身地投入新的战斗，发表了多篇科学性与战斗性高度统一的、振聋发聩的学术论文，出版了多部极具参考价值的文艺学、美学译著。先生晚年疾病缠身时，又主持并完成了国家"八五"社科基金重点项目《新时期文艺新潮评析》（河南大学出版社，1997）。陈涌曾评价道："这本书对新时期以来搅动中国整个文学艺术界的风起云涌的'新潮'文艺作出了一个比较完全的描述和比较系统的初步总结。"①

　　1997年5月中旬，程代熙被确诊患肺癌，他躺在病床上思忖着，想在有生之年实现自己的夙愿——加入中国共产党。先生做完开胸手术回家后不久，即动笔写入党申请书，由于伤口疼痛难忍，身体又极度虚弱，他不得不写写停停，一封不足3000字的入党申请书，前后共用了45天才完成。先生最后写道："虽然国际共产主义运动目前正处于低潮时期，世界上那些视社会主义制度为洪水猛兽的资本主义大国及其他一些敌对的政治势力，还会在我们国家前进的道路上设置种种障碍，制造种种困难，散布告别革命、共产主义已经彻底失败的种种谰言，但我深信中国共产党——这个经历历史考验的中国无产阶级的战斗组织，一定能够领导亿万中国人民从胜利走向另一个胜利。正是基于这样的认识和信心，我向党组织呈上我的入党申请书。请支部给予严格审查。"1997年年底，程先生终于如愿以偿地成为"中国共产党——这个经历历史考验的中国无产阶级的战斗组织"中的一名战士。

　　2017年初冬的一个下午，我前往位于北京西郊的福田公墓，去祭拜安葬在那里的程先生。沿着陵园中的花丛小径来到先生墓前，只见墓碑正面镌

---

① 陈涌：《文艺理论批评的新收获》，《文艺理论与批评》1997年第6期。

刻着"程代熙同志之墓"七个大字，落款为"邓力群敬书"。墓碑的背面，镌刻着程代熙墓志："这里长眠着一位忠诚的马克思主义文艺理论战士——程代熙同志。他学识渊博，著作等身，成就卓然。虽然他党龄不长，但一生都为译介、宣传、捍卫马克思主义文艺观勤奋耕耘，并培育了许多后学。他的可贵之处尤其在于，处于运动低潮时毫不消沉，当忏悔和反水成为时髦时仍然坚持初衷，巍然挺立。仅这一点就足够赢得人们恒久的尊敬。"我默诵贺敬之题写的"程代熙墓志"，胸中又一次升腾起对程先生深深的景仰之情。我用毛巾将墓碑轻轻地擦拭了一遍，又默默地将一篮鲜花摆放在墓碑前，然后朝着暮色苍茫中巍然挺立的"程代熙同志之墓"深深地鞠了三个躬。

（原载《中国文艺评论》2022年第5期）

国外马克思主义文艺理论研究

通向"可能性的中心"的文学
——论柄谷行人的跨越性批评

汤拥华

华东师范大学中文系

柄谷行人《马克思,其可能性的中心》一书的中文译者中田友美指出,"跨越性批评"即"transcritic"虽然直到1998年初才作为自造词被正式提出,但它却是柄谷行人数十年一贯坚持和实践的批评原则。据中田友美分析,"trans"有两义:一是"transcendental",即康德所谓"超越论的",其与"经验论的"相对立,这是一种垂直的想象;二是"transversal",即"横向的、横断的",这是一种水平的想象。[①] 两种想象相结合便是所谓"跨越"。需要指出的是,"critic"也有两义。柄谷行人《跨越性批判——康德与马克思》一书英文名为 *Transcritique: On Kant and Marx*[②],其中"critique"一般译为"批判",以对接康德的批判哲学。柄谷行人自陈20世纪80年代末曾依

[①] 参见〔日〕中田友美《译者后记》,载〔日〕柄谷行人《马克思,其可能性的中心》,中田友美译,中央编译出版社2006年版,第228页。后文出自同一著作的引文,将随文标出该著名称简称《马》和引文出处页码,不再另注。

[②] See Kojin Karatani, *Transcritique: On Kant and Marx*, trans. Sabu Kohso, Boston: The MIT Press, 2005.

循当时通例,将日语词"批判"理解为站在某个立场上攻击其他立场,而"批评"则是对理据的重新审视(京都学派的西田几多郎就将康德哲学称为"批评哲学")[1];进入20世纪90年代后,柄谷行人精研康德并完成了《跨越性批判——康德与马克思》(2001,以下简称《跨越性批判》)一书,此后不再将批判与一般文艺批评混同。[2]不过,柄谷行人在《日本近代批评》(1997)一书序言中指出,康德的批判哲学是受到了英国批评家亨利·霍姆《批评的原理》一书的刺激,恰恰是因为后者认为批评没有绝对、永恒的普遍性,康德才觉得有必要使批评走向批判。[3]在《日本现代文学的起源》(1997)一书韩语版序言中,柄谷行人又将批评理解为对理论与实践、思维与存在之脱节的批判意识[4];在《跨越性批判》一书中,他重申康德因为受到亨利·霍姆的影响,以文学批评的逻辑来作哲学批判。所谓"文学批评",不是建基于"有着绝对可靠原则的古典美学"的批评,"而是建立在商业性新闻业上的批评,来自于谁也无法做出定论性评价的竞技场"[5]。在《民族与美学》(2004)一书序言中,柄谷行人再次强调康德式批判所要求的只是鉴赏判断式、批评式的普遍性。[6]倘以这类论述为依据,批判与批评并非泾渭分明,倒有可能

---

[1] 参见〔日〕柄谷行人「序」,载柄谷行人编『近代日本の批評』(Ⅰ昭和編 上),東京:講談社文芸文庫,1997年版,第8頁。

[2] 参见〔日〕关井光男《柄谷行人访谈:向着批判哲学的转变——〈日本现代文学的起源〉》,载陈飞、张宁主编《新文学》第5辑,大象出版社2006年版,第31页。

[3] 参见〔日〕柄谷行人编『近代日本の批評』(Ⅰ昭和編 上),第9頁。

[4] 参见〔日〕柄谷行人《日本现代文学的起源》,赵京华译,中央编译出版社2017年版,第278页。后文出自同一著作的引文,将随文标出该著名称简称"《日》"和引文出处页码,不再另注。

[5] 〔日〕柄谷行人:《跨越性批判——康德与马克思》,赵京华译,中央编译出版社2011年版,第9页。后文出自同一著作的引文,将随文标出该著名称简称"《跨》"和引文出处页码,不再另注;如出自序言部分,则注明相应序言名称。

[6] 参见〔日〕柄谷行人《民族与美学》,薛羽译,西北大学出版社2016年版,第23页。

是一体两面，相互发明。

批评与批判之间的微妙关系影响到柄谷行人对何谓文学批评的界定。柄谷行人在回顾自己于20世纪70年代开始写作的《柳田国男试论》《马克思，其可能性的中心》以及其后完成的《跨越性批判》时提出，虽然自己的研究对象或为日本民俗学家，或为哲学家，甚至是共产主义运动领袖，但这些研究都可以被视为文学批评，因为都是通过文本解读而引出一个"可能性的中心"[①]。该如何理解这个"可能性的中心"，它是引导批评跨越文学的内外，还是另立一种文学的定义，抑或是引发讨论的一个引领性问题？跨越性批评提供了哪些富有特色的理念与方法？这些都将成为本文分析的重心。

一、面向民族的跨越：作为颠倒与移动的批判

一直以来，柄谷行人致力于批判民族神话，尤其是日本近代以来以民族为支点的国家主义论说。他提醒说，当我们跟着本尼迪克特·安德森将民族视为"想象的共同体"时，必须认识到这一想象并非借助思想启蒙就可以消解，因为我们面对的是资本—民族—国家的三位一体（详见《跨》：中文版序言3）。此处所谓"民族"既是原始共同体在想象与情感上的恢复，又是将想象与情感嵌于资本—国家的论说之中。在柄谷行人看来，仅以德国思想界而言，想象力与情感的哲学地位被不断提升，康德将想象力视为感性和悟性"共通的、我们所不知道的同一个根源"，谢林则发现了超越感性和悟性二元结构的直观知识，与此同时，赫尔德从风土、语言以及作为语言共同体的民族这一感性存在出发构建国家理性，费希特则强调民族以语言作为其

---

① 参见〔日〕柄谷行人《定本 柄谷行人文学论集》，陈言译，中央编译出版社2021年版，序文第2页。后文出自同一著作的引文，将随文标出该著名称简称《柄》和引文出处页码，不再另注；如出自序言部分，则注明相应序言名称。

"内在疆界"。① 在这类论述中，新兴的美学与新兴的国家理论相互缠绕：一方面，国家成为民族，即黑格尔所谓"每一个民族的国家制度总是取决于该民族的自我意识的性质和形成；民族的自我意识包含着民族的主观自由，因而也包含着国家制度的现实性"②；另一方面又如赫尔德所言，民族提供了作为理性之基础的审美趣味，"在一个民族首先觉醒并且从强大的梦中聚集起来的地方……审美趣味就形成了，而且在它敏锐而正确的判断中形成了思考着最无感性意义的概念的先驱者"③。

在对民族美学的"知识考古"中，柄谷行人多次演绎了对"颠倒"（inversion）的发现。颠倒即倒果为因，发现颠倒就是将被认为是经验、自然的东西揭示为特定话语或者说"装置"中的设定。例如，感性和感情地位的提升呼应了对于俗语（声音语言）的重视。通过将声音摆放到优先位置，被视为俗语的意大利语、德语等便获得了与希伯来语、希腊语、拉丁语这种世界帝国或世界宗教的文字语言同等的地位。然而这并不意味着俗语无差别地受到青睐；事实上，绝大部分俗语并没有获得作为民族语言的资格，充其量相当于今天的方言。④ 浪漫派语言学家秉持声音中心主义立场，认为民族语言作为声音语言是从感情或内面直接表达出来的，但其实它们是在翻译帝国语言（拉丁语、希腊语、希伯来语）的过程中获得其地位的。⑤ 由此可发现感情的重要性是一种解释，是果而不是因（详见《日》：253）。再看广为人知的"风景的发现"。所谓"发现"是通过还原（去除）风景背后的宗教、

---

① ［日］柄谷行人《世界史的构造》，赵京华译，中央编译出版社2017年版，第325—328页。
② ［德］黑格尔：《法哲学原理》，范扬、张企泰译，商务印书馆1979年版，第291页。
③ ［德］赫尔德：《赫尔德美学文选》，张玉能译，同济大学出版社2007年版，第103页。
④ 参见［日］柄谷行人《民族与美学》，薛羽译，西北大学出版社2016年版，第135页。
⑤ 参见［日］柄谷行人《民族与美学》，薛羽译，西北大学出版社2016年版，第140—141页。

传说等附加的意义，使原本非审美的对象进入审美。此种发现被认为与孤独的内心状态相关，发现风景的前提是承认有"内面的人"（inner man）存在，后者显然是一种现代意识（详见《日》：19）。然而，"主观—客观"这类认识论框架是在风景的发现中形成的，不是"我"发现了作为客体的风景，而是西方式的风景审美造就了主客对立（详见《马》：215）。柄谷行人同时指出，只有到了"言＝文"即"我手写我口"的时代，风景的发现才成为可能。但是，所谓"言文一致"并非"言"直接进入"文"，而是新的"文"与"言"的创造，先有语言的创造，后有风景的发现（详见《马》：197）。所以，与其说作为主体的我们重新发现了民族的风景，不如说是在掌握了一套言说民族的语言之后，我们才真正成为主体，风景也才真正成为风景。

此种风景的发现首先在西方发生。柄谷行人引用瓦雷里的话说："被称作'描写'者对于文学的侵略，与风景画对绘画的侵略，二者几乎同时进行。"（《马》：196）柄谷行人指出，现代在西洋有一个长期发展成熟的过程，其起源被深深地隐蔽起来了，但是在日本，"这一过程是以极端短暂凝缩的而且是与所有领域相关联的形式表露出来的"（《日》：271）。在18世纪本居宣长的"物哀"说中，虽有对"汉意"的批判，以反对不借助汉文学的观念就不能观察自然的习气，但毕竟还不能与风景的发现等而论之（详见《日》：22）。日本第一次发现风景是在"明治二〇年代"，即正冈子规（1867—1902）号召俳句作家带着笔记本到野外"写生"的时期[1]；柄谷行人相信，这种风气是由某种来自西欧的观念促成的（详见《日》：20）。对于早就习惯了言文一致的人来说，要理解何谓"第一次"已十分困难；一旦习惯了以西方式的主客关系讨论风景，以"内面的人"去发现风景便显得理所

---

[1] 参见［日］正冈子规《日本俳味》，王向远、郭尔雅译，复旦大学出版社2018年版，第132—133页。

当然。①柄谷行人进一步指出,随着风景在日本被不断地发现,日本整体也成为风景。那种把日本塑造为美学表象的文学作品(从国木田独步到川端康成和三岛由纪夫)被大量译介到国外,就连非西方世界也充斥着"作为美学对象的日本"形象,甚至日本人面对西方世界主张自身的普遍性时,也往往把日本或日本文化审美化,由此形成了逆向的东方主义。②

认识到这种"权力—知识"的境况当然非常重要,但解释毕竟不等于改变。要走出东方主义的陷阱,既不只是一场反本质主义的颠倒,亦非仅凭重申"从日本出发"的立场就可以做到。20世纪60年代中期以后,随着日本经济的复兴,各种有关日本文化的论说粉墨登场,导致日本在观念上再次陷入"普遍—特殊"的封闭循环。在柄谷行人看来,这一循环仍然延续了"近代的超克"的困境。他引用竹内好的话说,复古与维新、尊王与攘夷、锁国与开国、国粹与文明开化、东洋与西洋,这些包含在传统的基本轴线中的对抗关系,在第二次世界大战后一举爆发出来,促成了"近代的超克"的大讨论。③以京都学派为代表的一部分日本精英知识群体抗拒欧美世界以种族主义的历史观衡量日本的地位,但他们却并不反对以"共荣"为名,将中国台湾、朝鲜、中国华北和东南亚等地相继纳入以日本为中心和前导的历史进程——他们对"近代的超克"完全复制了近代的逻辑,只不过更换了历史主角。"近代的超克"受到丸山真男等人的激烈批评,后者认为法西斯主义并

---

① See Seiji M. Lippit, Kojin Karatani and Brett de Bary, "Review: Origins of Modern Japanese Literature", in *Comparative Literature*, 107.5 (1992), pp.1058-1061.
② 参见高华鑫《在亚洲思考普遍性:大江健三郎与柄谷行人的三次对话》,《文艺理论与批评》2022年第1期。
③ 参见〔日〕柄谷行人《历史与反复》,王成译,中央编译出版社2018年版,第112页。后文出自同一著作的引文,将随文标出该著名称简称《历》和引文出处页码,不再另注。参见〔日〕竹内好《近代的超克》,李冬木等译,生活·读书·新知三联书店2005年版,第354—355页。

非近代的必然结果，倒是日本之所以会堕入法西斯主义的深渊，恰恰是因为其不够近代。思想史家子安宣邦指出，两派都将日本的近代视为理所当然，未能对其本身做进一步的追问，也跳不出普遍与特殊的概念圈套，为此他提出"用将亚洲视线重叠于江户视线的方法来观察日本近代的造始"，即以大于和小于日本的两种视线构成新的视角，对日本近代的发生做知识的考古。① 柄谷行人的思路与子安宣邦其实颇为接近，即不是从"真正的日本视角"出发，而是从视角内在的差异性出发。就日本而言，没有西方的眼光，就没有现代、没有民族，但如果一切都取决于西方的眼光，民族也就成为空名。柄谷行人并不执着于真正的日本，也拒绝堕入相对主义，为此他着力构建一种异于西方的外部视角。

此种外部视角并不是要找到一个更高的观察点，而是要求取一种视差之见。视差之见不是现成之物，需要先对"自我意识"进行悬搁与还原。此类工作的典范形式是现象学，《日本现代文学的起源》一书即被认为具有现象学色彩。柄谷行人倒不认为自己从现象学那里学来了什么特殊方法，对他而言重要的是"作为异邦人生存"这一"事实本身"（详见《日》：265）所提供的特殊位置：既非美国也非日本，而是居于两者"之间"（详见《日》：269）。② 他声称《日本现代文学的起源》中的基本想法是自己1975年在耶鲁大学讲学时形成的，身处美国一方面迫使他从外部观察自己成长于其中的日本现代文学，从而给"现代""文学""日本"的不证自明打上引号，另一

---

① 参见［日］子安宣邦《东亚论——日本现代思想批判》，赵京华编译，吉林人民出版社2011年版，第3—4、35页；［日］子安宣邦《日本现代思想批判》，赵京华译，上海译文出版社2017年版，第190—191页。

② 赵京华指出，柄谷行人的思想意识是国际化的，他在游走于"内部"和"外部"异质空间的过程中确立了自己的批评位置，并同时对日本和西方产生了影响。参见赵京华《在后现代与左翼马克思主义之间——柄谷行人的批评实践（上篇）》，载陈飞、张宁主编《新文学》第5辑，大象出版社2006年版，第42页。

方面这一场所也让他亲身感受到美国学界将日本异国情调化的态度，由此产生出抵抗意识。他认为自己是从马克思那里学到了这一方法，后者当年从英国回望德国，同样占据了外部立场，写下了一系列有关德意志思想的论著。不过，在描述自己读马克思的体会时，柄谷行人很自然地引述弗洛伊德来说明人们对视差之见的抵抗，而当他说要获得"带有冲击性的觉醒之体验"，就必须从既非自己也非他人的视角来观察，以直面"因差异（视差）而暴露出来的'现实'"时，又不免让人想到拉康（详见《跨》：2—3）。最后，柄谷行人指出，视差之见所占据的外部立场不是确定的立场，而是始终处于移动之中，正是马克思式的移动（而非否定或颠倒）使哲学遭遇了真正的挑战（详见《马》：90）。不过柄谷行人将这一认识最终归功于康德，因为康德批判哲学的特性就是不囿于某一固定不动的视角，"哥白尼式转向"不能只有一次（详见《跨》：98）。以上种种理论资源融会贯通，最终形成了柄谷行人的"跨越性批评"。

二、面向历史的跨越：重构现代文学的时间逻辑

"跨越"一词虽然适合做空间性的想象，却也自带时间性向度。过去即异邦，在日本与西方之间的跨越也会挑动起过去与现在之间的历史辩证关系。于是，柄谷行人显示出他的新历史主义立场：历史既不是事实的记忆，也不是事实的记录，而是被书写形塑之物（详见《柄》：250）。他如此梳理书写、事件、记忆与历史的关系：首先，在文字出现以前的社会，事件只需要被记忆，并不断被还原为神话的结构；其次，事件作为再也不能被结构所吸纳之物而发生，此时社会开始成为历史的社会；最后，不再是以书写记录事件，危机所造成的分裂只有通过写作才能弥合（详见《柄》：249）。简言之，事件的发生使写作成为必要，而写作本身也是事件，面向事件的书写使

历史成为历史。柄谷行人以《司马迁——〈史记〉的世界》(1943)的作者武田泰淳为例，认为武田泰淳在上海经历了"大日本帝国"的灭亡，并从那一时刻重新成为小说家。武田泰淳意识到，所谓"历史学家"既非以某一尺度来裁量这个世界的人，也非客观的记录者，面向现实之混沌的书写才是历史学家的工作。而且，像《史记》这样的文本总是在后世的某个动荡时期才显出特别的意义，其内在结构因后世的事件而不断重复（详见《柄》：249—250）。柄谷行人又举出森鸥外的例子，指出后者的历史写作并不执着于在过去与现在之间寻找因果关系，而是让过去流入现在，成为现在本身（详见《柄》：156）。柄谷行人认为这也正是他在马克思《德意志意识形态》中读到的思考：在某一时刻支配着诸党派的往往是过去的"亡灵"，今人把自己的所作所为用亡灵的语言来理解，说到底，不是他们支配着语言，而是语言支配着他们（详见《马》：97—98）。

柄谷行人将此类逻辑带入一种后殖民语境中，并指明了一系列错位现象。例如，当西方人开始怀疑几何透视法，并在日本的浮世绘中寻找摆脱它的钥匙时，日本人反过来试图用油画来实现现实主义绘画的梦想。又如，二叶亭四迷对屠格涅夫的翻译受到日本读者的欢迎，对果戈理的翻译却遭到冷遇，他本人对此颇不以为然，不客气地将在屠格涅夫的延长线上发展出的日本现代文学主流即自然主义小说称为"牛的口水"（详见《柄》：325—326）。二叶亭四迷创作的《浮云》一度被认为是带有江户小说古旧气息的过渡性作品，后来此著却拨云见日，被推举为日本第一部现代小说（详见《柄》：326）。不难看出，传统与现代的分野正因为东西话语的权力关系而变得错综复杂。柄谷行人于20世纪70年代后期思考日本现代文学的起源时，对现代的理解还较为单一，无暇虑及同时期不那么现代的其他文学，但当他从美国回到日本并开始撰写文艺评论时，却看到了现代文学的决定性变化。作为现代文学特征之一的"内面性"在这个时期遭到摒弃，因为随着

"风景之发现"而被排除掉的东西卷土重来,文字游戏、滑稽模仿、引经据典、物语(故事)等被现代文学驱逐掉的整个领域开始复归(详见《日》:267)。甚至"私小说"也得到重新评价:私小说被认为是以具体的血缘空间与同质性的社会空间针锋相对,其对心情、知觉等前思想领域的表现远非现代公私之"私"所能概括。此类小说本质上厌恶"结构",轻视以19世纪的西欧小说为代表的文学正宗,然而恰恰是这种"反文学"的倾向,使它成为日本的"纯文学"(详见《日》:192—193)。

柄谷行人相信,人们已逐渐意识到"现代文学"这一装置并非理所当然。他将在日本文学界影响深远的有关"没理想"的论争(1891年森鸥外与坪内逍遥之争)和有关"没有'情节'的小说"的论争(1927年芥川龙之介与谷崎润一郎之争)连缀为一个圆环:前者是谋求在制度上确立起"文学",后者则是反其道而行之。不过柄谷行人并不仅仅要求正本清源,在他看来,"私小说式的作品"和"物语性的东西"不仅与现代文学制度相对立,而且除此之外还有激活这个制度的作用(详见《日》:212)。同样的逻辑也被迁移到有关夏目漱石的讨论中:柄谷行人认为像《我是猫》这类作品既奠定了日本现代小说的风格,又与后者相对抗。虽然夏目漱石其后的创作向着更具现代小说倾向的《明暗》发展,但柄谷行人相信,倘若夏目漱石不死,则会继续写《我是猫》那样的作品(详见《日》:235—236)。关键不在于怎样的小说才是日本小说的正宗,而是以夏目漱石为代表的日本小说家是在对西方小说中心主义的抵抗中造就了日本现代小说(详见《柄》:271)。日本现代小说成为这样一种类型:它在其文类开始消亡时诞生,反过来,也可以说它在诞生之时终结。在线性脉络的历史中被遮蔽的正是历史本身,柄谷行人重探现代文学的起源与终结,便是要将历史的多种可能性解放出来。

柄谷行人对夏目漱石《文学论》的研究令人耳目一新。《文学论》本是夏目漱石解说文学内容与形式之关系的理论著作，带有很强的文艺心理学色彩，符合19世纪与20世纪之交的西方学术主流。书中所用的基本上是英美文学材料，尤其是英美诗歌。[1] 但是柄谷行人认为，夏目漱石之所以在《文学论》中就何谓文学进行撒网式的追问，正出于跟正冈子规相同的意图，即将日本的俳句和写生文——而非西方式小说——作为文学的普遍基础（详见《柄》：330）。夏目漱石指出写生文带有一种大人看小孩的态度（柄谷行人认为这正是弗洛伊德所谓幽默，即超我对自我的态度）；正冈子规则强调俳句是文学的一部分，传统俳句不管如何自成一格，都必须作为艺术（美）的一部分加以考察（详见《柄》：329—330）。[2] 柄谷行人看重夏目漱石的这一判断：写生文并非西洋舶来品，而是由俳句独自发展而来的；写生文很容易被误解为现实主义作品，但它却恰恰是对现实主义的批判（详见《柄》：331）。写生文还可以上溯至俳谐连歌，甚至接近于巴赫金所谓的"狂欢化"，堪与狄更斯《匹克威克外传》、菲尔丁《汤姆·琼斯》、塞万提斯《堂吉诃德》等作品称为同道（详见《柄》：333）。当夏目漱石质疑所谓"文学"之普遍性时，他首先质疑了那种向内的、认识论式的结构。柄谷行人认为夏目漱石之所以能够做到这一点，是因为他还记得"文学"确立之前的感触，记得"风景"出现之前的风景，夏目漱石的小说就在这种时间的错位中致力于照亮那些被现代掩盖的事物。柄谷行人承认，今天日本文学的主流仍然处在国木田独步文学的延长线上，但也出现了中上健次、津岛佑子、村上隆、村上春树、高桥源一郎等作家。这些人虽然被称为后现代主义者，但他们的创作却正是夏目漱石念兹在兹的那类文学的再生，用更通俗的说法是，他们回到了一种文艺复兴式的文学（详见《柄》：334—335）。

---

[1] 参见〔日〕夏目漱石《文学论》，张我军译，知识产权出版社2014年版，第4页。
[2] 参见〔日〕正冈子规《日本俳味》，王向远、郭尔雅译，复旦大学出版社2018年版，第139页。

柄谷行人意识到自己早期所属意的评论对象几乎都是这类文艺复兴式的文学（详见《柄》：序文9）。我们不妨说，他是以文艺复兴的逻辑来从事文学批评的。具体而言，他是从语言论或风格论的视点来思考那些作家的文艺复兴品格的（详见《柄》：序文11）。柄谷行人相信，凡为文学者向来都是退行，"退向未来，再继续前进"（保尔·瓦莱里语），因为如果不从中看到转化为过去性的辩证法，文学者的"荣光"就不存在；"除了将对未来性的放弃转化为更大的未来性的那些瞬间之外"，作家并不"参与"其他事务（详见《柄》：17）。柄谷行人将这种理念与"历史的反复"统一起来。历史的反复并非意味着相同事件的重复，能够反复的不是事件（内容）而是形式（结构）。这种反复正如弗洛伊德所说的，强迫性重复是向着绝对回忆不起来的"被压抑者"的回归（详见《历》：4—5）。柄谷行人的兴趣不在于找到唯一的"真相"，不管后者是某个自然主义的真相，还是知识考古学的真相；他的兴趣在于发掘视差之见，即根据不同的时代划分所看到的不同事物之间的视差，来找出历史的某种反复性结构（详见《历》：60）。

试以柄谷行人对大江健三郎长篇小说《万延元年的Football》的分析为例。柄谷行人指出，这是一部有志于认识"历史"的作品。小说以山谷中所发生的"革命"作为时代大变局的讽喻（allegory），又将20世纪60年代的事件（"安保运动"）与19世纪60年代（万延年间的动荡）的事件叠印，由此提出一个村庄＝国家＝宇宙的同心圆式的结构。首先，这种叠印是一种解放的努力。柄谷行人指出，"万延元年"这一词语的功能不是单纯暗示一百年前的某一时刻如何与现代耦合，更重要的是把人们转移到被"1945年""1960年"这些现代纪年符号所排挤和压抑却仍然存续不绝的空间中（详见《历》：113）。其次，这种叠印建立起特殊性与普遍性的时间性扭结。柄谷行人将讽喻和象征（symbol）区分开来。他指出，大江健三郎并非借题发挥的寓言（fable）作家，而是讽喻作家。讽喻作家相信没有专名的历史不是历史，他们坚持事件的一次性、独异性，但同时坚持事件必须具有普遍性的意义（详见《历》：105—106）。这句话反过来说同样成立："1960年"这一特定的时间与"万延元年"（1860年）重叠，其特定性（固有性）被剥夺，但是在此讽喻性的转移当中，又存在绝对不会被消解掉的固有的时间点。此类时间点以特殊的方式参与了历史，而非消融于历史甚至非历史的结构之中。此处只存在跨越的可能性与必要性，却不存在将某一点消融于整体的理由。从整体看个体与从个体看整体永远不可能合二为一，历史就在此本体性的视差之见中显现自身。

此种跨越还另有一重逻辑。柄谷行人指出，夏目漱石、正冈子规等人在追问文学起源的同时也考察了文学如何终结，甚至可以说，他们之所以成为开创者，正因为思考了"终结"的问题（详见《柄》：序文4）。这种起源与终结的辩证关系令人联想到黑格尔。柄谷行人在硕士学位论文中分析劳伦斯·达莱尔的《亚历山大四重奏》时，便注意到该作采用了黑格尔《精神现象学》的结构。黑格尔的现象学是"意识的经验之学"，是关于对象的经验，同时也是关于对象经验的意识，即自我意识的经验；主体在向前运动中的生成同时也是从终结之处所做的回顾，即精神回归自我的运动。柄谷行人看到此处的危险：当小说显示出难以将小说中的意识与对小说创作本身的意识区别开来时，便预告了小说的终结（详见《历》：171）。这种终结便有可能掉进黑格尔式同一性的陷阱。柄谷行人指出，当人们把莎士比亚作品看作普遍的艺术时，便忽视了莎士比亚的作品是一种"作为拒绝认同的语言实践的文学"（《马》：205）。像哈姆雷特这样的人物并非最终实现的世界精神，即他不能构成现实与理想所形成的绝对统一体，而是一方面存在于封建的中世纪世界，另一方面又游离于那个世界之外；他的世界始终是近代以前的世界，却又显露出那个世界解体之后的面目（详见《柄》：序文8—9）。戏剧如此，小说尤甚。在柄谷行人看来，小说的世界就是鲁滨孙·克鲁索的世界，只是今天的克鲁索已不再像笛福笔下的人物那样能做到自给自足，他渴望返回乡土，却又难寻归路（详见《柄》：12）。正如夏目漱石的小说一样，小说中的世界保留了封建性的或曰儒教世界的骨架，主人公们拼命要从中逃逸出来，却自己也不明白这样做意义何在，由此呈现出种种难以言说的分裂（详见《柄》：序文9）。在柄谷行人这里，此种分裂不是浪漫主义式的反讽，也不服从于某个"密涅瓦的猫头鹰直到黄昏才起飞"的宏大叙事。所谓起源与终结看起来是相辅相成的叙事要素，其实已处于不同故事线的交错与扭结之中。日本现代文学正是在跨越中获得了一个历史的起源，此历史的起源包含着观念，而观念也必须被历史化。批评家必须具有与之相称的分析能力，才能使文学的历史与重复显出意义。文学批评于是成为一种历史内外的跨越，它将"文学"揭示为一种自带偏差的讽喻。换言之，文学虽是近代的发明，却将近代内在的异质性自我暴露出来，从而与"近代的超克"那种线性逻辑形成对抗。

三、面向自我的跨越：他者的伦理向度与存在向度

柄谷行人曾对现象学方法提出批评，他认为现象学难以实现真正的跨越，不能最终解决"他我（otherself，alter ego）如何可能"的问题，因为现象学总是希望在观念内部扬弃人类现实中的孤立，而这注定无法实现（详见《柄》：11）。柄谷行人这一判断表明他为跨越式批评在另一层次上所确立的目标便是对自我的跨越。"他我"这一概念源自胡塞尔，法国哲学家列维纳斯将其引向有关他者的讨论。[①] 柄谷行人对列维纳斯有所关注，如他在思考

[①] 参见王光耀、王恒《"异于存在"：列维纳斯论神圣性——对海德格尔的接续与歧出》，《哲学动态》2022年第2期。

历史的问题时指出，他者的他者性毋宁说显现于死者那里，这类思辨正是我们在列维纳斯那里读到的思考（详见《跨》：86）。① 不过柄谷行人强调，他想要讨论的并非列维纳斯意义上的绝对他者，而是常见的、相对的他者的他者性（详见《跨》：39），对此他更愿意求教于康德。柄谷行人将康德哲学理解为超越论的（transcendental），超越论不同于超越（transcendent），后者是一种价值，前者则是要弄清楚我们意识不到且先于经验存在的形式。很显然，对柄谷行人来说，超越论就是批判。康德不是以理性的反思纠正感觉的假象，而是要处理那种因理性的本能而产生却无法仅凭反思予以排除的假象，例如自我的假象。在柄谷行人看来，处理的方法就是创设视差之见，由此他引用了康德的话："以前，我只是从自己的悟性立场来考察一般的人类悟性，而如今我要将自己放在非自我的外在理性的位置上，从他人的视角出发来考察自己的判断及其最隐秘的动机。比较来自两种视角的考察会产生强烈的视差，而这也便是避免视觉上的欺骗，将各种概念放在有关人性认识能力的真正位置上的唯一手段。"（《跨》：1）柄谷行人认为康德对此视差的发现堪比弗洛伊德对"无意识"的发现。弗洛伊德认为"无意识"只存在于分析者与被分析者的关系中，尤其是在后者的反抗中，没有他者的介入则无法显示出无意识；康德的《纯粹理性批判》则"一面停留在内省上一面试图砸碎内省之共谋性"（《跨》：2），以促成某种客观性或曰他者性的出场。

柄谷行人相信，康德试图让我们明白当人们尝试从一个立场出发解释所有问题时便会遭遇二律背反。所谓"综合判断"就是要综合分裂的感性与悟性。但是分裂的起因是他者的存在，康德使用"物自体"这一概念便是要讨论这一事态（详见《跨》：40）。在柄谷行人看来，物自体作为感性认识无

---

① 参见［法］伊曼努尔·列维纳斯《时间与他者》，王嘉军译，长江文艺出版社2020年版，第55—56页。

法到达的、超越现象的本体，其实就是他者。①康德的突破之处在于，他提出"不是说因为有未来的他者存在，我们的认识无法成为普遍的，相反，如果我们不设定他者的存在，普遍性则无以成立"（《跨》：15）。这个他者既不是经由共同主观性或共通感可以与"我"同化的对象，也不是会把"我"带向相对主义的神秘力量（详见《跨》：23）。柄谷行人将他者性问题回溯到笛卡尔，他认为笛卡尔所谓的上帝是超越论的上帝，此上帝促使人们去怀疑（"我思"），在怀疑的行动中一开始就隐含着绝对无法内在化的他者性（详见《跨》：54）。笛卡尔的"我思"恰恰打破了自我对话，打破了唯我论。所谓"唯我论"并不就是自己一个人思考，而是认为适合自己的也会适合一切人，由此将他者内化。然而，差异总会在共同体与共同体、系统与系统"之间"出现，这正是"我思故我在"发生的地方。②这个"之间"并非实体性的存在，而是它本身构成一个超越论的场域，同时也就是"批判的场域"（详见《跨》：96）。

齐泽克指出，在柄谷行人这里，构成哲学之基础的视觉原本就是一种视差之见。哲学源于人们不能完全认同任何确定的社会身份，它在真实社会群体的裂隙处发生。③柄谷行人相信，真正的他者与真正的对话互为解释，对话应该是与不分享共同规则的他者的对话，或者是始终在错位的、不对称的状态中进行的对话；完全共享一套规则的交流实质上是独白（详见《跨》：38）。基于此，柄谷行人重新解释了索绪尔和维特根斯坦的语言哲学。他认

---

① 《柄谷行人文学论集》的中文译者陈言在译后记《柄谷行人：移动的文学批评》中指出，柄谷行人在20世纪90年代末的演讲《作为他者的物自体》中将物自体解释为自由而主观的他者，"后者始终是一种不透明的状态，这个不透明性就是他者的他者性"（《柄》：352）。
② 参见〔日〕柄谷行人《作为隐喻的建筑》，应杰译，中央编译出版社2017年版，第137页。
③ 参见〔斯洛文尼亚〕斯拉沃热·齐泽克《视差之见》，薛羽译，载陈飞、张宁主编《新文学》第5辑，大象出版社2006年版，第12页。

为索绪尔通过内省来发现语言，却又找到了超越内省的外部性，找到了无法内在化的他者（详见《跨》：43）。维特根斯坦则通过描述如何"教"不懂规则的人——如外国人——掌握规则，来展示什么是语言交往，他把语言放在我们与没有共同规则的他者的"社会性"交往中来加以观察（详见《跨》：43）。为了说明这种社会性交往，柄谷行人还打造了一个关键隐喻。我们常将建筑作为理性与规则的隐喻，但柄谷行人认为，建筑不是理念设计的完成物，而是建筑师与顾客的对话以及与其他员工的共同作业，建筑是一边推进一边修改规则的游戏。实际的建筑或建筑师总是暴露在偶然性之下，因为建筑师面对的或许是外行却自有主张的他者。这个他者并不神秘，但仍使建筑成为没有共同规则的人之间的交流。①

引人注目的是，柄谷行人在讨论中引入了"singularity"（可译为"独异性""特异性""独特性""奇点"等）这一当代法国理论家们钟爱的概念。②学者村上史展认为，"singularity"是柄谷行人哲学的关键术语，与他者概念密切相关。③这种关联本身不难理解，深受德里达影响的文学理论家阿特里奇在其有关文学独创性的专著中指出："发现自己阅读一部独创性作品，就是发现自己服从了某种义务——尊重作品的他性，对作品的 singularity 做出反应。"④阿特里奇还借人与人之间的关系来打比方，"正像我把另外一个

---

① 参见［日］柄谷行人《作为隐喻的建筑》，应杰译，中央编译出版社 2017 年版，第 116—117 页。
② 参见刘阳《独异性诗学的当代谱系》，《文艺研究》2021 年第 4 期。
③ See Fuminobu Murakami, *Postmodern, Feminist and Postcolonial Currents in Contemporary Japanese Culture: A Reading of Murakami Haruki, Yoshimoto Banana, Yoshimoto Takaaki and Karatani Kōjin*, London: Routledge, 2005, p.149.
④ ［英］德里克·阿特里奇：《文学的独特性》，张进等译，知识产权出版社 2019 年版，第 190 页。

人当作他者来反应一样，我是在与我相关联的情况下对他者做出反应的"①，"因此对作品的反应就不是对作品'本身'的反应，而是在我的阅读中把作品视为他者而形成一个事件的反应"②。这些看法柄谷行人应该是乐于接受的。柄谷行人还有意将分析哲学的资源引入讨论，他认为"singularity"不同于普遍中的特殊，不能被简化为任何集合，而只能以专名（proper name）标注。专名问题是分析哲学的传统主题，柄谷行人多次提及分析哲学代表人物克里普克的观点，但只是以之作为论说的助力，而无意引入烦琐的论证。正如村上史展所言，专名问题对于柄谷行人有两重价值：首先，专名指向绝对的个体，代表"外部他者"观念的奇点；其次，专名的给予者与接受者之间的交流正是所谓规则建立之前的教与学。③ 专名不是对交流的拒绝，而是造就了一种特殊的交流，甚至可以说正是专名揭示了交流的本质。

借助于有关专名的讨论，柄谷行人再次进入了具体的文学论域。他指出，以日常用名而非历史名称或类型名称给人物命名是现代文学的一个特点，之所以选择日常用名，不是因为个体不重要，而恰恰是因为个体具有了普遍性。柄谷行人注意到这一吊诡的状况：文学上被称为"现实主义"（realism）的东西是通过否定哲学上的实在论（realism）而产生的（详见《历》：100—101）。他在这个问题上的看法借鉴了伊恩·瓦特《小说的兴

---

① ［英］德里克·阿特里奇：《文学的独特性》，张进等译，知识产权出版社2019年版，第135页。
② ［英］德里克·阿特里奇：《文学的独特性》，张进等译，知识产权出版社2019年版，第135页。阿特里奇在序言中坦承该书的中心论点来自德里达的著作，列维纳斯也对他产生了重要影响。德勒兹、南希等人对singularity（法语singularité）这一概念皆有讨论，此处不做赘述。
③ See Fuminobu Murakami, *Postmodern, Feminist and Postcolonial Currents in Contemporary Japanese Culture: A Reading of Murakami Haruki, Yoshimoto Banana, Yoshimoto Takaaki and Karatani Kōjin*, p. 152.

起：笛福、理查逊和菲尔丁研究》一书。瓦特以英国18世纪为中心论述了专名的哲学背景，将之与唯名论（nominalism）倾向结合起来。[①] 唯名论认为只有个体才是实体，概念不过是从其中抽象出来的，个体的实在性就由各自的专名来表示。柄谷行人讨论唯名论是希望建立一种由独异性通达普遍性的逻辑。他意识到专名常常与私有财产联系在一起，文本为具有专名的"作者"所拥有，或者因作者（author）之名而被权威化（authorize）——无怪乎罗兰·巴特等人会对"作者"口诛笔伐，要解放文本，将之放回互文的多数性当中去。不过柄谷行人认为解放文本并不是要将文本还原到纯粹的普遍性中，而是当某个文本具有无法还原于"作者"的意义之剩余物时，我们只能用专名来称呼其"singularity"。例如"康德"既不只是某本书的作者，也不只是德国那个特定的哲学家，康德的文本向"公众"开放，但这些文本保留着一种特别的可能性就叫作"康德"（详见《跨》：71）。

以此问题为线索，柄谷行人讨论了日本"无赖派"作家坂口安吾。据柄谷行人自述，虽然他探讨坂口安吾创作的《〈日本文化私观〉论》（1975）一文是在完成《马克思，其可能性的中心》之后，但当他之前想要写"可能性的中心"这个主题时，首先想到的就是坂口安吾，而不是马克思（详见《柄》：273）。柄谷行人之所以使用"可能性的中心"一语，是受到瓦莱里《列奥纳多·达·芬奇的方法——序说》（1895）一文的启发。瓦莱里研究达·芬奇，关注的不是经验性的事实而是作为可能性存在的那种事物，后者为有关达·芬奇的种种说法确立了界限，自身却难以描述，一定要描述，也就只有"达·芬奇"这一专名。柄谷行人就此提出这一表述："达·芬奇，其可能性的中心。"（《柄》：273）而柄谷行人之所以会想到坂口安吾，既因

[①] 参见［英］伊恩·瓦特《小说的兴起：笛福、理查逊和菲尔丁研究》，刘建刚、闫建华译，中国人民大学出版社2020年版，第11页。瓦特在书中并没有直接提到唯名论，只是提到了霍布斯对专名和普遍名称的区分，前者指向个体而后者指向类别。

为后者桀骜不驯，难以框定，又因为后者一直主张"可能性的文学"，其逻辑是人类所能采用的所有形式都是"现实"的，甚至现实中可能不会发生、不存在的事情也具有"现实性"。如此一来，阅读坂口安吾就不是去寻找其作品或者传记中所记述的事实，而是"去寻找他的作品或传记中并没有记录的，但作为可能性又是真实的那种东西"（《柄》：274—275）。在柄谷行人看来，这种"作为可能性又是真实"的东西关乎他者的意义。坂口安吾以其"堕落论"闻名，而柄谷行人认为所谓堕落，正是暴露在他者面前甚至为他者所抛弃，而这正是"人的发现"（详见《柄》：286）。对海德格尔来说，语言就是存在之家，而对坂口安吾来说，纵然人需要进入语言，在语言中感到踏实，但是与他者遭遇，被他者抛弃，才是"文学的故乡"。柄谷行人相信唯有这样理解，才能明白坂口安吾"在人的发现之上还能具有文学的独创性"（《柄》：286）这句话。坂口安吾不是真的鼓吹道德堕落，而恰恰是——在此柄谷行人借用列维纳斯对海德格尔的批判性评论——"把伦理放在了所有思考的根本之处"，其文学创作也必须在这个意义上才能得到理解。柄谷行人就此提出了"安吾，其可能性的中心"（详见《柄》：288—289）。

我们很难说柄谷行人对坂口安吾的论说中有一种关于文学的确定内涵或标准，但是，很显然，上述论说通过重构伦理与存在的关系而打开了一个指向文学的空间。倘若文学是离开语言的安乐窝，欲与他者结一段孽缘，那么对批评家来说，就要以伦理与存在的视差之见来引出形式与内容的龃龉，在此龃龉中体验文学的"真实时刻"。柄谷行人注意到 T.S. 艾略特对《哈姆雷特》的批评，后者认为《哈姆雷特》缺乏"客观对应物"，哈姆雷特本来要为亡父复仇，却被莫名其妙的"内面问题"（自我的怀疑）纠缠而偏离轨道，使原本的道德剧结构遭到破坏。然而柄谷行人认为，正是这种失败、这种在新旧之间的进退失据使《哈姆雷特》得以流传至今（详见《柄》：序文8）。至于夏目漱石，其作品中的主人公们总是想把伦理性的问题作为存在论的问题来理解，而把存在论的问题作为伦理性的问题来理解，导致小说在结构上破绽百出，但是柄谷行人认为我们可以从这种失败中看到更多的内容。伦理与存在的冲突引发形式与内容的冲突，形式与内容的冲突一旦常态化，便召唤出一种自我解构的文本观，后者可以成为文类之间相互跨越的契机。柄谷行人喜欢不纯的文学，他认为坂口安吾的作品中最有意思的并非那些现实主义的"纯文学"，而是历史小说、侦探小说和随笔等（详见《柄》：274）。柄谷行人还将文类之间的跨越与文本内部的冲突联系起来，他不认为读哲学文本和读文学文本有什么本质区别，他所关心的是柏拉图的文本是反柏拉图主义的宝库：西欧的哲学史之所以不过是对柏拉图的注释，其原因是柏拉图的文本总是产生新的可能性，持续地招引后来者反对僵化单一的柏拉图主义。马克思的文本也是如此，我们不能按照马克思主义去读马克思，否则就难以看出"马克思对意义系统挣扎着提出根本性抗议的姿势"（详见《马》：8）。最后，柄谷行人提出了他的解释学。针对马克思有关"哲学家只是解释世界，而重要的是改变世界"这一著名断言，柄谷行人认为马克思其实是在批判"解释"本身——哲学的中心性、普遍性以及超越性本身才是症候，而马克思的工作就是要揭示此症候所掩盖的差异性和关系性（详见《马》：91）。此处的"解释"所针对的显然不只是狭义的文学文本，而是借黑格尔式的解释结构支撑的意义整体，柄谷行人所批判的"民族美学"正是这样的整体。一种跨越性批评若想取而代之，则必须跨越解释预设的界限，将文本固有的差异揭示出来。

在这类论说中，柄谷行人显示出他所受到的解构主义或者说后结构主义理论的影响。柄谷行人承认受惠于德里达和福柯理论，却强调自己一直在同日本的德里达主义、福柯主义唱反调，他批评日本的后现代主义不过是从西方刮来的一场知识风暴，在日本传统中没有根基（详见《日》：278）。此话的意思与其说是宣称日本本土思想比西方理论更有根基，毋宁说是他认为不存在理所当然的有根基之物，因而这也就意味着持续的批判。就批判而言，柄谷行人更信任哲学而非理论，他注意到美国哲学家理查德·罗蒂的说法，即理论是伴随着哲学的衰亡而出现的。而柄谷行人更愿意逆流而动，通过研究康德回归哲学正统。① 然而，哲学正统是否就意味着批判性？柄谷行人对康德的解读毕竟只是一家之言。例如，齐泽克就否认黑格尔如柄谷行人所言是终结了分裂而回到形而上学的。齐泽克提出康德在摧毁形而上学时半途而废，依然把物自体视为外在的、难以企及的实存物；黑格尔则超越了对绝对的消极接近，向着作为消极性的绝对自身进发；康德始终预设了未分裂的本体之域的存在，黑格尔才真正把分裂引入了现实的肌质（texture of reality）。② 齐泽克对柄谷行人的批评虽然只是哲学争端中的一种看法，却透露出更关键的难题：鼓吹持续跨越的哲学方案能否胜过鼓吹"解构""颠倒"和"断裂"的后现代理论，进而持续坚持跨越的实践？齐泽克评论说，柄谷行人的理论可以解读为一个视差裂隙的寓言："大阪和美国东岸学术界间的地理学裂隙；文学—文化研究和社会—政治工作间的裂隙；马克思主义政治经济学'解构'阅读和日本新联合主义运动的实践性斗争间的裂隙。在今天这个重重鸿沟无法填平的全球化世界，这样的视差之见或许是接近我们经验总体的唯一途径。"③ 此番评论所提示的与其说是理论如何转化为实践，毋宁说是实践相对于理论的"溢出"。此种"溢出"当然并没有成功的保障。柄谷行人鼓吹以走出共同体的诸个人形成自发性的交换组织，在更高的维度

---

① 参见［日］关井光男《柄谷行人访谈：向着批判哲学的转变——〈日本现代文学的起源〉》，载陈飞、张宁主编《新文学》第5辑，大象出版社2006年版，第31页。
② 参见［斯洛文尼亚］斯拉沃热·齐泽克《视差之见》，季广茂译，浙江大学出版社2014年版，第44页。
③ ［斯洛文尼亚］斯拉沃热·齐泽克：《视差之见》，薛羽译，载陈飞、张宁主编《新文学》第5辑，大象出版社2006年版，第15页。

上恢复互酬性，由此获得对抗资本主义—民族—国家三位一体结构的"经济基础"，此种"新联合主义"的实践尚未形成真实的力量。[①] 柄谷行人有言在先，"新联合主义"不必真的创造出一种现实，其力量源泉正在于乌托邦式的契机，只要资本主义—民族—国家的连环不解体，新联合主义就将作为"整合性理念"持续地发挥批判作用（详见《跨》：中文版序言4）。不管这是真实的设想还是策略性的安慰，柄谷行人都必须时时面对其理论的限度和实践的难度，对他来说，这或许是最为不易的一种跨越。在种种视差裂隙中生成的经验是跨越性批评试图把握的对象，但我们也不妨说，它就是跨越式批评的行动本身。

结语：在批评和批判之间

最后回到本文开头提出的问题：究竟是跨越性批评还是跨越性批判？柄谷行人有句话，"批判＝批评（critic）就是危机（critical）意识的表现"。中田友美认为这句话既可以理解为进行批判的动机力量，也可以理解为从事批评时应遵循的具体方针（详见《马》：241）。柄谷行人所提供的正是一种"危机状态"中的认识：作为批判的批评是无根据状况中对根据的审视。而从他的审视中可以得到这样的结论：文学批评就是跨越性批评，现代文学本身正是跨越性批评的成果。这既是因为文学批评有赖视差之见才能洞察文学这一现代装置的玄机，更是因为我们已经有了足够的自觉：文学这一装置

[①] 苏珊·谢尔评论说，虽然柄谷行人有一些诱人的建议，而且常常重复地提出这些建议，但"新联合主义"仍然只是一个乌托邦（See Susan Shell, "Rereading Kant: Three New Approaches", in *Political Theory*, 33. 4 [2005], pp. 577-581）。See also Harry Harootunian, "Philosophy of History's Return", in *History and Theory*, 54. 1 (2015), p. 105.

（一种持续的"风景的发现"）既非事实亦非虚构，既不在传统的内部亦不在外部，而是存在于不同视角或立场既彼此互为他者又彼此跨越的过程之中。

要描述这一状态需要反思的能力，但它不只是一个哲学问题。柄谷行人乐于被人称为哲学家，他将自己与罗蒂、德里达等人对比，说他们是专业的哲学家，而他自己的哲学以解构的形式接近于文学；他最初从事的是文学评论，但在研究康德之后就回归了哲学的正统。柄谷行人认为自己是从正面获胜，从此开始研究独创之物。[①] 他甚至以黑格尔式的口吻说，到了20世纪90年代，日本现代文学走向衰落，开始丧失知性的冲击力，虽然在那之后文学可能还会继续，甚至还会繁荣，但已不再是他所关心的文学了，他与文学的缘分断了（详见《柄》：335）。此种表述立意显豁，然而要真正断绝与文学的缘分谈何容易，柄谷行人最核心的力量始终是他作为杰出的文学批评家所拥有的敏锐与热忱。"走向批判哲学的文学批评"是不是必然的？回答这一问题的关键在于要认识到，"彻底"的哲学批判或许会带来强有力的政治（乌托邦）想象，但缺乏绝对、永恒的普遍性标准的文学批评或许可以满足于成为"弱思想"。竹内好在谈到"近代的超克"时指出，文学可以将政治作为动力，但它终究会意识到自身的无力，会从政治中分离出自己。真正的文学并不反对政治，但"唾弃靠政治来支撑的文学"[②]。所谓"靠政治来支撑"，其实就是想象文学——或更准确地说，文学批评——可以从政治中获取一种整体的、根本性的力量。竹内好不信任这种力量，但他看到在让文学成为政治而不得的持续失败中，有一个"我"从自我生成的深处喷涌而

[①] 参见〔日〕关井光男《柄谷行人访谈：向着批判哲学的转变〈日本现代文学的起源〉》，李晶、邢成译，载陈飞、张宁主编《新文学》第5辑，大象出版社2006年版，第31—32页。

[②] 〔日〕竹内好：《近代的超克》，李冬木等译，生活·读书·新知三联书店2005年版，第134—135页。

出，这是一种本源性的"我"（例如"鲁迅"）；对这样的"我"，除了称之为"文学者"外无以名之。①此处的所谓"文学者"或许正是柄谷行人所谓的"可能性的中心"。这个中心不是文学之外的"阿基米德点"，它并不能够支持某一彻底的理论反思，甚至也不能支持毕其功于一役的政治行动，但它作为专名，作为他者，作为独异性的存在可以不断刺激我们的想象力，使我们因为自己的习以为常而感到不安，进而尝试一次次具体而实际的跨越。作为跨越的文学批评与批判哲学无论有何不同，二者实则分享着一个共同的目标，即让我们可以不只有一套语言来言说自身。

[本文为国家社会科学基金一般项目"新实用主义文论研究"（编号：18BZW011）的阶段性成果]

（原载《外国文学评论》2022年第4期）

---

① 参见［日］竹内好《近代的超克》，李冬木等译，生活·读书·新知三联书店2005年版，第108页。

在亚洲思考普遍性：大江健三郎与柄谷行人的三次对话

高华鑫

中国社会科学院文学研究所

在今天，任何一个关心日本文学和思想的中国读者，都不会对大江健三郎（以下简称"大江"）或柄谷行人（以下简称"柄谷"）的名字感到陌生，两人主要著作的中译本也很容易找到。然而，这两个名字一起出现的情况，似乎还不是那么常见。原因不难理解：他们是经由不同路径被介绍到中国来的。大江健三郎受到图书市场的青睐和日本文学研究界的持续关注，很大程度上是由于诺贝尔文学奖的效应，而柄谷行人首先作为《日本现代文学的起源》的作者在现代文学研究界产生影响，随后又因其对康德、马克思和社会主义的可能性的探讨而受到关注。多数时候，大江的小说与柄谷的理论是在不同的语境中为不同的受众所阅读、理解和研究的。但是，如果回到日本战后文学与思想的历史脉络中，我们会在这两位知识人之间发现更多的交集，包括他们共同面临的某些根本性问题。

作为批评家登上文坛的柄谷行人，在20世纪70年代初就对大江健三郎有过尖锐的批评。当时大江正与其"宿敌"江藤淳围绕战后文学和战争责任等问题展开激烈论争，而年轻的柄谷将论争归纳为"公"与"私"之争,他认为,大江的评论总是从"公"的立场、从先验的"民主主义"信念出发,回避了现实。① 在另一篇文章中,柄谷批评大江对新左翼学生的"代言",认为他根本不理解这些年轻人的内在世界。② 这些言论其实预示了"后68年"的日本知识分子对前辈们的基本态度:他们不再信任战后常见的那种启蒙式知识分子姿态、带有存在主义色彩的主体观念,以及对代表/代言问题缺乏自觉的民主政治。各种指向"普遍性"的宏大叙事在后结构主义的理论武装面前土崩瓦解,大江健三郎所试图捍卫的"战后民主主义"自然也不例外。

然而,冷战结束以后,一些日本知识分子渐渐感到解构的方法有其界限,为了真正介入现实,重新建构某种"主体性"和"普遍性"似乎是必不可少的。③ 于是,"后68年"的批评理论与其曾经告别的文学和思想传统展开了新的对话。1994年至1996年间,柄谷行人与大江健三郎曾在《群像》杂志上做过三次对话,这些对谈本身产生于大江获诺贝尔文学奖后出版界的策划,但也折射出更为深刻的变化。对于今天的中国读者,这些20多年前的对话或许仍然能提供某些线索,帮助我们思考在"后冷战"或者"新冷战"的情势中,文学如何面对历史,如何寻求价值的"普遍性"。

---

① 参见〔日〕柄谷行人「二人の先行者——江藤・大江論争について」,『畏怖する人間』,東京:冬樹社,1972年版,第301—304頁。
② 参见〔日〕柄谷行人「地図は燃えつきたか」,『畏怖する人間』,東京:冬樹社,1972年版,第289頁。
③ 正如林少阳指出的,日本知识人以后现代理论解构旧左翼和战后民主主义的理念之后,如何继承这些思想传统的伦理性,成为一道难关。Lin Shaoyang, "Japanese Postmodern Philosophy's Turn to Historicity", in *Journal of Japanese Philosophy*, 1 (2003), pp.124-125.

一、对"近代主义"传统的再评价

大江与柄谷的第一次对谈题为《中野重治的伦理》，刊载于《群像》杂志 1994 年 9 月号。这次对谈为纪念中野重治去世十五周年而举办，两人都对这位马克思主义作家表达了诚挚的敬意。柄谷行人表示，他在 20 世纪 80 年代末期东欧社会主义阵营解体时开始关心中野重治的作品，因为中野早在 20 世纪 30 年代便经历过一次共产主义运动的破灭，并且在看不到希望之际仍然坚持写作。[①]

两人对中野重治的"转向"问题的讨论特别值得注意。柄谷指出，使"转向"这一现象成为可能的，是战前日本特殊的统治方式，即国家权力试图在表面上"维持法治国家的体面"，同时有意把左翼精英吸收回权力体制内。这两重因素决定了日本独特的压迫方式，导致大批转向者的产生，但与此同时，也使得中野重治这样在转向后继续抵抗的行为成为可能。中野看到了法律与国家权力之间的某种龃龉，并执着于这"细微的差异"，在柄谷看来，这种认识恰恰是日本文学界缺乏的。

> 例如，关于日本浪漫派，中野重治写过这样的话："就算日本文学的脉络或多或少是'近代主义'的，但这种'近代主义'也是日本人民对资产阶级民主的要求的一种反映。这种'近代主义'的反题以'日本浪漫派'式的、复古的民族主义的形式出现，它们追求的东西实际上只有在资产阶级民主实现以后才能实现，它们却向资产阶级民

[①] 参见［日］大江健三郎、柄谷行人「中野重治のエチカ」,『群像』49（9）, 1994 年 9 月, 第 150 頁。

主本身的毁灭中去寻求。"……这段话大概也适用于当时的左翼自身。[①]

"近代主义"是日本战后流行起来的一个带有负面色彩的概念，通常是指以普遍的"近代"（其原型往往来自西方）为典范和目标的思维方式。对"近代主义"的批判，往往联系着对战后日本的某种否定性看法，乃至对"近代的超克"的再评价。而中野重治却指出以"资产阶级民主"为代表的"近代"在日本仍然有待确立。

大江也同意这种看法，他认为中野重治的小说《村之家》写出了日本社会的三重结构：中间的一层是"市民社会的民主主义"，下层是"家"的问题，而下层又潜在地通向社会顶层的"天皇制"。[②]也就是说，中野重治遭到"非理性、非民主社会的"因素的上下夹击和诱惑，但仍然没有放弃市民社会的原理。他的抵抗看上去并不英勇，只是与检察官的"纠缠不休"的言论斗争，这样的斗争方式违背了当时一般的观念，例如《村之家》主人公的父亲（以中野自己的父亲为原型）便认为儿子的态度不够"干净"[③]。然而柄谷认为，这种一般观念中恰恰潜藏着"转向"的陷阱。他指出，战后日本政治中也存在着年轻人脱离左翼运动后，被吸收进统治阶层的现象：

> 由此便形成了一种装置，无论是安保运动时期的共产主义者同盟，还是全共斗，都被吸收其中。年轻时必须勇猛而叛逆，但条件是

[①] 〔日〕大江健三郎、柄谷行人：「中野重治のエチカ」，『群像』49（9），1994年9月，第156頁。
[②] 〔日〕大江健三郎、柄谷行人：「中野重治のエチカ」，『群像』49（9），1994年9月，第158頁。
[③] 日语原文为"潔い"，该词含义较为复杂，既指人在精神、道德上洁白无污点，没有卑怯之处，也指面临决断时干脆果敢，不拖泥带水。这些含义难以用单个汉语词汇来对译，此处暂且译为"干净"。

必须要干净。依靠法律絮絮叨叨地纠缠不休是可耻的。我感到这样的"转向"在日本仿佛是永久持续的形态,而中野重治抵抗的正是这样的"陷阱"。①

不难看出,柄谷既是在谈中野重治,又是在谈论20世纪60年代新左翼运动的挫折:这些运动试图直接越过现存的制度和程序,没有把它们利用起来,结果导致斗争缺乏可持续性。作为一个批判代议制民主的后结构主义思想家,柄谷在这里竟然像战后初期的"近代主义者"一样重新强调民主与法治,这似乎有些出人意料。但是,这种转变有着现实的根据。20世纪90年代以来,日本保守阵营为了让日本重新成为"大国",一直试图摆脱既有价值体系的束缚。海外派兵问题、历史教科书问题、国歌国旗问题等一系列争议,都显示出以战后新《宪法》和《教育基本法》为代表的战后启蒙期制度与观念体系的危机。但这种危机反过来也凸显了战后民主主义传统的现实意义,促使众多知识人加入了捍卫它的斗争。这一斗争不可能像"68年"那样浪漫,它需要依据制度和程序,需要坚韧乃至琐碎的"纠缠不休"的抵抗。

当然,无论是柄谷还是其他护宪论者,都不是一般性地维护"民主与法制",他们的维护是有选择的。例如他们肯定1947年《宪法》时,并非肯定其全部内容(其中的象征天皇制往往成为批判对象),而是主要强调《宪法》第九条放弃战争的理念。可以说,20世纪90年代以来日本进步知识人一些看似"近代主义"的观点,实际上包含着新的阐释与创造,是战后民主运动传统的延续与发展。

在1997年的《日本现代文学的起源》韩文版"序言"里,柄谷从著名

---

① 〔日〕大江健三郎、柄谷行人:「中野重治のエチカ」,『群像』49(9),1994年9月,第157页。

政治学家丸山真男的著作中，转引了明治时期思想家中江兆民的一段话。在明治后期，追赶欧美的"帝国主义"理论成为流行，而来自启蒙时代的"民权论"似乎已经陈腐过时，中江兆民却反驳说，"民权论""作为理论虽然陈腐，作为实践却是新鲜的"。柄谷引申道：

> 丸山真男要说的是，不管近代主义、市民主义多么陈腐，只要在日本无论是近代还是市民都没有实现，它们就仍然是新鲜的，那么它们之所以显得陈腐，到底是谁的过错呢？……兆民的语言之所以新鲜，是因为那是"批评"的语言。批评本身和理论是不同的。它毋宁说是对理论与实践的隔阂、思维与存在的隔阂的批判意识。[①]

丸山真男所代表的市民革命构想是日本战后民主主义传统的重要支点。这种传统作为"理论"已经被超越，可是作为"实践"却仍然具有生命力，因为从美军占领时代开始，日本新《宪法》所标举的民主和平理念就一直受到冷战构造制约而无法彻底落实，而在后冷战时期，这一状况非但没有好转，反而变得越发严峻。正是在这样的背景下，柄谷重新肯定了"近代"与"市民"等概念的"批评"性价值。

大约同一时期，柄谷对支撑着战后民主主义的另一思想脉络，即存在主义的主体理论和"介入"观念，也做出了新的评价。他指出，萨特哲学的伦理性是后现代哲学难以替代的，因为这种伦理性产生于法国与阿尔及利亚这一"他者"的关系中，提示着"加害者"的政治责任。

---

① ［日］柄谷行人：『定本 日本近代文学の起源』，東京：岩波書店，2008 年版，第306—307 頁。

因此，对战前、战中世代来说，萨特当然是令人不愉快的存在。这是由于他令他们想起"政治的责任"。对旧世代来说，无论是海德格尔的存在论，列维－斯特劳斯的人类学，还是拉康的精神分析，都是值得感谢的，因为这些思想主张人不是主体，不是能够负责任的存在。而年轻的一代则因为别的理由，对萨特感到幻灭和抵触。批判萨特，意味着同时摆脱共产党或者旧来的马列主义的束缚。在这种场合，主张人不是主体，主体是想象物，反而意味着试图成为真正的"主体"。于是，在法国对萨特的批判中，有这样的左右两派，它们合流在一起。而这种合流的结果是，法国人追问过去的态度消失了……因此，日本知识人把萨特作为"死狗"来嘲笑是根本的错误。①

换言之，"主体"虽然是结构主义和后结构主义早已批判过的"虚构"，然而在实践中却仍然必要。柄谷行人对萨特的再评价，同时意味着肯定萨特影响下的战后日本存在主义传统。他所重新提起的"主体"尤其强调以他者为导向的伦理观念：自由的主体只存在于对他者的应答（response）—责任（responsibility）之中。②而这种伦理意识也是20世纪90年代以来一批日本进步知识人的共同立场，面对亚洲各国对日本历史问题的问责，他们选择直面历史和他者，这也为"战后民主主义"注入了新的生命力。

柄谷对各种看似"过时"的、曾被斥为"近代主义"的思想传统的再评价，意味着对后现代批评理论的反思，这使他的立足点似乎重新趋近于战后启蒙期，与自觉担任"战后民主主义"代言人的大江有了更多的共通性。不过，如果"近代主义"需要重新评价，那么"近代文学"又该如何看待呢？

---

① 〔日〕柄谷行人：『倫理 21』，東京：平凡社，2009 年版，第 183—184 頁。
② 参见〔日〕柄谷行人『倫理 21』，東京：平凡社，2009 年版，第 14 頁。

众所周知，柄谷自20世纪80年代起就以解构不证自明的近代"文学"概念而闻名。当然，大写的"文学"的式微是20世纪末期以来的普遍现象，不仅限于日本。但是，这种变化注定是不可逆的吗？在这个问题上，大江与柄谷的另外两次对谈恰好提供了某种启示。

二、"历史的终结"与日本近代的"两义性"

在1995年的对谈《世界、日本与日本人》中，大江和柄谷都表达了一种文学面临"终结"的感觉。对谈中大江引用昆德拉（Milan Kundera）的说法，认为小说是"近代的精神"的产物。在大江看来，小说试图综合地、整体地把握多义的世界，并将其表现为个人的经验，这从根本上说是一种近代的精神[①]，但现在这一文类已经走向终结，这也使得包括他自己在内的同时代作家们开始"向着后方"而写作，创作关于小说的小说。这种感觉背后是对"近代"本身的终结的意识：大江从20世纪80年代起就感到"社会生机勃勃的变化"似乎不会再有了。柄谷对此表示共鸣。他回忆说：在20世纪80年代后期对"终结"的预感成为一种普遍现象，比苏联解体要更早。而他自己在1990年出版的《关于终结》一书，正是通过小说论来探索这一问题。[②]

《关于终结》所收的文章大抵写于20世纪80年代末，这些文章指向一个共通的命题——"近代文学的终结"。例如，在分析大江的小说《致令人眷念之年的书信》（1987）时，柄谷指出"当小说与关于小说的意识、写小

---

① 参见［日］大江健三郎、柄谷行人「世界と日本と日本人」,『群像（特別編集・大江健三郎）』, 東京：講談社, 1995年版, 第16頁。

② 参见［日］大江健三郎、柄谷行人「世界と日本と日本人」,『群像（特別編集・大江健三郎）』, 東京：講談社, 1995年版, 第18—19頁。

说的意识呈现得难解难分时，这已经是对小说的终结的预感"。他认为，大江这部元小说式的作品与黑格尔的《精神现象学》具有鲜明的同构性。小说成为一种文本的自我实现，正如黑格尔所描述的精神回归自身的运动，这一运动最终走向"绝对知识"，它类似于人在老年时对生涯的回顾。"个别的事物被吸收到一般的事物中，偶然的事物被吸收到必然的事物中"，但是这种"内面化"排斥了固有名词，"牺牲了一切偶然性、直接性"。① 而这些被排斥的事物恰恰极为重要，因为"历史"就存在于其中。

柄谷思考"近代文学的终结"时，"历史"是一个关键词。同书中，在讨论小说家中上健次的文章里，他指出中上的作品从某个时点开始变得不再是"小说"，而是"物语"，原因就在于"历史"的消失。中上健次基于日本三重县新宫地区的被歧视部落来构建其文学世界，但这个世界在现实中因泡沫经济时期的开发重建而消失。资本主义的发展其实并没有解决歧视问题，但是"从外表上把歧视问题抹消了"，而且还导致了对抗歧视的地域性文化基础的消亡。柄谷强调，类似现象在整个日本普遍存在，其结果是近代日本的难题（aporia）在 20 世纪 80 年代消失了。

其后，中上健次写的不再是小说而是物语。……历史早已不存在。因为所有事件都回收到作为形式的同一性之中。主人公们的死早已命中注定。换言之，是从"终点"来回顾的。《千年的愉悦》既不是前现代的世界也不是传奇世界。它是后历史（post historical）的世界。

---

① ［日］柄谷行人:「近代文学の終わり」,『定本 柄谷行人集』第 5 卷，日本岩波書店 2004 年版，第 193、201 頁。

《天涯海角 至上之时》以后，写"小说"恐怕不可能了。①

显然，柄谷所说的"小说"和"物语"（故事）的区别就在于，小说中有历史，物语则是同一性的反复。日本文学中"历史"的消失，是由于近代以来日本所面临的内外矛盾，在 20 世纪 80 年代的经济繁荣中消失不见了。换言之，造成"近代文学的终结"的似乎是近代本身的终结。然而柄谷暗示的是，问题并不是真的解决了，只是暂时被遮蔽，伴随资本主义的周期性危机，看似消失的"历史"还会再次出现。

"历史的终结"这一命题源自黑格尔的《精神现象学》，经由科耶夫（Alexandre Kojève）的阐发而广为人知，而在冷战结束后，弗朗西斯·福山（Francis Fukuyama）借用这一哲学命题来为西方意识形态的胜利背书。柄谷《关于终结》一书略早于福山《历史的终结与最后的人》，还不是对福山的直接回应，而在福山的学说大行其道以后，柄谷针对性地提出了"历史的反复"这一命题。在对马克思《路易·波拿巴的雾月十八日》的解说中，柄谷指出，历史之所以远未终结，是因为资本主义经济的结构性危机和民主代议制的机能缺陷，让历史处于"反复强迫"（弗洛伊德的术语）之中。他认为，资本主义经济与民主代议制都可以视为表象（representation）的系统，而这些系统总是建立在某些被压抑的、无法表象的事物之上，其危机源自"被压抑的事物的回归"②。

这种政治经济学的思考与《关于终结》中的小说论有着内在联系。按柄

---

① ［日］柄谷行人：「近代文学の終わり」，『定本 柄谷行人集』第 5 卷，日本岩波書店 2004 年版，第 211—213 頁。译文引自［日］柄谷行人《历史与反复》，王成译，中央编译出版社 2018 年版，第 187 页。译文略有调整。
② ［日］柄谷行人：「序説『ルイ・ボナパルトのブリュメール十八日』」，『定本 柄谷行人集』第 5 卷，日本岩波書店 2004 年版，第 5—6 頁。

谷的思路，我们似乎可以推论：近代以来日本文学的历史性，也来自"被压抑的事物"的反复回归。可是这些事物究竟是什么？在柄谷关于中上健次的分析中，"被压抑的事物"首先呈现为"歧视"的问题，换言之，是一种结构性的不平等所造成的矛盾。而他关于大江健三郎、三岛由纪夫的论述则揭示了问题的另一侧面：矛盾不只存在于日本内部，更存在于日本与外部世界的关系之中。

在这里，柄谷其实化用了竹内好的问题意识。例如，"近代日本的难题（aporia）"这个说法就直接来自竹内好《近代的超克》。《关于终结》中的另一篇文章《近代日本的言说空间》（1990）更是直接在竹内好的延长线上展开，文中指出日本近代以来的话语空间具有结构上的反复性，其根本原因在于日本通过脱亚入欧走入"近代"，因而在与西方和亚洲的结构关系中，始终处于矛盾的位置，具有"二重性"或者说"两义性"。近代国家体制的确立压抑了明治初期的多样可能性，而被压抑的事物则以"亚洲主义"的形态反复出现，但这种"亚洲主义"并未发展为与被压迫的各民族的联合，只是为帝国主义扩张所利用。竹内好曾把西乡隆盛作为日本近代的"二重性"的典型体现，而柄谷也沿用了这个例子。他认为，西乡死后既被追认为一种"帝国主义的始祖"，同时却又成了相反立场的象征，代表"与国权相对的自由民权、与帝国主义相对的亚洲主义"。[①] 他进而指出，战后日本的话语空间在一种禁忌意识的支配下，封印了战前关于"亚洲"的部分，尽管日本在经济上对亚洲的影响力比战前更加深广。

不过，需要指出的是，柄谷在谈论日本近代的"两义性"时，其侧重点与竹内好并不相同。竹内好提出所谓"大东亚战争的二重性"，试图证明这

---

① ［日］柄谷行人：「近代日本の言説空間」，『定本 柄谷行人集』第5卷，日本岩波書店2004年版，第73、76頁。

场战争不只是侵略战争,还有"被遮蔽"的另一层意义。这样的亚洲主义言说尽管在20世纪50年代反美独立斗争的语境中具有一定效力,但又模糊了日本的战争责任。子安宣邦曾对竹内好的"二重性"理论做过批判,指出"帝国主义国家之间的战争"与"侵略战争"并不能一分为二。① 与竹内好相比,大江和柄谷在思考日本的亚洲主义问题时,体现出更鲜明的"加害者"意识。柄谷指出,大江的小说总是反复触及被战后言说空间所封印的"亚洲"部分,而这部分内容与暴力的记忆难解难分地纠缠在一起。例如小说《万延元年的Football》中,"根所"一族的"暴力性的血脉"就包含着"近代日本史的难题":蜜三郎的父亲曾在伪满洲做过某种秘密工作,长兄战死于菲律宾,从特攻队复员的S哥因袭击朝鲜人的部落而被杀死,所有这一切都指向"亚洲"。② 换言之,正是"被压抑的事物的复归"造就了大江小说的历史性。

在1995年的对谈《世界、日本与日本人》中,柄谷聚焦于大江的诺贝尔奖获奖演说《我在暧昧的日本》中的"暧昧"(ambiguous)一词,将这个词语与日本的"两义性"联系在一起。他援引弗洛伊德,指出"ambiguous"与"ambivalent"的不同:"ambivalent"意味着拒绝承认自己的"两义性",这正是神经官能症患者的特点,他们无法承认自身的欲望,必须拼命地加以否定,而"ambiguous"则意味着对自身"两义性"的承认,这才是治疗神经官能症所需要的。他进而说道:

我想大江先生的演讲本身,或许就是谈论了这种意义上的

---

① [日]子安宣邦:《何谓"现代的超克"》,董炳月译,生活·读书·新知三联书店2018年版,第154—155页。
② [日]柄谷行人:「近代日本の言説空間」,『定本 柄谷行人集』第5卷,日本岩波书店2004年版,第129—131页。

ambiguity 吧。近代日本人的经验具有两义性，这是很明显的。但是何谓从中"痊愈"呢？无论是过去还是现在，都存在 ambivalent 的态度。过去曾有原理主义式的态度，试图"超克"西方和近代，现在则有一种态度，想要把日本变成"普通的国家"，换言之，想要把日本的过去全部抹消，全部清算。但我认为，"痊愈"意味着承认那种两义性，那些经验才是普遍的。①

上述言论明显针对的是要求把日本变成所谓"正常国家"的日本保守阵营。对"暧昧"的这种解读虽是柄谷的发挥，却也并未偏离大江的原意。《我在暧昧的日本》这一题目首先意味着对川端康成《我在美丽的日本》的相对化。在这篇演讲中，大江有意拒斥作为东方主义美学镜像的日本形象，凸显日本近代历史的暧昧/两义性，提示那些主流意识形态所欲忘却的记忆。

由此看来，无论是大江所感到的"小说的终结"，还是柄谷所说的"近代文学的终结"，都应该理解为对症候性现象的描述，他们真正指出的恰恰是"终结"并不可能。一方面，近代以来资本主义的内部危机并未得到根本解决；另一方面，后冷战时代日本与西方和亚洲之间的结构性关系也仍然在"两义性"中摇摆。因此，"被压抑的事物的回归"仍将重复上演，日本文学的历史任务并未终结。但表面上的"终结"确实存在，它表现为文学的去历史化倾向。当"历史"被取消，剩下的就是作为审美表象和消费对象的"物语"的不断再生产。面对这种状况，"大写"的文学有必要被重新唤回。1996年，大江和柄谷的另一次对谈通过对"战后文学"的再评价回应了这

---

① 〔日〕大江健三郎、柄谷行人：「世界と日本と日本人」,『群像（特別編集・大江健三郎）』,東京：講談社，1995年版，第8頁。

一问题，并且暗示了一种出路：日本的文学重获"普遍性"的希望，存在于与"脱亚入欧"相反的方向上。

三、作为装置的"普遍性"与第三世界问题

在1996年的座谈《战后文学的认识与方法》中，大江与柄谷共同表达了一种对"普遍性"的要求。大江认为日本文学长期"黏着在同一个平面上"，"封闭在日本内部，没有向普遍的事物敞开"，只有战后初期是一个例外的阶段。

战后五年间批评的动向，至今仍是令人惊异的。这一次平凡社出版了一部很好的《中野重治评论选集》，读这部选集，能看到一个在战争年代艰苦地活过来的人，在战后的解放中，怎样尝试着对从哲学到政治的各个领域全面负责，怎样探索新的表现，达成新的表现样式。

如果以中野重治为契机来展开思考，我们会看到野间宏、堀田善卫，或者埴谷雄高、武田泰淳、大冈升平，不也都进行过同样的探索吗？考虑到日本近代文学百余年的历史，应该说战后文学家们毕竟是特别的。必须重新把目光对准这些人，好好想一想。

然而，一旦把翻译的问题考虑进来，我们会发现，战后文学没有被翻译。例如野间宏就没有被翻译。大冈升平的《野火》虽然有翻译，但也没有多少人读。武田泰淳和堀田善卫也都是这样吧？战后文学有着普遍的要素，而且是在本质上有着这样的要素，却没有被具体地传递给世界。

> 只有三岛先生被翻译得特别多。然而我认为三岛先生并没有在普遍的意义上表现战后。三岛先生，就像我刚才说的，是通过美的道路走出去的。①

在大江看来，"战后派"文学是日本近代以来的文学史中的特例，具有本质上的普遍性，然而无论在日本内部，还是在同外国的交流中，它们都未能成为主流。占据主导位置并被大量翻译到国外的，是那种更加"日本"的、把日本塑造为美学表象的文学作品，例如三岛由纪夫的作品。柄谷也指出，不仅在西方，就连非西方世界也同样充斥着"作为美学对象的日本"形象。

在这里，两人为何要把"普遍性"和"日本美"对立起来？或许可以说，他们口中的"普遍性"其实是批评日本文学和思想现状的一个"装置"。柄谷认为，近代以来日本人在面对西方试图主张自身的普遍性时，往往把日本变成一种美学表象，形成一种逆向的东方主义，在这一点上，日本20世纪60年代中期以后的状况与1905年日俄战争后的状况具有相似性：由于跻身先进国家的行列，便相信自身具有"普遍性"，进而产生了各种日本文化论。② 这种"普遍—特殊"的封闭循环缺乏对外界的紧张感。

那么，战后派文学何以能突破这种封闭循环？

> ……战后文学试图思考巨大的、极限的事物。而与此同时，重要的是这种思考总是与渺小的事物并行。例如椎名麟三的小说就是这样，在雨水拍打白铁皮屋顶的喧嚣中，思考无限的宇宙，思考存在

---

① 〔日〕大江健三郎、柄谷行人:「戦後の文学の認識と方法」,『群像』51(10), 1996年10月, 第367頁。
② 参见〔日〕大江健三郎、柄谷行人「戦後の文学の認識と方法」,『群像』51(10), 1996年10月, 第364頁。

的革命，等等。我认为战后文学是这样一种在落差中展开的文学：人在思考中走向极限的同时，在现实中却全然相反。这样的文学，在今天的日本已经不可能出现了。但是，在巴勒斯坦，在波斯尼亚，在中国或印度还有。也就是说，在一般所说的后殖民国家还存在这样的文学。①

柄谷这番议论有很多值得玩味的地方。例如，对谈中他两次提到波斯尼亚，说"武田泰淳的作品，波斯尼亚人也能读"②，这显然与当时刚结束不久的波黑战争有关。为了摆脱在日本与西方的二元结构中讨论"普遍性—特殊性"的方式，他引入了第三项，将后冷战时代的前殖民地、半殖民地地区状况纳入视野，作为衡量日本文学"普遍性"的指标。换言之，日本"战后派"文学的普遍性，在于它与"第三世界"状况的相通；战后文学观念与现实的"落差"，与全球资本主义发展过程中结构性的不平等有关。

这些议论也令人想起杰姆逊（Fredric Jameson）的"第三世界文学"概念。杰姆逊所说的"第三世界文学"有一些基本特征：它们产生的背景是被迫卷入现代资本主义体系的"第三世界"与"第一世界"文化帝国主义的"生死搏斗"；这些文学的价值难以用西方文学经典的标准来衡量，也不符合西方读者的现代主义阅读趣味；它们没有"第一世界"那种"公"与"私"之间、"政治"与"文学"之间（或者说马克思与弗洛伊德之间）的分裂；在这些文学中，对个体经验的叙述总是包含着对集体经验的叙述，因而成为"民族寓言"（national allegory）。当然，这样的"第三世界文学"首先

---

① ［日］大江健三郎、柄谷行人：「戦後の文学の認識と方法」，『群像』51（10），1996 年 10 月，第 371 頁。

② ［日］大江健三郎、柄谷行人：「戦後の文学の認識と方法」，『群像』51（10），1996 年 10 月，第 372 頁。

是批判西方后现代文化状况的一种装置，并不能成为对作为实体的"第三世界"各地区文学的精准描述，也无法涵盖其差异性，这个概念引入中国学界后引发的争议也与此有关。不过，如果仅仅在杰姆逊的意义上使用，我们会发现日本"战后派"文学确实与"第三世界文学"存在着微妙的重合。

虽然"战后派"文学受到西方现代主义的显著影响，也不能完全摆脱集体与个体、政治与力比多的分裂，但相比日本主流的文学传统，这一时期的文学确实呈现出空前的政治化特征，"公"的世界深深嵌入"私"之中，对个体命运的书写往往寄寓了对社会、民族甚至人类的思考。战后派代表作家野间宏曾致力于建构"全体小说"的理论，而大江在总结"战后派"传统时也强调其"全体的想象力""个人的想象力的全体化"。但归根结底，战后文学之所以远远背离日本文学的非政治化传统，将"个体"连通于"全体"，是由于前所未有的战争带来了整个社会结构的破坏与重建，对任一个体的书写都牵连着"悔恨的共同体"，因而成为杰姆逊意义上的"寓言"。而也正是在战败初期的崩溃与混乱中，日本作家重新发现了自身所处的状况与亚非拉广大地区的相通。

在《处于跨国资本主义时代中的第三世界文学》中，杰姆逊只是简单提及了日本从封建主义到资本主义的过渡，似乎认为这与欧洲典型的生产方式变迁趋同。而与之形成对照的是，"第三世界"经历了原始部落社会或者亚细亚生产方式被突然破坏、卷入资本主义的过程。但其实从战前到战后，日本学界为了日本是否属于"亚细亚生产方式"有过多次争论，在战后一个时期里，对具有亚洲特点的"日本共同体"的批判成为一般认识。作为一个通过"脱亚入欧"急速进入现代的国家，日本社会的发展具有严重的不平衡性，因而与广大的被殖民地区存在类似之处。大江与柄谷所讨论的中野重治的小说《村之家》就深刻地触及这方面的问题。在此意义上，其实与"第三世界文学"相通的不仅是"战后派"文学，日本战前的许多作品也具有"民族寓言"的特色。但摆脱了被殖民危险的日本自身走上了对外侵略的道路，加剧了"亚洲"的不平衡性，这正是近代日本"两义性"之所在。

"战后派"作家内在地拥有这种"两义性"的体验，他们大多具有从军经历，曾是侵略者中的一员，因而也更切身地感到需要重建日本和广大前殖民地地区的伦理关系。例如，堀田善卫、武田泰淳等作家关于中国的写作和对亚非作家会议的积极参与，就是典型的体现。此外，战后初期以美国为首的占领军的统治，也使日本人获得了一种拟似的"被殖民"体验，从而产生了与亚非拉反殖民独立运动的连带感。大江健三郎在1960年安保运动期间访问中国时的言论，也鲜明地体现了这种情感结构。尽管这种连带感受到"被害者"意识的局限，不过随着越南战争、冲绳复归、在日朝鲜人等问题在20世纪60年代的展开，"加害者"的责任意识逐渐深化，日本内部的"他者"陆续被发现。

总而言之，在战后日本，"大写"的文学可以说建立在一种广义的"第三世界"意识上，它既意味着对亚非前殖民地地区的伦理责任，也意味着对日本自身的某种"第三世界"属性的发现。在此意义上，日本经验或许构成了对杰姆逊"第三世界文学"概念的补充，提示了"第一世界"与"第三世界"的中间地带。

然而，随着经济的高速成长，日本开始了第二轮的"脱亚入欧"，战争记忆也在此过程中被迅速风化。"战后文学"否定论的兴起，可以说是这种状况在文学领域的投影。战后文学在20世纪70年代的退场，标志的不仅是去历史化的文学时代的到来，也意味着随着日本同西方的落差的消失，作为第三项的亚非拉世界的意义在日本文学中逐渐被忘却。而海外特别是非西方地区（例如中国）对日本战后文学的陌生，则反映出另一个重要问题：这些地区也接受了"西方—日本"二元结构中生产的日本形象，而忘却了在"亚洲"的连带感中把握日本历史的可能性。

柄谷认为，从战后直到20世纪70年代，日本始终存在着于冷战二元格局外寻找"第三条路"的志向，各种被热烈讨论的命题（"政治和文学""唯物论和革命""第三世界"）都与这种志向相关，可以说是"想象力的革命"，而文学也因此具有强烈的象征性，而20世纪70年代以后，对第三条路的追寻消失了，文学的象征性力量和重要地位也不复存在。[1] 在与柄谷的对谈中，大江也表示，日本近代以来，像战后初期那样"文学具有鲜活的意义的时代"其实相当有限，他自己从20世纪60年代末以降也不再对文学的意义坚信不疑[2]。

不过，在70年代曾为战后文学热烈辩护的大江，也继承和发展了那种"全体的想象力"，写作着自己的"寓言"。比起杰姆逊的概念，大江的写作更接近本雅明（Walter Benjamin）意义上的"寓言"（allegorie）。本雅明的"寓言"对立于把世界和历史想象为有机整体的浪漫主义"象征"观念，把历史展示为"世界的受难史"，呈现出一个支离破碎的世界，却又在其中给出某种意义指向，从而通向拯救。柄谷延伸了这种"寓言"概念来解读大江的小说。[3] 在这些作品中，"个体"不是自然地通向"全体"，而是在执着的、强迫症式的阐释中获得终极意义，在"私"与"公"之间反复进行危险的跳跃。这不是那种个体与整体天然具有同构性的"民族寓言"，而是去政治化话语空间中的抵抗式写作。柄谷在70年代初曾经批判大江的"公私分裂"，却于1989年的文章中重新肯定大江的执着努力，这种变化来自对日本和世

---

[1] 参见〔日〕柄谷行人编『近代日本の批評Ⅱ 昭和篇（下）』，東京：講談社，1997年版，第193頁。

[2] 〔日〕大江健三郎、柄谷行人：「戦後の文学の認識と方法」，『群像』51（10），1996年10月，第372頁。

[3] 参见〔日〕柄谷行人「大江健三郎のアレゴリー」，『定本 柄谷行人集』第5卷日本岩波書店2004年版。

界状况的思考，体现了重新建构某种公共性、普遍性的意图。

长期以来，大江和柄谷都在各自的写作实践中探索着超越民族国家的"普遍性"。柄谷致力于共产主义理念的再建构，大江则不断呼唤着核时代人类命运共同体的普遍伦理。然而，相比于"战后派"作家们，他们的视野仍然显得过于西化，不可避免地要借助西方视野来认识"第三世界"。这也是20世纪90年代以来日本左翼知识人共同面临的困难。在理论上重新强调"亚洲共同体"等观念是容易的，然而在知识和情感上建立"连带"则是更为艰巨的任务。而反观中国，可以说国内对"亚洲"或"第三世界"的认识也存在同样的困难。

对于今天的中国读者，大江和柄谷的这些谈话或许仍然具有镜鉴意义。我们不妨思考，在短暂的20世纪出现的繁多命题中，有哪些在后冷战的当下是"作为理论虽然陈腐，作为实践仍然新鲜"的？在历史日益扁平化的时代，文学还能否唤起"想象力的革命"，探寻既成现实之外的道路？也许除了言说本体论意义上的"中国"之外，我们还需要着眼于资本主义全球化过程中结构性的不平衡、不平等，从内部与外部的"第三世界"中探索"普遍性"。

[本文系国家社科基金青年项目"日本战后文艺批评中的左翼传统研究"（编号：20CWW004）的阶段性成果]

（原载《文艺理论与批评》2022年第1期）

边境乡村、社会主义与感觉结构
——论雷蒙·威廉斯《边境乡村》中的文化政治想象

陈湘静

清华大学外国语言文学系

"感觉结构"（structures of feeling）是雷蒙·威廉斯对马克思主义进行重新发明的一个重要概念，据其介绍，他对这一概念的阐释主要见于《现代悲剧》《英国小说：从狄更斯到劳伦斯》和《乡村与城市》。[①] 学术界已有很多文章对这一概念的理论内涵进行了阐释，但很少有文章结合威廉斯自己的小说创作对这一概念的具体所指进行剖析。事实上，正如徐德林所说，威廉斯对乡村与城市关系的重构，是以他自己的感觉结构为基础的，而这种感觉结构又来自他在乡村成长的个人经验。在《乡村与城市》中，威廉斯时常借助自己和家人的真实乡村经验，反驳意识形态对乡村的歪曲表征。[②]

威廉斯的乡村经验，最为详尽地体现在他的自传性长篇小说《边境乡村》中。《边境乡村》出版于1960年，讲述了在剑桥大学任教的知识分子马

---

① Raymond Williams, *Marxism and Literature*, Oxford: Oxford University Press, 1977, p.6.
② 参见徐德林《乡村与城市关系史书写：以情感结构为方法》，《外国文学评论》2016年第4期。

修·普莱斯（小名威尔）回到威尔士家乡探望病重的父亲并重新回顾自己成长经历的故事。小说由两条主线构成，一条线是马修（威尔）的童年回忆，即父亲哈利·普莱斯作为一个铁路信号工初到格林马瓦村定居、参与1926年英国大罢工的经历；另一条线是成年的马修（威尔）返乡后所感受到的"城市"与"乡村"两种感觉结构之间的冲突。我们知道威廉斯早年生长在威尔士乡村，却在英国文法学校接受了正统的英语教育，后来进入文化重镇剑桥大学。而在《乡村与城市》的最后一章中，威廉斯也写道："20世纪40年代末期，我明白我终于同我小时生活过的村庄隔离开了。我开始写下我对这段经历的看法，共写了7个版本，最终变成了《边境乡村》这部小说。"①同时，小说写作的20世纪50年代，也正是他理论思考日益成熟、写作《文化与社会》《漫长的革命》的时期，这两部作品没有以一种系统的、理论化的马克思主义话语和世界观去阐释世界，而是强调感性经验的重要性。威廉斯的这个理论特色一直保持到他20世纪60年代中期开始写作、1971年出版的《乡村与城市》中。其中，威廉斯以更为学理化的方式处理了"感觉结构"的问题，可以说也回应了他在《边境乡村》里的感性认识，又一次为乡村的感觉结构赋形。因此，若要深入理解威廉斯的文化唯物主义理论与文化政治思想，这部对威尔士乡村经验有细腻描写、对工党政治有批判性反思的小说作品，也许可以成为一个有效的入口。

迄今为止，国内学界对《边境乡村》这部小说的研究尚不多，在中文世界可以见到的研究文章里，海外学者米家路的《撕裂的边界——雷蒙德·威廉斯〈边乡〉中的双重视镜与菌毒跨越》一文值得重视。该文特别注意到"边界"这一概念，借助后殖民主义理论家霍米·巴巴的理论指出，"边界作

---

① ［英］雷蒙·威廉斯：《乡村与城市》，韩子满、刘戈、徐珊珊译，商务印书馆2013年版，第403—404页。

为空间阈限，暗示着话语和阐释的不确定性、视觉感知的流动循环和对立文化之间广泛无限的沟通"①。再进一步，他还使用马克思主义文艺理论家杰姆逊"认知测绘"的概念，指出"边界"对于革新认识论的重要意义，"重新发现边界，或重新标注边缘，就是打破先入为主的界线，以'认知测绘'（cognitive mapping）的方式重新划定它们"②。米家路谈道，威廉斯的小说《边境乡村》中勾勒出来的一条马修（威尔）离开威尔士去英国伦敦，又从伦敦归来的双重路径/运动，正是试图"重绘边界"、重建认知框架、打破威尔士乡村在消费主义视野中的奇观形象的尝试。这就意味着，什么是乡村，什么是城市，是处在开放的认识中的，这种对威廉斯的认识方式是有启发性的。

不过，米家路对威廉斯《边境乡村》的解读过于从后殖民角度聚焦民族身份认同的问题，对于威廉斯思想中最为重要的马克思主义内涵几乎没有展开讨论。事实上，在威廉斯的创作和理论世界里，作为英格兰殖民地的威尔士乡村，并不仅仅是英格兰文化上的他者，更是反思和撬动资本主义结构性关系的支点：通过重新发现一个工农业融合、内部充满活力的边境乡村，威廉斯试图打破资本主义所构成的城市资本/乡村殖民地的二元对立，在乡村与城市之间建立起关联，创造一种全新的对于生产关系和社会形态的想象。

一、边境乡村："城堡""大教堂""小教堂"

从 1947 年开始写作，到 1960 年最终出版，小说数次重写，几经更

---

① 米家路：《撕裂的边界——雷蒙德·威廉斯〈边乡〉中的双重视镜与菌毒跨越》，《国外文学》2016 年第 4 期。
② 米家路：《撕裂的边界——雷蒙德·威廉斯〈边乡〉中的双重视镜与菌毒跨越》，《国外文学》2016 年第 4 期。

名，由最初的《布莱恩勒韦》(*Brynllwyd*)，到《靠近边境的村庄》(*Village on the Border*)，到《边境村庄》(*Border Village*)，到最后的《边境乡村》(*Border Country*)。① 在这一过程中，"边境"与"乡村"始终是小说的关键词。那么，边境乡村是怎样一种乡村呢？

小说中的"边境乡村"指的是格林马瓦村，它以威廉斯的出生地潘迪村为原型。威廉斯自述，自己的村庄位于威尔士与英格兰交界的边境，毗邻威尔士南部的煤矿区。② 小说里这样描述格林马瓦村的位置：

> 在东边的高地，每隔几英里就伫立着一座诺曼人的城堡，隔着宽阔的山谷面向远山。在城堡俯瞰下，是格林马瓦这块备受争议的土地，它不被任何一边管辖，又同时被两边掠夺着。在南边，是格温屯城堡，它完成了这串城堡之链的最后一环。小镇就在格温屯城堡的下面，在雾霭中显现出蓝色，唯一清晰可见的细节就是市政厅那绿色的穹顶。人们所熟知的沿着这条边界而展开的古老斗争，在这些城堡和马路的分布中突然显得清晰起来。在高地上是边地领主的势力范围，菲茨奥斯本、纽马克的伯纳德、德布劳斯。他们的城堡就像衰朽、空洞的牙齿，面朝着那些曾经为它们的武力所啃噬的平静山谷。③

这里提到的"城堡"和"沿着这条边界而展开的古老斗争"指的是威尔士被诺曼底人征服和统治的历史。在历史上，威尔士曾先后遭受罗马人、

---

① Raymond Williams, "Raymond Williams: Dates", in *Politics and Letters*, London: Verso, 2015, pp.13-14.
② 参见[英]雷蒙·威廉斯《乡村与城市》，韩子满、刘戈、徐珊珊译，商务印书馆2013年版，第2—3页。
③ Raymond Williams, *Border Country*, Cardigan: Parthian, 2006, p.364.

诺曼人的军事侵略和征服，并一直处于分裂状态。直到 15 世纪英格兰推行"统一法案"后，威尔士才被纳入英格兰的资本主义生产体系。① 在某种意义上，可以说威尔士本身就是一个归属不定的、被殖民与被统治的"边境地带"，而这也就是小说里的格林马瓦村的政治文化属性。上述风景描写出现在小说主人公马修（威尔）离开村庄去剑桥上学时从火车上的回望，在他眼中这些恢宏的城堡"就像衰朽、空洞的牙齿"。威廉斯十分清楚城堡是外来力量对威尔士进行征服统治的工具，他曾谈及自己对于城堡的复杂感情："我确实有一次发现自己在赞美一座前诺曼底时期的威尔士城堡，认为它与构成它的巨石一样坚固，然后我突然认识到——天啊，我在说什么呢？而当我看到像哈莱奇或者加拿芬这样牢固建立的英国城堡的时候，我憎恶每一块精美的建筑石料。事实上，当你想起一座建筑，是把它当作我们可以前去的某个地方，或者当作我们的敌人进入其中并从那里控制我们的地方的时候，情况是完全不同的。"②

我们在这里可以感受到威廉斯对英格兰殖民主义的抗拒。但在《边境乡村》里，被殖民、被征服的历史并不是小说的写作重点，威廉斯更看重的毋宁说恰恰是"不被任何一边管辖，又同时被两边掠夺着"的边境地带充满可能性的政治活力。小说中马修（威尔）成长的那个边境乡村是多元的、包容的。马修（威尔）的父亲哈利是铁路信号工，在格林马瓦路段的信号岗亭工作，随工作迁居到格林马瓦村，因此他们一家是村子里的外来者。另外，身为铁路工人，哈利在政治倾向和宗教信仰上也不同于当地的小农场主。但哈利与周围的乡邻却相处融洽，成为这一地区广受爱戴的人。另一方面，马

---

① 参见〔英〕吉拉恩特·H. 詹金斯《威尔士史》，孙超译，东方出版中心 2017 年版，第 155 页。
② 〔英〕雷蒙德·威廉斯：《政治与文学》，樊柯、王卫芬译，河南大学出版社 2010 年版，第 359 页。笔者对所引译文稍作修改。

修（威尔）上的是英国文法学校，受英国国教洗礼，但他却很少去国教教堂，而是每周与他的威尔士非国教的邻居们一起去附近的小教堂（chapel）做礼拜，与其他孩子们一起唱圣歌。虽然有一次小马修（威尔）也粗鲁地把非国教的宣传册子扔到了河边，但他很快受了父母的教训，哈利还亲自跑去河里把小册子捡了回来。后来马修（威尔）获得了升学去剑桥大学的机会，他就要不要离开家乡与自己所在教区的牧师进行了一次长谈。由于国教在威尔士不受欢迎，这位英国国教的牧师在村子里过着离群索居、落落寡合的生活。牧师向马修（威尔）展示了教堂顶上用来眺望星空的望远镜和书房中窥探大千世界的显微镜，鼓励他去外面探索更精彩的人生，但同时，他也郑重地向威尔说明，这个村庄有着自己可贵的文化，虽然它遵循着与外界完全不同的逻辑。他说，他明白为什么在村子里，小教堂比大教堂（church）更受欢迎：

> 当我看到这些小教堂所做的工作时，我明白了，小教堂是用来给人们相遇、交谈、共同歌唱的。在它们周围环绕着的是村庄的全部生活。那是人们真正的宗教。……这些小教堂是社会组织，马修，大教堂则不是。我并不是说这里人们的宗教信仰不虔诚，但在我看来，这种信仰可以体现在任何事情上——比如，任何一种信仰体系。真正重要的，真正把他们凝聚在一起的，是他们通过宗教为彼此做的事。你也许可以说，上帝就是他们向邻居表示友善（being neighbourly）的一种方式。①

牧师提到的"与邻为善"是威尔士的重要传统。吉拉恩特·H. 詹金斯

---

① Raymond Williams, *Border Country*, Cardigan: Parthian, 2006, p.278.

指出，威尔士有着悠久的邻里和睦的传统，这深刻地影响了它的法律习俗、政策等各个方面。①比如，在中世纪的威尔士法律中，"死刑针对的是严重的盗窃行为而不是谋杀，因为人们相信，那些从事秘密犯罪活动的人破坏了共同体之间的信任，将'好邻居'（good neighborliness）传统推向危险的边缘。所以，对这类犯罪就要施加最严厉的惩罚"②。此处提到的大教堂与小教堂之间的区别，也正是上层统治机关与基层社会组织的区别，前者是英国对威尔士民众进行文化殖民的工具，后者则是真正体现地方民主、凝结社区共同体的文化与信仰组织。正是这种与邻为善的传统使村子里容纳了不同阶级、宗教、民族的人群，促成了边境乡村内在的流动性和多元性，形成一个基于经验的乡村共同体的世界。

小说里牧师告诫马修（威尔）说，用望远镜仰望星空虽然美好，但也有一种危险，它会将你抛出日常生活，使你感到孤独。这当然是牧师作为英国国教传播者的夫子自道，不过这对于马修（威尔）这样一个受到英国国教、英国文法学校、剑桥大学等多重国家意识形态机器召唤、即将向上超越并脱离自己的有机文化社群的青年知识分子来说，确实是极为郑重的教诲。而小说也正是以成年马修（威尔）重返山村、回望自己青少年时代的乡村经验为基本结构的。我们下面会看到，类似于"大教堂"与"小教堂"的对立会反复出现在小说对无产阶级政治运动与知识分子的感觉结构的思考过程里。

二、父亲：大罢工、乡邻共同体、社会主义

如果说"多元性"和"流动性"是边境乡村的特征的话，那么这一多元

---

① 参见［英］吉拉恩特·H·詹金斯《威尔士史》，孙超译，东方出版中心2017年版，第263—264页。
② ［英］吉拉恩特·H·詹金斯：《威尔士史》，孙超译，东方出版中心2017年版，第50页。

和流动绝不仅指宗教、语言及文化身份认同的复杂性,作为深受马克思主义理论影响的思想家,威廉斯清晰地认识到"边境乡村"在打破传统的工人、农民、知识分子的阶层区隔上具有重要意义,而这也是由"边境乡村"所处的政治经济位置所决定的。

事实上,威廉斯笔下的格林马瓦村已然不是一个边缘的小山村,由于英国的资本主义率先在农村通过圈地运动展开,农村早已内在于资本主义体系当中,与城市共同构成了英国资本主义不可分割的一部分;被视为"旧英格兰黄金时代"代表的地主,实际上正是推动现代资本主义经济在乡村展开的代理人。因此,威廉斯尤为坚定地批评马克思主义话语关于农民是愚昧落后的这个论断,在他看来,这种论断不仅忽视了造成乡村的落后和愚昧的复杂成因,而且对农民自身也处在变动不居的阶级关系的现实不予关注。[1] 他认为,农民就同城市里的工人一样,并不是麻木、停滞、愚昧的,而是有活力的、运动的,是具有组织起来的可能性的。威廉斯将乡村描述为一种"网络"式的存在,它动态而开放,借由公路、铁路与一个更广阔的世界联结起来——"乡村和城市的生活既是运动着的,又处在当下:在时间中运动,在一个家族和一个民族的历史中运动,在情感与观念中运动,在关系和决策组成的网络中运动"[2]。在这样的政治视野下,"边境乡村"就是开放的、流动的乡村,就是政治化的乡村,它代表了威廉斯理想的社会主义乡村的原型。在小说中,威廉斯通过讲述1926年英国总罢工的经历,对"边境乡村"这一介入社会主义政治的可能性进行了充分讨论。

乡村是否能够发展出社会主义?经典马克思主义理论给出的答案是否定

---

[1] 参见〔英〕雷蒙德·威廉斯《政治与文学》,樊柯、王卫芬译,河南大学出版社2010年版,第327页。

[2] 〔英〕雷蒙·威廉斯:《乡村与城市》,韩子满、刘戈、徐珊珊译,商务印书馆2013年版,第9页。

的。在马克思看来,农民在政治上的落后主要是由他们的闭塞和孤立造成的,正如他在《路易·波拿巴的雾月十八日》中对法国小农的评论,"他们进行生产的地盘,即小块土地,不容许在耕作时进行任何分工,应用任何科学,因而也就没有任何多种多样的发展,没有任何不同的才能,没有任何丰富的社会关系",因此小农阶级就"好像一袋马铃薯是由袋中的一个个马铃薯所集成的那样",他们无法"彼此间形成任何的共同关系,形成任何的全国性的联系,形成任何一种政治组织"。① 虽然在威廉斯生活的村庄中主要阶级构成也是小农场主,也以家庭经济为主要生产方式②,但他认为英国农村的现实和马克思论述的法国状况不相符。由于资本主义生产方式在英国的早早普及,英国农村早已被嵌入运动、开放的资本主义体系中。他在评论哈代的作品时谈道:"哈代居住和生活的地方同英国多数其他地方一样,实际上不存在农民,尽管作家们仍然用'农民'这个概述词来指代在乡村生活的人。真正的乡下人是地主、佃农、商人、手艺人和劳工,这种社会结构……跟农民的社会结构是极为不同的,比如说它的多样性、它的层次变化,以及它的很多基本人性态度。"③ 农民可能是生活简单的、愚昧的,但农村居住者、农业工人却身怀多种技能,是有活力的、自立自足的。威廉斯在《边境乡村》中描绘了格林马瓦这个村庄中丰富多样的职业和经济形态——埃伦的父亲是包工头,哈利是个铁路信号工,同时也兼职做保龄球场管理员,并租种农场主的土地,摩根原来是铁路信号工,后来转行做了农产品的收购商和

---

① [德]马克思:《路易·波拿巴的雾月十八日》,《马克思恩格斯全集》第八卷,人民出版社1965年版,第217页。
② 参见[英]雷蒙德·威廉斯《政治与文学》,樊柯、王卫芬译,河南大学出版社2010年版,第2页。
③ [英]雷蒙·威廉斯:《乡村与城市》,韩子满、刘戈、徐珊珊译,商务印书馆2013年版,第273页。

批发商，此外，还有农场主埃德文、保龄球场经营者伊文斯、杂货店老板娘埃尔文、房东海伯特、警官布莱克利。他们都以不同的方式参与经济交换过程，与更大的社会网络联结起来。

其中，铁路工人既是农村生活的有机组成部分，又是现代阶级政治的参与者。小说里马修（威尔）的父亲哈利和小说外威廉斯的父亲都是铁路信号工，据威廉斯回忆，他们在政治上非常活跃："我父亲所在的信号岗上有三个人，一个成为教区委员会的书记员，另一个是地方议员，而我的父亲则跻身于教区委员会。他们比村子里的其他任何人都要活跃得多。"① 而不少铁路工人在铁路上的工作之余，本身还拥有一小块土地，经营着菜园，从事着养猪、养蜜蜂或养马的工作。另外，铁路信号工通过铁路和火车等交通网络与外部的广大世界联系起来，并通过电话和电报与他们素未谋面的其他铁路工人分享声音、意见和故事，从而形成了全国性的阶级。② 如威廉斯所说："他们是有组织的工薪族，能够感知到比连接他们的村庄更为广阔的社会体系。但是他们同时也被羁绊在直接归属的地方，与特有的家庭农场绑缚在一起。"③ 他们成为农村生活的政治活力的主要来源。

于是在威廉斯看来，这样的边境乡村里可能的政治生活道路，就会和马克思主义政治的经典发展道路有所不同。经典马克思主义认为，传统共同体的瓦解，是形成现代个体、进而形成更先进的阶级联合的重要条件，但威廉斯认为，乡村共同体在社会主义政治中能发挥更积极的作用。在《社区的重

---

① ［英］雷蒙德·威廉斯:《政治与文学》，樊柯、王卫芬译，河南大学出版社 2010 年版，第 4 页。
② 参见［英］雷蒙·威廉斯《1926 年的社会意义》，载［英］罗宾·盖布尔编《希望的源泉:文化、民主、社会主义》，祁阿红、吴晓妹译，译林出版社 2014 年版，第 118 页。
③ ［英］雷蒙德·威廉斯:《政治与文学》，樊柯、王卫芬译，河南大学出版社 2010 年版，第 1 页。

要性》中，威廉斯根据自己的经验描述了几种共同体：第一种是传统乡土社会中直接而紧密的邻里关系，有着超乎寻常的相互扶助和对彼此的义务，"邻里"这个词"指的是一系列义务和承诺，远远超出了仅在距离上邻近的事实"[①]；第二种是在具体斗争中形成的工人阶级共同体，"一个在激烈的斗争中锤炼出来的社区，是由南威尔士工业化过程的斗争最终积极创造出来的社区"[②]。而这两种共同体之间有着值得深究但迄今被忽视的紧密联系："这些差别很大的社区——乡村社区和工业社区——之间的种种联系至今还没有得到充分的探讨和研究：在初期阶段，在老传统和新传统之间，一种社区对另一种社区的渗透有多少，在这些斗争中有着怎样复杂的相互关联，它们内部有着怎样复杂的矛盾冲突。我想我们对这一点的认识也许还处于初期阶段。"[③]威廉斯认为，如果对资本主义社会的复杂性有足够科学的认识，由邻里关系发展为更广大的阶级共同体，继而过渡到一种更具有普遍性、更高级形式的总体性的社会制度，即社会主义，是有可能的。威廉斯的这一论断显然来自他在威尔士亲历过的政治活动，这一经历体现在了小说对1926年英国大罢工的书写中。

小说生动地展示了传统乡邻共同体的情谊对1926年的大罢工起到的重要支撑作用。尽管在村里，真正的铁路工人只有那么几个，但罢工期间，整个村庄都卷入其中。罢工开始后，铁路工人就失去了工资，仅有每星期24先令的补助，但这时村子里的其他居民对处于困顿之中的哈利等人给予了力

---

① ［英］雷蒙·威廉斯：《社区的重要性》，载［英］罗宾·盖布尔编《希望的源泉：文化、民主、社会主义》，祁阿红、吴晓妹译，译林出版社2014年版，第126页。
② ［英］雷蒙·威廉斯：《社区的重要性》，载［英］罗宾·盖布尔编《希望的源泉：文化、民主、社会主义》，祁阿红、吴晓妹译，译林出版社2014年版，第127页。
③ ［英］雷蒙·威廉斯：《社区的重要性》，载［英］罗宾·盖布尔编《希望的源泉：文化、民主、社会主义》，祁阿红、吴晓妹译，译林出版社2014年版，第127页。

所能及的帮助。保龄球场的经理同意哈利预支他五月的薪水,"看在它是为了一个高尚的事业的分上"①。房东太太尽管不理解也不赞成铁路工人的罢工行为,但她拒绝收取哈利的租金。而对于格林马瓦村的铁路工人来说,支持煤矿工人不仅是响应全国总工会的号召,更是出于休戚与共的连带感,因为煤矿工人就在附近的山谷中,是他们乡邻共同体的成员——"在山的那边,从这个农业山谷往北仅仅十英里,是另一种不同的山谷,在那里拥挤着矿坑和矿工的房子"②。罢工后,煤矿工人失去生活来源,摩根便对村子里的农产品进行了集中收购,运送给煤矿山谷那边的工人,以解决他们的吃饭问题。威廉斯在回忆 1926 年的大罢工时说,"在那个乡村铁路站,各种实际联系——邻里之间、亲戚之间、行业之间——都与那个矿区有关。这不是一场无缘无故的斗争,当然另一种社会现实——小庄户人家、杂居的乡村——离得更近一些。从一开始,大多数有觉悟的人身上都有这样的实际动力:'支持煤矿工人''和矿工站在一起'。他们朝着同一个方向,他们忠于自己的工会,忠于整个工会运动:给他们的指令是要他们参加——参加什么? 全国大罢工"③。在这里,威尔士悠久的邻里互助传统创造了一种新型的社会主义政治,一种克服资本主义分化而形成工人阶级和农业生产者联盟的可能性。

对于威廉斯来说,这种可能性并不仅仅是一个小说家的一厢情愿,而是与一种克服资本主义的政治实践相关。在现代经济中,农民和工人阶级之间有着利益的冲突,农产品价格越高,工人的生活成本就越高、压力就越大,

---

① Raymond Williams, *Marxism and Literature*, Oxford: Oxford University Press, 1977, p.144.
② Raymond Williams, *Marxism and Literature*, Oxford: Oxford University Press, 1977, p.102.
③ [英]雷蒙·威廉斯:《1926 年的社会意义》,载[英]罗宾·盖布尔编《希望的源泉:文化、民主、社会主义》,祁阿红、吴晓妹译,译林出版社 2014 年版,第 120 页。

但这种矛盾是资本主义专业分工的产物。如威廉斯所言:"劳动分工和专业化的存在先于资本主义,但却在资本主义阶段发展到了一个惊人的程度,并开始引发改变。这一基本分裂的其他形式包括脑力劳动和体力劳动的分裂、管理和操作的分裂、政治生活和社会生活的分裂。"① 因此威廉斯认为,真正的社会主义必定是将农业生产者纳入考虑的社会主义——"产业工人阶级将不得不痛苦地从根本上重新思考它与原材料生产者和食物生产者的关系"②。"我认为必然的观点是在两个劳动阶级之间进行全国性和国际性的重新协商——一方是依赖于收到的原材料进行劳动并依赖于收到的食物供养自己的劳动阶级,另一方是仍然处于某种极低的政治和组织发展水平、生产出原材料和食物的劳动阶级。"③ 由于历史上1926年全国总罢工的最终失败,威廉斯的制度设计在小说中也没有获得具体呈现的机会,但小说对哈利工作和生活状态的描述却提供了一种理想的、自由而完整的人的生活缩影:哈利是铁路工人,工作之余开辟菜园、种植果蔬、搭建蜂箱、豢养家畜,同时他也积极参与社区和全国性的政治生活。这样的描述很容易让读者想到马克思对共产主义的经典设想:"上午打猎,下午捕鱼,傍晚从事畜牧,晚饭后从事批判。"④ 不过在经典马克思主义看来,小块土地和庭院经济是造成农民封闭和落后的主要因素,但在小说中,庭院经济却在罢工中发挥着重要作用。罢工期间,失去工资的哈利正是靠着自己收获的蔬菜、蜂蜜和家畜,得以维持一

---

① [英]雷蒙·威廉斯:《乡村与城市》,韩子满、刘戈、徐珊珊译,商务印书馆2013年版,第410页。
② [英]雷蒙德·威廉斯:《政治与文学》,樊柯、王卫芬译,河南大学出版社2010年版,第331页。
③ [英]雷蒙德·威廉斯:《政治与文学》,樊柯、王卫芬译,河南大学出版社2010年版,第331页。
④ [德]马克思:《德意志意识形态》,《马克思恩格斯全集》第三卷,人民出版社1965年版,第37页。

家的基本温饱,并由此得以为全国性的运动贡献力量。

虽然威廉斯批评了经典马克思主义对于农村的论断,但他立足农村发展社会主义的思路与晚年马克思不谋而合。晚年马克思一改早年的现代化主张,即认为先进资本主义国家的殖民可以给落后国家带来现代化,转而将实现社会主义的希望寄托在落后农业国家的共同体上。在他给俄国民粹主义者维·伊·查苏利奇回信的未刊手稿中,马克思曾设想过,让俄国在现有的村社的土地公有制基础上,吸收同时代资本主义国家的先进要素,使用"大规模组织起来的合作劳动"发展社会化生产,并"用农民公社选出的代表会议代替乡——政府机关",由此发展出社会主义。[1]虽然威廉斯未必知晓晚年马克思对于俄国合作社问题的思考,但他同样也强调以边境乡村式的"乡邻共同体"为基础实行各阶级民主联合,而这种不谋而合其实并不奇怪,这是两个唯物主义者面对各自实际、具体的政治情形所作出的政治思考。

威廉斯的政治思考与马克思的另一个相通之处是,这一政治实践不仅是地方政治和国家政治的实践,也是国际政治的实践——这种工农业者联合的经验,很自然会发展出对不平等的国际经济秩序的批判。工业革命兴起后,曾经作为英格兰殖民地的威尔士成为英格兰农产品和矿业原料的供应地,接收了大量涌入的英格兰资本,将开采出来的钢铁、煤炭、铜源源不断地运往英格兰。威廉斯认为,发达国家与发展中国家不平等的国际分工正是对"威尔士农村"与"英格兰都市"的殖民等级的复制和转移——"石油公司做的事情,采矿公司做的事情,就是地主过去做的事情,就是种植园主过去和现在都在做的事情"[2]。"'大都市'国家通过贸易体系以及经济和政治方面的联

---

[1] 参见[德]马克思《给维·伊·查苏利奇的复信草稿——初稿》,《马克思恩格斯全集》第十九卷,人民出版社1965年版,第438、436页。

[2] [英]雷蒙·威廉斯:《乡村与城市》,韩子满、刘戈、徐珊珊译,商务印书馆2013年版,第397页。

合管控，从那些偏远地区获取食物和更为关键的原材料——这些原料的供应地占据了地球表面的绝大部分，也承载了地球人口的绝大部分。这样，经济和政治关系当中的城市与乡村模式就越过了一国的边界，被视为是整个世界的模式，并在这样一个地位上受到挑战。"① 威廉斯认为解决问题的关键在于停止以一种资本主义的方式去组织人与土地的关系，克服对"现代化和文明的单一价值观"②的迷信，也就是说不再将农矿业原材料的生产"外包"给发展中国家，而是将土地和劳作农业的重要性纳入现代化的图景中，这也正是工农联合的社会主义愿景。于是，格林马瓦这样的威尔士乡村具有了对抗全球资本主义的普遍意义。威廉斯谈道："我希望威尔士人民——依然是激进的、有教养的人民——战胜、征服或者超越资产阶级的英国。"③ "从威尔士特性到国际主义因素，我跨越整个行程，然后置身于某种文化之中，在这里我才可以呼吸，或者说，至少我可以喘喘气，以便回去对付资本主义的欧洲和资本主义的英国，并且毁灭它们。"④ 也许我们可以这么说，威廉斯笔下的边境乡村，是他想象新型社会主义民主政治的基点和原型。

三、马修/威尔：情感、经验、感觉结构

但是小说里的罢工突然就失败了，总工会从伦敦发来复工的命令，哈利

---

① ［英］雷蒙·威廉斯：《乡村与城市》，韩子满、刘戈、徐珊珊译，商务印书馆 2013 年版，第 382 页。
② ［英］雷蒙·威廉斯：《乡村与城市》，韩子满、刘戈、徐珊珊译，商务印书馆 2013 年版，第 409 页。
③ ［英］雷蒙德·威廉斯：《政治与文学》，樊柯、王卫芬译，河南大学出版社 2010 年版，第 299 页。
④ ［英］雷蒙德·威廉斯：《政治与文学》，樊柯、王卫芬译，河南大学出版社 2010 年版，第 300 页。

等人只能奉命复工。前文交代过，那个给威尔讲述"大教堂"和"小教堂"故事的牧师称自己不过是英国国教在边境的一个"边哨"（outpost），那么这只有三个工人的罢工小组是否不过是一场来自伦敦的政治运动的不起眼的尾音呢？答案似乎也并非如此。罢工结束，铁路公司事后寻衅，哈利陷入困境，若不是一个偶然契机，他可能会面临永久的失业。但哈利并没有像牧师一样郁郁寡欢，因为他毕竟还在乡邻共同体中，而他政治实践的出发点在一开始就没有脱离社区生活的经验和情感。这部小说带有很强的自传和纪实色彩，所以威廉斯确实很难在小说里改变英国历史上真实发生的1926年罢工的走向，但小说将这一事件以温和却黯然的方式收场，并且将它夹在占据整个小说大半篇幅的、主人公对故乡的回忆里，显示出作者对这次激进政治运动的反思，而这也开启了他另一种关于文化政治的思考，即威廉斯最重要的关于"感觉结构"的思考。

如果说资本主义分工把劳动者区隔成原子化的个体，那么罢工的关键则是促成一种劳动者联合的政治。但联合如何可能？如前所示，在威廉斯的思考里，阶级、宗教、民族成分混杂的边境乡村中，人们虽然各不相同，却并不会因为归属于不同阵营而互不往来，相反，在乡邻共同体中，人与人之间保持着密切的交流和沟通。由此，阶级之间的对立并不是天然的，而是流动的，可以沟通、联合的，感觉和经验似乎成为打破壁垒的中介，重塑了我们对于阶级政治的想象。

经典的阶级政治由另一种政治想象方式主导。在小说中，工会主席摩根和哈利分别代表了对阶级的两种想象方式。当摩根满怀热情地鼓动哈利罢工时，他认同的是一个崇高的关于工人阶级的理念：

> 国家，哈利！我们是这个国家的主人。你得知道，如果我们站出来，我们就是在宣告自己的话语权。我们就是在向世界宣告我们才是

国家的主人，我们是掌握权力的人，我们工人阶级要反抗这个代表着老板们的政府，要建立我们自己的社会系统。①

但对于哈利来说，他支持矿工主要是出于一种朴素的情感，因为矿工们与他生活在同一片地区中，是他的"兄弟"。他相信，"如果一个价格对于一个人是公平的，那么它就应该对他的兄弟也是公平的"②。为此，他不仅身体力行地参加了罢工，还因此被停职，承受了一系列后果。对这种对立的阐释，我们可以在威廉斯的《马克思主义与文学》里找到。在对"感觉结构"一词的解释中，威廉斯区分了"实践性的意识"（practical consciousness）和"官方的意识"（official consciousness）。"实践性的意识是人们正在实际经历着的东西，而不仅仅是他们在观念中认为他们所经历的东西。"这种实践性的意识"是一种真正是社会性的、物质性的感受和思考方式，它们处在萌芽的状态中，还没有成为一种充分被表达、被定义的交谈方式。它与那些已经被阐明、已经被定义的事物的关系因而是极为复杂的"③。如果说摩根代表的是"官方的意识"，即一种教条的、抽象的关于阶级政治的理解，那么哈利代表的就是一种"实践性的意识"，一种具体的、身体性的、落实到日常行动上的阶级实践，它更接近威廉斯所说的"感觉结构"。

在威廉斯看来，真正指导人们行动的，不是关于阶级的理念和信条，而是作为感觉结构的阶级。小说对1926年全国总罢工失败的描写体现了威廉斯对于脱离切身经验的阶级政治的批判。罢工开始之后，格林马瓦村铁路工

---

① Raymond Williams, *Marxism and Literature*, Oxford: Oxford University Press, 1977, p.104.
② Raymond Williams, *Marxism and Literature*, Oxford: Oxford University Press, 1977, p.142.
③ Raymond Williams, *Marxism and Literature*, Cardigan: Parthian, 2006, pp.130–131.

人的一切行动都仰赖于遥远的、来自伦敦的全国总工会的指示，但伦敦突然传来复工的消息，使工人们不知所措。当铁路公司惩戒工人、将一部分员工调离岗位或停职时，愤怒的铁路工人想要继续斗争下去，但他们没有得到工会的支持。在这里，冲突不仅存在于铁路公司和铁路工人之间，而且存在于从大城市伦敦发出的总工会指令和威尔士乡村工人的经验之间。可以说，威尔士工人阶级的经验和感觉，在伦敦工会的工会信条和指令中没有得到赋形，这是罢工失败的重要原因。

那么基于感觉结构的阶级政治是怎样的呢？威廉斯认为，感觉结构指的是一种人们在日常生活中活跃地经历着、实践着，但在语言中没有得到表达和命名的东西——"这些经验是那些固化下来的话语形式没法讲出来的东西，是它们识别不出来的东西"[1]。在语言中得到表达的东西是指那些被文字固定下来的制度、社会阶级、立场，用马克思的术语来说，它们是已完成的产品，但感觉结构则是正在被经历的东西，是"一种当下的特殊存在状态，一种不可分割的肉身性的东西"（the specificity of present being, the inalienably physical）[2]，它是仍然活跃的过程，不能被现成的语言充分地描述。正如马克思强调穿透商品的物化外表而看到它被生产出来的过程一样，威廉斯也试图超越那些更为正式、系统的"世界观"或"意识形态"，去捕捉尚未被现有的知识和话语识别的东西。如李丽所说，感觉结构指向的是一种正在浮现的新兴事物，它"更多的是一种萌芽状态的思考和感受"，"常常与新兴的社会构型相关，体现出一种确定的革新的力量"[3]。

现在，如果说感觉结构是一种破除固化的阶级结构的、流动的视角，那

---

[1] Raymond Williams, *Marxism and Literature*, Cardigan: Parthian, 2006, p.129.
[2] Raymond Williams, *Marxism and Literature*, Cardigan: Parthian, 2006, p.128.
[3] 李丽：《雷蒙·威廉斯的"情感结构"理论析论》，《吉首大学学报（社会科学版）》2015年第3期。

么相比哈利，马修（威尔）这个跨越了边界的知识分子更易于获得对感觉结构的自觉意识。事实上，感觉结构得以浮现和显影，正由于边界的存在和被感知：

> 现在，这或许只是源自我自己历史的一个概括，但是我已经发现了那些我称之为感受结构的领域，这些感受结构最初的形成常常不是因为某种确定的骚动或者不安，而是因为某种特定类型的张力，对于它们，当你退后一步或者回忆的时候，有时能够发现它们所指的某种东西。换一种方式来表达，在得到清晰表达的东西和被经历的东西之间有一个意识的过程，感受结构的特殊定位是不断对得到清晰表达的东西和被经历的东西进行对比，这种对比一定出现在这一意识过程之中。[①]

我们甚至可以说，《边境乡村》的主体内容就是马修（威尔）在回忆里对文学传统中那些"得到清晰表达"的东西与自己所经历的东西进行反复对比。而作为文艺批评家的威廉斯，在众多小说家中对乔治·艾略特、托马斯·哈代、D.H.劳伦斯这几位作家给予了特别的关注，正因为他们同他或马修（威尔）一样，都是从乡村走出的知识分子，他们没有上过牛津、剑桥，却面向精英文化的读者群写作，因而不同程度地遭遇了感觉结构的冲突。威廉斯认为，由于19世纪的小说形式形成于资产阶级世界之内，因此很少有小说能成功表现资产阶级之外（比如工人阶级或乡村共同体）的世界。大多数作家在迁徙出原来的工人阶级或乡村共同体之后，不得不融入城

---

① ［英］雷蒙德·威廉斯：《政治与文学》，樊柯、王卫芬译，河南大学出版社2010年版，第158页。

市，遵循精英的文学规范，因此丧失了对进行中的乡村生活的把握，常常夹在两种冲突性的感觉结构中间无所适从——"通常这些小说会对他们正在抵达的那个世界表现出非常粗鲁的态度，有时又对他们正在离开的那个世界表现出感伤的回忆"[①]。而威廉斯希望寻找"某种持续的张力，以及穿透这种张力、必须被重新结合在一起的两个不同世界之间的非常复杂的情感和联系"[②]。他希望能够"找到某种小说形式，它既允许描述内在可见的工人阶级共同体，又允许描述人们在仍然感受到他们的家庭联系和政治联系的情况下迁移出这一共同体的运动"[③]。威廉斯认为，从乡村走出的知识分子应该发挥独特的优势，将乡村的感觉结构在文学话语中呈现出来，就像哈代一样，"他既植根于这个世界，同时又充满了流动性，他既是熟悉的，同时又具有新的意识和自我意识。他并非是从一个旧乡村世界或是一个遥远的地方对我们讲话，而是从某种仍然活跃的经历的中心，从熟悉的和变化的事物的中心对我们讲话"[④]。重要的是，这种写作不把乡村当作一种遥远的过去，而是当作一个"仍然活跃的中心"。可以说《边境乡村》正是这一抱负的实现。通过将返乡知识分子马修（威尔）的回忆与现实并置，威廉斯将乡村的过去与现在交织起来，呈现出一段既连续又变化的乡村共同体的发展历程。

小说里马修（威尔）——都市的马修和边境乡村的威尔——跟大多数返乡知识分子一样，在回乡的过程中遭受了两种感觉结构的冲突。在伦敦，人

---

① ［英］雷蒙德·威廉斯：《政治与文学》，樊柯、王卫芬译，河南大学出版社2010年版，第271页。
② ［英］雷蒙德·威廉斯：《政治与文学》，樊柯、王卫芬译，河南大学出版社2010年版，第271页。
③ ［英］雷蒙德·威廉斯：《政治与文学》，樊柯、王卫芬译，河南大学出版社2010年版，第271页。
④ ［英］雷蒙·威廉斯：《乡村与城市》，韩子满、刘戈、徐珊珊译，商务印书馆2013年版，第272页。

与人之间有着清晰的边界,"每个人都躲在这样一个屏障后面。英格兰看上去就像一个大房子,每个房间用板条和石膏分隔开"①。回到威尔士后,马修(威尔)对于乡亲的热络感到不适应。父亲卧病期间,马修(威尔)对络绎不绝登门拜访的乡邻感到厌烦,认为他们没有边界感,打扰到了父亲的休息:"如果他们喜欢他,他们就应当保持距离。他们来这里只是为了图他们自己舒服,探病只是一个借口。"②但在照顾父亲的过程中,马修(威尔)渐渐感受到了乡邻共同体中的温情和援助,甚至在马修(威尔)即将登车之际,站台上素不相识的列车检票员,也能通过他的面容认出他是哈利的儿子,并把他父亲病危的消息传达给他,让他赶紧回家。

在小说中,马修(威尔)是一个历史学家,研究的是工业革命期间威尔士人口的流动和迁移,而返乡期间的感受让他对自己原来的研究对象产生了动摇和困惑,他对情感模式(emotional pattern)感兴趣,但这一研究对象却无法进入公共性的历史书写。"我突然感到这不是一种研究,而是一种情感模式。情感模式很好,但它是我们自己的私事。历史书写要么是公共性的,要么就不成为历史。"③显然,这里提到的"情感模式"和后来威廉斯做大量理论阐释的"感觉结构"有密切关系。小说结尾,在安葬了父亲之后,马修(威尔)重拾初心,决定要在自己的历史研究中将这些感觉结构显形。小说写道:"现在看起来像是一段流亡的结束。并不是回到了过去,而是结束了流亡的感觉。因为距离得到了度量,这是最重要的。通过度量距离,我们回

---

① Raymond Williams, *Marxism and Literature*, Oxford: Oxford University Press, 1977, p.331.
② Raymond Williams, *Marxism and Literature*, Oxford: Oxford University Press, 1977, p.97.
③ Raymond Williams, *Marxism and Literature*, Oxford: Oxford University Press, 1977, p.356.

到了家。"① 这里说的"度量距离",指的就是知识上对乡村予以定位,使乡村的感觉经验在一个关系性的网络中显影——它在资本主义生产体系中所处的位置,它的历史,它与城市的关系。这正是威廉斯所做的工作,通过将童年的感性经验转化为知识性的表述,通过将乡村放在更大的生产关系的结构中进行审视,他以另一种方式继续了父辈实践的社会主义政治的方向和斗争策略,并试图在现实的斗争中复活威尔士乡村的政治传统——"通过度量距离,我们回到了家"。

现在我们可以总结说,小说中马修(威尔)的经历所提示的,正是威廉斯本人所代表的一种有机知识分子的传统。通过教育而穿越城乡边界的经历,使这类知识分子看到被精英文学话语遮蔽的真实的人民劳作和生产的世界,将被割裂的乡村与城市衔接起来,放置在一种辩证法的视野中。在这个过程中,感觉结构成为打通壁垒、在不同的人群之间创造流动性和融通性的重要中介。通过忠于自己的感觉经验,这类知识分子为被压抑阶层的感觉结构赋形,从而承担起改造精英文学话语、夺取文化霸权的重任。

结论

《边境乡村》可以说是威廉斯为乡村经验赋形的一次尝试,寄寓了威廉斯对根植于乡村的一种新型的社会主义关系的想象。首先,小说给我们呈现了鲜活生动的威尔士乡村生活,在这个世界里,传统的乡邻共同体并不是现代阶级政治的阻碍,而是与之相辅相成、相互促进的。通过铁路和电报,乡村成为一种开放的、流动的、网络性的存在,甚至参与到更广阔的全国性阶

---

① Raymond Williams, *Marxism and Literature*, Oxford: Oxford University Press, 1977, p.436.

级斗争中。其次,通过对父辈哈利在1926年罢工中的经验进行描述和总结,威廉斯展望了一种克服资本主义异化分工、以工业劳动者和农业生产者的联合为基础的新型社会主义政治,这从铁路工人对煤矿工人的支持、农村乡邻对铁路工人的支持中体现出来。由此,他补充和修正了经典马克思主义话语对于农村问题的忽视,为我们思考城乡关系问题提供了宝贵的参考。

最后但可能最重要的一点是,威尔士边境乡村多种阶级、宗教、民族混杂的状态,以及威廉斯本人由威尔士乡村到英格兰剑桥大学的跨越边界的经历,激发威廉斯生成了一种独特的、辩证的、流动性的视角,这最终促成他对"感觉结构"一词的发明。"边境"(border)由此成为一种认识论工具,促使威廉斯对工人/农民、城市/乡村、知识分子/民众的区隔和等级进行反思,并将其落实在实践上。正如劳拉·迪·米歇尔说:"在某种程度上,阅读他的小说、批评、访谈时,人们会有这样的印象,即威廉斯的确一直生活在边界上,在他自己的、隐喻意义上的'边境乡村'中,这使得他能够以极大的便利去深刻地探索英格兰和威尔士。""从'边境乡村'的宝贵经验中,威廉斯获得了一种多面向的世界观(a multifaceted world-view),这使他得以发现不同人群之间的重要联系,这些联系不是天然'被给予的',而必须有意识地去追寻并使之浮出地表,这往往必须通过顽强的,甚至是伤人的追寻和努力。这样一些关系必须首先被经历、被感受(lived and felt),其次,被一个客观的、中立的观察者表述出来。"[①] 小说里马修(威尔)追索"情感模式"所做的工作,正如威廉斯阐发"感觉结构"的工作那样,是试图打通不同阶层之间在经验和话语上的区隔的尝试。这种跨越边界、融通经

[①] Laura Di Michele, "Autobiography and the 'Structure of Feeling' in *Border Country*", in *Views Beyond the Border Country: Raymond Williams and Cultural Politics*, eds. Dennis L. Dworkin and Leslie G. Roman, London: Routledge, 1993, p.27.

验的尝试，不仅使威廉斯横跨戏剧、电视、文学、成人教育等多个领域，开拓了文化研究的新空间，而且发展出了有机知识分子独特的视角和言说位置。在当下社会分工日益细化、人口流动频繁、不同阶级团体之间冲突频起的环境下，重新探讨威廉斯的"边境视角"和"感觉结构"理论，对于我们破除壁垒、打通不同阶层和团体之间的区隔，是至关重要的。

[本文系教育部人文社科青年基金项目"新时期初现实主义的基本美学问题研究"（编号：18YJC751052）的阶段性成果]

（原载《文艺理论与批评》2022年第4期）

"替罪羊"、革命与共同体
——从当代激进思潮重返雷蒙·威廉斯的悲剧理论

欧阳月姣

四川大学文学与新闻学院

当雷蒙·威廉斯在《现代悲剧》(1966)一书里将"现代"(modern)与"悲剧"(tragedy)这两个看似冲突的词语坚定地并置为标题时,他就已经提出了一种不同于保守主义学院精英们所习以为常的悲剧理论,而他所声称的"我是从一种悲剧的角度来理解革命的"[①],甚至有点惊世骇俗。即便没有明说,威廉斯的《现代悲剧》很明显与乔治·斯坦纳在1961年出版并名噪一时的《悲剧之死》针锋相对——至少他的学生特里·伊格尔顿是这么认为的。[②]

斯坦纳宣布"悲剧已死",是因为他所说的"悲剧"特指一种从古希腊流传下来的戏剧艺术,也称为"高悲剧"(high tragedy)或"纯粹悲剧"(absolute tragedy),"它们流行于从埃斯库罗斯的时代到拉辛的时代这段时

---

① [英]雷蒙·威廉斯:《现代悲剧》,丁尔苏译,译林出版社2017年版,第67页。
② 伊格尔顿曾提到威廉斯的《现代悲剧》是"一种对乔治·斯泰纳《悲剧之死》的编码的反驳",参见[英]特里·伊格尔顿《甜蜜的暴力——悲剧的观念》,方杰、方宸译,南京大学出版社2007年版,第63页。

期，17世纪以后就从西方意识中退出了"[1]，走到了生命的尽头。而杀死悲剧或者不如说令悲剧"降格"的，是现代人用理性主宰生活所导致的世界观的彻底变化。威廉斯为之辩护的恰恰是降格的正当性："它不是描写王子的死亡，而是更加贴近个人，同时又具有普遍性。"[2] 斯坦纳认为悲剧诗学终结的地方（易卜生、斯特林堡、契诃夫），反而被威廉斯视为现代悲剧诞生的起点。

当然，威廉斯并不是要将这些在学院悲剧理论上"不够格"的现代悲剧提升至"高"或"纯粹"的境界，恰恰相反，他的最大贡献就在于指出那种界定"何谓悲剧"的学术传统实际上是一种意识形态。这种意识形态将当代的、日常的人类苦难排除在伦理目的和普遍意义之外，对真实发生的悲剧性经验视而不见。于是，《现代悲剧》在解构悲剧理论的基础上，提出"革命悲剧"这一论题，从而迫使一个保守的学术领域向激进政治敞开。

一、悲剧和悲剧理论的感觉结构

在何种意义上，革命是悲剧性的？伊格尔顿称社会主义是"20世纪一部最永恒悲剧"[3]，明显是建立在威廉斯对革命悲剧的解释基础之上。在威廉斯看来，革命并非制造暴力和失序的原因，它属于人类整体行动的一部分，实际上是对现代历史已经生成的无序状况的危机反应，这是马克思主义式的理解。不过，威廉斯拒绝将革命下放到理性的政治与社会学理论的领域，而

---

[1] ［美］乔治·斯坦纳：《悲剧之死》，陈军、昀侠译，浙江工商大学出版社2018年版，第86页。
[2] ［英］雷蒙·威廉斯：《现代悲剧》，丁尔苏译，译林出版社2017年版，第3页。
[3] ［英］特里·伊格尔顿：《甜蜜的暴力——悲剧的观念》，方杰、方宸译，南京大学出版社2007年版，第251页。

采取更贴近人的经验和感受的直观方式，把引起革命的和革命过程中的苦难以及革命最终带来的救赎都视作"悲剧的"。在这里，革命理念与悲剧理论创造性地接壤了——威廉斯不再试图像绝大多数悲剧理论家那样费神为悲剧寻找定义，而是选择转身寻找"自己文化中的悲剧结构"[1]，而此种结构正以革命的面目向人们呈露。

从悲剧的角度来理解革命，就是历史性地修复悲剧与时代、经验和理论的关系。在威廉斯看来，正是斯坦纳所代表的学院悲剧理论在标举古典悲剧和漠视现代悲剧的同时，将上述关系割裂。因此，《现代悲剧》采取的方式，便是化抽象的概念辨析至具体的文化分析，把不同时代的悲剧与当时的感觉结构（structure of feeling）联系起来。

感觉结构是一个时代以及一个共同体的人们所共享的"一种特殊的生活感觉，一种无需表达的特殊的共同经验"，在此意义上，流传下来的古代悲剧就是一种"文献性文化"，它的重要意义在于"当活的见证人归于沉默时，没有什么东西能比它更清晰地将那种生活直接呈现在我们眼前"。[2] 运用文化分析的方法，威廉斯解释了古希腊悲剧不是一种可以被归纳出例如命运、必然性、神的本质等主题的抽象体系，而是一种结合了制度、实践与情感的普遍行动的展示——"它把神话的真实行动再现为正在发生的具体戏剧行动，但又通过戏剧节的有机性质与当代经验及其社会制度保持不可回避的普遍联系"[3]。古希腊人并不抽象地思考悲剧中的主题，而是直接体验悲剧呈现的集体经验。类似地，威廉斯又辨认出了中世纪悲剧的形式特征所蕴含的感觉结构上的变化，此时期的悲剧形式特别强调主人公从世俗的高贵地位跌落至不幸的命运，以作为上帝的天意与世人的骄傲之间冲突的结果；文艺复兴时期

---

[1] ［英］雷蒙·威廉斯：《现代悲剧》，丁尔苏译，译林出版社2017年版，第55页。
[2] ［英］雷蒙德·威廉斯：《漫长的革命》，倪伟译，上海人民出版社2013年版，第56、58页。
[3] ［英］雷蒙·威廉斯：《现代悲剧》，丁尔苏译，译林出版社2017年版，第8—9页。

的悲剧延续了对名人陨落的强调，在悲剧观念上更关心如何用创作技巧达致戏剧效果；新古典主义悲剧的关键变化则是更加强调主人公的高贵地位，观众不再能够介入戏剧行动，只局限于情感消费。

这些异质性的悲剧实践，如何在人们的意识中构成一种西方文明所特有的"悲剧传统"？威廉斯指出，当莱辛说古希腊文化的真正继承者是莎士比亚、莎士比亚的真正继承者是资产阶级悲剧时，他是在虚构"传统"。"悲剧"作为一个遗留下来的被抽空了内容的古典术语，此时被填注进了新的时代的感觉结构。这种感觉结构既催生了现代悲剧，也同时催生了坚持认为现代悲剧"不可能"的学院悲剧理论。这一组矛盾的发现是《现代悲剧》的文化分析最有洞见的地方。

莱辛之后正是理性扩张、基督教信仰松弛的时代，一种形而上学的悲剧理论在此时逐渐成形，并且被学术机构继承和体系化，造就了一种公认的悲剧传统。这种传统界定了悲剧的本质，而这种本质只完整地保存在古典悲剧之中。在其理论源头分别站立着的是黑格尔与尼采，他们从启蒙运动的正反面，共同将悲剧哲学化了。

在黑格尔那里，悲剧最早有了形而上的"本质"。他的悲剧论针对的是当时延续自新古典主义悲剧的世俗化趋向所产生的肤浅的"诗学正义"要求，即坏人遭报应，好人得幸福的道德架构。黑格尔把"诗学正义"常见的那种善恶因果及其带来的赎罪和忏悔全部排除在悲剧之外，视其为普通道德，而"悲剧"则是完全不同的东西，属于理性的精神运动。悲剧因而被形而上学化了，并且与启蒙理性调和起来："对于真正的悲剧行动，有一点很重要，即个人的自由和独立，或者至少是自我决定的原则，以及在自我中寻找个人行动的原因和后果的意志，应该已经被唤醒。"[1] 于是，悲剧的本质就

---

[1] ［英］雷蒙·威廉斯:《现代悲剧》，丁尔苏译，译林出版社2017年版，第24页。

是剧中人物各自以自身的目的合理而片面地行动，由此导致的不可避免的矛盾冲突。在冲突之后，绝对精神将会复原"永恒正义"的秩序，这在古典悲剧中显然更容易体现。因为，黑格尔认为古典悲剧人物更明确地代表各种"本质性的伦理目的"，冲突最终能获得解决。而现代悲剧更强调个人命运而非伦理本质，因而绝对精神不再显现，转变为个人内心的冲突，悲剧主人公变得"孤立"。

威廉斯指出，与黑格尔积极的悲剧目的论不同，尼采的悲剧观念源于叔本华的"悲剧根植于人的本质"，因而苦难不可避免的消极态度，然而他认为生命的悲剧性本质却要求我们采取一种积极的反应，来保持人的意志。[①]威廉斯再一次用文化分析的方法指出，这种悲剧观念与19世纪后半叶流行的"自然和生命法则"的观念有关，与社会达尔文主义一样属于同一种感觉结构的反应，是一种将人类社会经验中难以再用神义论（因为"上帝死了"）去解释的苦难，投射和神秘化为"自然规律"的思想过程。尼采也将这种感觉结构哲学化，抽象为其悲剧观念里面的"生命"与"现象世界"之间的对立，最终通过不可避免的苦难而获取悲剧性快感。这当然与尼采对启蒙理性的批判直接相关，不过对后世悲剧理论影响更大的是，他将非理性的宗教救赎，尤其是"神话"与"仪式"，通过审美的方式重新带回到一个已经世俗化和理性化的世界，成为学院悲剧理论最重要的来源。

不过，关键的问题是，为什么人的本质是悲剧性的？学院悲剧理论虽然将"人"抽象化了，但所谓"人的本质"对应的"人"其实是具体的，也就是启蒙运动之后的理性的现代资产阶级个体。回到前述黑格尔对"真正的悲剧行动"的判定准则，其强调的正是个人凭借自由意志而行动的那种自决感。然而我们已经知道，古希腊悲剧里其实并没有这种"个人"，有的只是

[①] 参见〔英〕雷蒙·威廉斯《现代悲剧》，丁尔苏译，译林出版社2017年版，第29页。

个人化了的普遍行动,这种个人以自由意志抗争命运的观念,完全是现代思想。这意味着一个重要的变化发生了:个人与共同体的关系被重新界定。

在现代西方政治学、社会学,乃至心理学的逻辑起点上,都站立着一个不能被化约的拥有自由和权利的个人。这些个人必须通过缔结契约放弃一部分自由以结成"国家",现代共同体理论内在地预设了现代主体之间永远的战争状态。在霍布斯那里,所有人对抗所有人的战争被描述为前国家的自然状态,这是理性无限制扩张的必然结果。一方面,个人与共同体的范畴被严格区分开来;另一方面,个人若不能被吸纳进共同体、被承认为公民,那么混乱、苦难和死亡将不可避免。悲剧因此根植于现代理性主体的本质,即根植于资本主义自由个体的本质。在此意义上,无论是黑格尔的悲剧目的论还是尼采召唤"酒神精神",学院悲剧理论对古希腊悲剧的哲学化,其实都是对现代资产阶级主体困境的一种想象性解决:"18 世纪初,悲剧虽然被启蒙的人道主义赶入地下,在该世纪结束之时,它又作为一种否定性的乌托邦意象——一种超越所有法则的深不可测的自由的轮廓,并且因此——再一次地——作为一种世俗化的神学重现在欧洲的中心。"[①] 这种世俗化的神学特质将人在历史中的行动与人们对社会和政治生活的理解分离开来,"悲剧"只属于过去、不关涉当下,只展示高贵者、不表现普通人,救赎曾经存在、现在已不可能。

就像悲剧被本质化了一样,个人也被本质化为抽象而绝对的实体,往往与社会或国家对立。"在这个传统当中",威廉斯指出,"极少有人从这样一个事实出发,即人是生在关系之中的。把赤裸的人抽象为一个单独的实体,常常被视为理所当然。"[②] 自由主义传统下的学院悲剧理论在他们认为不够

---

① [英]特里·伊格尔顿:《甜蜜的暴力——悲剧的观念》,方杰、方宸译,南京大学出版社 2007 年版,第 129—130 页。
② [英]雷蒙德·威廉斯:《漫长的革命》,倪伟译,上海人民出版社 2013 年版,第 87—88 页。

"悲剧"的现代作品里看到主人公无可挽回地孤独而死,强调这种毁灭不具有任何意义。威廉斯认为,这只不过是一个在理论上局限于个人经验的文化所能够提出的解释,但人们却把这种特殊性给普遍化了,"一种从后自由主义和后基督教角度对死亡的特殊解释被作为绝对意义和悲剧的等同物而强加于人。由此抽象出来的是只身面对盲目必然性的人。这在根本上孤立了悲剧主人公"[1]。这一感觉结构通过描述悲剧主人公的无意义毁灭来定义人的孤独和共同体经验的丧失,恰恰反映出理论自身生长的历史情境。在威廉斯看来,学院悲剧理论的意识形态遮蔽了个人与共同体的纽带,悲剧的形而上学化导致我们无法辨认那些把人与人联系起来的真实行动,而这些真实行动在当代的名称就是"革命"。革命悲剧的论题,就是从直接反思自由主义悲剧的意义上展开的。

二、革命悲剧"牺牲的节奏"

被学院悲剧理论否定,却与其处于同一感觉结构的自由主义悲剧——现代悲剧的开端——显现出了一种毁灭的节奏。自由主义悲剧的主导性意象不是革命,而是个人的解放——威廉斯把它最成熟也最纯正的形式归于易卜生的天才创造。在易卜生的笔下,"单数的人成了复数和大写的人"[2],资产阶级的异化被准确地把握并表述为虚伪的人际关系与僵硬的社会规范,而自由的个体将对此进行揭露和斗争,以求充分地实现自我。在19世纪晚期,这种形式还多少带有英雄主义的色彩,但实现自我的努力总是以悲剧告终,没有出路。到了20世纪,自由主义悲剧越来越走向自我封闭,个人内心成为

---

[1] [英]雷蒙·威廉斯:《现代悲剧》,丁尔苏译,译林出版社2017年版,第48页。
[2] [英]雷蒙·威廉斯:《现代悲剧》,丁尔苏译,译林出版社2017年版,第88页。

唯一的真实，可以说现代主义正是其结果。悲剧那种普遍化和公开性的特征不断消失，古希腊悲剧主人公通过承受苦难与牺牲来拯救共同体、恢复正义和秩序的行动不再有效，只剩下孤独的个人与外在的、处于对立面的社会难以调和的对抗及其行动的失败。英雄沦为了受害者，牺牲变成了毁灭，悲剧行动因与共同体无关而陷入自我封闭的僵局。

在克服自由主义悲剧之僵局的意义上，革命悲剧产生了。它起源于资产阶级理性主体已经造就的现代社会无序状况，但同时带有拯救全人类的终极目标。在革命悲剧中，痛苦和反抗不是个人的，威廉斯非常欣赏加缪在谈到当代"荒诞"经验时的洞见："这种怪诞的感觉每个人都有，而且整个人类都因为自己与他人之间的分隔而受苦。"① 这与威廉斯在个人与共同体的关系上的见解相当一致。不同于资产阶级主体所谓拥有自由与权利本质的个人，威廉斯有其非常独特的"个人"概念，他把个人看作一种特殊的组织，其自身为了生存就需要接收和交流经验，在观察、选择、比较和调整中形成拥有不同个性的系统，这个系统跟"所有社会系统一样的精密复杂"②。而所谓社会或共同体就是由这些特殊的组织构成的更大的组织，在遗传与互动中推动一个有机体的生产过程。简单来说，就是独一无二的个人系统生存在有机联系的社会系统之中。

如此一来，悲剧主人公的受难可以被正确地理解为"牺牲"而非"替罪"。在自由主义悲剧里，当主人公毁灭以后，人们会感到其受难毫无必要，只是不走运地遭到任何个体都有可能面临的来自外界的伤害，因其不幸身为"替罪羊"（scapegoat）而施与同情，"我们的整体生活没有得到积极的复兴，相反，经常得到积极复兴的是我们的普遍罪恶感"，这种普遍罪恶感"已经

---

① ［英］雷蒙·威廉斯：《现代悲剧》，丁尔苏译，译林出版社 2017 年版，第 186 页。
② ［英］雷蒙德·威廉斯：《漫长的革命》，倪伟译，上海人民出版社 2013 年版，第 106 页。

成为当今世界的一种生活秩序"。① 于是,《现代悲剧》在谈论"替罪羊"一词时带有明显的消极意味,认为学院悲剧理论征用这一文化人类学和宗教神义论的词汇,抽空了悲剧行动的积极伦理目标。在个人与共同体的有机联系观念中,威廉斯尝试从"替罪"的悲观主义里恢复一种积极的"牺牲的节奏":"一个人被夺去生命,从而使整个群体能够生存或生活得更加充实。"② 基于这一见解,他独排众议地将《日瓦戈医生》③ 解读为革命悲剧的"牺牲的节奏"。

1957 年于意大利首次出版、次年获诺贝尔文学奖的苏联小说《日瓦戈医生》被视为西方在文化冷战中的重要胜利,"自由世界"的批评家们将其解读为敏感的个体心灵如何在革命的集体意志和极权主义压抑下遭到毁灭的故事。乍看之下,日瓦戈医生的命运非常符合自由主义悲剧的替罪羊观念,不过,威廉斯在承认它描写个人与社会主义革命的碰撞基础上,认为不应该将个人命运与历史进程分开看待,小说描写的是革命悲剧中的人,而非抽象独立的人被外在的革命行动摧毁。否则,在叙事结构上就无法解释尾声中日瓦戈医生与拉莉萨遗留下来的"爱情结晶,也是革命的女儿"④ 这个重要情节的意义。实际上,这种以个人之艺术创造揭示历史精神的意图,在小说开始就已经在日瓦戈医生十分敬重且追随的尼古拉舅舅那里得见,这使日瓦戈医生从小就确信艺术"一方面坚持不懈地探索死亡,另一方面又始终如一

---

① [英]雷蒙·威廉斯:《现代悲剧》,丁尔苏译,译林出版社 2017 年版,第 158 页。
② [英]雷蒙·威廉斯:《现代悲剧》,丁尔苏译,译林出版社 2017 年版,第 156 页。
③ 虽然是小说而非戏剧,但由于威廉斯认为与自由主义悲剧几乎同时发生的"现实主义小说是同一个阶级在同一个时期所做出的一种创造性反应",现实主义小说因此也反映着这一时代的"悲剧结构"。参见[英]雷蒙德·威廉斯《漫长的革命》,倪伟译,上海人民出版社 2013 年版,第 279 页。
④ [英]雷蒙·威廉斯:《现代悲剧》,丁尔苏译,译林出版社 2017 年版,第 174 页。

地以此创造生命"①。威廉斯相信这部小说的构思就是源于这些观念,试图探索的是人在历史中的行动和行动中的损失。于是,"革命被看作为生命而牺牲生命:它不是为了建立新的秩序而简单杀人,而是为了创造新的生命而失去生命",这一悲剧性的过程因此是"牺牲"而非"替罪",它的感觉结构是"基督教的救世观念与马克思主义历史观念非常独特的结合"。②显然,作为文化冷战中的重要文本,无论在西方还是在苏联的批评家那里,当时都没有人能够耐心地看到这一点。

可以说,威廉斯对《日瓦戈医生》的认可正在于小说把已经普遍僵化了的"个人"重新融化到一个集体行动中,这里面不存在个人与社会的抽象对立。正像尼古拉舅舅所说:"人和人永远是有联系的,生命是象征性的,因为生命是有重要意义的。"③也如日瓦戈医生所说:"一个人生存在别人之中,才是一个人的本性。"④在自由主义悲剧中自我封闭的孤独主人公,至此敞开并试图恢复人与人之间的联系,古典主义的"牺牲的节奏"被找回,通往再造共同体的可能性。

但威廉斯没有再深入的是,在革命悲剧中,"牺牲"何以是必要的节奏?为什么再造共同体的时刻,需要为了新的生命而失去生命?他解释这一点的方式非常务实,把它归结到革命行动中的斗争对象"既不是上帝或无生命的物体,也不是简单的社会制度和形式,而是其他的人"⑤,革命的终极目标高于具体的、真实的人,因而革命本身作为反对人类异化的斗争,其过程中又会产生新的异化。革命因此不是乐观的牺牲主义或历史目的论,相反,

---

① 〔英〕雷蒙·威廉斯:《现代悲剧》,丁尔苏译,译林出版社 2017 年版,第 170 页。
② 〔英〕雷蒙·威廉斯:《现代悲剧》,丁尔苏译,译林出版社 2017 年版,第 174—176 页。
③ 〔苏〕帕斯捷尔纳克:《日瓦戈医生》,力冈、冀刚译,浙江文艺出版社 2010 年版,第 45 页。
④ 〔苏〕帕斯捷尔纳克:《日瓦戈医生》,力冈、冀刚译,浙江文艺出版社 2010 年版,第 74 页。
⑤ 〔英〕雷蒙·威廉斯:《现代悲剧》,丁尔苏译,译林出版社 2017 年版,第 69 页。

威廉斯十分关注其过程中不可避免的流血冲突和个人毁灭，否则便不会称之为"悲剧"。伊格尔顿更清晰地阐释了威廉斯所说的这种悲剧性："我们既不能抛弃正义和民主的价值观，又不能漠视它们假借某种必胜主义目的论之名付出的令人震惊的历史代价。"[①] 正因为个体生命极其宝贵，因而放弃它的痛苦是如此不堪忍受，牺牲也才如此有价值。伊格尔顿赞同这一点，不过，相较于威廉斯把革命债务看作终止异化的斗争中产生的异化及一种不可避免又令人沉痛的损失，他的思考更推进一步，即个人与共同体究竟是通过什么样的纽带联系起来的？在革命悲剧中，"牺牲的节奏"何以能够是积极的？

三、牺牲与共同体

在威廉斯的共同体观念里，个人与共同体的有机联系似乎是"生来如此"的，然而并不是说，个人生来就在共同体里获得一个命定的位置——这恰恰是前现代社会的特征。这里的意思是，威廉斯认为每个人生来就携带着他遗传的文化基因和具体的社会关系，虽然在学习与交流的过程中会改变自己的位置，但占有一个位置的事实是毋庸置疑的。吸收了吉拉尔的替罪羊理论与阿甘本的神圣人理论之后的伊格尔顿显然不这么看。因为在这些当代理论看来，共同体是通过排除"有罪而无辜"的个人，或法律之外的"赤裸生命"而建立起来的。

通过"替罪羊"这一术语，吉拉尔将《俄狄浦斯王》解读为一个合法地展示集体暴力的文本。在古希腊文化里，替罪羊有着净化共同体之罪恶的传统功能：在一年一度的塔基利亚节仪式上，"排除城里头一年聚集的污秽之

[①] ［英］特里·伊格尔顿：《甜蜜的暴力——悲剧的观念》，方杰、方宸译，南京大学出版社2007年版，第63页。

物的方式,是挑选两个替罪羊用于净化,他们是从城里最贫困、畸形的人中间进行挑选,由国家供养,让他们吃某些特殊食物,然后抽打着他们的生殖器在街上游行,将他们逐出城外,在早先他们也许会被处死"①。在吉拉尔看来,替罪羊是人们宣泄集体暴力的一个借口,这种叙事结构在神话故事里屡见不鲜,它的诸种变体隐藏着人类共同体起源之秘密。挑选替罪羊,就是选择那些身上有着不合群特征的人作为被迫害对象,俄狄浦斯正是一个身兼多重边缘群体特征的绝佳代表:"俄狄浦斯的残废特征、弃儿、外国人、暴发户的身份,国王的地位使他成了一个受难标记的大杂烩。"②国王的高贵和乱伦者的卑贱共同构成了一种"神圣",在阿甘本的生命政治理论里面,正是这两种看似有着云泥之别的身份在内里的一致性,让我们得以一窥共同体之"主权"的原始核心。"神圣"(sacer)一词在原初意义上既意味着属神的,又意味着被诅咒的,"神圣人以不可祭祀性的形式而归属于神,并且以能够被杀死的形式而被纳入在共同体中"③。简单来说,所谓"神圣人"就是那些因为已经属神而不能再被重复祭祀,同时也不再受世俗法管辖或保护的人。主权者和神圣人在对称的两极共同身处一种悬置法律的例外状态,政治的原初向度就是通过排除这类赤裸生命而建构起来的。同样面对西方现代国家理论的逻辑起点,我们看到,威廉斯把霍布斯对个人之间自然状态的论述看作虚构了一个"赤裸的人"④,而阿甘本指出这不是在描述一个历史上真实存在过的状况,它实际上标明了共同体内部隐含的原则:"对每个人来说,其他

---

① [英]特里·伊格尔顿:《甜蜜的暴力——悲剧的观念》,方杰、方宸译,南京大学出版社2007年版,第292页。
② [法]勒内·吉拉尔:《替罪羊》,冯寿农译,东方出版社2002年版,第31页。
③ [意]吉奥乔·阿甘本:《神圣人:至高权力与赤裸生命》,吴冠军译,中央编译出版社2016年版,第117页。
④ [英]雷蒙德·威廉斯:《漫长的革命》,倪伟译,上海人民出版社2013年版,第87页。

每个人都是赤裸生命和神圣人。"① 于是,共同体建立的瞬间,也就是赤裸生命被政治所捕获的瞬间。当然,这是通过一种排除性的纳入,也可以说是驱逐来实现的。

这里浮现的,也就是"牺牲"所根植的结构。伊格尔顿在对革命悲剧的论述中拾捡回了被威廉斯视为消极的"替罪羊"一词,并以此填补了威廉斯未能解释清楚的那个"牺牲的节奏"。威廉斯已经朴素地认识到,"一个社会只要存在类似次等种族群体、无地雇农、临时帮工、失业游民或其他任何受压迫和歧视的少数人群体现象,革命就仍然有必要"②,他没能明确的是,这些赤裸生命将在不断的斗争中被政治吸纳或再度排除,只有当人和非人在无阶级社会或弥赛亚式王国中合一,所有人对抗所有人的自然状态才会停止。关键在于,共同体之原初性排除的建构原则需要被改变,而这是20世纪的社会主义运动没能做到的。伊格尔顿的悲剧理论就是从这里出发,探讨人们应该如何以悲剧性的态度去应对革命悲剧。

所谓悲剧性的态度,具体来说就是对"客观罪行"的承认和负责,由此通往一种能动的、自觉的"牺牲"。吉拉尔举出俄狄浦斯作为典型的替罪羊,本意是要说明他无辜被迫害,认为人类通过不断地指认无辜者有罪从而伪造集体暴力的合法性,直到耶稣受难时说出"他们无故恨我"③撕开了这一遮羞布,将人类共同体的原初暴力和掩饰它的神话机制都暴露无遗。伊格尔顿赞赏这一发现,但同时指出吉拉尔的局限是停留在把俄狄浦斯和耶稣的牺牲都看作原始的巫术献祭,"没有从这一洞见中得出任何明确的政治与历

---

① 〔意〕吉奥乔·阿甘本:《神圣人:至高权力与赤裸生命》,吴冠军译,中央编译出版社 2016 年版,第 149 页。
② 〔英〕雷蒙·威廉斯:《现代悲剧》,丁尔苏译,译林出版社 2017 年版,第 68 页。
③ 转引自〔法〕勒内·吉拉尔《替罪羊》,冯寿农译,东方出版社 2002 年版,第 129 页。

史结论"①。虽然，基督教文化中的替罪羊来源于古犹太文化里在每年的"赎罪日"将两只公羊分别宰杀献祭和放逐旷野的传统，也就是一种以屠戮生命向神换取价值的巫术仪式，但伊格尔顿指出，耶稣受难这一事件是对上述仪式性牺牲的革命性决裂：从此牺牲转变为"自我牺牲"。当替罪羊自身理解其处境，主动承担客观罪行，就掌握了牺牲事件中的能动性，从必然王国走向了自由王国。从这个角度来阐释俄狄浦斯，伊格尔顿强调的是"俄狄浦斯从来也没有用自己主观上不想犯罪为自己辩护"这一可能"让现代人感到迷惑不解"②的态度。自由与命运、意图与行为，在此没有截然二分，"行为不是从主观上而是从它们在符号秩序内部的位置上获得意义"，对于俄狄浦斯来说，"'我命中注定'和'我咎由自取'意思大致相同"。③耶稣受难也显示了这种自由与命运难以区分的情形，被基督教命名为"原罪"的就是一种客观罪行。然而，现代个人的建立以自由为逻辑起点，自由演化成为一种内心的选择和意图，进而发展出了"自由意志"这种现代观念，"命运"因此也变成了绝对外在的神秘力量，这使人们感到不该再为不自知的罪行负责，而把它们推脱给命运。但在伊格尔顿看来，就像替罪羊能动地自我牺牲，革命悲剧的主人公需要勇敢地承担客观罪行，"参与全然另一种真理秩序的方式……它（替罪羊）充当着事态或实在界（the Thing or the Real）之令人可怕的深渊"④。而且，替罪羊不再是被挑选出的某一倒霉个体，而是所有人，"倘若这种行为被普遍化、变成互相的而非单方的，它就能成为互相平等和

---

① ［英］特里·伊格尔顿：《论牺牲》，林云柯译，上海人民出版社2021年版，第85页。
② ［英］特里·伊格尔顿：《甜蜜的暴力——悲剧的观念》，方杰、方宸译，南京大学出版社2007年版，第35页。
③ ［英］特里·伊格尔顿：《甜蜜的暴力——悲剧的观念》，方杰、方宸译，南京大学出版社2007年版，第116—117页。
④ ［英］特里·伊格尔顿：《甜蜜的暴力——悲剧的观念》，方杰、方宸译，南京大学出版社2007年版，第294页。

彼此接受的基础。一个由获胜者和受害者组成的社会，可以变成一个有着共同责任的社会"[1]。

　　这里面显得比较抽象的是，客观罪行或原罪如何与我们真实的社会和历史相关？还是要回到资产阶级主体自身的矛盾来理解。当我们把自己视为主体、把其他人视为大众的时候，行使自由就等于损害他人的自由。德里达在《赠予死亡》里也同样认为，当代社会的顺畅运转，建立在主体"为了避免自己牺牲而牺牲他人"[2]的基础上，我们每天都在不自知地被迫做出选择。他用另一个著名的替罪羊故事——亚伯拉罕献祭以撒——来讨论牺牲。如果从黑格尔的悲剧目的论来看，亚伯拉罕的行为是不明智且不可理解的，然而，德里达沿着克尔凯郭尔的论述，认为回应他者（上帝）的绝对义务高于并逾越了所有一般性的伦理，亚伯拉罕献祭以撒的故事因此可以被解读为，为了回应绝对义务而舍弃自己最为珍视之物。德里达通过宣称"每个他者——也即他者中的任何一个——都是上帝"[3]，将这种绝对义务普遍化了。也就是说，我们先验地承担对他者的无限责任，这也正是伊格尔顿描述的人们互相承担客观罪行的共同体结构。

　　"牺牲的节奏"就是以自我牺牲终结无止境的仪式性献祭或排除性纳入赤裸生命的历史。在呼吁所有人都去做主动的替罪羊的时候，伊格尔顿征用了阿甘本那个著名的警句："如果说今天不再存在有某一种鲜明的神圣人的形象，这或许是因为我们所有人潜在地都是神圣人。"[4]在《神圣人：至

---

[1] ［英］特里·伊格尔顿：《甜蜜的暴力——悲剧的观念》，方杰、方宸译，南京大学出版社2007年版，第306页。
[2] ［法］雅克·德里达：《赠予死亡》，王钦译，西北大学出版社2018年版，第110页。
[3] ［法］雅克·德里达：《赠予死亡》，王钦译，西北大学出版社2018年版，第111页。
[4] ［意］吉奥乔·阿甘本：《神圣人：至高权力与赤裸生命》，吴冠军译，中央编译出版社2016年版，第159页。

高权力与赤裸生命》的最后，阿甘本提示了集中营里最悲惨的赤裸生命"Muselmann"因为不再能回应外界所以反而有可能是最激进的，因为法律不再能够将其区分和捕捉。沿着这一路径，伊格尔顿指出，"被贬斥为赤裸生命的时刻，既是我们最非人的时刻，又是我们最能够成为人的时刻"，人的共同本质可以建立在被剥夺以及与死亡遭遇的创伤性体验之上，这样的纽带将比一切建立在差异上的后现代的身份政治都要坚固，"也许正是基于这个恶魔般的真相，而非天使般的乌托邦之梦，我们才能建立起一个超乎想象的共同体"。[①]

结语：重返"漫长的革命"

从替罪羊概念的打捞到牺牲的增补性阐释，威廉斯提出革命悲剧近半个世纪之后，这一尚未充分展开的理论被重新激活，显现了它的激进潜力。然而，从威廉斯的"我们自一九一七年以来一直生活在发生了成功革命的世界之中"[②]到伊格尔顿的"社会主义在最需要它的地方已经证明最不可能实现"[③]，当代西方左派面临的革命状况已经时过境迁。如今，在其视域里一个非常突出的关切点是：革命将要建构一种什么样的人类共同体？种种对权力、管治、生命政治的探讨，都基于一个共识，即20世纪社会主义运动的那种狭义的政治革命需要被更新。

当威廉斯把革命与悲剧这两个原本看起来互不相关的范畴创造性结合的时候，就已经打开了一个新的视角——革命的结构可以被认识为"无序状况

---

① ［英］特里·伊格尔顿：《论牺牲》，林云柯译，上海人民出版社2021年版，第230—231页。
② ［英］雷蒙·威廉斯：《现代悲剧》，丁尔苏译，译林出版社2017年版，第65页。
③ ［英］特里·伊格尔顿：《甜蜜的暴力—悲剧的观念》，方杰、方宸译，南京大学出版社2007年版，第64页。

及其解决"的人类集体行动，它既包含对合理秩序的正义诉求，也注定使行动中的人承受死亡与痛苦。如果说威廉斯在其中看到的是积极的恢复人与人之间联系的希望，那么伊格尔顿认为它可能的路径只能是人们在认识到面临死亡时所有人共同的脆弱性之后，相互承担责任的一种消极的团结。在对自我牺牲的阐释中，伊格尔顿把赤裸生命的政治批判与耶稣献身的神学启示结合起来，最终通往一种事关救赎的革命观念。积极承担客观罪行的替罪羊就是我们时代的革命主体，救赎存在于人与非人的区分消失的时刻，新的共同体在本质上因而是无时间的。这种观念从根本上认为，革命并不指向一个未来的乌托邦，革命发生在每一个当下此刻，但它同时也更加依赖每一个人思想意识的更新，需要每一个人具备化必然至自由的能动性。就此而言，当代激进思潮仍然身处威廉斯所言的"漫长的革命"之中。

[本文系四川大学中央高校基本科研业务费项目（编号：skbsh2020-30）的阶段性成果]

（原载《文艺理论与批评》2022年第4期）

拜物教与批判逻辑

——朗西埃的批判观念解读

饶 静

中国人民大学文学院

一、引言

1965年，朗西埃参加了阿尔都塞在巴黎高师的研修班，作为"读《资本论》研究小组"的重要成员之一，他撰写了《"批判"的概念与"政治经济学批判"：从〈1844年手稿〉到〈资本论〉》一文，这篇文章收录在1965年法文本第一版《读〈资本论〉》中，但在法文本第二版（1968年）中即被删除，我们熟悉的汉译本《读〈资本论〉》中并没有这篇文章。[①]1996年，

[①] 《读〈资本论〉》前后出过三版，第一版为阿尔都塞、朗西埃、马舍雷、巴里巴尔、埃斯塔布雷最初合作的版本，出版于1965年；第二版为两人合作版，出版于1968年，由阿尔都塞重新整理，保留了巴里巴尔的部分；第三版出版于1975年，阿尔都塞重新改回五人合作版，以编辑和注释的形式，收录了阿尔都塞及其合作者在读《资本论》工作中的增删情况，可以看到他20世纪60年代的思想形成过程。参见［美］沃伦·蒙塔格《结构与表现难题：阿尔都塞早期的"相遇的唯物主义"》，赵文、兰丽英译，《马克思主义与现实》2019年第1期。

完整的法文版《读〈资本论〉》再次重版，英译本于 2016 年出版，已成为学界研究《读〈资本论〉》的重要文献。①

这篇长文对理解朗西埃早期思想的发展有重要意义，文章共分为三个部分，分别讨论了《1844 年经济学哲学手稿》中的政治经济学批判以及《资本论》中的批判和科学，第三部分则从外化和拜物教的构成两个方面深化了前两个部分的内容。朗西埃以"批判"观念的变化阐释了《1844 年经济学哲学手稿》和《资本论》的关联，由此证明了阿尔都塞的"认识论断裂"命题，即青年马克思的意识形态话语和成熟马克思的科学话语之间的区分。不过，朗西埃很快就放弃了这种区分。"物神"的双重维度表明，物神既是对象客体，也是一种中介意象，指向了一种超越性存在。因而，拜物教不仅与劳动异化和资本外化相关，更包含着价值形式的定位。这构成了朗西埃批判观念转变的内在动因之一，批判不应止步于解蔽式的意识形态批判，更是包含着价值认同和审美解放的社会实践。本文将依据朗西埃的这篇早期文本及其后期对批判观念的反思，以拜物教观念为中心，探究其批判观念的转变。

二、认识论断裂与拜物教迷思

这篇文章开端，朗西埃提出了一个基本问题，"批判"的观念是贯穿于马克思整体著作的观念，那么，青年马克思著作中的"批判"与政治经济学中的"批判"有什么内在关系？在阿尔都塞"认识论断裂"（epistemological break）的启发下，朗西埃也是从哲学认识论角度来阅读《1844 年经济学哲学手稿》和《资本论》的，他明确指出，这篇文章旨在表明"从青年马克思

---

① 《读〈资本论〉》全本于 1996 年重版，英译本于 2016 年问世，现已取代删节本成为学界研究《读〈资本论〉》的主要文献。朗西埃的这篇文章曾收录于 Ali Rattansi ed., *Ideology, Method and Marx*, Routledge, 1989, 本文引文据此英文版译出。

的意识形态话语向《资本论》中科学话语的转移"①。

"认识论断裂"是阿尔都塞极其重要也容易引起误解的概念，青年马克思与成熟时期马克思的思想之间的断裂，是一个持续的过程，其在理论上的表现就是"用生产方式、生产力、生产关系、社会形态、下层建筑、上层建筑、意识形态、阶级、阶级斗争等等科学概念（concept），代替了历史哲学中的人、经济主体、需求、需求体系、市民社会、异化、盗窃、不公正、精神、自由等等意识形态概念（notion）"②。马克思的早期著作体现了前—科学的理解形式，即世界是从经验角度被理解的，并集中于特殊的事实，这体现了一种人道主义的意识形态。经历了认识论转变之后，世界以"知识"形式客观地呈现了出来，从人道主义到科学的断裂也构成了阿尔都塞主义的标志之一。

认识论断裂的命题成了朗西埃这篇文章的阐释目标，他的论证十分繁复。在《1844年经济学哲学手稿》中，青年马克思对"批判"的理解是人道主义的，批判是对一种根本矛盾的确认。这一矛盾具体化为人类与其本质的分离，即"人类迷失在客体中，人类与自身的分离，人类本质在私有财产中的异化过程"③。面对这一不幸处境，批判的任务就是要消除异化，回归源初同一的状态。由此，朗西埃指出了一个基本分歧，即《1844年经济学哲

---

① Jacques Rancière, "The Concept of 'Critique' and the 'Critique of Political Economy' (From the *Manuscripts of 1844 to Capital*)", in Ali Rattansi ed., *Idology, Method and Marx*, Routledge, 1989, p. 75.
② 认识论断裂的起点是写作《关于费尔巴哈的提纲》和《德意志意识形态》的1845年，这是一个持续阶段，马克思从人道主义意识形态走向了历史科学。参见吴子枫《阿尔都塞与"认识论断裂"》，《外国美学》2019年第1期。
③ Jacques Rancière, "The Concept of 'Critique' and the 'Critique of Political Economy' (From the *Manuscripts of 1844 to Capital*)", in Ali Rattansi ed., *Idology, Method and Marx*, Routledge, 1989, p. 93.

学手稿》中的批判话语表明科学话语是不可能的,因为区分科学与意识形态理论的试金石就是抽象理论。① 抽象是科学的必要程序,批判则拒绝抽象,坚持一种感性的具体性理论。那么,青年马克思的"批判"就成了执着于"具体性"的人道主义意识形态,以感性独特性抵制着无所不在的异化强力。

在《资本论》中,政治经济学的"客体"已发生了转变,从劳动产品转变成了商品,而商品包含着资本主义整体性的生产关系,生产关系替换了劳动产品中包含的主体—客体关系。因此,"在《资本论》中,生产关系决定了主体—客体的位置。主体—客体对经济现实不再有决定性的意义,主体仅仅是生产关系的一种支持"②。简言之,"生产关系"对"主体—客体"模式的取代就是科学意识的体现,一个不依赖于人类主体的系统性的对象领域成为政治经济学的对象。

概而言之,《1844 年经济学哲学手稿》中的"政治经济学"批判显示了人道主义的异化视野,而《资本论》中的"政治经济学"批判则获得了与科学同构的解蔽力量,即对资本生产关系的揭示,两种批判观念的区别成了意识形态话语与科学话语之差异性的见证。在这两种话语的转变过程中,拜物教发挥了重要作用。阿尔都塞曾指出:"马克思的许多著作向我们指出,拜物教是一种仅仅同'意识'有关的'表象'和幻想……马克思的另一些著作却肯定说,这种表象不是主观的,相反完全是客观的。'意识'的'幻想'和感知的'幻想'本身是第二位的,因此在结构上应该同这种纯粹客观的幻

---

① 参见 Jacques Rancière, "The Concept of 'Critique' and the 'Critique of Political Economy' (From the *Manuscripts of 1844 to Capital*)", in Ali Rattansi ed., *Idology, Method and Marx*, Routledge, 1989, p. 97。

② Jacques Rancière, "The Concept of 'Critique' and the 'Critique of Political Economy' (From the *Manuscripts of 1844 to Capital*)", in Ali Rattansi ed., *Idology, Method and Marx*, Routledge, 1989, p. 135。

想区分开。"① 在此，阿尔都塞区分了拜物教表象的两种形态，即意识和感知的主观幻想和客观幻想。其中，"主观幻想"体现为《1844年经济学哲学手稿》中以异化为核心的人道主义意识形态，"客观幻想"则是《资本论》中资本生产关系运作的过程和结果。就此而言，批判的意识形态概念和科学概念，分别构成了对拜物教之主观幻想与客观幻想的双重揭示，都包含着去除假象、揭示真实的解蔽逻辑。这种思路也启发了朗西埃的分析策略，在这篇文章中，他就是将拜物教作为意识形态幻象来理解的，拜物教的外化过程则构成了资本生产关系的表象。

朗西埃也注意到"异化"与"拜物教"之间的关联，他认为，若从人道主义思想的基础上来解释《资本论》，拜物教就是异化的别名。在拜物教中，人与人之间的关系变成了人与物之间的关系，人类活动就进入了异化生存，拜物教几乎成了平行于异化的人类学进程。《1844年经济学哲学手稿》中，马克思对异化劳动的分析，就投射着宗教异化的模式，人们的劳动产品反而成了控制劳动者的主体；《资本论》中的商品拜物教批判也延续着宗教异化批判的思路。"拜物教"包含着以物来掩蔽关系的基本内涵，商品物性经常使人们遗忘其社会关系属性，当劳动产品成为商品时，也就"成了可感觉而又超感觉的物或社会的物"②。

在《资本论》中，拜物教的出场方式是与可见／不可见的视觉隐喻连接在一起的，马克思以可见物与可见机制（视神经）的区别，来阐明商品的物性与其社会关系属性之间的差别，这种差别可类比于宗教世界中人们对人脑产物的虚幻膜拜："要找一个比喻，我们就得逃到宗教世界的幻境中去。在那里，人脑的产物表现为赋有生命的、彼此发生关系并同人发生关系的独立

---

① ［法］路易·阿尔都塞、艾蒂安·巴里巴尔：《读〈资本论〉》，李其庆、冯文光译，中央编译出版社2017年版，第215—216页。
② ［德］马克思：《资本论》第一卷，人民出版社2004年版，第89页。

存在的东西。在商品世界里，人手的产物也是这样。我把这叫做拜物教。劳动产品一旦作为商品来生产，就带上拜物教性质，因此拜物教是同商品生产分不开的。"①

马克思对拜物教的分析，就是依循着商品—货币—资本三个步骤进行的，资本尤其是生息资本不断增值的过程，构成了拜物教最神秘的形式，是对劳动力作为价值起源的替代和僭越。如马克思所言："在生息资本上，资本关系取得了它的最表面和最富有拜物教性质的形式。"②而生息资本之所以可能，就在资本关系的外化（veräusserlichung/externalization）过程。③就此而言，拜物教的建构过程就是资本外化的进程，资本外化就是以一种非概念的形式（生息资本）掩盖了具体的生产过程和生产关系。拜物教与资本外化的同构过程构成了对资本主义生产关系的掩蔽，生息资本的流动与增值似乎是自动发生的，却导致了对生产过程的遗忘和误认。这就是拜物教外化进程中对起源的遗忘，"在拜物教中失落的是一种结构性暗示，即物与其自身的距离，这个距离是经济关系活动的区域。这个距离在拜物教中被压制了"④。

经由拜物教，资本主义生产过程外化为对真实的生产关系的遮蔽，这种遮蔽也是一种神秘颠倒的后果，即"将社会关系转化为物同时也就是将物转

---

① [德]马克思：《资本论》第一卷，人民出版社2004年版，第90页。
② [德]马克思：《资本论》第三卷，人民出版社2004年版，第440页。
③ 朗西埃对"外化"（Veräu Berlichung）的理解来自马克思本人的阐释，具体可参见《资本论》第三卷第二十四章的标题"资本关系在生息资本形式上的外表化"（Externalization of the ralations of capital in the form of interest-bearing Capital）。其中，"外表化"就是"外化"。Jacques Rancière, "The Concept of 'Critique' and the 'Critique of Political Economy'(From the *Manuscripts of 1844 to Capital*)", in Ali Rattansi ed., *Idology, Method and Marx*, Routledge, 1989, p.154.
④ Jacques Rancière, " The Concept of 'Critique' and the 'Critique of Political Economy' (From the *Manuscripts of 1844 to Capital*)", in Ali Rattansi ed., *Idology, Method and Marx*, Routledge, 1989, p.163.

化为社会关系。物继承了社会关系的决定性动机。这个动机如今存在于物中，成为物的自然属性或神秘属性"①。这种转化导致的结果是，社会关系被物化了，而物本身却主体化了。拜物教构成了资本生产关系的外在表象，但这是一个遮蔽性的表象，即"当我们转向关注到资本主义生产过程中越来越具体的形式时，统治其动机的内在决定性消失了"②。这种消失掩盖了对剩余劳动的剥削，价值的真实来源也被掩盖了。批判逻辑与拜物教的亲缘性就此建立，并试图在颠倒的社会现实之后去探究真实的社会关系。拜物教批判具有一种勘察真实的社会关系的科学诉求，勘察一种真实的不平等的雇佣劳动及其衍生的剥削关系。③ 此刻，批判与科学殊途同归，亦成为揭露遮蔽，恢复颠倒的一种动力，如马克思所言，"如果事物的表现形式和事物的本质会直接合而为一，一切科学就都成为多余的了"④。

一方面，通过拜物教批判的视野，意识形态话语向科学话语的转变脉络得到了确认，但另一方面，拜物教批判也解构了这两种话语之间的区分。朗西埃指出，在《资本论》中，"异化"几乎被"外化"完全取代，拜物教揭示了劳动异化和资本外化的相似性，外化拥有着异化根源。这两个术语连接

---

① Jacques Rancière, "The Concept of 'Critique' and the 'Critique of Political Economy' (From the *Manuscripts of 1844 to Capital*)", in Ali Rattansi ed., *Idology, Method and Marx*, Routledge, 1989, p. 161.

② Jacques Rancière, "The Concept of 'Critique' and the 'Critique of Political Economy' (From the *Manuscripts of 1844 to Capital*)", in Ali Rattansi ed., *Idology, Method and Marx*, Routledge, 1989, p. 153.

③ "拜物教在其人类学的起源中就包含着一种'批判'。它从来不是对一种状态的描述，而是对一种'被遮蔽'状态的解蔽。从这一意义上说，整个西方哲学所涉及的基本问题本身就带有着拜物教的色彩，因为它总是相信真理处于有待解蔽的蒙蔽的状态，而哲学的任务就是去'揭示'它。"参见夏莹《拜物教的幽灵：当代西方马克思主义社会批判的隐性逻辑》，江苏人民出版社2014年版，第12页。

④ [德] 马克思：《资本论》第三卷，人民出版社2004年版，第925页。

着《1844年经济学哲学手稿》与《资本论》之间的关系,从宗教异化到商品异化,再到资本异化,马克思求索人类自由的意志从未改变,横亘在两部著作之间的人道主义意识形态与科学话语的区隔已荡然无存。[1]

三、客体抑或中介意象:"物神"的双重维度

这篇文章在《读〈资本论〉》第二版中就被删除了,在《如何使用〈读《资本论》〉》这篇前言中,朗西埃基本上否认了之前的分析策略,他特别指出,意识形态话语和科学话语之间的区分,"将注定排除划定科学位置的政治节点"[2]。这个政治节点包含了1848年革命对马克思的影响,以及彼时阶级斗争的政治现实,科学话语实际上抑制了无产阶级意识的传达。

其实,阿尔都塞也对"认识论断裂"命题进行了持续反思,核心就是对意识形态概念的批判,即"批评自己先前把'意识形态'当作了'谬误'的代名词而使之与科学相对立"[3]。也就是说,科学与意识形态并不是泾渭分明的对立存在,如巴里巴尔所言,"科学性的概念正处在演变的过程之中:正从'回归真实'的观念(超越意识形态的幻觉)走向更加斯宾诺莎化的'理论适应'的观念,而后者同时也就是科学性所反对的'意识形态科学',以

---

[1] 非阿尔都塞主义者并不认为存在这样的断裂,从人类学术语向更抽象理论化术语的迁移之后,异化问题始终贯穿其中。在马克思早期著作中,对工人及其异化的描述被一种不幸的疏异感所笼罩,到了《资本论》中,"异化"的情感基础得到了更迂回也更严密的理解,必须依据社会的经济关系结构得以理解。参见 Oliver Davi, *Jacques Rancière*, Polity Press, 2010, pp. 2–3.
[2] Jacques Rancière, "How to use *Lire Le Capital*", Ali Rattansi ed., *Idology, Method and Marx*, Routledge, 1989, p. 184.
[3] 吴子枫:《阿尔都塞与"认识论断裂"》,《外国美学》2019年第1期。

及它特有的幻觉力量"①。就此而言，意识形态话语与科学话语之间的区分，并不是朗西埃与阿尔都塞的根本分歧，两人都肯定了批判的必要性，即在可见与不可见的辩证中，揭示价值的来源以及真实的资本生产关系，他们认可的"科学"话语也都是无产阶级意识形态的表达。

有论者就曾指出，在这篇文章中，朗西埃并没有建立两种不同的批判观，根本区别是"对政治经济学的人道主义人类学的理解，以及对资本主义的反人道主义的结构主义的理解"②。通过"认识论断裂"命题，朗西埃看到的是人道主义与反人道主义的结构主义之间的差别，这种区别蕴含着不同的主体认知。阿尔都塞强调一种"无主体的主体性"③，他没有也不可能创建一套主体理论；朗西埃则认为去主体化的政治观念是结构主义的意识残留，抑制了主体能动性和反抗潜能，实际上仍将权威拱手相让于知识和权力铸就的话语秩序。

这两种不同的主体观对应于批判传统的两条脉络，一条脉络是由康德开创的批判传统，重心着眼于主体的认知能力，对理性限度的考察构成了批判的核心，这关涉到主体的真理。④另一条脉络则经由马克思到法兰克福学派，这一线索更关注对结构、系统和社会整体关系的分析。⑤实际上，早期马克思的异化观念同样着眼于主体问题，其批判观念处于这两条批判脉络的交汇

---

① ［法］路易·阿尔都塞：《保卫马克思》，顾良译，商务印书馆2006年版，第ix页。
② Samuel A. Chambers, *The Lesson of Rancière*, Oxford University Press, 2013, p.133.
③ ［法］阿兰·巴迪欧：《元政治学概述》，蓝江译，复旦大学出版社2015年版，第52—58页。
④ 福柯曾指出，康德对启蒙的描述就是一种批判，而批判的核心是由权力、真理和主体的关系构成的。参见［法］米歇尔·福柯《什么是批判：福柯文选Ⅱ》，北京大学出版社2016年版，第177—178页。
⑤ Samuel A. Chambers, *The Lesson of Rancière*, Oxford University Press, 2013, p.124.

点上,如朗西埃所言,"在马克思的著作中,批判思想在它不坚固地连在一起的极端——社会学诠释和美学诉求——之间左右为难"①。

拜物教批判同时包含了社会学诠释与美学诉求。将拜物教视为错认,即将人与人之间的关系错认为人与物之间的关系,仅仅是拜物教的一个方面。在错认的意义上,拜物教内含的物化逻辑才获得了与虚假意识形态相似的内涵,拜物教批判也成为意识形态批判的重要途径,这也是西方马克思主义拜物教批判的隐含逻辑。不过,在马克思的整体思想中,拜物教还可以从另外两个方面来理解,一方面是对某物的偶像崇拜,这直接关涉到拜物教的宗教根源;另一方面,拜物教也是由资本主义生产方式本身决定的,商品—货币—资本的拜物教之链不仅是一种社会意识,更是一种客观的社会存在。②

马克思对"拜物教"的援引来自法国人类学家德·布罗斯的《论物神崇拜》(1760年)一书,布罗斯的著作可以看作拜物教的历史和理论叙事。③作为一个特定术语,"物神"(fetish)的使用始于葡萄牙十六、十七世纪在西非海岸的殖民活动,殖民者以"物神"来指代非洲土著佩戴的护身符,意指超越自然并拥有魔力的客体,实际上却误解了物质客体的自然性,由此形成了对商业交换活动的抵制。这一范畴本身可以看作非洲宗法世系与基督教以及商业资本主义的交汇点,是几种互不相容的文化交织的观念后果。启蒙知识分子曾用拜物教来表达原始宗教的蒙昧,并以之建构了一种进化论的宗教视野,荷兰、德国乃至英国的新教主义者甚至用拜物教来形容罗马—天

---

① [法]雅克·朗西埃:《哲学家和他的穷人们》,蒋海燕译,南京大学出版社2014年版,第323页。
② 参见刘召峰《拜物教批判理论与整体马克思》,浙江大学出版社2013年版,第10—18页。
③ 对物神的描述、比较的方法、建立在进步论基础上的宗教历史话语,以及对自然的科学态度共同构成了布罗斯构建"拜物教"范畴的基础。Alfonso Maurizio Iacono, *The History and Theory of Fetishism*, Palgrave Macmillan Press, 2016, p.25.

主教的圣餐仪式。[1]"拜物教"逐渐成了沉溺于物神客体的蒙昧宗教的标签，拜物教批判表达了启蒙精神对原始神话意识的祛魅，构成了一种解神秘化的精神轨迹和话语运作。

有学者就指出拜物教与一神教抵制的偶像崇拜（Idolatry）的相似之处，物神就是《旧约》偶像崇拜禁令中"偶像"（idol）的类似物。拜物教就是偶像崇拜的变体之一。[2]在偶像崇拜机制中，其实存在着三个关键要素，即作为崇拜者的人类、崇拜的对象客体，以及寄居于客体之上的诸神灵。其中，偶像或物神占据着崇拜客体的位置，它们经由人类意识和双手创造，虽然仅仅是一些意象或物品，但通过具体的崇拜仪式，指向了对诸神的敬拜。就此而言，偶像崇拜的真正对象并不是作为客体的"偶像"本身，而是寄居于偶像之中的不可见的诸神。在此，偶像只是中介意象，一个完美的偶像是一个中转站，将自己接受的崇拜转向超越性的诸神。同样地，偶像崇拜的禁令，并非要以其他任何客体（一个更好的偶像）来代替耶和华（上帝）形象，却是要从源头上否认意象与唯一真神之间的意指关系，对偶像的禁止就是对意象的取消，这种否认也是一神教取代多神教的必然结果，使得上帝不可见的权威完全凌驾于可见性之上。那么，在偶像崇拜禁令中，其实真正受到伤害的是中介意象，它们具备不断地指向外边的象征能量，能够突破一神论观念框架所划定的封闭世界，并构成自由意指关系的新世界。

偶像崇拜禁令的内在逻辑可以移置到拜物教上，这使得作为崇拜对象的"偶像—物神"具备了双重性：其一，是作为对象—客体的存在，作为物本身所具备的属性，物神实际上是将社会关系转化为物的客观属性的神秘操

---

[1] Roland Boer, *Criticism of Earth: On Marx, Eagles and Theology*, Brilll Academic Pubishers, 2012, p.182.

[2] Roland Boer, *Criticism of Earth: On Marx, Eagles and Theology*, Brilll Academic Pubishers, 2012, p.178.

作；其二，是作为中介意象的存在，折射着世界运作的真实本身，掩盖的神秘正是这个世界得以运作的真实机制本身。物神既是一种客体，又是一种中介，本身就构成了一种价值形式，使得交换和流通成为可能。

当马克思创造性地将拜物教观念应用于政治经济学批判时，商品—货币—资本都是资本社会的偶像集合，拜物教批判精准地折射了资本主义的宗教特征，对资本的信仰就是对自动增值的信仰，这其实是将隶属于天国的无限丰裕性置换到了尘世。生息资本所体现的增值魅力就是一个不折不扣的物神—客体神话，资本在增值过程中遗忘了自身的起源，对那些触目可及的剥削与牺牲视而不见。从这个意义上说，拜物教批判尖锐地揭示了资本主义的"宗教性"，商品—货币—资本的三位一体正是资本社会的物神符号。通过拜物教批判，马克思解除了宗教的神秘面纱，但这种神秘并未消失，只是移置到社会生产关系上来了。从积极的方面说，平等的社会关系，服务于人类类本质的实现与解放；就消极方面而言，如宗教一样，社会也会成为异化和奴役的根源。

批判逻辑与拜物教所建立的关联仅仅涉及"物神"的第一个层面，试图揭示资本神秘增长背后的剥削关系，试图对权威化力量进行反抗，这都是批判思维所拥有的解蔽功能，意味着对于真实的再发现；由物神／偶像所指向的超越维度被具体化为社会关系，这种关系又被资本物化了，那么，真实地再现这种社会关系就成了科学责无旁贷的义务。科学试图捕获的"社会关系"正是"物神"的第二层含义，这种关系并不是永恒不变的，其真实性完全取决于主体的介入与实践方式。

就此而言，拜物教批判的核心要义，并不止于揭露物神—客体的虚假，也开启了物神—中介意象的价值形态①。换言之，这一中介意象就是在历史

---

① "对于马克思来说，价值形式并不是'价值实体'的'表现形式'，而是使'价值'具有现实性的前提。"参见吴猛《价值形式：马克思商品拜物教批判的理论定位》，《中国社会科学》2020 年第 4 期。

流变中不断变迁着的价值形态的体现,是人类建构具体生活形式的总体象征。在《"批判"的概念与"政治经济学批判":从〈1844 年手稿〉到〈资本论〉》一文中,朗西埃就将拜物教视为一种错认。拜物教批判提供了批判的科学话语,但是,在这种批判视野中,主体却成了被封闭在幻觉中的存在,没有任何主动性可言。在《如何使用〈读《资本论》〉》中,朗西埃修正了他对拜物教的理解,并明确指出拜物教不是一种意识形态理论,而是阶级斗争的真实反映,集中反映了无产阶级的战斗梦想,即"无产阶级斗争所孕育的另一世界,正是这种阶级斗争使得对这一对象的思考成为可能"[①]。这是一个怎样的世界呢?朗西埃引用了《资本论》中的段落以阐明这一新世界愿景:

> 最后,让我们换一个方面,设想有一个自由人联合体,他们用公共的生产资料进行劳动,并且自觉地把他们许多个人劳动力当作一个社会劳动力来使用……只有当实际日常生活的关系,在人们面前表现为人与人之间和人与自然之间极明白而合理的关系的时候,现实世界的宗教反映才会消失。只有当社会生活过程即物质生产过程的形态,作为自由联合的人的产物,处于人的有意识有计划的控制之下的时候,它才会把自己的神秘的纱幕揭掉。[②]

自由联合的人,以及社会生产关系的绝对可见性,这并不是科学,而是无产阶级斗争孕育的新世界图景,也是战斗着的无产阶级的乌托邦目标,即对平等透明的社会生产关系的诉求。朗西埃将这种平等诉求视为无产阶级的

---

① Jacques Rancière, "How to use *Lire Le Capial* ", Ali Rattansi ed., *Idology, Method and Marx*, Routledge, 1989, p. 187.
② [德]马克思:《资本论》第一卷,人民出版社 2004 年版,第 96—97 页。

意识形态客体，这一"物神—客体"并没有隐藏之物，也不是超越性的神秘之维，而是那种将人们联合在一起的大化流行的社会力量的表征。

拜物教批判的核心在于如何理解"物神"，物神既是客体，又是中介意象，构成了价值形式的前设条件。朗西埃认可的拜物教批判不再是解蔽式的意识形态批判，而是对物神—中介意象的确证与实现，简言之，他远离了批判思想的社会学阐释，选择了审美政治的道路，审美解放就是平等实践的方式之一，在感知共同体的生成流变中，为主体介入提供了切实路径。

四、从解蔽到解放：批判观念的转变

在《如何使用〈读《资本论》〉》一文中，朗西埃对拜物教的认识已发生了巨大变化，从意识形态批判转变为对平等之价值形式的确认。在《批判思想的不幸》[①]一文中，朗西埃再次思考了批判思想的困境与潜能，尽管两篇文章隔着40多年，其中的关切与思考却是一脉相连的。

在《批判思想的不幸》一文中，朗西埃先是以两位当代艺术家的拼贴作品直观地展示了批判意识的变迁。一幅作品是美国当代艺术家玛莎·罗斯勒（Martha Rosler）的《气球》（*Balloons*），另一幅作品来自2006年塞利维亚双年展，当代德国装置艺术家约瑟芬·梅克塞柏（Josephine Meckseper）的《无题》（*Untitled*）系列。就主题而言，两件作品均指涉了美国在阿富汗和伊拉克的战争，其中展现的批判意识却大相径庭。《气球》是一幅经典的艺术拼贴作品，通过室内角落的彩色气球，展现了一幅中产阶级生活场景。但在图像前景中，却是一位绝望的父亲怀抱着战争中死去的孩子。这种异

---

① 2007年到2008年之间，朗西埃在许多大学发表了题为"The Misadventures of Critical Thought"的演讲，这篇文章在2009年被收录为《解放的观者》（Jacques Rancière, *The Emancipated Spectator*, Verso, 2009）一书的第二章。

质性拼贴亦蕴含着批判潜能，一方面引发了观众的负罪感，在消费主义核心之中，存在着残酷战争的痛苦；另一方面也控诉了帝国战争的暴力。[①]但在《无题》中，示威者手中的政治海报却是双子塔倒塌的图像，与画面前景的垃圾桶吊诡地揭示了一种同质性，图像展示的内容和现实结构是同一的，已被纳入了资本的景观逻辑之中。对此，朗西埃颇为反讽地说道："恐怖主义和消费主义，抗议和景观，都化约为一个被商品的等价法则所统治的进程。"[②]甚至于连批判系统自身也变成了这一逻辑链条上的昂贵商品。

面对资本物神的霸权以及再现逻辑的横行，批判不幸地沦为姿态和景观，也陷入了无物之阵。这种困境带来了两种不同的政治立场：一方面，左翼思想家对商品和意象的谴责已变成了一种反讽而忧郁的认同，在对权力黑镜的不懈揭露中，陷入了行动瘫痪境地；另一方面，右翼思想家也对商品和景观进行着持续批判，将欲加之罪推诿至民主个体的欲望逻辑。在左翼的忧郁和右翼的暴怒之间，看似相反的姿态中却隐含着相似的逻辑，即"为了装备社会斗争的武器，都揭开了美丽表象之下的终极真理，商品的法则"[③]。然而，这个真相并不能让人们获得自由，商品交换的法则，即万物等价性的公理是无辜的。

这是批判事业的至暗时刻，一切都成为表象，批判提供的异质性潜能也为资本逻辑所控制，批判完成了对自身的取消以及对资本物神的确证。于是，当前一些观念认为，批判思维几乎被耗尽了，既然表象世界之下并没有亟须解蔽的本质，批判已毫无意义。朗西埃与这些论断毫无共同之处，诚然不存在有待揭露的本质，这意味着批判思想应该从一种怀疑主义的假设中抽身而出，谋取积极的建构性力量，他吁求一种超越解蔽，走向解放的批判

---

① Jacques Rancière, *The Emancipated Spectator*, Verso, 2009, p.27.
② Jacques Rancière, *The Emancipated Spectator*, Verso, 2009, p.29.
③ Jacques Rancière, *The Emancipated Spectator*, Verso, 2009, p.40.

立场。

朗西埃特别指出，当前右翼思潮对批判困境的诊断，倾向于将之归结于启蒙理性的无能以及民主个人的罪行，其源头可追溯至新教个人主义，源自"资产阶级个人主义对有机共同体的反叛"[1]。失去了与共同体的关联，个体不再能获得抗拒商品逻辑的总体性视野，于是，向原初有机共同体的回溯似乎成了一种补偿性方案。朗西埃反对这种回归，他将这一诉求称为"民主革命的反革命阐释"[2]。这种回归切断了批判话语与解放逻辑的内在关联，他提醒我们不要遗忘解放的原初含义，"是从少数群体中出离（emergence from a state of minority）"[3]的行动。

朗西埃对"少数群体"的理解就是原初的有机共同体，而解放总是对这一共同体的逃离。这种共同体由特定的等级秩序构成，几乎就是朗西埃对"治安"的理解，即"治安首先便是界定行动方式、存在方式与说话方式分配的身体秩序，并且确认那些身体依其名称被指派到某些位置或任务上"[4]。从这一状态中的解放和脱离，就是政治对治安秩序的打破。政治对治安的突破经常体现为一场感知革命，这意味着主体并不是被动地安居于劳动分工的阶级位置上，反而拥有超越结构性社会位置的能力，这本身就构成了对物化了的社会关系的抵抗，就是带有美学意蕴的解放，即"社会解放同时也是美学解放，是与旧秩序中标识工人阶级认同的感知、观看和言说方式的决裂，这种社会和美学的团结，是对所有个体性和自由集体性规划的发现，是工人

---

[1] Jacques Rancière, *The Emancipated Spectator*, Verso, 2009, p.41.
[2] Jacques Rancière, *The Emancipated Spectator*, Verso, 2009, p.41.
[3] Jacques Rancière, *The Emancipated Spectator*, Verso, 2009, p.42.
[4] [法]雅克·朗西埃：《歧义：政治与哲学》，刘纪蕙、林淑芬等译，西北大学出版社2015年版，第48页。

阶级解放运动的核心"①。

当朗西埃从解放角度来更新批判的内涵时，能力的解放逻辑就是一种平等的实践。执着于解蔽的批判逻辑已经成为集体性的诱骗，要么执着于对权力的病态描述，要么沉溺于对民主个人之无能的批评，要从这种逻辑中脱身而出，就要从一种看似"非理性"的平等假设出发，即"无能者是有能力的，机器后面没有隐藏的秘密使他们被困于自己的位置上"②。这些言辞再次表明朗西埃与解蔽型批判观的决裂，批判要做的就是对"无能者是有能力的"这一平等预设的确认。平等一直是朗西埃的核心理念，他反复重申，平等不是一种结果，而是前提；平等不是被有待赋予的权利，而是一种能力，一场自我赋能的过程。③ 如巴迪欧所言，这种指向平等的解放正是朗西埃的真实激情所在，即"每一个人都可以来践行自己的主人角色，而无须处在主人的位置上"④。

詹姆逊曾提及二元论对政治写作的影响，即政治写作既可将重点放在系统上，也可以放在主观力量上。⑤ 朗西埃的批判视野，就是从对系统的关注转向了个体的主观力量上，这种转变是寻求更为主动地参与现实的方式，批

---

① Jacques Rancière, *The Emancipated Spectator*, Verso, 2009, p.35.
② Jacques Rancière, *The Emancipated Spectator*, Verso, 2009, p.48.
③ "把平等当成前提而不是当作分配的结果，这在非常重要的层面上颠覆了传统的自由主义政治理论。后者将平等看作分配者给予人民的，朗西埃把平等看作来自人民自己。人民的行动正是基于这个前提，即他们是平等的。"参见［法］让-菲利普·德兰蒂编《朗西埃：关键概念》，李三达译，重庆大学出版社2018年版，第90页。
④ ［法］阿兰·巴迪欧：《元政治学概述》，蓝江译，复旦大学出版社2015年版，第97页。
⑤ "可构建一个系统图景，这图景如此宏大，以至涵盖一切，使被包容其间的个体几乎没有能力做任何事情，而在另一方面，它可以强调人类力量，在这种情况下，行动者和参与者看起来比即使最非人格的系统还要强大，可以用积极有效的方式战胜系统。"参见［美］弗雷德里克·詹姆逊《重读〈资本论〉》，胡志国、陈清贵译，中国人民大学出版社2013年版，第115页。

判与作为表象的现实之间的真切关系只能以主体为桥梁，因此主体化过程自然成了其批判观念的最终旨归。在这篇谈论批判之不幸的文章结尾，朗西埃再次回到了"歧感"①这一核心美学理念，指出歧感既不屈从也不对抗，而是一场自我赋能的过程，是对可见、可思、可做之秩序的扰乱和重组；总是对既有的感性分配的扰乱，主体化过程就是经由歧感引渡的政治发生。

平等预设、感性分配以及歧感都是理解朗西埃批判观的核心范畴，这三个方面都指向了主体性的生成，即政治主体从无名大众中诞生的可能性。就此而言，朗西埃对批判的理解其实呼应了早期马克思的异化理论，批判的解放力量在于从抽象认识中回归感性自身，这种回归正是感性解放和社会革命的基础。

五、结语

拜物教及其蕴含的批判逻辑是西方马克思主义留下的遗产，也即政治经济学批判与审美解放的张力。简言之，不能将社会关系美学化，而要将一种美学诉求回归其社会维度，但这种回归不是削减审美之维，而是使其作为一种更生的能量来发挥作用。从这个意义上来说，仅仅在社会学阐释意义上扩展自身的批判思想即成为一种不幸，批判成为一种不断揭露真实的装置，却使自身赤裸而贫乏。朗西埃的批判观，经历了从科学到美学的转变，认识论

---

① Dissensus（La Mésentente）是贯通朗西埃美学与政治思考的重要术语，中文译法不一，有"异见""异议""歧义""异现""纷争"等。在政治讨论中，dissensus 不是关乎个人利益或意见的争议，而是一种政治过程，通过"不被承认者"的主体化行动来挑战既存的感知、思想和行动模式，从而在可感性秩序中制造裂缝；在美学讨论中，dissensus 重在强调感知与感知的冲突，使"不可见者"得以展现。参见蒋洪生《雅克·朗西埃的艺术体制和当代政治艺术观》，《文艺理论与研究》2012 年第 2 期。

意义上的理论实践变成了实践层面的感性分配。穿越景观幻象和心之窄门，我们终将会聚于人民之地。批判不仅是一种理论认识的工具，更是蕴含着审美解放潜能的自我阐释，这种蕴含着审美潜能的解放是内在于批判的不可分割的部分。

朗西埃的批判观以美学为中介，是不依赖于政党政治、阶级意识乃至经济基础的解放实践，主体以其平等意志参与其中。这种依赖于启蒙自主个体的审美解放还是理性批判的一种方式，尤其是对知识和权力所铸就的合理化社会秩序的批判。但是，理性批判并不能代替政治经济学批判。就此而言，朗西埃的批判观其实是一种美学意识形态，以平等之名，探索着无产阶级意识形态的运作过程，感性解放成了平等个体自我赋能的过程，虚幻的自主性带有鲜明的无政府主义色彩。尽管朗西埃多次强调美学与政治的相通性，但其审美政治实则抽空了政治的内容，使政治沦为打破共识的一种姿态，以及扰乱治安的事件。在新的可见性的生成之中，这种平等诉求放弃了更具集体性的行动方案，最终构成了一种审美乌托邦的变体。

[本文系中国人民大学科学研究基金项目"朗西埃的书写政治学研究"（项目编号：18XNB017）阶段性成果]

（原载《中国人民大学学报》2022年第2期）

资产阶级的危机与后现代的多个版本
——以现代性概念为起点

祝东力

中国艺术研究院

20世纪90年代以来，在简体中文学术界，尤其是在人文艺术研究领域，现代性概念被频繁使用，其核心含义却经常暧昧不明，以至于许多概念或现象，如市场经济／计划经济、理性主义／非理性主义、为艺术而艺术／文艺为政治服务，诸如此类，尽管内涵彼此对立，却似乎都可被归入现代性范畴。一个人文研究领域的基础性概念，长期处于含混多义的状态，作为概念工具实际已失去效用，同时也影响到人们对其他相关重要概念——例如后现代的理解和阐释。本文拟在已有研究的基础上，从现代性概念的辨析出发，分析现代性与资产阶级的结构性关系，并由19世纪末资产阶级的危机讨论后现代的由来及其相互竞争的多个版本。

一、现代性的含义

关于"现代性"，常被引用的是波德莱尔的著名论述："现代性就是短暂、易逝、偶然，就是艺术的一半，另一半是永恒和不变。"[1] "短暂、易逝、偶然"，更多的是对快速流逝的碎片式时间的体验，大体如福柯所归纳的："现代性常被归结为对时间的非连续性的意识：与传统断裂，新奇感，面对逝去之瞬间的眩晕。"[2] 这种断裂的碎片式的时间意识往往被视为现代性最显著的特征，但实际上，这只是现代性呈现在主观意识中的一种表象和征候，需要我们逐层递进地探究其背后的实质和因果。

（一）翻译问题

"现代性"不用说是对西文，例如英文"modernity"的翻译。就中文而言，"现代性"一词具有"现代的本质规定性"的含义，可以说是一个抽象而难解的概念。而实际上从英文看，"modernity"只是形容词"modern"的名词形式，本身并没有什么抽象高深的含义，可直译为"现代"，以区别于形容词"现代的"。《新思想史词典》对"modernity"的释义是："modernity 最好理解为一种状态，而非对某个特定时期的称谓。现代状态（the modern condition）的各方面可能出现在任何时间和地点，但通常与之相关的是笛卡尔哲学、工业资本主义、革命政治及18—19世纪之交的文化变革汇聚而成的那些历史趋势。"[3] 所以，"modernity"一方面可指称一种社会状态，以及

---

[1] [法]波德莱尔：《现代生活的画家》(1863年)，《波德莱尔美学论文选》，郭宏安译，人民文学出版社1987年版，第485页，译文据英译本有改动，见 Charles-Pierre Baudelaire, *The Painter of Modern Life*, P.E.Charvet trans., London: Penguin, 2010, p.43. 世界的永恒的本原（理念）与流变的表象（现实），这种二分法是从柏拉图到19世纪西方思想史的传统，其最终根源是灵魂与肉体的区分。这个问题不在本文讨论范围。

[2] [法]米歇尔·福柯：《何为启蒙》，顾嘉琛译，载汪民安等主编《现代性基本读本》(上)，河南大学出版社2005年版，第652页。译文参照英译文略有调整，见 Michel Foucault, *The Foucault Reader*, Paul Rabinow ed., New York: Pantheon Books, 1984, p.39。

[3] Maryanne Cline Horowitz ed., *New Dictionary of the History of Ideas*, New York: Charles Scribner's Sons, 2005, p.1473.

一种同古代、中世纪相对应的历史分期,而并不具有"……性"的抽象义。但另一方面,"现代性"这种在一定程度上的"误译",却似非而是地使我们不得不面对"现代的本质规定性"这个问题,从而要求我们深入追索"现代"的本质,对其进行哲学式的思考。因此,本文仍将沿用"现代性"这个约定俗成的通行译法,只是申明它的所指其实就是名词形式的"现代"。

(二)界定

在本文看来,现代性包括逐级递进的三层含义:第一,现代是这样的时代,它的每一个"现在"都会出现新质,从而使每个现在区别于以往,使当下时代区别于以往时代。第二,依此类推,未来会不断出现更多的新变从而区别于现在,因此未来高度不确定,需要更主动积极地规划和筹谋,由此产生了"现代"的一系列其他特征,如理性、焦虑、线性时间观等。第三,由于现代的特性是"新",即埃兹拉·庞德所谓"make it new！"[1]("使之新！")因此追求资本无限增殖的资产阶级成为"现代"的人格化载体;所谓"近(现)代的超克""反现代的现代性"中的"现代"所指的都是资产阶级社会。以下本文将展开讨论这些含义。

(三)词源

众所周知,"modern"一词并非产生于现代。马泰·卡林内斯库指出:"随着基督教的兴起及其成功,在早期中世纪拉丁文中出现了形容词'modernus',它源出'modo'这个重要的时间限定语(意思是'现在''此刻''刚才'和'很快')。这个词被用来描述任何同现时(包括最近的过去和即至的将来)有

---

[1] See Michael North, "The Making of 'Make It New'", *Guernica*, August 15, 2013.

着明确关系的事物。它同'antiquus'（古代）相对……"[1] 这里的脉络很清晰，"modern"源于拉丁文"modernus"（"现代的"），"modernus"则出自拉丁文"modo"这个日常时间概念（现在、此刻、当下）。正是这个"modo"构成了"现代"的起点。

（四）从"modo"到"现代"

无数个"modo"即"现在"汇成时间之流，如果当下的这个"现在"平淡无奇、毫无特征，就会瞬间湮灭在时间之流中。只有当"现在"产生某种令人瞩目的新质，才能从时间之流中脱颖而出。一个时代也是这样：庸常时代会被视为过去时代的延续，只有无数个"现在"产生的新质汇聚起来，形成足够规模和力度，这样形成的时代才会被看作新的时代并获得命名。拉丁文"modernus"出现之际，正是欧洲民族大迁徙、罗马帝国灭亡、基督教全面确立的时代。因此哈贝马斯指出："'现代的'（modern）一词最早在5世纪晚期被使用，当时是为了将刚确立正式地位的基督教与之前的异教——罗马史区分开来。"他接着说，"'现代性'这一表述的具体内容因时因地而异，但它所传达的总是一种时代意识：回溯古典的以往，从而将自身视为从旧到新的转折之结果。"[2] 所以，在哈贝马斯看来，查里曼大帝时期、12世纪、文艺复兴以及启蒙运动时代，都将自身看作"现代的"，就是因为它们都发生了这样的新旧变迁。前引《新思想史词典》认为现代状态"可能出现在任何

---

[1] ［美］马泰·卡林内斯库：《现代性的五副面孔》，顾爱彬、李瑞华译，商务印书馆2002年版，第1页。

[2] ［德］于尔根·哈贝马斯：《现代性——未完成的工程》，丁君君译，载汪民安等主编《现代性基本读本》（上），河南大学出版社2005年版，第108页。译文参照英译文略有调整，见 Maurizio d'Entrèves and Seyla Benhabib eds., *Habermas and the Unfinished Project of Modernity*, Cambridge: The MIT Press, 1997, p.39。

时间和地点",讲的是同样的道理:一旦某个时代产生的新质足以标志一个新的开端,这个时代就可以被称作"现代的"。"新""新变""新质"是"现代"的本质。

(五)无数的"新"产生瞬间感

那么,5 世纪晚期、查里曼大帝时代以及 12 世纪的"现代"为什么没有延续下来?为什么没有成为"现代",而最终成了"中世纪"?这是因为没有源源不断的"新质"持续地出现在历史进程中,或者说,曾经推进历史的动力消失了,于是历史重新回到自我重复的停滞状态。但是,从文艺复兴、宗教改革、地理大发现以来,尤其是英国工业革命和法国大革命之后,新事物、新经验、新知识日新月异、连绵不断,历史发展开始提速,迄未停止。

哈贝马斯指出:"在黑格尔看来,'新的时代'(neue Zeit)就是'现代'(moderne Zeit)。黑格尔的这种观念与同期英语'modern times'以及法语'temps modernes'这两个词的意思是一致的,所指的都是大约 1800 年之前的那三个世纪。1500 年前后发生的三件大事,即新大陆的发现、文艺复兴和宗教改革,则构成了现代与中世纪之间的时代分水岭。"[①] 实际上,现在一般把黑格尔所说的"新的时代"称为"early modern period"(早期现代),它相当于"现代"的初级阶段,以 18 世纪中晚期发生的英国工业革命和法国大革命为转折点,之后才是真正的"现代"。因为英国工业革命意味着人类生产方式的巨变,法国大革命则奠定了现代社会的基本价值观和基本制度。

19 世纪的欧洲可以说是英国工业革命和法国大革命这两个主题的一系列变奏和交响:一方面是普遍的产业升级、城市化、人口激增以及新阶级的

---

① [德]于尔根·哈贝马斯:《现代性的哲学话语》,曹卫东等译,译林出版社 2004 年版,第 5—6 页。

成长，另一方面是 1830 年革命、1848 年革命、意大利独立、德国统一以及资产阶级政体的建立。[①] 1801 年，拿破仑执政府进行了法国首次人口普查，巴黎市总人口为 547756 人，到 1851 年巴黎人口翻了一番。[②] 大都市是各种"新"的汇聚之地——新的市政规划、建筑风尚、时装潮流、社交方式、报刊媒体、交通工具以及新的人，意味着过快的生活节奏，意味着繁忙和喧嚣。这就是"短暂、易逝、偶然"这种现代性体验出现的背景。19 世纪中叶正是波德莱尔（1821—1867）活跃的时期，他见证了大都市人口的激增。本雅明在论述波德莱尔时指出："人群是抒情诗的一个新主题。""他笔下的人群永远是大城市的人群，他笔下的巴黎永远是人满为患。"[③] 在都市喧嚣的街道上、人流中，各种机缘、各种偶遇和各种可能的新变，一切都稍纵即逝、难以把捉、不可预见。时间加速了，人处于时间的急流中。时间加速的声音表象是喧嚣，"喧嚣"是波德莱尔笔下反复出现的诗歌意象："熙熙攘攘的都市"（《七个老头子》），"穿过巴黎的熙熙攘攘的画面"（《小老太婆》），"大街在我的周围震耳欲聋地喧嚷"（《给一位交臂而过的妇女》）。[④] 瞬间感源于碎片式的时间，时间的碎片需要一个支点才能连缀和整合起来，这个支点就是"未来"。

（六）未来与进步的信念

无数的"新"使时间加速，使未来高度不确定。哈贝马斯说："现在

---

① 19 世纪初的拿破仑战争作为法国大革命的"外溢"，可被视为 18 世纪的延长。
② 参见［法］贝纳德·马尔尚《巴黎城市史：19—20 世纪》，谢洁莹译，社会科学文献出版社 2013 年版，第 1—3 页。
③ ［德］瓦尔特·本雅明：《巴黎：19 世纪的首都》，刘北成译，上海人民出版社 2006 年版，第 124、199 页。
④ ［法］波德莱尔：《恶之花 巴黎的忧郁》，钱春绮译，人民文学出版社 1991 年版，第 203、209、215 页。

是依赖未来而存在的，并向未来的新的时代敞开。"[1]前半句话适用于所有时代：人总是依据对未来的预期来评估当下境况。传统社会也知道未来的重要性，"往者不可谏，来者犹可追"(《论语·微子》)。问题在于，传统社会的未来往往是确定的、封闭的，因为在传统社会，人员、信息、物资往来、传播和交易的流量及频率非常有限，新事物、新经验、新知识很难产生。"现在"是"过去"的重复，"未来"是"现在"的延长。古人当下淡泊宁静，是因为已有的经验、传统和教诲"hold 得住"未来，而今人当下焦虑紧张，是因为已有的经验、传统和教诲"hold 不住"未来。所以上引后半句只适用于现代：所谓"向未来的新的时代敞开"，意味着已有的经验把控不住未来，未来不确定，人们只能凭借理性积极筹划未来，使未来成为可稳定预期的前景，由此便产生了"进步的信念"。哈贝马斯说："进步的观念不仅用来以世俗的方式呈现末世论的希望，并开启乌托邦的期待视野，而且借助目的论的历史构造，使未来不再成为不安之来源。"[2]所谓"末世论"是基督教神学的一个组成部分，基本内容是历史不断迈向终点，届时基督将第二次降临并拯救世界；所谓"目的论"指历史目的论，即认为历史有终极目标，历史本身是实现其终极目标的过程。因此上段引文的意思就是：进步的观念是世界必将终结这一末世论神学的世俗表达，未来成为希望之所在，不再以其不确定而使人忐忑不安。

综上，"新"是现代性的核心内涵，现代性的其他特征均可从这个内涵推导出来。而这个"新"，这个"make it new！"的冲动和追求背后，存在着一个人格化的载体，这就是资产阶级，它是现代性在社会历史结构中的支点。

---

[1] [德]于尔根·哈贝马斯：《现代性的哲学话语》，曹卫东等译，译林出版社 2004 年版，第 6 页。

[2] [德]于尔根·哈贝马斯：《现代性的哲学话语》，曹卫东等译，译林出版社 2004 年版，第 15 页。译文根据英译本重译，参见 Jürgen Habermas, *The Philosophical Discourse of Modernity*, Frederick Lawrence trans., Cambridge: The MIT Press, 1987, p.12.

二、现代性与资产阶级

阿诺德·汤因比是一位思想复杂而独特且具有神学维度的历史学家。他的 10 卷本巨作《历史研究》考察了西方文明、东正教文明、伊朗文明、阿拉伯文明、印度文明、古中国文明、远东文明、古代希腊文明、叙利亚文明等 26 个文明体的兴衰，包括文明的起源、生长、衰落、解体等，共 13 个部分。由于卷帙浩繁，后来通行于世的是英国学者索麦维尔（D.C.Somervell）节录的上下两卷缩写本。在第 9 部分"诸文明在空间中的接触"中，汤因比写道：

> 考察我们刚刚描述过的诸文明的彼此交往，其中最有意义的结论就是：把"现代西方文明"中的"现代的"（"modern"）转译为"中产阶级"（"middle class"）即可获得更具体准确的含义。西方一旦产生一个能够作为社会的主导因素的资产阶级（bourgeoisie），它就成为"现代的"了。[1]

---

[1] ［英］汤因比：《历史研究》下册，曹未风等译，上海人民出版社 1964 年版，第 224 页。译文根据索麦维尔的英文缩写本有改动，参见 Arnold Toynbee, D.C.Somervell, *A Study of History, Abridgement of Volumes VII-X*, Oxford: Oxford University Press, 1987, p.616。这里的中产阶级是相对于贵族和劳动阶级而言的，有别于今天的含义。雷蒙·威廉斯指出："'中产阶级'（middle-class）这个翻译词提供了 bourgeois 在 19 世纪前的大部分意涵。"它的来源是"古老社会阶级的三种区分——上层、中层、下层"。［英］雷蒙·威廉斯：《关键词：文化与社会的词汇》，刘建基译，生活·读书·新知三联书店 2005 年版，第 29 页。恩格斯也指出：德文（Mittelklasse）和英文（middle-class）的"中等阶级""同法文的 bourgeoisie（资产阶级）一样是表示有产阶级，即和所谓的贵族有所区别的有产阶级"。参见［德］恩格斯《英国工人阶级状况》，人民出版社 1956 年版，第 6 页。另按：《历史研究》还有第 11 册《地名录和地图集》、第 12 册《再思考》，属于附录性质，一般很少被提及。

这是一段重要的论述。但是，为什么资产阶级一旦成为社会的主导性、支配性的力量，历史就进入了现代？其背后的逻辑是什么？汤因比没有进一步说明，本文尝试作一点解释。

（一）阶级特性

简言之，资产阶级是人类历史上一个特殊的阶级，它以"资本"定义自身，以追求"资本"无限增殖为目标，精于计算，富有进取心和冒险精神。19世纪中期，英国工会领导人托马斯·登宁有段话经马克思引用后成为名句："一旦有适当的利润，资本就胆大起来。如果有10%的利润，它就保证到处被使用；有20%的利润，它就活跃起来；有50%的利润，资本就铤而走险；为了100%的利润，它就敢于践踏人间一切法律；有300%的利润，它就敢犯任何罪行，甚至冒绞首的危险。"① 这种愤激之词，当然针对的是资本原始积累时期的恶行。因此以往一般人们关注的是资本的野心、贪婪和冒险性格，而可能忽略了这段话包含的另一方面：资本追求的是利润，但利润只能通过商业即买与卖的过程获得，而不是依靠强制或暴力。按照查尔斯·林德布洛姆（Charles Lindblom）的归纳，"社会控制的基本方法"，即一个人或组织机构支配他人的基本方式，分别依靠权威（authority）、交换（exchange）、说服（persuasion）。② 实际上，权威——例如下级服从上级，往往内含着某种说服的因素，因此，剔除掉这种异质

---

① ［德］马克思：《所谓原始积累》，载中共中央马克思恩格斯列宁斯大林著作编译局译《资本论》第一卷（下），人民出版社1975年版，第829页。
② 参见［美］查尔斯·林德布洛姆《政治与市场：世界的政治—经济制度》，王逸舟译，生活·读书·新知三联书店上海分店、上海人民出版社1994年版，第14页。林德布洛姆曾任美国政治学会主席，该著也被认为是20世纪最后四分之一时间里最重要的政治学著作之一。

成分,"权威"的更准确表述就是"强制"。这样,涵盖所有社会控制方法的三种基本类型,就是强制、交换、说服。当然,任何现实中的支配行为大多是这三种方式的某种混合体,只不过会有所侧重。其中"交换"无疑是市场经济运行,或者说是资本实现增殖的基本方式。交换,更确切的表述是形式平等基础上的自由交换,这是资产阶级时代一切社会关系(契约式关系)的基础及内核。这种形式平等基础上的自由交换当然经常内含着实质上的不平等,但它仍然区别于直接的强制,或者用马克思所说的概念,区别于"超经济强制"。

因此,资产阶级也就在两个方面区别于其他统治阶级,即封建贵族和官僚阶级。一方面,封建贵族和官僚阶级都主要以"强制"作为其统治方式;另一方面,封建贵族以血统、等级(爵位)和土地为标志,官僚阶级以职级和权力界定自身,二者均有官方制度保障,或安分止争,或各司其职,均不得僭越。资产者则不然,其升沉起伏没有制度作为保障,同时也没有制度给予限制,他们永远以"资产的量"为依据来获取和维系其社会地位,而"资产的量"源自"利润",永远是不稳定的。在资产阶级时代,停滞或守旧就意味着灭亡。因此,资产阶级的野心和冒险精神不折不扣地均属于其阶级性格。同时,由于资本只能以形式上平等的"交换",而不是赤裸裸的强制作为其运行方式,从而逼迫资产阶级更多地以更新产品和服务,或者说以更新技术的方式来完成交换、实现利润,因此"创新"("make it new!")就不得不成为一个资本主义企业,以及资产阶级时代从国家到个人生存发展的前提。无止境地追求利润,无止境地追新逐异,资产阶级就这样与现代性同在。马克思、恩格斯早就说过:

> 资产阶级除非对生产工具,从而对生产关系,从而对全部社会关系不断地进行革命,否则就不能生存下去。……生产的不断变革,一

切社会状况不停地动荡,永远的不安定和变动,这就是资产阶级时代不同于过去一切时代的地方。一切固定的僵化的关系以及与之相适应的因素被尊崇的观念和见解都消除了,一切新形成的关系等不到固定下来就陈旧了。一切等级的和固定的东西都烟消云散了,一切神圣的东西都被亵渎了。①

"一切固定的东西都烟消云散了"("All that is solid melts into air"),这句摘自《共产党宣言》中的名句,被美国学者马歇尔·伯曼用作书名,其副标题就是"现代性体验"(the experience of modernity,即对现代的体验)。② 一切都在快速变迁,一切都是短暂、易逝、偶然,波德莱尔的现代性体验是以一个特定阶级为支点的。

(二)资产阶级的起源及词源

资产阶级的起源可以追溯到中世纪中后期。中世纪欧洲社会由三个等级组成:"僧侣祷告、赞美上帝并在精神上救济人类;贵族保护秩序、行使警察权并防御侵犯;民众(people)劳作,以供养这两个特权阶级。"③ 早期的资产阶级就脱胎于这个第三等级,因此马克思、恩格斯指出:"从中世纪的农奴中产生了初期城市的城关市民;从这个市民等级中发展出最初的资产阶

---

① [德]马克思、恩格斯:《共产党宣言》,《马克思恩格斯选集》第一卷,人民出版社 1972 年版,第 254 页。
② 参见[美]马歇尔·伯曼《一切坚固的东西都烟消云散了——现代性体验》,徐大建、张辑译,商务印书馆 2003 年版。
③ [美]汤普逊:《中世纪经济社会史(300—1300 年)》下册,耿淡如译,商务印书馆 1997 年版,第 333 页。译文根据原文重译,参见 James Westfall Thompson, *Economic and Social History of the Middle Ages*, New York: The Century Co., 1928, p.707。

级分子。"① "资产阶级"的英文词"bourgeoisie"出自法文"bourgeois",原意就是市民,正如雷蒙·威廉斯所说:"尽管广为使用,但它显然是一个法语单词,其更早期的英语化形式 burgess 源自古法语 burgeis 以及中古英语 burgeis、burges、borges,意为自治城市的居民。"② 资产阶级与城市互为表里,它的起源也是城市的起源。

我们知道,欧洲中世纪中期,特别是 11—12 世纪,农业复苏,人口日繁,工商业随之成长,在封建体制外形成了一系列城市。以布鲁日城为例。962 年后,鲍尔温伯爵在今比利时西北部利斯小河的转弯处建造了一所城堡(castle)。不久,在城堡大门外横跨河上的桥头前面出现了一座新"城"或"外城"(a new burg or faubourg),聚居着商贩、手艺人、酒肆店主及其他外来客。人气日渐汇集,很快形成了一座大城,被称为"布鲁日"(brugghe),其意源自"桥"(bridge)。城堡用石头建成,石料取自几英里外废弃的古罗马城市,新城则截至 12 世纪中期以前一直用木栏围护。③ 作为资产阶级的前身,"城关市民"居住在旧城堡之外,其居住地再环以围栏;"城关市民"为僧侣和贵族服务,既托庇于旧城堡,也受其统治和盘剥。而城市往往就是

---

① 〔德〕马克思、恩格斯:《共产党宣言》,《马克思恩格斯选集》第一卷,人民出版社 1972 年版,第 252 页。
② 〔英〕雷蒙·威廉斯:《关键词:文化与社会的词汇》,刘建基译,生活·读书·新知三联书店 2005 年版,第 25 页。译文根据原文有较大改动,参见 Raymond Williams, *Keywords: A Vocabulary of Culture and Society*, Oxford: Oxford University Press, 1976, p.14. 根据维基百科,古法语"burgeis"原意为"有围墙的城"(walled city),参见 https://en.m.wikipedia.org/wiki/Bourgeoisie。关于中文"资产阶级"译名的演变过程,参见王春茵《"资产阶级"的翻译及其中国化》,《成都理工大学学报(社会科学版)》2020 年第 1 期。
③ 参见〔美〕汤普逊《中世纪经济社会史(300—1300 年)》下册,耿淡如译,商务印书馆 1997 年版,第 417 页,参见 James Westfall Thompson, *Economic and Social History of the Middle Ages*, p.772. "faubourg"(现通译为郊区)来自法语,最初写作 forsbourg,源于拉丁文,意为在"城堡外面",参见 https://en.m.wikipedia.org/wiki/Faubourg。

"城"（城堡，即政治军事中心）与"市"（市集，即工商贸易中心）这对矛盾的结合体。

上引自《共产党宣言》中的"城关市民"，德文是"Pfahlbürgers"，一般德汉词典的释义是（欧洲中世纪）居住在城堡外的市民。该词由两部分构成："Pfahl"原意为桩或柱，在此代指旧城堡外用桩或柱围护市民聚居地的栅栏；"Bürgers"是市民的复数形式。① 因此，"Pfahlbürgers"一词可以说缩影了早期资产阶级的起源，以及他们同封建领主之间在社会空间意义上的结构性关系。值得注意的是，英译本赋予该词进一步的含义。《共产党宣言》的英译者为"Samuel Moore"，该译本曾经恩格斯亲自校订、写序并做附注，其权威性不容置疑。"Pfahlbürgers"英文译作"chartered burghers"，指获得了特许权利的市民。这与其说是翻译，不如说是一种改写，它指向的是这一历史事实：中世纪中晚期，市民通过赎买，即支付货币，由王侯或主教颁发特许状，从而获得城市自治权，例如保障人身和财产安全，经营权、征税权，以及获得独立的行政司法权，包括选举治安官、市长和法官等。② 这是早期资产阶级摆脱封建主义桎梏的历史性一步。汤普逊指出："城市的兴起，看过程是渐进的，看结果是革命性的。长期的交往和共同的利益及共同的经验，最终在聚居者（引者按：市民阶级）中间养成了一种强烈的共同体意识，这表现为以和平方式要求领主，不论是男爵、主教还是修道院院长，承认其自治权；如果被拒绝，就以暴力方式反抗封建威权，要求特许的自由

---

① 中译文"城关市民"借用了既有汉语词汇，应该说巧妙而生动，但由于中欧洲历史存在差异，中文读者很难领略到其原有含义。近年来，有知乎网友"李 Geek"将之译作"桩内市民"。
② 参见冯正好《中世纪西欧的城市特许状》，《西南大学学报（社会科学版）》2008 年第 1 期。

(chartered liberties)。"① 这段话可以看作对 "chartered burghers" 内涵的阐释。

（三）资产阶级时代

如果说，自治城市是中世纪母腹中孕育的新社会胚胎，那么，地理大发现则成为早期资产阶级进入新时代的入场券。地理大发现作为第一桶金，使资产阶级通过东西方贸易和大西洋贸易（商业革命），逐步掌握了世界。"世界正在成为一个经济单位。南北美洲和东欧（与西伯利亚一起）生产原料，非洲提供人力，亚洲提供各种奢侈商品，而西欧则指挥这些全球性活动，并愈益倾全力于工业生产。"②世界范围的资源、市场和财富，成为工业革命的前提。也就是说，近300年的全球贸易带来两个结果：迅速积累的财富和迅速扩展的市场，或者说充足的资本和巨大的需求。这为提高供给、扩大产能提供了必要条件，于是革新技术、升级产业就成为不可避免的趋势。工业革命加上政治革命，19世纪西欧、北美进入了资产阶级时代：大机器制造（产业）、自由放任主义（经济）、议会民主制（政治）、契约式人际关系（社会）以及进步主义的历史观（线性时间）。资产阶级不仅成为本社会的统治阶级，而且成为全世界的主人。

但与此同时，资产阶级社会也面临持续不断的危机。

---

① ［美］汤普逊：《中世纪经济社会史（300—1300年）》下册，耿淡如译，商务印书馆1977年版，第424—425页。译文根据原文有改动，参见 James Westfall Thompson, *Economic and Social History of the Middle Ages*, p.779. 暴力反抗多针对教会领主，而非世俗领主，如在西欧的琅城、维兹雷、图尔、康布雷等城市都发生过反抗教会领主的武装暴动，参见冯正好《中世纪西欧的城市特许状》，《西南大学学报（社会科学版）》2008年第1期。
② ［美］斯塔夫里阿诺斯：《全球通史：1500年以后的世界》，吴象婴、梁赤民译，上海人民出版社1992年版，第221页。这里的"工业生产"指广义的制造业，包括当时的工场手工业。

三、危机的解决方案与后现代

后现代的字面含义就是"现代之后"（after modernity），因此对它的理解取决于对"现代"的理解。如前所述，汤因比指出了现代与资产阶级的内在关联，与此同时，他也提出了有关后现代的实质和因果的见解，这种见解表面看相当古怪，但是对于我们来说可能更具启发性。

（一）汤因比：后现代始于 1875 年

卡林内斯库曾说："'后现代'（post-Modern）这一称谓显然是由历史学家和先知阿诺德·汤因比在 1950 年代早期创造的。"① 这一说法略嫌武断。《历史研究》第 1—3 卷出版于 1934 年，第 4—6 卷出版于 1939 年，第 7—10 卷出版于 1954 年。检索这十卷本可以发现，在 1939 年出版的第 4、5、6 卷中，汤因比已多次使用"post-modern"一词。例如他在第 4 卷中说，梵蒂冈教皇在 1929 年、1933 年分别与墨索里尼及希特勒签订协议，屈从于两个世俗政权，由此他把墨索里尼和希特勒比喻为"'极权主义的'地方政权的两个'后现代'使徒"（"two 'post-modern' apostles"）。② 实际上在《历史研究》第 1 卷中，汤因比尽管未使用"后现代"一词，却在"现代"之后为"后现代"预留了位置，称之为"西方文明第 4 期"——按他的理论，西方文明与之前的希腊（罗马）文明尽管有血缘关系，却是两个不同的文明，而西方文明本身则分为 4 期：第 1 期"黑暗时期"（675—1075），第 2 期"中

---

① ［美］马泰·卡林内斯库：《现代性的五副面孔》，顾爱彬、李瑞华译，商务印书馆 2002 年版，第 144 页。译文根据英文版有所调整，参见 Matei Calinescu, *Five Faces of Modernity*, Durham: Duke University Press, 1987, p.133。

② Arnold Toynbee, *A Study of History*, Volume IV, London: Oxford University Press, 1939, p.217.

世纪"（1075—1475），第3期"现代"（1475—1875），"现代"之后的第4期始于1875年。① 因此，汤因比最早使用"后现代"一词并非在20世纪50年代早期，而且这个概念也并非汤因比首创，早在19世纪70年代英语世界中的"postmodern"一词就已出现，直到20世纪早期不断有人使用，并已用作历史分期的概念。

汤因比的贡献不在于发明了"后现代"一词，或用后现代概念进行历史分期，他的贡献在于提示了这一概念所蕴含的真正深刻的社会历史内涵。在《历史研究》第8卷中"现代西方与其同时代文明相遇的诸特征"的小标题下，汤因比写道：

> 将现代西方文化定义为西方文化发展的一个阶段，其特点是中产阶级占主导地位——这一定义揭示了：在西方进入以城市产业工人阶级的兴起为标志的西方后现代时期之前，接受这种现代西方文化的任何外邦国家都可以成功地将其转变成自己的文化。②

汤因比从未系统地展开讨论后现代，"以城市产业工人阶级的兴起为标志的西方后现代时期"（the West of a post-Modern Age marked by the rise of

---

① Arnold Toynbee, *A Study of History*, Volume I, London: Oxford University Press, 1934, p.1, pp.170–171. 索麦维尔根据汤因比后面几卷的论述，在缩写本对应于第1卷上述内容的位置，将汤因比原作的"西方文明第4期"冠以"后现代"之名，参见 Arnold Toynbee, D.C.Somervell, *A Study of History, Abridgement of Volumes I-VI*, Oxford: Oxford University Press, 1987, p.151. 中文版译作"近代后期"，参见［英］汤因比《历史研究》上册，曹未风译，上海人民出版社1959年版，第49页。另按，汤因比把古希腊和古罗马统称为希腊文明。

② Arnold Toynbee, *A Study of History*, Volume VIII, London: Oxford University Press, 1954, p.338. 遗憾的是，索麦维尔并不重视汤因比有关后现代的论述，其缩写本删除了上引的段落。

industrial urban working class）代表了汤因比关于后现代的最重要见解。但这甚至不是一个完整句子，而且与我们耳熟能详的"后现代"的诸特征简直风马牛不相及。我们所熟知的"后现代"——所谓去中心、去权威、去等级，多元、包容、异质，扁平化结构，反宏大叙事，混合、杂糅的风格，对少数族裔的尊重，等等，与1875年、与城市产业工人阶级崛起有什么关系？

的确，我们后来所见证的，即20世纪60年代以来的"后现代"与汤因比当年心目中的"后现代"截然不同。但汤因比的"后现代"可以这样理解和阐释：工人阶级的兴起其实就意味着资产阶级的危机。换句话说，既然资产阶级意味着"现代"，那么现代性危机以及克服这一危机的各种尝试就意味着"后现代"。或者说，一旦资产阶级发生持续性的危机，历史就进入了后现代时期。在这一时期，出现了多种彼此竞争的克服现代性危机的方案，最终，欧美的改良主义路线通行于世。我们今天所熟知的后现代的各种表现和特征，所谓去中心、去权威、去等级、包容、多元、异质，扁平化结构，反宏大叙事，混合、杂糅的风格以及对少数族裔的尊重等，这些不过是"欧美方案"盛行后在社会文化方面的表征。

（二）资产阶级危机

19世纪，资产阶级成为西欧、北美社会的主导性阶级。而一旦资产阶级社会降临，即暴露两大顽疾：贫富分化与经济危机。

在资本主义原始积累时期，大面积贫困出现在英国工业区。恩格斯曾详尽调查并描述了"这个人间地狱的可憎的状况"[①]。极度的贫困随处可见，更令人触目惊心的是，工业化过程中，由于生活和劳动条件的恶化，人口平均寿命明显降低，婴幼儿死亡率显著上升，过度劳动导致许多人身体畸

[①] ［德］恩格斯：《英国工人阶级状况》，人民出版社1956年版，第92页。

形（最常见的是脊柱和两腿弯曲）。恩格斯写道："当医生们在工厂报告中几乎一致肯定，他们发现工厂工人对一切疾病的抵抗力都特别弱，生活力普遍减低，整个智力和体力都在不断衰退，我们就不会感到奇怪了。"① 曼彻斯特是当时英国工业的中心，所谓"现代工业城市的典型"。恩格斯援引官方调查员的话说："曼彻斯特的居民，特别是工厂工人，一般都矮小、瘦弱而且脸色苍白。在大不列颠或欧洲的任何一个城市里，我都没有看到过人们在体格和脸色方面这样显著地够不上民族标准。"② 因此，这已经不单纯是贫困问题，而是出现了因生活和劳动条件恶化而导致人种退化的危险和趋势。

贫富分化与经济危机有着内在因果关系：资本为追求利润将不断扩大生产规模，而大量贫困人口则意味着消费能力相对不足。这一结构性矛盾必然导致生产过剩的危机：产能过剩→库存积压→资金链中断→企业和银行破产。1825 年，英国爆发第一次经济危机；1857 年，第一次世界性经济危机爆发，周期性经济危机成为资产阶级的梦魇。尤其是从 1873 年延续到 1895 年的经济危机，被称为"大衰退"。1873 年，维也纳的证券交易所破产，紧接着奥地利的银行倒闭，随后德国的分行倒闭。1874 年，德国铸铁生产减少 21%，价格下跌 37%。美国 1873—1875 年间铁的价格下跌 27%。英国 1872—1875 年出口减少 25%；1873 年，钢铁厂商生产 250 万吨铁轨，消费量下降到 50 万吨；1872—1881 年铁轨价格下降 60%。1873—1896 年，所有商品的批发价格下降：英国 32%，德国 40%，法国 43%，美国 45%。③ 这次"大衰退"的起始点大体与汤因比的后现代的时间点重叠。持续了 20 年

---

① [德] 恩格斯：《英国工人阶级状况》，人民出版社 1956 年版，第 202 页。
② [德] 恩格斯：《英国工人阶级状况》，人民出版社 1956 年版，第 204 页。
③ 参见 [法] 米歇尔·博德《资本主义史：1500—1980》，吴艾美等译，东方出版社 1986 年版，第 149、152 页。

的"大衰退"也为后来的"30 年战争"(1914—1945)做了历史铺垫。

工业化导致大量人口聚集。英国工业当时集中于郎卡郡，在工业革命发生后的 80 年内，这里人口增加了 9 倍，其中三分之二到四分之三属于工人阶级。占人口绝大多数的底层人群进入工业化进程，其文化教育水平和自组织能力逐步成长，成为一种蕴含着巨大动能的力量。他们在生产巨量财富的同时跌入贫困谷底，存在极大的心理落差，悲哀和愤怒情绪不断积蓄。与此同时，进入城市后，传统亲缘、村社的小共同体瓦解，在原子化的社会关系中，人们普遍缺少安全感、归属感、存在感。这一切都在促使工人们团结起来。恩格斯指出，"人口的集中……更促进了工人的发展。工人们开始感觉到自己是一个整体，是一个阶级：他们已经意识到，他们分散时虽然是软弱的，但联合在一起就是一种力量"①。如果说，这种论断在 19 世纪前期一定程度上还带有预言性质，那么从 19 世纪后期以来便已成为现实。以英国为例，1876 年的工会会员总计 110 万人，1900 年达 220 万人，1913 年达 410 万人。1892 年，第一批工人代表进入议会；1900 年，英国工党成立；1914 年，160 万工党党员中有 157 万工会工人。②

工人阶级的崛起与资产阶级的危机是一体两面，彼此助长、相互强化的关系，这的确预示着时代的更迭和转折。关于后现代的起始点，除了 1875 年，汤因比有时也提到其他时间，例如，他在《历史研究》第 5 卷中说"我们自己的'后现代'时期发端于 1914—1918 年的全面战争"③，在《历史研

---

① [德]恩格斯：《英国工人阶级状况》，人民出版社 1956 年版，第 166 页。
② 参见[法]米歇尔·博德《资本主义史：1500—1980》，吴艾美等译，东方出版社 1986 年版，第 163—164 页。
③ Arnold Toynbee, *A Study of History*, Volume V, London: Oxford University Press, 1939, p.43.

究》第 8 卷中又说"后现代"开启于"19 和 20 世纪之交"①。实际上，重要的是工人阶级的崛起或资产阶级的危机，这才是理解汤因比的"后现代"的关键所在，具体的时间划定是一个枝节问题。另外，面对这种时代更迭，需要说明的是，汤因比囿于保守立场，其态度相当负面，正如卡林内斯库所说，在汤因比看来，后现代"意味着非理性、无政府和危险的不确定性"，"如果完全放纵这些力量，它们将推翻现代西方文明的结构"。②可以说，这种忧虑得到了那个时代当事人的印证。由于工人阶级的成长，资产阶级也在筹划如何避免大规模阶级斗争。谢西尔·罗得斯（Cecil Rhodes）是英国著名的殖民主义者，他在 1895 年说的一段话成了名言："为了使联合王国四千万居民避免残酷的内战，我们这些殖民主义政治家应当占领新的领土，来安置过剩的人口，为工厂和矿山业出产的商品找到新的销售地区。我常常说，帝国就是吃饱肚子的问题。要是你不希望发生内战，你就应当成为帝国主义者。"③罗得斯指出的是向外求取的方案。

克服资产阶级的危机，从经济学角度看是怎样合理配置资源，使投资、生产、流通、消费各环节顺畅和均衡运行；从社会学角度看，关键在于怎样"消化掉"底层广大人群，即把愤怒的群众纳入主流体制中。对此，主要有三种方案：革命、战争、改良。

（三）后现代的三种方案

第一，革命方案。城市产业工人阶级兴起，将直接导致工人运动和阶级

---

① Arnold Toynbee, *A Study of History*, Volume VIII, p.338.
② [美]马泰·卡林内斯库：《现代性的五副面孔》，顾爱彬、李瑞华译，商务印书馆 2002 年版，第 146 页。
③ 转引自[苏]列宁《帝国主义是资本主义的最高阶段》，《列宁选集》第二卷，人民出版社 1960 年版，第 799 页。

斗争，在此基础上，有可能带动其他阶级，发动暴力革命直至建成无产阶级专政，即上引罗得斯所谓"残酷的内战"。在无产阶级专政下消灭资产阶级（掌握生产资料）、实行计划经济（解决盲目生产所带来的生产过剩问题）、建立阶级共同体（克服原子化的市民社会），这是从马克思到列宁，再到俄国革命和东方落后国家的道路。它曾取得巨大成功，所带来的问题是，官僚统治产生特权阶层，导致新的不平等，同时社会缺乏活力，经济发展缓慢，从而不可持续。

第二，战争方案。这是"二战"期间德、意、日的道路。市场经济的高度竞争和波动使大批普通人被甩出主流体制，他们充满挫败感和漂泊感，形成强烈的民粹主义情绪，在危机加剧时更易于被法西斯主义所招募和收编——通过社会动员，建立种族共同体，并以暴力手段向外汲取。如前所述，资产阶级社会关系的基础是形式平等的自由交换原则，法西斯主义摒弃了这个原则，而采取直接的强制手段，向更野蛮的社会形态倒退。战争方案短期内曾同样很有效，但它的问题是，对外暴力汲取的过程不能停止，因此也同样是不可持续的。

第三，改良方案。克服资产阶级危机的关键，就在于把工人阶级或底层群众纳入政治经济的主流体制中来。仍以英国为例，在政治方面，英国从1832年进行选举改革，分阶段放宽选民的财产和身份资格标准，经过1867年、1884年的改革，到1918年最终取消财产限制，普选制基本确立，政治权利逐步从贵族寡头扩及资产阶级、小资产阶级，最后到普罗大众。在经济方面，英国吸取历史教训，"二战"期间即着手制订战后重建社会保障计划，完成了《贝弗里奇报告》，设计了一整套"从摇篮到坟墓"的社会福利制度；1948年，英国建成福利国家，对所有人提供疾病、事故、失业、养老、伤残、生育等保障。改良方案曾相当有效，但是，在全球化时代却遭遇到前所未有的挑战。

（四）后现代的因与果

西方社会的改良方案，对普罗大众进行一定程度的政治赋权（如选举权和工会）和经济赋权（如最低工资和福利制度），在缓解19世纪以来资产阶级危机的同时，形成了一个相对扁平化的社会——也可以说是一个"后资产阶级社会"。等级和壁垒在一定程度上销蚀了，大众涌进原本不属于他们的公共领域和空间，带来社会文化生态的巨变。正是在这样的土壤中，从20世纪60年代以来形成了所谓"后现代文化"。就是说，正是在这样的大众社会，在相对自由宽松的环境中——对比恩格斯所描述的19世纪前期的英国社会，更容易形成去中心、去权威、去等级，多元、包容、异质，扁平化结构，反宏大叙事，混合、杂糅的风格等文化立场、倾向、形态，于是电视、畅销书、流行音乐等大众文化形式应运而生，代替了需要更高文化教育背景即所谓精英阶层才会欣赏的传统诗歌、戏剧、芭蕾、交响乐等。也就是说，先有政治经济结构的扁平化，然后才有文化上普遍的去中心、去权威、去等级，等等。

需要说明的是，在社会内部的扁平化过程之外，主要在20世纪，特别是"二战"以后，还存在着去殖民化的运动。佩里·安德森评论汤因比说，汤因比并不能确定后现代的具体内容，"但是，后现代时期以两项进展为标志：西方产业工人阶级的兴起，以及西方以外的知识分子持续地努力掌握现代性的奥秘并以此反抗西方"[1]。实际上，这"两项进展"毋宁是安德森自己的归纳，汤因比并没有这样明确的概括，尽管他对日本、俄国、土耳其、中国等国家学习并抵抗西方的情况都有所论述。[2] 去殖民化当然是欧美后现代文化的一个背景，因此美国前卫诗人查尔斯·奥尔森（Charles Olson）把

---

[1] Perry Anderson, *The Origins of Postmodernity*, London: Verso, 1998, pp.5–6.
[2] 参见 Arnold Toynbee, *A Study of History*, Volume VIII, pp.338–346。

"后现代"与"后西方"（post-West）相提并论。[①] 但是，对于上述后现代的形成，去殖民化以及男女平权运动所起到的作用，与政治经济的扁平化相比，只具有从属、派生的性质。

应当指出，后现代是现代的改良，不是现代的颠覆，后现代时期仍延续着现代"求新"的本质。同时，所谓去中心、去权威、去等级，包括颠覆中心与边缘、男性与女性、主流人群与少数族裔的传统关系，其实仍是把启蒙价值中的平等原则推展到极致。所以，后现代只能以加前缀的方式来命名自己，无法构成一个独立的历史时期。

后现代的上述文化特征，既然是某种大众社会的产物，那么只要这样的社会在一定范围和程度存在，这些文化特征就会表现出来，而不会只局限在20世纪60年代以来的欧美社会。所以俄苏文艺理论家米哈伊尔·巴赫金研究中世纪和文艺复兴时期的狂欢节民间文化，从中提炼出狂欢化、脱冕、颠覆等级制等概念命题，其旨趣与后现代主义声息相通。在扁平化社会，后现代主义作为一种时代精神，也会在极端精英主义的领域，例如60年代以来的解构主义哲学和某些当代艺术中，得到概括和表达。

回到汤因比。如果说，他主要关注的是后现代的"因"，即工人阶级兴起或资产阶级危机的历史时刻，那么，战后欧美社会呈现的则主要是后现代的"果"，即危机缓解后所形成的社会文化状貌。当然，这个"果"是彼此竞争的多种"果"当中的一种，其他版本的"果"与克服危机的方式，或者完全湮灭，或者严重受挫。

所谓"资本主义"，就是以"资本增殖"为中心而构成的社会体制。但现实中的社会总是由多种社会力量，例如政府、资本、宗教、伦理、公民社会等相互作用而组成，不同的社会力量遵循各自不同的原则运行，例如资本

[①] Perry Anderson, *The Origins of Postmodernity*, London: Verso, 1998, p.7.

追求利润，政府追求秩序，宗教追求内心安宁。西方国家通过改良，形成了某种资本与政府、工会、舆论、教会、公民社会等既彼此冲突和制约又相互支撑和互动的局面，在一定程度上把"资本"关进了社会的笼子。全球化打破了笼子，资本突破民族国家的藩篱，在全球寻找投资场所，中低端产业大规模转移，包括发达国家在内，越来越多的人口被甩出全球化进程，贫困化和民粹化成为普遍现象，危机和战争重现。全球化正在被全球分裂所代替，尽管对于前景还会有不同的判断，但是，形成后现代的那种多元、包容、异质的环境土壤正在削弱的趋势，则已经明朗。

（原载《文艺理论与批评》2022年第6期）

理论的文学化:后理论的一种可能路径

李 勇

苏州大学文学院

引言

伊格尔顿的《理论之后》一书对文化理论的批评所激起的讨论是当代文学理论研究中的重要事件。尽管在此之前已有学者使用了后理论的概念[①],但真正作为理论发展转折点的还是在伊格尔顿提出"理论之后"的论述。不过无论是伊格尔顿,还是其他理论家都没有因为对文化理论的失望而抛弃理论,其中不少理论家都致力于在理论之后发展作为新的理论形态的后理论。这种后理论是向不同方向多元发展的。那么这些多元发展的路径中是否有一种理论的文学化路径?要讨论这种路径是否可能,应该先分析从理论到后理论的转变过程中,后理论从理论继承了什么,理论的文学化是否为解决理论的困境提供了可能,然后还要看这种理论的文学化路径是否有具体可行的方

[①] Docherty Thomas, *After Theory*, Edinburgh: Edinburgh University Press, 1997; McQuillan, Martin et al, eds., *Post-Theory: New Directions in Criticism*, Edinburgh University Press, Edinburgh, 1999.

案及发展空间。只有当理论的文学化既能为解决现有的理论所面临的困境提供具有启发的新思路，又能成为新的理论生长点，它才可能在后理论的众多发展路径中占有一席之地。

一、后理论也是一种理论

理论之后的后理论是否还是理论？要回答这个问题，首先，要考察伊格尔顿提出的"理论之后"到底是何意？理论是否已经无法再继续发展下去了。伊格尔顿在《理论之后》一书中开宗明义地进行了回答。他说："文化理论的黄金时期早已消失。雅克·拉康、列维-斯特劳斯、阿尔都塞、巴特、福柯的开创性著作远离我们有了几十年。R. 威廉斯、L. 依利格瑞、皮埃尔·布迪厄、朱丽娅·克莉斯蒂娃、雅克·德里达、H. 西克苏、F. 杰姆逊、E. 赛义德早期的开创性著作也成明日黄花。从那时起可与那些开山鼻祖的雄心大志和新颖独创相颉颃的著作寥寥无几。"[①] 这段开场白是对"理论之后"这个术语的明确解释，其中至少包括两个含义。其一，"理论之后"特指的是"文化理论"之后。进而言之，伊格尔顿所说的已经成为过去式的理论是特指的"文化理论"而不是所有的理论。从他所列举的这些理论家无论是拉康，还是威廉斯或西克苏（一译西苏）实际上都是属于广义的文化批评阵营中带有左翼色彩的理论家。其二，伊格尔顿所说的"早已消失""明日黄花"实际上是一种对历史事实的描述。因为这些理论家的重要著作在伊格尔顿写作《理论之后》时都已出版了几十年时间，同时，这些理论家当中已有多位去世。从这个意义上说，"理论之后"的含义应该是理论的黄金时代已经结束，而不是说"理论"作为一种思考方式已结束。这一点也可以被

[①] [英] 特里·伊格尔顿：《理论之后》，商正译，商务印书馆2009年版，第3页。

他对当代理论界没有可以与这些理论大家相提并论的新理论家的惋惜证实。可见，伊格尔顿提出"理论之后"这个问题，更多的是一种对事实的描述，而不是他主张要抛弃理论，甚至也不是要反对被他特别关注的文化理论。

那么，文化理论的黄金时代为什么成了过去式？这也不能仅仅归因于罗兰·巴特、福柯、拉康和威廉斯等人的离世。这种文化理论之所以衰微应是有其学理上的原因的。伊格尔顿从文化理论的衰落中看出了文化理论中存在的困境。其一是研究对象的泛化。如果说兴盛时期的文化理论突破人文学科传统的研究边界，将那些在传统的学术体制中被排斥的对象纳入学术研究领域还是有进步意义的话，那么在文化理论的高峰过去之后，沿着这种扩大研究对象边界的势头进行研究，这种研究对象的泛化就导致了某些不良影响。伊格尔顿说："在一批略显狂野的学者身上，对法国哲学的兴趣已经让位于对法式接吻的迷恋。……社会主义已彻底输给了施虐受虐狂。在研读文化的学生中，人体是非常时髦的话题，不过通常是色情肉体，而不是饥饿的身体。对交欢的人体兴趣盎然，对劳作的身体兴趣索然。讲话轻声细语的中产阶级家庭出身的学生们在图书馆里扎成一堆，勤奋地研究着像吸血鬼迷信、挖眼睛、电子人、淫秽电影这样耸人听闻的题目。"[①] 这些研究对象并不是现在才出现的，它们的源头当然可以追溯到拉康、福柯以及威廉斯等人的理论中，但是尽管在这些文化理论的开创者那里，这些理论对象具有巨大的冲击力，而且具有深刻性，可是在后继者这里，这些泛化的对象也变得琐屑而浅薄。其实，伊格尔顿在此所揭露的文化理论研究对象的泛化，核心问题在于这些研究对象的人文性在降低，而世俗性在增加；社会性在减少，个人性在增加；历史的厚重感在减少，当下的浮泛性在增加。这样的对象泛化实际上已经偏离了文化理论的初衷。其二是文化理论的泡沫化。这是指在文化研究

---

① ［英］特里·伊格尔顿：《理论之后》，商正译，商务印书馆2009年版，第4页。

领域中研究方式已经娱乐化，失去了早期的文化理论那种为建构理论而艰苦努力的研究精神，反而把文化研究变成了一种愉快的日常活动。"学问不再是象牙塔之事，却属于传媒世界、购物中心、香闺密室和秦楼楚馆。"[1]伊格尔顿也不否认对于这些日常生活中的快乐是可以进行学术研究的，但是如果把这些日常生活的快乐本身就当成了学术研究，包装成了文化研究的理论，那就是文化理论的危机了。他诙谐地写道："我们终于承认人类的生存与真理、理性有关，但至少也与幻想、欲望有涉。只不过，文化理论现今的表现就像一位独身的中年教授，不经意之间与性邂逅，正在狂热地弥补已逝的青春韶华。"[2]这种弥补在文化理论中就变成了一种过度放纵了。其三是文化理论也失去了批判现实的能力，出现了价值立场上的偏差。伊格尔顿通过对大众文化研究、后殖民理论以及后现代主义的分析揭示了文化理论存在的困境。比如，在大众文化研究中，探究大众文化所带来的乐趣本来对于清教徒的资本主义是具有批判意义的，"然而，更狡诈的、消费型的资本主义，说服我们沉湎声色、寡廉鲜耻，那样我们将不仅消费更多的商品，也将把我们的自我实现等同于这种制度的生存"[3]。因此，当大众文化研究对消费社会中的这种新的意识形态视而不见，仍然延续着前辈的理论追求倡导大众文化所带来的乐趣、认定其具有革命意义的时候就显得不合时宜了。

总之，伊格尔顿对于他所唱衰的文化理论是带着复杂的心态的。一方面，他对文化理论的泡沫化持批评态度，甚至对其讥讽嘲弄；另一方面，他对于这些不肖的后辈未能继承先辈的批判精神和辉煌业绩感到惋惜。可见伊格尔顿"理论之后"的说法包含着复杂内涵：他并不否定理论本身，他所批判和否定的是这种泡沫化的文化理论。"理论之后"不是宣告理论的死亡、

---

[1] ［英］特里·伊格尔顿：《理论之后》，商正译，商务印书馆2009年版，第5页。
[2] ［英］特里·伊格尔顿：《理论之后》，商正译，商务印书馆2009年版，第6页。
[3] ［英］特里·伊格尔顿：《理论之后》，商正译，商务印书馆2009年版，第7页。

结束或被抛弃，它的准确含义应该是呼吁人们"追随理论"（after theory）。因为找回文化理论兴盛时期的理论的精髓，才是后理论所应该遵守的基本准则。

其次，从理论的核心内涵看，后理论也是对理论的延续。伊格尔顿对理论的看法集中体现在这样的表述中，"人文科学已经丧失了清白之身：它不再自诩不受权势的玷污。它如还想继续生存，停下脚步反省自己的目的和担当的责任（assumption）就至关重要。正是这种批评性的自我反省，我们称它为理论。这种理论诞生于我们被迫对我们正在从事的活动有了新的自我意识之时。它是我们不能再将那些做法视为天经地义这一事实的征兆。相反，那些做法必须从现在起就认为自己是新探索的目标。因此，理论总有些遁世隐居、顾影自怜的味道。任何邂逅接触过文化理论大师的人都会意识到这一点"[1]。从这段对理论的解释中我们可以看出这样几个方面的内涵。其一，理论是由人文科学演变而来的，是人文科学参与政治性议题的讨论或与权势产生关联之后而形成的。从广义上说，理论是属于人文科学传统的。其二，理论是一种批判性的自我反省，它不是把自己当成永远正确的真理、天经地义的权威来看待的。相反，理论产生于对自己的思想产生自我怀疑、自我反省之时，这种自我意识的觉醒正是理论自身产生问题或处于转折点时进行的自我检视。其三，理论总是处在重新思考、重新检讨的自我革新状态，所以理论始终处于动态的变化的过程中。伊格尔顿所说的理论的遁世隐居、顾影自怜的特性就是这种对自己的观点和行动进行自我剖析时的冷酷状态。但恰恰是这种自我革新的状态使理论获得了持续的生命力。某个特定时空中形成的具体观点也许会因时过境迁而不再有效，但是理论的自我革新能力却使得理论活动不断找到新的调整方式，从而可以延续理论的生命力。

---

[1] ［英］特里·伊格尔顿：《理论之后》，商正译，商务印书馆2009年版，第27页。

伊格尔顿对于理论的看法与乔纳森·卡勒以及安托万·孔帕尼翁的看法如出一辙，他们都认为理论的基本精神就是批判与反思。[①] 这种质疑、反思、批判的精神内核是否能够被后理论继承下来？答案是肯定的。其一，这种理论中所蕴含的质疑、反思与批判精神是一种动态的过程，做理论研究就是进入这个不断延续的过程。"理论之后"的含义并不是要终止这个过程、抛弃这个思考方法，而是通过质疑、批判与反思对理论中产生的弊端进行及时的调整，后理论就是这种调整与纠偏的活动。所以后理论是这种理论的自我反思，它不仅没有终止理论，而且还延续了理论反思活动。其二，后理论对于理论的延续之所以是合理的，根本原因还在于这种以质疑、批判与反思为核心内涵的理论思考方法本身是具有合理性的。这种理论思考方法的基础就是辩证法。马克思说："辩证法在对现存事物的肯定的理解中同时包含对现存事物的否定理解，即对现存事物的必然灭亡的理解；辩证法对每一种既成的形式都是从不断的运动中，因而也是从它的暂时性方面去理解；辩证法不崇拜任何东西，按其本质来说，它是批判的和革命的。"[②] 可见，辩证法是一种动态的具有生命力的思考方法。理论的质疑、批判和反思精神实际上正是辩证法的批判性和革命性在人文思想领域的表现。后理论作为理论的自我更新形态就是理论自身发展的一个新阶段。

　　再次，从理论发展的脉络看，理论之后的理论发展不会再回到索绪尔之

---

① 乔纳森·卡勒说："理论既批评常识，又探讨可供选择的概念。它涉及对文学研究中最基本的前提或假设提出质疑，对任何没有结论却可能一直被认为是理所当然的事情提出质疑。"参见〔美〕乔纳森·卡勒《当代学术入门：文学理论》，李平译，辽宁教育出版社1998年版，第5页。此外，孔帕尼翁说："我认为文学理论是一种分析和诘难的态度，是一个学会怀疑（批判）的过程，是一种对（广义上的）所有批评实践的预设进行质疑、发问的'元批评'视角，一个永恒的反省：'我知道什么？'"参见〔法〕安托万·孔帕尼翁《理论的幽灵——文学与常识》，吴泓缈、汪捷宇译，南京大学出版社2011年版，第15页。
② 陆梅林辑注：《马克思恩格斯论文学与艺术》（上），人民文学出版社2002年版，第8页。

前的状态，而是会延续理论的批判精神向前发展。伊格尔顿在《理论之后》中明确说："如果这本书的书名表明'理论'已经终结，我们可以坦然回到前理论的天真时代，本书的读者将感到失望。曾几何时宣布济慈使人愉快或密尔顿精神勇猛就已足够了，但这样的年代已一去不返。这并不是说整个研究计划是个可怕的错误，某个慈悲的灵魂已经吹响警哨，以便我们全部回到费迪南德·索绪尔出世以前我们所处的局面。如果理论意味着对我们指导性假设进行一番顺理成章的思索，那么它还是一如既往地不可或缺。"[1]伊格尔顿的意思很清楚，理论不会回到索绪尔之前的前理论状态，而只会沿着反思的路径继续向前发展。事实上，西方的文学理论发展历程也正是如此。索绪尔所推动的语言学转向带来了形式主义、新批评、结构主义等与传统的传记研究、美学研究不同的文学理论的革命，与此同时现象学、阐释学、读者理论以及精神分析学等也对理论的变革推波助澜。20世纪60年代，文学理论又形成了一场变革，后结构主义、后现代主义、文化研究、女性主义、后殖民理论等文化政治批判理论对形式主义产生了冲击。但是这些文化理论并没有回到索绪尔之前，而是延续了语言学转向以来的新传统，保留了某些基本的前提假设再向前推进。在这个意义上，文化理论是对于形式主义的继承与拓展，文学理论的发展呈现出了积累的形态而不是倒退的形态。

不仅如此，文化理论从形式主义那里继承下来的不只是一些基本的前提假设，还有一个更深层次的批判精神。就像形式主义断然切断文学与作者、读者、社会的联系时的批判态度一样，文化理论在推动理论研究介入现实生活的议题时也秉持这种批判精神。正因为有了这种自觉，他们的批判才会顺理成章地过渡到后理论的研究中，在后理论研究中成为不可或缺的基本要素或精神内核。伊瑟尔对理论的这种发展脉络进行的描述印证了这种批判精神

---

[1]〔英〕特里·伊格尔顿：《理论之后》，商正译，商务印书馆2009年版，第3页。

的传承。他说:"有时人们'抽象地'学习理论,尤其是在20世纪70年代和80年代期间,那时人们对理论的兴趣迅速升温……我们目前谈论的理论的衰落指的是我们对理论的误读,而不是理论本身过时,因为即使是对现在正方兴未艾的文化研究而言,如果它想要传递一开始就被概念化了的文化现象,就无法离开理论,这一点毋庸置疑。"[①] 不管理论的衰落是不是因为我们的误读而形成的假象,理论的批判精神仍然在理论之后被延续这一点是毋庸置疑的。后理论也许对宏大的理论主题不感兴趣,但是它们却无法摆脱理论的批判质疑精神。因此,后理论不是要终止理论,而是在追随理论,这是理论的生命力之所在。

二、后理论中的文学

如果后理论是对理论的追随,那么在后理论中文学处于怎样的地位?为什么后理论中可能有文学的一席之地?

这与文学的两个特性密切相关,也是后理论走向文学化的原因。其一,文学是一种具有现实关怀的人文活动。文学的这种人文属性不仅仅表现在文学作品以"人"作为表现的主题,更重要的是文学通过词语的特殊使用创造出一个文学的世界,以此来探索世界的意义与人生的价值。这个文学的世界也像真实的现实世界一样无所不包,并且充满意义。希利斯·米勒在解释文学的特性时说:"每部文学作品都告知我们不同的、独特的另一现实,一个超现实。这一现实似乎并不依赖于该作品的词语而存在。它似乎是被发现的,而非编造出来的。无法知道实情是否如此。我已强调过,这并不意味着

---

① [德] 沃尔夫冈·伊瑟尔:《怎样做理论》,朱刚等译,南京大学出版社2008年版,第11页。

文学作品与现实世界无关。它们以替代的形式,使用那些指称社会、心理、历史、物理现实的词语,来称呼它们发明或发现的超现实。然后文学作品通过影响读者的信念、行为(常常是决定性影响),重新进入'现实世界'。"①这个虚拟的文学世界有何人文性可言?米勒用自己幼年时阅读的《瑞士人罗宾逊一家》这部小说作为例子说明了文学世界与现实世界之间的联系。这部小说讲述的是罗宾逊一家所乘的船只在海上失事,一家人流落荒岛,在岛上创造新家园,最后放弃回到文明世界,选择留在世外桃源的故事。米勒说这个故事与他自己幼年时与家人一起在山上露营的经历很相似。"对我来说,露营就跟阅读《瑞士人罗宾逊一家》一样,你只有背上背的东西,可以'扎营',砍一些芳香的冷杉铺床,生一堆篝火来做饭、取暖。简言之,就是在荒野中创造了一个崭新的家的世界……故事中,这家人用勤劳和智慧创造了一个新国度。读者会在自己的想象中也创造一个新国度。这是一个虚拟现实,此时它比'真实世界'显得更真实,当然更值得居住。"② 米勒的论述看似简单,其实有着丰富的内涵:①回应了形式主义理论对文学的语言形式本体论的观点,说明文学虽然是对语言的特殊使用,但不仅仅是语言形式,这些特殊的语言所创造的虚幻世界才是文学的核心。当然,这也同时回应了现实主义理论把文学作为现实世界的反映的观点。米勒所说的这个文学的隐秘世界虽然与现实世界相似,却不是对现实的模仿,它是虚拟的。②揭示了文学中的人文情怀,它给人带来温暖的感动,与人的现实生活息息相关,而不是与人无关的冷漠抽象的逻辑演绎。③把探究意义作为文学的主题,那个比现实更真实更值得居住的世界正是"意义"之所在。它是现实中的人们所苦

---

① [美] 希利斯·米勒:《文学死了吗》,秦立彦译,广西师范大学出版社2007年版,第118页。
② [美] 希利斯·米勒:《文学死了吗》,秦立彦译,广西师范大学出版社2007年版,第184—185页。

苦追寻的意义乌托邦。从米勒关于文学的论述中我们可以发现文学的这种人文属性与理论的人文属性是相似的。后理论从理论中所继承下来的批判性也是一种人文属性，这种人文属性体现在它对现实世界中的人的关怀，体现在它对现实世界意义的探寻。

其二，文学也是具有批判性的，是不断引起质疑和动荡的不稳定的因素。文学是感性的，表达人的情绪、欲望甚至疯狂，给人带来情感的感染，甚至带有明显的煽动性。这些特点早在柏拉图的《理想国》中就已被揭示出来，这也正是柏拉图要把诗人赶出理想国的原因。在善与恶、理性与情感、秩序与混乱、真实与虚幻的对立中，文学（诗）总是代表着挑战理性与破坏秩序的一方。柏拉图借苏格拉底之口对诗人进行攻击："因为像画家一样，诗人的创作是真实性很低的；因为像画家一样，他的创作是和心灵的低贱部分打交道的。因此我们完全有理由拒绝让诗人进入治理良好的城邦，因为他的作用在于激励、培育和加强心灵的低贱部分，毁坏理性部分，就像在一个城邦里把政治权力交给坏人，让他们去危害好人一样。我们同样要说，模仿的诗人还在每个人的心灵里建立起一个恶的政治制度，通过制造一个远离真实的影像，通过讨好那个不能辨别大和小，把同一事物一会儿说大一会儿又说小的无理性部分。"[①] 可见，柏拉图对诗的仇恨和恐惧来自他认定诗会破坏理性和秩序。这种指控虽然代表了一种理性主义的立场，但从反面说明了文学（诗）是不安分的，是理性与秩序的挑战者与破坏者。后世的文学理论中也普遍承认文学是不断追求创新，突破已有规范的创造活动。文学的这种难以驯服的特点至少表现在三个方面：①文学中时常出现煽动性的情感渲染，引起社会的动荡不安。从柏拉图指责荷马开始，到审判王尔德和劳伦斯，这样的指责都把文学视为有害于社会的活动了。②文学中所表达的意义难以用

---

① ［古希腊］柏拉图：《理想国》，郭斌和、张竹明译，商务印书馆1986年版，第404页。

明确的语言进行分析概括，文学中的言外之意使其成为理性范畴之外的神秘领域。③文学创作一直处在追求创新与突破成规的过程中，不断出现的新作品使文学也一直在挑战已有的理性与规范。这种特性正好与后理论从理论那里继承下来的不稳定品质是一致的。因此，在挑战已有的占统治地位的理性与秩序这个方面，理论、后理论与文学是一致的。

文学的这两个特性虽然与后理论相似，但这也仅仅说明后理论与文学的融合具有了可能性。那么，后理论是否真的可以文学化？这还需要进一步考察后理论的实际状况。首先，就现有的被称为后理论的具体理论看，可以确定已经出现了文学回归的现象。彼得·巴里在对后理论的新特点进行概括时说："近年来，理论变得更重经验，更重精神，更多背离'语言至高无上论'，也带有更为浓厚的危机意识，仿佛全球危机不日就要到来。"①他所说的理论之后的理论，包括当下论（或称"批判性当下论"）、跨界诗学、新唯美主义、历史形式论和认知诗学。这些后理论的具体分支无一例外的都是关于文学的研究，它们都从理论的膨胀状态收缩到文学的领域之中。当然，这种后理论中文学的回归并不是回到前理论时期以鉴赏为基础的印象批评或研究文学的审美特性的美学理论中，而是以文学文本为基础展开与社会文化相关的讨论。比如当下论就是一种以文学为具体对象的解读策略。当下论的代表人物特伦斯·霍克斯说："当下论扎根于此时此地，同此时此地有着紧密的联系。它主动寻找，刻意突出和利用这种联系，以之为第一原则……当下论式的批评在现代世界的维度中同文本相遇，当下与历史交相和应，或许正如一部戏剧的结局与开场。"②在当下的语境中解读文学文本的当下论是针对

---

① ［英］彼得·巴里：《理论入门：文学与文化理论导论》，杨建国译，南京大学出版社2014年版，第288页。
② 转引自［英］彼得·巴里《理论入门：文学与文化理论导论》，杨建国译，南京大学出版社2014年版，第291页。

新历史主义和文化唯物主义对于还原历史语境的执着进行批判性反思，它认为文学文本的意义在于其对于当代社会文化的作用，只有当代人从当下的现实出发对于文学文本的解读才是可靠的、有意义的。从这个意义上说，后理论中文学的回归是一种否定之否定，看似与前理论时期对待文学的态度相似，实际上经过了理论的洗礼之后，后理论是在理论的基础之上再向前迈进了一步，而不是向后倒退了一步。

其次，后理论中文学回归当然与后理论对理论的批判性反思直接相关。后理论对理论有各种不同的批评，其中最集中的就是批评理论对文学的忽视。拉曼·塞尔登说："我们这样想也许可以得到大家的理解，在一些作者看来，'后理论'其实意味着回归对文学文本形式主义或传统的读解，或者回归到那些实质上对理论厌烦或淡漠的文学研究中去。"① 这种对理论的厌烦，其主要原因就在于理论远离了文学。所以回到文学才是理论的正途，理论不讨论文学而大谈政治、阶级、性别、种族等问题，在一些人看来是"对文学研究正业的一种偏离，一种令人畏惧的、受到挫折的偏离，或者是一种时髦的偏离"②，总之，这种不讨论文学的偏差在理论之后应该得到纠正。当然，对于如何把文学带回到理论研究，后理论也有不同的探索。比如，与卡宁汉退回到新批评传统不同，勃伦克曼提倡一种"非形式主义的形式研究"，他一方面批评文化研究无视形式的重要性，另一方面又"号召关注内在形式和世界性（包含了艺术作品内涵的'历史的生命世界'）"③ 之间的关联，"这

---

① ［英］拉曼·塞尔登等：《当代文学理论导读》，刘象愚译，北京大学出版社2006年版，第333页。
② ［英］拉曼·塞尔登等：《当代文学理论导读》，刘象愚译，北京大学出版社2006年版，第327页。
③ 转引自［英］拉曼·塞尔登等：《当代文学理论导读》，刘象愚译，北京大学出版社2006年版，第333页。

种对形式的新的强调产生了广泛的后果：文学与政治的关系恢复了生机、公众领域重新得到了肯定、作为其支撑的西方启蒙主义传统受到了重视"①。勃伦克曼所说的这种文学的回归是在文化理论基础上的反思性回归，是后理论向前发展的探索，而不是后退的回归。但无论如何，这些把文学重新带回理论研究的探索都证明了后理论中文学回归不仅是可能的，而且是真实存在的。

最后，除了通过批评理论对文学的漠视而提倡文学回归之外，后理论对理论的批评还有一个方面值得关注，那就是让-米歇尔·拉巴尔特提出的理论缺失的问题。他认为理论给人的印象是："太偏于一端，只是……整体的一半，而遗漏的那一半从定义上讲更真实、更富活力、更有本质意义……理论遭到的谴责是，它好像总是缺失了一些某种东西。"②理论所缺失的另一半在后理论中被找回来了，那就是文学。从拉巴尔特的这种分析角度看，理论只是用自己的理性的方式，用自己的话语表达了对社会现实的看法，这样的理论话语只是揭示了世界的一个侧面，世界还有另一面需要用文学话语来表达，用文学的方式来揭示。如果说理论话语所表述的是世界的理性的、清晰的、可以言说的一面，那么文学所表达的则是世界的感性的、模糊的、不可言说的一面。后理论所呼吁的文学的回归就是为了揭示世界的这个不可言说的一面。关于这一点，安德鲁·本尼特也有相似的看法，他认为文学是探索未知的一种方式，他说："诗歌由于受到某种不可知的限制，并由语言，特别是奇妙的语言构成，因此必然存在无知，也即我们根本不知道一个人到底读到了什么。更为重要的是，我们肯定知道诗人也是一些像我们一样的

---

① ［英］拉曼·塞尔登等：《当代文学理论导读》，刘象愚译，北京大学出版社2006年版，第333页。
② 转引自［英］拉曼·塞尔登等《当代文学理论导读》，刘象愚译，北京大学出版社2006年版，第328页。

人,并且他们也像我们一样,被这种充满陌生化的诗意语言(也就是语言的陌生化)所陶醉,因此,诗人——在某种程度上——并不知道他们正在做些什么。"① 诗人所探索的这个未知的世界是一个只有用诗的语言才能表达的世界,是一个只可意会不会言传的世界。理论要想对这个世界进行探索只能通过与文学(诗)合作,把文学融入理论的世界。对于理论来说这是一个挑战,理论偏离了文学,在探索这个未知世界的道路上停下了脚步,后理论则有义务与文学携手把诗人无法说清楚的世界用理论话语表达出来。

此外,后理论中的"新审美主义"也通过对理论抛弃审美经验的批评而呼吁把文学艺术带回后理论之中。朱夫林和马尔帕斯在他们选编的《新审美主义》文集中抱怨"批评理论的兴起将美学扫地出门",因而理论忽视"艺术作为分析对象的独特感……作为审美现象的独特感"。② 他们对"独特感"的强调并不是要回到古典美学的传统,相反,通过对独特感的重新发现则是要使文学艺术在社会文化的固化系统中开辟出一个抵抗的间隙。这与阿多诺和本雅明对于艺术的自主性本身就具有批判性的观念相呼应。当然,新审美主义也不是对法兰克福学派的简单重复,而是将当代审美生活中出现的新的体验作为一种审美的民主化活动而进行探究。比如倪迢雁在《诸丑感》(Ugly Feelings)、《我们的美学范畴:搞笑,可爱,好玩》(Our Aesthetic Categories: Zany, Cute, Interesting)以及《花哨理论》(Theory of the Gimmick)中都有对当今社会普通人审美经验的探讨。一方面延续了大众文化研究的文化民主化立场,另一方面,又把被文化研究排除在外的审美经验问题带入后理论中,以与崇高、优美、悲剧、喜剧这些经典的审美范畴

---

① [英]安德鲁·本尼特:《文学的无知:理论之后的文学理论》,李永新、汪正龙译,河南大学出版社2014年版,第231页。
② 转引自[英]拉曼·塞尔登等《当代文学理论导读》,刘象愚译,北京大学出版社2006年版,第334页。

研究形成强烈对比。正如徐亮所说："倪湛雁所关心的涉及普通的甚至负面的情感，是平民化的或通俗的（这也许是受到朗西埃的影响），与消费社会密切相关；她的讨论所使用的方法是话语的修辞阅读，致力于揭示这些范畴产生特定意义的方法。她特别关注这些范畴的社会政治含义。"① 在伊格尔顿批评了文化研究的泛化与泡沫化之后，新审美主义这种向审美回归又不忘文化研究初衷的探索或许正好代表了后理论既继承了理论的传统又开拓新路径的"返本开新"的特征。

我们所列举的这些把文学带回理论研究的不同的路径远远不是后理论的全部，但从这有限的几种路径已经可以看出回归文学在后理论中是一个有着发展空间的选项。它说明后理论从理论的扩张状态后退到文学领域内是一个合理的选择。但与此同时，这种向文学的后退并没有阻止理论继续对现实中的社会文化问题进行探索，只不过这种探索的出发点回到了文学。后理论是与文学一起探讨社会文化问题的。

三、理论如何文学化？

当后理论把文学的回归作为理论发展的路径之一时，就产生了另一个问题，即文学在后理论中到底会产生哪些作用，文学如何推动理论的文学化。

我们所说的理论的文学化是指理论在经过远离文学而跨入社会文化领域进行批判性探索之后向文学回归，立足于文学展开对社会文化问题的批判性探讨。一方面是从文学中发现对社会文化的新表述；另一方面运用文学方式看待世界，形成对世界更敏锐的探索。从这样的角度看，仅仅说明现有的后理论已将文学重新带回理论还不够，还必须考察理论的文学化的具体方式。

---

① 徐亮：《后理论的谱系、创新与本色》，《广州大学学报（社会科学版）》2019 年第 1 期。

后理论中文学的回归有不同的方式，其中有两种方式是存在风险的，需要警惕。其一，文学被当成了审美经验的来源，被置于审美关系的框架中分析，限制了文学产生更丰富复杂的社会文化意义的可能性。这样的回归是对前理论时期文学存在状态的回归，变成了真正的倒退。当然，后理论也可以从阿多诺和本雅明关于审美的政治意义的论述中找到为这种审美主义辩护的理由，认为审美本身也是具有反抗意义的，一种特立独行、不合流俗的审美活动本身就是一种抵抗和批判。但是，我们必须警惕的是这样两个问题：①这种纯粹的审美活动所具有的抵抗意义实际上是消极的，它最多只是以一种孤芳自赏的方式展示了与资本主义体制不合作的姿态，而不是以积极的态度展开对自己所处的社会现实的批判。因此，它的反抗价值是有限的。②这种所谓的反抗姿态到底是否成立也还是存疑的，纯粹的无涉利害关系的审美经验必然具有反抗的意义吗？伊格尔顿的回答是否定的，那些号称无功利性的唯美主义的态度在伊格尔顿看来反而是一种中产阶级的意识形态，它是维护资本主义制度的。他说："从激进的政治观点来看，这种美学自律的观念是多么无能为力也是相当清楚的。于是，艺术便如被人们所熟悉的激进思想所坚持认为的那样，它极易避开其他社会实践而孑然独处，从而成为一块孤立的飞地。在这块飞地内，支配性的社会秩序可以找到理想的庇护地以避开其本身具有的竞争、剥削、物质占有等实际价值。更为微妙的是，自律的观念——完全自我控制、自我决定的存在模式——恰好为中产阶级提供了它的物质性运作需要的主体性的意识形态模式。"[1] 尽管伊格尔顿也承认审美活动存在着反抗资本主义的可能性，但是这也只能证明审美活动的政治意义是含糊的，在反抗与合作之间是模棱两可的，并不一定就具有抵抗性。换言之，

---

[1] ［英］特里·伊格尔顿：《美学意识形态》，王杰等译，广西师范大学出版社1997年版，第9页。

纯粹地回到审美经验研究并不能保证后理论不会回到中产阶级孤芳自赏的迷梦中。

其二，后理论中文学的回归还需要警惕对文学文本的崇拜，防止把后理论又带回到形式主义文论对文学文本的技术性分析。形式主义文论存在的主要问题是割裂文学与作者、读者以及社会文化之间的联系，把文学文本孤立起来研究，而且是当成客观存在的客体来研究。这种把文学文本客体化的分析方法等于是对文学文本进行了解剖。实际上，隐藏在这种形式主义文论中的是形而上学思维。恩格斯在批判形而上学思维时就指出，这种形而上学思维方式是在对有机体内部按多种多样的解剖形态进行研究的基础上形成的，"形而上学的思维方式，虽然在相当广泛的、各依对象的性质而大小不同的领域中是正当的，甚至必要的，可是它每一次都迟早要达到一个界限，一超过这个界限，它就要变成片面的、狭隘的、抽象的，并且陷入不可解决的矛盾，因为它看到一个一个的事物，忘了它们互相间的联系；看到它们的存在，忘了它们的产生和消失；看到它们的静止，忘了它们的运动；因为它只见树木，不见森林"[①]。形式主义文论正是这样的形而上学思维在文学理论中的表现。它对文学文本的解剖使它成为没有文学的理论，它对文学本质的执着又使其失去了批判与质疑的精神而迷恋形式，因而也就成为没有理论的理论。

那么，后理论中理论的文学化到底应该如何进行？首先，文学与理论之间的关系应该从主客之间的我—他关系转换成对等的我—你关系。在形式主义和审美主义文论中，文学（作品）都是作为被动的客体存在的，如在审美主义中是作为被欣赏的对象，在形式主义中是作为被分析的对象。在这样的我—他关系中，文学自身的价值无法呈现出来，只能在审美欣赏中被赋予审美价值，在形式分析中被找出一些形式的特征。实际上文学除了其审美价值

[①] 陆梅林辑注：《马克思恩格斯论文学与艺术》（上），人民文学出版社2002年版，第10页。

与形式特征外，还有更多更丰富的价值。真正的文学家进行文学创作与其说是为了创造审美价值或新颖的形式，毋宁说是探索世界意义的一种方式。在这个意义上，文学与理论是平等的，都是以探索世界意义为目标的人文知性实践活动，只不过理论与文学所使用的话语方式不同。文学有什么样的特性可使其与以理性思考的深刻性与严密性为主的理论平等？我们至少可以列举出两个理由。其一，文学对世界的意义的探索也是具有深刻性的，文学并不比理论低一等，而是可以达到同样的深度与洞见。托多罗夫说："艺术透露了人的内心存在，最具破坏性的艺术同样也承载着形式和意义……它的启示不是僵化的宗教或者哲学的教条，它与其说是强加于人不如说是建议于人，因而，它也尊重每个人的自由。"① 这说明文学艺术也像宗教或哲学一样是可以给人以启示的，它的深刻性并不逊色于宗教与哲学。理论在探究世界的意义时可以与文学艺术以不同的方式追求相同的目标，它们是可以结伴而行的。其二，文学探究世界意义的方式是与理论方式不同的，所以文学恰恰可以与理论互补。文学对世界的发现是可以给理论带来启发的，文学所探究的领域也是可以对理论的领域进行补充的。即使理论也像文学一样可以对世界上的任何问题进行探讨，但是由于理论话语自身的规范所限，它也会有体察不到的某些侧面、维度或层次。理论的这些局限性也正是文学艺术发挥作用之所在，因为文学艺术是对世界全方位的探究。米勒说："每一作品都虚拟地实现了'真实世界'中未实现的一种可能性。对真实世界而言，每一作品都是无法取代的、有益的补充。"② 按照这个说法，文学所想象出来的世界是比现实存在的物质世界还要丰富的世界。这种对现实世界中未实现的可能性

---

① ［法］茨维坦·托多罗夫：《走向绝对：王尔德 里尔克 茨维塔耶娃》，朱静译，华东师范大学出版社2014年版，第264页。
② ［美］希利斯·米勒：《文学死了吗》，秦立彦译，广西师范大学出版社2007年版，第51页。

的探究无论如何都是理论无法忽视的，它不仅启发理论去探究这种可能性，而且可以为理论提供理解世界的新方式。

其次，文学为理论提供思维方法，推动理论思维的文学化。文学思维与理论思维是两种不同的思维方式。理论思维所采用的是抽象逻辑思维的方式，在人文社会科学理论中也采用辩证思维方式，揭示社会历史文化的发展演变中出现的复杂状况，而文学思维则主要是运用想象的方式，借助于具体的形象形成象征思维，借用具体的形象去表现深刻的洞见和独特的体验。这种文学的思维方式对于理论的系统化、专业化知识之外的剩余之物的表达具有特殊作用，因为这些尚未进入理论范围，无法被理论纳入其话语系统的事物可以通过文学的思维，借助于文学化的形象的语言呈现出来，其意义和价值就可以被评估。后理论要突破理论的局限，在更广阔的领域中进行探索，运用文学化的思维方式来探究新的领域就成为一条可行的路径。简言之，理论思维是有规范的、有限制的，而文学思维是自由的、不断超越限制的，所以后理论中应该进行思维方式的改造，不再像以往的理论那样延续柏拉图的理性主义传统去贬斥文学，也不应该用一套既有的理论体系去阐释文学，而是反过来以文学化的思维来改造理论思维，使理论思维文学化。具体而言，如何才能用文学的思维来改造理论思维？至少有两个关键步骤。其一是以文学为参照系来反思理论。正如马克·爱德蒙森所说，"面对作品所提供的生机无限的难以捉摸的快感，理论有时纯属多余，有时力不从心，有时反而阻塞或削减了作品的意味，这时候，批评家也将倾听他本人和他人的理论，以捍卫诗歌。有时，批评家还要完成更为艰难的任务，他要表明一个事实：无论理论标准多么诱人，如果接受了它，将付出何等的代价"[①]。这就是说理论

[①] ［英］马克·爱德蒙森：《文学对抗哲学：从柏拉图到德里达》，王柏华、马晓冬译，中央编译出版社 2000 年版，第 29 页。

研究中应该把重心向文学偏移，以文学为标准来检验理论，反思理论本身是否可靠以及理论的运用可能带来何种风险。其二是完成理论思维与文学思维之间的转换，将理论思维纳入文学思维中。文学思维就其对象范围而言是无所不包的，可以涵盖理论思维的对象；就敏锐性而言也超过理论思维。因此，文学思维可将理论思维纳入自己的这个更复杂更有生命力的系统中，将理论思维转变为文学思维的一个组成部分，进而以文学思维打破理论思维僵化的壁垒，消解其中形而上学思维的机械模式，形成一种全新的后理论思维方式。

最后，以文学的方式看待世界。如果在后理论中理论思维被纳入文学思维中，成为文学思维的一个组成部分，那么后理论对世界意义的探索就是以文学的方式进行的，或者以文学的方式为基础的。后理论将以文学的方式感受世界，发现世界上各种复杂关系中的张力与意义。理论思维所发挥的作用则是将这些发现系统化，进行深入的、体系化的分析论证。这与此前的理论从观念出发去阐释文学是不同的。在理论阶段，理论研究是以理论体系为工具来对文学进行加工处理的，文学是被阐释的对象，甚至是为理论观点提供例证的附属品。可是在后理论中文学则是主体，文学中发现的问题被理论捕捉到，并进而对已有的理论体系形成冲击与挑战。孔帕尼翁说："文学理论在许多方面更像是某种虚构……我们甚至没有必要深究理论的认识论基础和逻辑后果。于是，在文学理论随笔和博尔赫斯的虚构故事、亨利·詹姆斯（Henri James）的小说——如《大师的教训》或《地毯上的图像》这类难以界定的短篇小说——之间，就没有什么差别了。"[1] 可见，后理论从文学那里获得的是开放性、不稳定性、隐喻性，打破了文学与理论的话语边界。

---

[1] ［法］安托万·孔帕尼翁：《理论的幽灵——文学与常识》，吴泓缈、汪捷宇译，南京大学出版社2011年版，第245页。

这种以文学的方式看待世界的后理论如何可能？它是建立在三个条件之上的。其一，文学与理论都是探索世界的方式，这两种方式是可以相互沟通对话的。后理论是同时兼有文学思维和理论思维的知识形态，从事后理论研究的学者可以既具有文学思维也具有理论思维。其二，文学对世界的发现是以往的理论话语无法取代的，文学的独特性构成了一种推动理论话语产生变化的动力。它可以打破理论话语的规范限制，在自我反思的过程中渗透进理论话语。其三，理论话语具有表述新问题的强大功能，它可以把文学中所发现的理论话语之外的新问题转化为理论话语。当然这种话语已经是经过文学化改造的融合了隐喻象征等文学化特征的新话语。总之，以文学的方式看待世界，就是建构一个以文学为基础，纳入了理论话语的问题框架（problematic）。从这种文学与理论双重叠加的问题框架观察世界，探寻世界的意义，就成为后理论重新找回文学之后与理论的区别之所在。

结语

我们所列举的文学改造理论的可能途径也还远远没有穷尽文学在后理论中所产生的积极影响。毕竟后理论正处在发展过程中，后理论研究会如何创造性地运用文学也还无法预测。但无论如何我们都可以看出文学回归理论是后理论发展的一种可能的路径。文学在后理论中的地位与其在理论兴盛时期相比显然更为重要。但这种理论的文学化倒不是为了区别于理论而刻意制造出来的标签，而是为了解决理论自身发展的困境而进行的尝试。实际上，在理论兴盛时期，借助于文学建构理论思想的例子已有很多。例如，德里达对卢梭的解读，拉康对莎士比亚和爱伦·坡的重新发现，本雅明对波德莱尔的阐发，巴赫金对拉伯雷和陀斯妥耶夫斯基的提炼等，都是成功的案例。伊格尔顿感叹在理论的黄金时期结束之后已很少见到可以与理论大家们比肩的优秀著作，其中一个不可忽视的原因就是文化理论泛化之后人们很少再潜下心来研读文学作品了。后理论对于文化理论泛化的纠偏也可以从把文学重新带回理论开始，借鉴理论大家们的成功经验，以文学为基础建构出新的理论成果也不是没有可能。当然，文学在后理论中的作用与其在理论中的重要性是不同的。但这仍然是文学的回归，也是后理论对理论的继承。文学推动理论的发展在理论与后理论中是一脉相承的。

（原载《河北师范大学学报（哲学社会科学版）》2022年第1期）